Franco Rol

L'Uomo dell'Impossibile

Documenti, lettere, articoli, analisi su
Gustavo Adolfo Rol

Anni '40 e '50

VOLUME IV

© 2022 Franco Rol – Tutti i diritti riservati

Settembre 2022

ISBN: 979-8-88796-680-9

1ª ristampa maggio 2024

Siti e pagine principali dell'Autore:

www.gustavorol.org

facebook.com/Gustavo.A.Rol

facebook.com/FrancoRolAutore

facebook.com/FrancoRolPilota

youtube.com/FrancoRol

Si ringrazia l'Archivio Storico del Comune di Torino per la messa a disposizione del materiale su G.A. Rol – fotografato dall'Autore – proveniente dal lascito della dott.ssa Catterina Ferrari.

INDICE

	Introduzione al Vol. IV	9
1.	Gustavo Adolfo Rol. Un profilo biografico	13
2.	Pitigrilli e Rol (1940-1942)	41
3.	Lettera dell'Ing. Luigi Fresia	55
4.	Lettera di Michele Serra (*Gazzetta del Popolo*)	57
5.	Due brevi lettere di Norma Shearer e il suo fazzoletto	59
6.	Due articoli sul "caso Cini"	64
7.	Lettera di Rol a Laura Bergagna	73
8.	Lettera di Giulio De Benedetti direttore de *La Stampa*	77
9.	Due lettere di Merle Oberon	80
10.	Pitigrilli e Rol (1950)	88
11.	*Il signor Rol, Mago* (*Epoca*, 1951)	90
12.	L'opinione di Pitigrilli sull'articolo di *Epoca*	103
13.	L'opinione di Rol sull'articolo di *Epoca*	105
14.	*Amarcord Nino*	106
15.	*Gusto per il mistero* (estratti su Rol dal libro di Pitigrilli)	110
16.	Lettera di Luisa Ferida e Osvaldo Valenti	130
17.	Pitigrilli e Rol (anni '50)	132
18.	*L'incredibile mago Gustavo Rol* (*Planète*, 1965)	133
19.	Pitigrilli e Rol (1969)	151
20.	Lettera di Rol al Questore di Torino	153

21.	Lettera di Rol al Console di Francia................................	160
22.	Lettere di Constantin Andronikof...................................	174
23.	La carrozza di Napoleone Bonaparte............................	188
24.	*Sogno misterioso di un gentiluomo torinese*.......................	322
25.	Fellini & Rol...	327
26.	*Rol: l'ultimo prodigio*...	345
27.	*Alle soglie di un nuovo paradigma? Il "caso Rol"*..............	360
28.	*Le presunte "comunicazioni" post mortem di Rol*..............	376
29.	*Rol, un Buddha occidentale del XX secolo*.......................	383
30.	La beneficenza di Rol..	394

Introduzione

È necessario che rimangano tracce dei fenomeni sconcertanti che abbiamo visto, e che spalancano finestre su mondi inesplorati. Saremo degli ingrati e degli indegni se non lo facessimo. Occorrerebbe la penna di Maeterlinck, l'autorità di Gustave Le Bon, il rigore scientifico di Bergson, per scrivere su Gustavo. Ma sarebbe inqualificabile negligenza per parte nostra non deporre ...
Un libro su Rol sarebbe un best seller per oggi, un documento scientifico per decenni.
Pitigrilli, 1951

Questo pensiero del romanziere Dino Segre, in arte Pitigrilli, si trova in una delle lettere pubblicate in questo volume, per la prima volta.

Ad oggi purtroppo nessuno, tranne rare eccezioni tra le quali rivendico di far parte, ha prodotto contributi, men che meno libri, che possano costituire un «documento scientifico» su Rol[1]. Chissà, forse perché la nostra epoca è carente di studiosi seri e preparati come quelli citati dallo scrittore, il quale del resto, come si vedrà, non è riuscito lui stesso a produrre nient'altro che una manciata di articoli, anche se sicuramente interessanti e utili da un punto di vista biografico.

A differenza dei volumi precedenti, nei quali ho raccolto, classificato e analizzato in un quadro complessivo e integrato, fino ad aprile 2022, fenomenologia e testimonianze su Rol, quello presente ha un taglio e una ragione di essere diversi. Esso è il risultato dell'incontro di una necessità con una novità, che hanno a che vedere con i due gruppi di documenti che lo costituiscono.

La necessità è quella di mettere insieme, questa volta, articoli e capitoli sparsi pubblicati negli anni '40 e '50, in ordine cronologico, corredandoli di note, commenti e analisi.

La novità è invece costituita dal materiale inedito finalmente divenuto accessibile presso l'Archivio Storico del Comune di Torino, al seguito del lascito testamentario della dottoressa Catterina Ferrari, co-esecutrice testamentaria di Rol nel 1994. *Finalmente* perché per anni, almeno fino al 2016 e a partire dal 2003, c'era stato tra me e la Ferrari il progetto di inventariarlo e studiarlo, progetto per il quale avevo dato la piena

---

[1] Non intendo ovviamente (almeno, non ancora) una «prova» scientifica, ma certamente quello che è un approccio scientifico sistematico, con analisi argomentate, *fact checking*, produzione di documentazione precisa e inedita, e fonti verificabili sempre citate, fino a dove possibile.

disponibilità, ma che per una ragione o per l'altra non fu possibile realizzare.

Questo materiale è variegato e di diverso valore storico-biografico. Sono dell'avviso che possa e debba essere col tempo pubblicato tutto a patto che ciò sia fatto ogni volta in un contesto pertinente che gli dia il giusto valore. Ad esempio, ho cominciato col pubblicare a marzo 2022, nel mio *Fellini & Rol. Una realtà magica,* le lettere di Federico Fellini, Nino Rota e Donato Piantanida, pertinenti per quel volume e per i contenuti che vi si trovano e che ne costituiscono il suggello, per quanto il libro sia da essi totalmente indipendente, né è stato scritto grazie ad essi.

Qui invece pubblico lettere, anch'esse degli anni '40 e '50, che sono collegate agli articoli e agli autori che in quegli anni scrissero di Rol, e che permettono di completare, illuminare e chiarire meglio sia il loro rapporto che l'ambiente e le circostanze che ne costituirono il contorno.

Il tutto, *ça va sans dire*, con il consueto e necessario approccio rigoroso in termini sia di analisi che fonti relative, con molteplici punti di riferimento storico-biografici, così come fenomenologici e filosofici (nel senso del pensiero di Rol).

Anticipo già che al presente volume ne seguirà immediatamente un altro che ne sarà la continuazione, focalizzato sugli anni '60 e '70, e con analoga struttura e ragione di essere.

Non tutto, soprattutto per chi conosce bene la biografia di Rol e le pubblicazioni succedutesi nel corso degli anni, è qui inedito, ma sicuramente lo sono, oltre agli inediti propriamente detti, la forma dell'opera e le analisi da me fatte, che anche al materiale già edito conferiscono un peso e un valore diverso, come sarà ben chiaro quando ci si addentrerà nella lettura.

Una sezione piuttosto lunga – perché contenente molte analisi e diramazioni – è dedicata alla carrozza di Napoleone Bonaparte che Rol donò all'Ordine Mauriziano negli anni '50, vicenda che per lui fu importante e che mi darà l'occasione di aggiungere qualche altro tassello alla comprensione di quell'aspetto che per molti costituisce ancora un mistero nel mistero, ovvero la passione, il culto, l'ammirazione che Rol aveva per l'Imperatore francese, argomento sul quale già ebbi modo di soffermarmi abbastanza estesamente nel 2008 nel mio primo libro, *Il simbolismo di Rol*.

A differenza dei volumi precedenti di questa antologia, il presente contiene molte più immagini, inserite lungo il percorso, e le note non sono al fondo ma tutte a pie' pagina. In esse, quando si tratta di segnalare la fonte di un episodio, ho optato per una semplificazione, ovvero la citazione-rimando dei numeri corrispondenti alla classificazione fatta nei volumi precedenti (per es. 3-XII-07, ovvero vol. 3, cap. XII, episodio 7; non cito invece il volume quando l'episodio si trova nei primi due, perché a seconda delle edizioni può trovarsi nel primo o secondo volume, anche se il numero non cambia, tranne rare eccezioni), che suppongo il lettore abbia già e dove troverà, oltre alla fonte bibliografica precisa, anche le eventuali contestuali analisi.

Di un certo interesse sono le lettere che ruotano attorno al "caso Cini", che complementano e precisano il dossier che ho già pubblicato in appendice al primo volume (o secondo, se nella terza edizione): sono quelle di Rol alla giornalista Laura Bergagna, del direttore de *La Stampa* Giulio De Benedetti, delle attrici Merle Oberon e Norma Shearer a Rol.

Molto significativo poi quello che può essere chiamato il "caso Andronikof", con una lettera ufficiale di protesta da parte di Rol, inoltrata al Consolato francese e al Questore di Torino, sui sospetti e le accuse diffamatorie a lui fatte in Francia – visto come un "mago" pericoloso – da esponenti militari parrebbe della Nato e una inchiesta aperta presso i Servizi di intelligence francesi, con conseguenze sull'amico Constantin Andronikof, scrittore ed interprete funzionario del governo di Parigi (poi anche personalmente del presidente Charles De Gaulle) "colpevole" di frequentarlo (e con lui la moglie Nathalie, che Rol chiamava anche Natalia e con la quale, in un periodo di crisi dei rispettivi matrimoni, ebbe una relazione importante). Penso che questo caso verrà in futuro considerato tra i più rilevanti della biografia di Rol, perché fornisce elementi importanti per inquadrare sia come lui si ponesse di fronte a certe questioni, sia come fosse vicino a vari ambienti governativi sia italiani che esteri, e ad alto livello.

Ho poi deciso di includere alcuni miei contributi scritti in anni recenti, cosa che farò anche nel prossimo volume, talvolta pubblicati solo in rete e che ritengo debbano avere anche una versione stampata. Ma non si tratta di mere riproduzioni: è anche qui l'occasione per aggiungere ulteriori note e commenti e per portare l'attenzione su miei approfondimenti già fatti e sui quali desidero insistere, perché considero importanti. Così, il libro inizia con quella che nel 2014 avevo chiamato *wikipedia alternativa*, un profilo biografico riassuntivo su Rol, ma molto dettagliato, redatto prendendo come base strutturale quello che era stato scritto sulla pagina "ufficiale" di *wikipedia*, la cosidddetta "enciclopedia libera" della rete che ha una sua utilità per argomenti non controversi, ma che diventa del tutto inaffidabile per altri che ancora lo sono, come è appunto il "caso Rol", sul quale nel 2014, tranne lo scrivente, non esisteva alcun "esperto" ed era quindi commentato a ruota libera da persone ignoranti e con non pochi pregiudizi, le quali tenevano (e ancora tengono) "in ostaggio" quella pagina dando grande risalto, del tutto ingiustificato, alle opinioni scettiche, che non passano di superficiali speculazioni.

Il libro termina invece con il mio articolo del 2021 pubblicato sulla rivista *Mistero*, che considero un punto di riferimento biografico e bibliografico fondamentale – perché tale ho voluto che fosse – per inquadrare correttamente Rol, *un Buddha occidentale del XX secolo*.

Tra i contributi non degli anni '40 e '50, ho incluso anche i due articoli che ho scritti nel 2019 sull'amicizia tra Fellini e Rol, anticipazione del mio libro pubblicato tre anni dopo, con tutte le fonti bibliografiche che sulla rivista dove furono pubblicati vennero omesse per questioni di spazio; un mio post del 2021 sulle *presunte "comunicazioni" post mortem di Rol* che intende sgombrare il campo, anche se ancora in maniera sintetica, tra le testimonianze di questo tipo e che vale la pena prendere in considerazione oppure scartare o ignorare; un mio scritto del 2009 (*Alle soglie di un nuovo paradigma? Il "caso Rol"*) che fornisce una panoramica, anche qui riassuntiva e preliminare, sul dibattito con e soprattutto *contro* gli scettici; e infine uno scritto del giornalista e scrittore Ito De Rolandis del 1994, rimasto abbastanza sconosciuto, ma piuttosto interessante, e sempre con i necessari miei commenti integrativi, senza i quali certi contributi di altri – soprattutto del passato, quando di Rol ben pochi avevano capito qualcosa – possono dar luogo a incomprensioni o fraintendimenti, e danneggiare rapidamente la sua memoria.

Gustavo Adolfo Rol
Un profilo biografico

Nel 2014, anno del ventesimo anniversario dalla "morte" di Rol, avevo aggiornato sia nella grafica che nei contenuti il sito a lui dedicato, in rete sin dal 2000. Tra i contributi nuovi c'era anche una lunga pagina biografica che si era resa necessaria per controbilanciare la superficialità e la disinformazione del suo prototipo, ovvero quella presente nella enciclopedia on line Wikipedia, creata a più mani anonimamente nel corso degli anni prevalentemente da persone non competenti sulla vita, il pensiero e l'opera di Rol e corrispondenti spesso a scettici prevenuti che hanno di fatto impedito un contenuto oggettivo, tanto che ancora nel 2022 considero quella pagina un prodotto della disinformazione.

Penso quindi sia utile riproporre quella mia contro biografia in questo volume, così da fissarla anche sulla carta stampata, e con l'aggiunta di qualche nota[1].

***

In merito alla voce "Gustavo Adolfo Rol" nell'enciclopedia Wikipedia

Gennaio 2014

Avvertenza
Quella che segue non è esattamente la biografia che avrei scritta per Wikipedia se non esistesse ancora la voce "Rol", ma un adattamento e una "sovrascrittura" a quanto si trova nel mese di gennaio 2014 a tale voce. Fui io a crearla nel febbraio 2005 come utente anonimo e poi con uno pseudonimo, e sin da allora ho dovuto lottare aspramente – anche con altri pseudonimi, visto che all'epoca non c'era nessuno in grado di venirmi in aiuto, e poi con la mia vera identità – con alcuni presuntuosi "amministratori" che di Rol non sapevano e continuano a non sapere assolutamente nulla, e che hanno dimostrato nel corso degli anni di non essere imparziali e di favorire in tutti i modi la tesi illusionistica, pur essendo questa sostenuta da pochissimi testimoni saltuari,

---

[1] La numerazione delle note subirà quindi una variazione. Inoltre, a differenza della pagina web (che si trova al link: *gustavorol.org/index.php/it/wikipedia-alternativa*) saranno qui al fondo di ciascuna pagina, e non al fondo dell'articolo. Alcune note sono state aggiornate dopo il 2014.

pregiudizialmente scettici, che peraltro non hanno mai affermato di aver colto Rol in qualche tipo di inganno.

Tale tesi è poi fortemente favorita ovviamente dagli illusionisti (tranne quelli che hanno conosciuto Rol, ben 5) per i quali sembrano parteggiare gli amministratori. Essi non permettono alcun tipo di modifica alla tesi generale, e annullano tutte quelle che non coincidono con la loro ideologia – e Wikipedia dovrebbe essere una enciclopedia "libera" alla quale chiunque può contribuire – e fanno finta di fare qualche concessione per dare l'impressione (illusoria, o illusionistica per l'appunto) che la pagina in questione in realtà sia equilibrata e rispetti tutte le posizioni.

Ma chiunque può rendersi conto della sproporzione che vi è tra le opinioni degli illusionisti e degli scettici, che sono appunto una manciata, ma che sono ampiamente *propagandate*, e le opinioni (che sono al tempo stesso *testimonianze*, quindi con un valore ben diverso) dei "favorevoli" che sono centinaia, ma che dalla pagina in questione sembrano essere più o meno il 50%... Il fatto è che sono il 99%, ma gli amministratori di Wikipedia fanno finta di non saperlo. E non è solo una questione quantitativa, ma anche qualitativa, visto che i "favorevoli", tra cui nomi notissimi della cultura italiana, non sono rappresentati da nessuna loro dichiarazione.

La versione che qui presento vuole essere quindi un ristabilimento della verità e dell'equilibrio reale, sebbene si focalizzi, inevitabilmente, più sugli elementi della controversia (in forma assolutamente sintetica, perché occorre un libro intero per analizzarli tutti in modo completo) che su quelli dello spessore del personaggio.

Rappresenta anche un suggerimento su come dovrebbe essere modificata la pagina di Wikipedia originale (…).

*

Gustavo Adolfo Rol

da
*Wikipedia/**GustavoRol.org***
l'enciclopedia **competente** su Gustavo A. Rol

«*Gustavo Rol è un uomo che Dio ha mandato fra di noi per renderci migliori*»
Franco Zeffirelli, 1987[2]

«*Rol sfugge alla nostra possibilità di comprensione. È un mistero*»
Cesare Romiti, 2000[3]

«*...un individuo dotato di poteri incredibili*»
Guido Ceronetti, 2002[4]

«*... una personalità fra le più sorprendenti del secolo*»
Alberto Bevilacqua, 2000[5]

«*... è il più indecifrabile e fascinoso enigma in cui mai mi sia imbattuto*»
Roberto Gervaso, 1978[6]

«*Tra le persone a cui rivolgo una preghiera quando sono in difficoltà c'è anche lui...*»
Vittorio Messori, 2002[7]

«*À l'incroyable Rol, qui ne sera croyable qu'après demain seulement*»
(All'incredibile Rol, che sarà credibile solamente dopodomani)
Jean Cocteau (dedica)[8]

«*Sono rimasto sbalordito, ma niente affatto sgomento: anzi, consolato ed arricchito*»
Valentino Bompiani[9]

---

[2] Dichiarazione fatta durante la trasmissione televisiva *Domenica In*, Raiuno, del 11/01/1987.
[3] Brambilla, M., *Cesare Romiti: «Così mi ritrovai in tasca una lettera di Valletta scritta dall'aldilà»*, Sette (settimanale del Corriere della Sera), 27/04/2000, p. 137.
[4] Ternavasio, M., *Gustavo Rol la vita, l'uomo, il mistero*, L'Età dell'Acquario, Torino, 2002, p. 179.
[5] Bevilacqua, A., *Nessuna meraviglia: semplicemente Rol*, Corriere della Sera, 12/03/2000, p. 34.
[6] Gervaso, R., *Rol: «I miracoli? Ci credo e ne vedo»*, Corriere della Sera, 31/12/1978, p. 8.
[7] Ternavasio, M., *Gustavo Rol la vita, l'uomo, il mistero*, cit., p. 178.
[8] Allegri, R., *Finalmente Rol rivela Rol*, Gente, 02/04/1977, p. 32.

«*Al Dott. Gustavo Adolfo Rol che cammina come un illuminato sulla geografia dell'inconoscibile e della relatività*»
Pitigrilli, 1940 (dedica)[10]

«*(Quell'uomo legge nel pensiero e) non possiamo rischiare che i segreti dello Stato francese vengano a conoscenza di estranei*»
Charles De Gaulle[11]

«*Al dottor Rol, con ammirazione per il suo lavoro ultra-umanitario*»
Vittorio Valletta (dedica)[12]

«*Gustavo era un essere meraviglioso che manca a tutti noi e che ci ha lasciato esperienze incredibili, emozioni uniche e straordinarie...*»
Valentina Cortese, 2002[13]

«*...è l'uomo più sconcertante che io abbia incontrato. Sono talmente enormi le sue possibilità, da superare anche l'altrui facoltà di stupirsene*»
Federico Fellini, 1964[14]

«*Religiosissimo, credo che appartenga al filone dei "santi laici" piemontesi, come Frassati e Savio...*»
Nico Orengo, 1994[15]

«*Qualcosa di benefico si irraggia sugli altri. È questa la caratteristica immancabile... dei rari uomini arrivati, col superamento di se stessi, a un alto livello spirituale, e di conseguenza all'autentica bontà*»
Dino Buzzati, 1965[16]

---

[9] Lugli, R., *Il mago di Torino*, La Stampa, 08/07/1973, p. 3.
[10] Lugli, R., *Il prodigioso "viaggio nel tempo" vissuto come in un sogno colorato*, La Stampa, 24/09/1972, p. 3 (citazione aggiustata e datata sulla base dell'autografo originale).
[11] Bazzoli, L., *Rol l'incredibile. L'uomo più misterioso del mondo*, Domenica del Corriere, 17/01/1979, p. 154. La prima parte della frase, che ho messo tra parentesi, è stata aggiunta da Renzo Allegri nel 1986 (*Rol l'incredibile*, p. 9, che guarda caso ha lo stesso titolo dell'articolo di Bazzoli) e potrebbe essere apocrifa, per quanto di senso coerente e in relazione a un episodio, menzionato da Bazzoli, in cui De Gaulle avrebbe assistito alla lettura di una lettera chiusa.
[12] Allegri, R., *I pennelli si muovono da soli*, Gente, 19/03/1977, p. 14.
[13] Ternavasio, M., *cit.*, p. 179.
[14] Fellini, F. (intervista a), *Io sono aperto voluttuosamente a tutto*, Planète, n. 5, dicembre 1964 – gennaio 1965, p. 103. Ripreso con una variante in: Allegri, R., *I pennelli si muovono da soli*, Gente, 19/03/1977, p. 14 («*...è l'uomo più sconcertante che io abbia conosciuto. ...*»).
[15] Orengo N., *Una vita vissuta per incanto. Il Mago Rol*, Grazia, 16/10/1994, p. 250.
[16] Buzzati, D., *Un pittore morto da 70 anni ha dipinto un paesaggio a Torino*, Corriere della Sera, 11/08/1965, p. 3.

> «...sono certo che nei pochi attimi in cui i nostri sguardi si sono incrociati mi abbia trasmesso qualcosa di veramente importante: il dono della creatività»
> Umberto Tozzi, 2009[17]

> «Rol è un mistico»
> Gillo Pontecorvo, 1967[18]

> «Il viso è bellissimo. Ha occhi luminosi, un sorriso dolce».
> Mario Soldati, 1987[19]

> «...in quell'uomo di grande saggezza e di fede straripante esiste qualcosa che forse nessuno riuscirà mai a spiegare».
> Alberto Lionello, 1987[20]

Gustavo Adolfo Rol (Torino, 20 giugno 1903 – Torino, 22 settembre 1994) è stato un Maestro Spirituale italiano del XX secolo, dotato di carismi o *siddhi* di straordinaria varietà ed estensione, non ancora accettati o comprovati dalla scienza ufficiale, ma in accordo con la tradizione spirituale di tutti i popoli.
Le sue dimostrazioni sperimentali, prodotte quasi sempre in piena luce di fronte a persone di tutte le classi sociali e culturali, sia nella propria casa di Torino che in qualsiasi altro ambiente al chiuso o all'aperto, sono interpretate da centinaia di testimoni e da altri sostenitori come autentici fenomeni paranormali[21] (che Rol chiamava semplicemente "possibilità"), mentre dai critici[22], composti quasi integralmente da non testimoni e da

---

[17] Tozzi, U., *Non solo io. La mia storia*, Alberti Editore, Roma, 2009, p. 79.
[18] Biondi, D., *Rol: sono un uomo come gli altri*, Il Resto del Carlino, 15/04/1967, p. 3.
[19] Soldati, M., *Lo sconosciuto s'avvicinò e disse: «Deve scrivere quella storia, deve farlo...»*, Astra, 01/07/1987, p. 93.
[20] Lionello, A., *Aveva previsto tutto: la «Grande Prova» non m'avrebbe domato*, Astra, 01/09/1987, p. 88.
[21] *Nota per questo volume*: questa ed altre frasi (così come la struttura generale) sono ricalcate come detto dal prototipo scritto da altri (che si può consultare in parallelo in rete) e non corrispondono precisamente alla forma e allo stile in cui io mi sarei espresso. Il mantenerle in questa mia versione era necessario per mostrare – soprattutto a livello dei contenuti – come le informazioni, i *fatti*, avrebbero dovuto essere presentati per risultare completi ed oggettivi.
[22] Tra questi, il prestigiatore Silvan, che chiese a Rol per telefono di essere ricevuto a casa sua per poter vedere quelle che lui considerava *performances* di illusionismo, ma che fu cortesemente respinto non perché era un illusionista (Alexander e Binarelli furono ricevuti, si veda più avanti) ma perché persona interessata solo alle apparenze e al suo tornaconto, come dimostra anche la seguente dichiarazione fatta durante la trasmissione *Porta a Porta* del 5 giugno

gruppi scettici di matrice spiccatamente ideologica, come illusioni prodotte con tecniche di prestidigitazione e in particolare di mentalismo. Durante la sua vita Rol cercò sempre un collaboratore scientifico con sufficiente apertura mentale e maturità spirituale in grado di assimilare il procedimento psicofisico necessario alla comprensione della meccanica dei suoi prodigi, *conditio sine qua non* per successivamente comprendere e quindi ricreare le premesse per una loro replica da parte di altri. Sfortunatamente, pur avendo mostrato i suoi esperimenti anche a numerosi scienziati (inclusi a quanto sembra Albert Einstein ed Enrico

---

2003 dedicata a Rol: «Ho conosciuto tanti di quei sensitivi in vita mia soprattutto per curiosità, ma anche per apprendere, perché se ci fosse stato qualcuno che avesse realmente posseduto queste doti, avrei cercato di impossessarmene». Altri prestigiatori meno noti hanno espresso uno scetticismo preconcetto, come Vanni Bossi, il quale aveva scritto in un suo libro del 1979 (*Parapsicologia: un po' di verità e tante truffe*, Landoni, Legnano, p. 84) un illuminante pensiero che vale per tutti gli illusionisti che vorrebbero spiegare Rol, ovvero che «gli episodi che descrivono gli esperimenti di Rol sono riportati con una carenza impressionante di dettagli, tanto da non permettermi, se non ipotizzando, di poter ricostruire esattamente come sono andate le cose dall'inizio alla fine»); Massimo Polidoro e Mariano Tomatis, quest'ultimo autore di una biografia "critica" citata come un mantra dagli scettici (tra questi anche il matematico Piergiorgio Odifreddi, professore di Tomatis al Politecnico di Torino) dove pur non avendo mai assistito agli esperimenti di Rol pretende di analizzarli in chiave illusionistica, selezionando solo quelli che si adattano alla sua tesi ed escludendo deliberatamente tutti gli altri (un approccio eminentemente anti-scientifico). Considerando che l'illusionismo nacque proprio per simulare il "paranormale" (sin dalle più antiche pratiche sciamaniche), non sorprende che in alcuni casi possano esservi punti di contatto. Il testo di Tomatis può essere considerato alla stregua di "illusionismo letterario", perché presenta le caratteristiche tipiche del settore, ovvero la forzatura, la *misdirection*, ecc.. In generale, i prestigiatori intravedono nell'uso delle carte da gioco il principale indizio di illusionismo, nonostante gli illusionisti che hanno visto questi esperimenti lo escludano categoricamente (note da 55 a 59). Franco Rol ha poi fornito una chiave di lettura ben diversa (nota 64). Gli scettici sono poi soliti citare il racconto del presidente del Circolo Amici della Magia di Torino, Marco Aimone, che ha affermato di aver visto Rol in un ristorante fare l'esperimento di far comparire una scritta su un tovagliolo. Si tratta però di una testimonianza piuttosto lacunosa e decisamente ipotetica, visto che osservò Rol da «debita distanza» e supponendo «una avanzata tecnica da mentalista che gli parve di scorgere» (Tomatis, M., *Rol: un fenomeno torinese*, La voce scettica n. 8, ott-dic. 2001). Niente di comparabile, da un punto di vista dell'accuratezza della testimonianza, con quanto affermato da tutti gli altri testimoni, illusionisti compresi. A quasi venti anni dalla morte di Rol, non vi è un solo testimone che abbia dichiarato di aver scoperto senza dubbio alcuno un qualche tipo di trucco, e questo per i suoi sostenitori è una ennesima conferma della sua autenticità, mentre per gli illusionisti, che a causa della loro *forma mentis* non riescono a vedere altre ipotesi, Rol è forse uno dei migliori illusionisti del XX secolo.

Fermi) non trovò nessuno con le caratteristiche da lui auspicate o semplicemente con il coraggio o il tempo o l'umiltà necessaria a sottostare alle sue premesse che non potevano scostarsi più di tanto dalle regole dell'Iniziazione. Per questo in una lettera pubblicata sul quotidiano *La Stampa* di Torino nel 1978 e indirizzata al giurista Arturo Carlo Jemolo (che lo aveva invitato dalle stesse colonne del quotidiano a sottoporsi a controlli scientifici[23]) dichiarava:

> «Meglio rimanere ignorato da una Scienza ufficiale che non è in grado, per ora, di comprendermi, piuttosto che venire meno a quei principi ai quali mi sono sempre ispirato e con i risultati che tutti conoscono»[24].

Oltre alla maturità di chi avrebbe dovuto collaborare con lui e poi creare un protocollo sperimentale applicabile alla ripetibilità di una parte della fenomenologia (in particolare gli esperimenti con le carte da gioco, usate come strumento matematico) la difficoltà di Rol era dovuta anche alle caratteristiche stesse del processo attraverso il quale tali esperimenti avrebbero dovuto sfociare in un esito positivo, ovvero uno stato di ispirazione simile a quello dei compositori che non poteva essere condizionato o vincolato da cause esterne che non fossero in sintonia con il suo stato di coscienza.
Di qui il mancato incontro con la comunità scientifica, diventato poi irreversibile a causa delle insinuazioni prive di fondamento del giornalista Piero Angela che era stato accolto in due occasioni a casa di Rol per assistere ai suoi esperimenti. Durante gli incontri Angela, pur non nascondendo a Rol il suo pregiudizio scettico, non ebbe nulla da eccepire su quanto visto, ma successivamente in un libro pubblicato nel 1978[25] mise in dubbio l'autenticità dei fenomeni e di conseguenza l'onestà di Rol, affermando che senza il controllo di un prestigiatore poteva trattarsi di giochi di prestigio o di ipnotismo, ed omettendo di proposito alcuni episodi rivelatori (la lettura di un libro a distanza a Boston, presso un amico di Angela, da parte di Rol, che stava a Torino in collegamento telefonico, e la materializzazione della firma di Rol su carte e libretti di assegni che il giornalista aveva in tasca[26]) che non necessitavano della presenza di un illusionista per rendersi conto della loro autenticità.

---

[23] Jemolo, A.C., *Convinciamo gli scettici*, La stampa, 13/08/1978, p. 1.
[24] Rol, G.A., *La Scienza non può ancora analizzare lo Spirito*, La Stampa, 03/09/1978, p. 3.
[25] Angela, P., *Viaggio nel mondo del paranormale*, Mondadori, Milano, 1978, pp. 329-336.
[26] Rol, F., *L'Uomo dell'Impossibile*, Lulu Press, 2012, pp. 96-97, o su YouTube: *youtu.be/XaVFUvs1BYs*

Anni più tardi, in una intervista pubblicata su *La Stampa*[27], Rol dichiarerà senza nominarlo che Piero Angela «ha mentito su quanto mi ha veduto fare, nel modo che l'ha veduto fare e su quanto mi ha sentito dire. Io sono convinto che egli abbia agito col deliberato proposito di ditruggere in me la dimostrazione di tutto ciò che lo spirito umano può compiere quando si ispira a Dio. Tale comportamento mi fa pensare che egli in Dio non crede affatto, ma io lo attendo per quel giorno quando mi incontrerà nell'Aldilà e gli punterò contro il mio dito indice, non tanto per il dispiacere che può avermi procurato, quanto per l'avere, con il suo comportamento, chiuso quella porta che io avevo socchiuso alla Scienza».

Nello stesso periodo, sempre su *La Stampa*[28], Rol scriveva al fisico Tullio Regge, anche lui invitato a casa sua per assistere agli esperimenti (dopo un primo incontro a casa della famiglia Olivetti), e anche lui rimasto scettico (Regge tre anni più tardi sarà proprio con Angela tra i fondatori del C.I.C.A.P.[29]):

> «Se un giorno non Le avessi mostrato alcuni miei modestissimi esperimenti, non mi sarei permesso di scriverLe questa lettera. Ricordo come cercai di provarle che esistono fenomeni fuori della norma ove la materia stessa è chiamata in causa e non dipendono soltanto da una particolare disposizione della psiche. (...) Quel rapporto della mente col meraviglioso al quale accennavo verrebbe immediatamente turbato col risultato facilmente intuibile: la distruzione in partenza dell'esperimento. (...) Lei ha veduto da me cose che ho definito modestissime eppure affermo che nessun prestigiatore, anche il più capace sarebbe stato in grado di ripeterle. Per chi mi conosce profondamente e sa come mi comporto ed agisco, è comprensibile che questo tipo di controlli è inutile, anzi inopportuno. Non un prestigiatore, ma un Ricercatore è opportuno. Egli è portato a sostituire con l'interesse e la collaborazione ogni eventuale sua diffidenza. Non è difficile comprendere ed ammettere che nello sviluppo di una collaborazione, ogni forma di controllo, anche la più minuziosa, viene ad essere spontaneamente esercitata. La presenza poi di un Ricercatore rotto a queste esperienze offre la maggior garanzia ai fini di un risultato positivo. Va tenuto in considerazione che io agisco sempre d'impulso in uno stato d'animo che mi viene improvviso e che non so spiegare. È così che ho sperato che fosse

---

[27] Lugli, R., *L'altro mondo è in mezzo a noi*, La Stampa, 24/05/1986, p. 1 (inserto Tuttolibri).
[28] Rol, G.A., *Scienziati e sensitivi, perché così nemici?*, La Stampa, 11/07/1986 p. 3 (titolo scelto dal quotidiano).
[29] Comintato Italiano per il Controllo delle Affermazioni sul Paranormale (in seguito "sulle Pseudoscienze").

proprio la Scienza ad aiutarmi a riconoscere e codificare queste mie sensazioni che sono certo ogni uomo possiede, e sarà la Scienza stessa a rivelare queste facoltà e promuoverle in tutti gli uomini ... ».

Quando Rol era in vita, dunque, non fu possibile alcuna sperimentazione scientifica[30], per la distanza all'epoca incolmabile tra due mondi lontani, la metodologia scientifica classica (peraltro scossa nel corso del XX secolo dai principi e dalle nuove regole della meccanica quantistica, dalle teorie della complessità e da altre teorie legate alla biologia...) e quella che si potrebbe definire la metodologia iniziatico-spirituale ortodossa, antica di millenni.
Stando a Rol tuttavia questi due mondi in futuro si incontreranno.

Biografia

Rol nasce a Torino il 20 giugno 1903 da famiglia agiata. Il padre, Vittorio, è un avvocato che nel 1909 è incaricato di aprire e dirigere la sede di Torino della Banca Commerciale Italiana, la madre è Martha Peruglia, figlia del Presidente del Tribunale di Saluzzo. Suo cugino Franco Rol, sarà un affermato industriale chimico e pilota automobilistico.
Rol cresce in un ambiente ricco e colto, frequenta sin da giovane le famiglie più in vista della città, si interessa alle arti, entrando in relazione con vari artisti ed iniziando presto a cimentarsi nella pittura e nella musica.
Nel 1923 si iscrive alla facoltà di giurisprudenza dell'Università di Torino, dove si laureerà nel 1933. Sia la scelta del corso universitario, sia la carriera bancaria che intraprende nel 1925 avvengono per adeguamento alle tradizioni familiari. Rol fa pratica presso le filiali della Comit in giro per l'Europa: Marsiglia, Parigi, Londra, Edimburgo e successivamente Casablanca e Genova, sono le città in cui vive e lavora.

---

[30] In una parte di intervista del 2005 fatta da Nicolò Bongiorno per il suo documentario *Rol. Un mondo dietro al mondo*, poi non inclusa (...), il prof. Luigi Giordano, medico chirurgo, aveva dichiarato: «Per parecchie sere il prof. Regge aveva mandato dei suoi assistenti [ad] assistere alle sue [di Rol] sedute, e questi assistenti non facevano commenti. Sono venuti – ricordo – tre sere. C'era un assistente uomo e un assistente donna. Dopo la terza sera hanno detto che non sarebbero più tornati, perché non trovando una spiegazione logica a quanto capitava, non potevano permettersi di sovvertire tutte le leggi della fisica. E questo era anche quello che aveva detto Regge, che lui queste cose non le capiva, e non capendole non si permetteva di discuterle». Questi incontri avvennero probabilmente nei mesi successivi alla lettera che Rol scrisse a Regge, il quale non ne ha mai fatta menzione, per ragioni facilmente immaginabili. La dichiarazione di Giordano può essere vista qui: *youtu.be/mlI0QGDr_v8*

Si sposa nel 1930 a Torino con Elna Resch-Knudsen, una indossatrice norvegese imparentata con il Re di Norvegia e conosciuta a Parigi nel 1927, con la quale non ebbe figli ma rimase unito per oltre 60 anni.

Poche settimane dopo la morte del padre, nel 1934, lascia la carriera bancaria e si ritiene che in questo periodo fino almeno al 1939 viaggi molto e passi lunghi periodi tra Parigi (dove avrebbe ottenuto una laurea in Biologia medico-clinica) e Londra (dove invece si sarebbe laureato in Economia).

Il 14 settembre 1942, durante la Seconda Guerra mondiale, inaugura a Torino un negozio di antiquariato, interesse coltivato sin da ragazzo che diventerà la sua fonte di reddito principale fino agli anni '60. Dagli anni '70 in poi si dedicherà prevalentemente ad un'altra sua passione giovanile, la pittura, dipingendo soprattutto vasi di rose e paesaggi autunnali o invernali della campagna piemontese. Il gusto del bello e dell'arte – che trovava espressione anche nella elegante dimora torinese – era completato dalla sensibilità musicale che ne faceva un buon interprete al pianoforte e al violino (durante il soggiorno a Marsiglia (1925-1926) per guadagnare qualche soldo extra oltre all'impiego in banca, suonava il violino nei cinema come accompagnamento dei film muti).

Alla fine degli anni '40 o all'inizio dei '50 racconterà alla scrittore Dino Segre, in arte Pitigrilli[31], di avere incontrato proprio nel periodo di Marsiglia un personaggio, originario della Polonia, che gli avrebbe mostrato di sapere fermare con la forza di volontà l'orologio della Borsa, e poi anche alcuni strani "giochi" con le carte e che, inizialmente scettico sull'esistenza di Dio, si convertirà e si ritirerà in un convento dell'Alta Savoia dopo aver assistito con lo stesso Rol a una guarigione a Lourdes[32]. Anche in seguito a questo incontro Rol avrebbe approfondito ulteriormente i suoi studi spirituali ed elaborato una teoria di carattere metafisico sull'associazione tra suoni, colori e altri elementi.

Vi è però un'altra versione dei suoi "inizi". Contemporaneo a quello di Pitigrili e forse anteriore è il racconto fatto nel 1951 al giornalista Furio Fasolo di *Epoca*[33], il quale scrive:

> «Un pomeriggio, durante una peregrinazione nei dintorni di Marsiglia, fu colpito dalla vista di uno stupendo arcobaleno. Ma la seguente osservazione l'impressionò: ogni qualvolta distoglieva lo sguardo dall'arcobaleno, egli rammentava non già tutti i colori dell'iride, ma bensì il solo verde: la tinta che risaltava nel centro.

---

[31] Pitigrilli (Dino Segre), *Gusto per il mistero*, Sonzogno, Milano, 1954, p. 87 e sgg..

[32] *Nota per questo volume*: il racconto si trova riprodotto anche in questo volume, p. 119.

[33] Fasolo, F., *Il signor Rol, Mago*, Epoca n. 20, 24/02/1951, pp. 39-41 [*riprodotto in questo volume*, p. 90 e sgg.].

Si domandò se un portentoso significato segreto si nascondesse nel colore verde. Di qui, egli mi disse, ebbero inizio i suoi studi: prima nei campi della fisica, dell'ottica e dell'acustica, poi nella sfera di fenomeni misteriosi (...).
[Mi disse inoltre:] "Io ormai avevo sviluppato in me stesso alcune sensibilità del tutto eccezionali: tra le altre, la capacità di sentire e distinguere, tramite il palmo delle mani, le vibrazioni dei colori"».

Quasi trent'anni dopo ne scriverà di suo pugno un'altra, poi pubblicata dal giornalista Renzo Allegri sulla rivista *Gente* nel 1977[34] e fornendo altri dettagli al giornalista Luigi Bazzoli per un articolo sulla *Domenica del Corriere* due anni più tardi[35] dove affermava di avere iniziato da solo nel 1925 a Marsiglia, a cercare di scoprire il colore delle carte da gioco dopo essere passato davanti alla vetrina di un tabaccaio, dove c'erano due mazzi esposti, uno col dorso in evidenza e l'altro no. Rol si chiese quale potesse essere il colore dell'altro mazzo e dopo aver deciso che poteva essere il giallo entrò per comprare i mazzi, ma rimase deluso nello scoprire che il mazzo col dorso coperto era nero. A partire da quel momento, per due anni consecutivi e ossessivamente, tentò e ritentò di indovinare i colori delle carte, fino a quando cominciò ad indovinarne in progressione un numero sempre maggiore, giungendo ad indovinare tutte e 52 le carte di un mazzo il 27 luglio 1927, a Parigi, dopo aver scoperto che ponendo la sua mano a poca distanza dalla carta poteva percepire una sensazione di calore differente a seconda che il seme della carta fosse rosso o nero. Il giorno successivo scrisse sulla sua agenda di lavoro:

«Ho scoperto una tremenda legge che lega il colore verde, la quinta musicale ed il calore. Ho perduto la gioia di vivere. La potenza mi fa paura. Non scriverò più nulla!»[36].

In altre occasioni fornirà ulteriori chiarificazioni, come ad esempio nel 1987 alla giornalista Paola Giovetti:

«Cominciai con le carte: perché non doveva essere possibile conoscere il colore di una carta coperta? Provai e riprovai, ma per molto tempo senza risultati. Poi un giorno guardando un arcobaleno ebbi la folgorazione: mi resi conto che il verde era il colore centrale, quello che teneva uniti gli altri. Misurai la

---

[34] Allegri, R., *Finalmente Rol rivela Rol*, cit..
[35] Bazzoli, L., *I capolavori che arrivano dall'aldilà*, Domenica del Corriere, 24/01/1979, pp. 80-85.
[36] Rol, G. A.,*"Io sono la grondaia..." Diari, Lettere, Riflessioni di Gustavo Adolfo Rol*, a cura di Catterina Ferrari, Giunti, Firenze, 2000, p. 38. Questa scoperta fu resa pubblica parzialmente già nel 1951 nell'articolo di *Epoca*.

vibrazione del verde e scoprii che era la stessa della quinta musicale, e che corrispondeva a un certo grado di calore. Così cominciai a indovinare esattamente le carte e, a poco a poco, a fare tutte le altre cose...»[37].

Da quel giorno del 1927 attraversa una crisi esistenziale, fino al punto di ritirarsi nel 1928 presso la casa religiosa Villa Santa Croce, a San Mauro Torinese, prendendo licenza dalla banca.
Rol si trovò al bivio se prendere gli abiti sacerdotali oppure vivere nel mondo con la sua nuova personalità spirituale. Per una via del tutto originale era pervenuto a quello che in Oriente è conosciuto come Risveglio, ma all'inizio non fu facile.
Fu assistito e consigliato dal padre gesuita Pietro Righini, direttore di Santa Croce[38], ma secondo quanto lui stesso raccontò fu la madre Marta a convincerlo che poteva essere utile al suo prossimo anche in abiti civili, e così pose termine al ritiro, durato tre mesi, ed iniziò il suo originalissimo apostolato, tenendo sempre come punto di riferimento la figura e l'insegnamento del Cristo.
A partire dagli anni trenta la sua fama si diffonde nei circoli dell'aristocrazia, della cultura e della politica. Gli si attribuiscono incontri con personaggi del mondo della politica tra cui Benito Mussolini, Charles De Gaulle, John Fitgerald Kennedy, la regina Elisabetta II, Giuseppe Saragat, Re Umberto di Savoia, Maria José di Savoia, papa Pio IX e molti altri, così come dello spettacolo, dell'arte (tra cui Pablo Picasso e Salvador Dalì) e della scienza (tra cui i già menzionati Einstein e Fermi), in alcuni casi non ancora documentati[39]. Sono invece accertate, tra le altre, l'amicizia con Federico Fellini (il quale a partire dagli anni '60 si consulterà spesso con Rol per ogni suo nuovo film), Franco Zeffirelli, Valentina Cortese, Cesare Romiti, Dino Buzzati, Guido Ceronetti, e la frequentazione della famiglia Agnelli. Tuttavia Rol mantiene sempre un

---

[37] Giovetti, P., *Svelato il mistero della sfera della conoscenza*, Astra, 01/09/1987, pp. 90-93. Franco Rol ha analizzato i vari racconti di Rol sulla sua iniziazione o auto-iniziazione ne *Il simbolismo di Rol* (Lulu Press, 2008/2012, p. 363 e sgg. della 3ª ed.) e ne *L'Uomo dell'Impossibile* (introduzione e appendici). A quanto pare vi è del vero in tutte le versioni, ma Rol ha raccontato frammenti diversi, anche simbolici, a persone diverse, come volendo lasciare sparpagliate di proposito le tessere di un mosaico.
[38] Cfr. Rol, F., *Il simbolismo di Rol*, cit., pp. 381-383.
[39] Di nessuno d'altronde si può dire che tutte le sue conoscenze siano state documentate... Nel caso di Rol inoltre, notizie biografiche particolareggiate – fatte rare eccezioni – sul suo conto sono trapelate solo negli ultimi 15 anni, e si ha motivo di ritenere che molto debba ancora emergere. *Aggiunta per questo volume*: scrivo questo nel 2014, al 2022 ciò si è rivelato senz'altro vero, come dimostrano questo stesso volume e il precedente, così come quanto ho pubblicato in *Fellini & Rol*. Ed altro materiale inedito deve ancora essere pubblicato.

profilo riservato e appare raramente in pubblico (non ha mai concesso interviste televisive, in sole due occasioni è intervenuto telefonicamente in diretta – ma non in video – in due trasmissioni della rete pubblica RAI, nel 1983 o 1984 a *Blitz* condotta da Gianni Minà, dove Rol ha risposto ad alcune domande del giornalista[40] e nel 1987 a *Domenica In* condotta da Raffaella Carrà[41], dove ha fatto un appello affinché i giovani di tutto il mondo chiedessero ai governanti delle due superpotenze di allora, Stati Uniti ed Unione Sovietica, di arrivare alla creazione degli "Stati Uniti del Mondo").

Negli ultimi anni di vita cercherà qualcuno a cui affidare le sue memorie, ma senza successo, limitandosi a lasciare agli amici e a qualche giornalista i frammenti separati dei suoi segreti.

Muore il 22 settembre 1994 all'ospedale San Giovanni Battista "Molinette" di Torino. Le sue ceneri riposano nella tomba di famiglia a San Secondo di Pinerolo.

Rol durante la seconda guerra mondiale

In qualità di Capitano degli Alpini partecipa alla seconda guerra mondiale ed è ricordato per aver salvato molte persone durante i rastrellamenti nazisti subito dopo l'8 settembre[42]. Per questo ricevette, a nome del *Comitato di Liberazione Nazionale*, una lettera di ringraziamento datata 3 maggio 1945 da parte del sindaco di San Secondo di Pinerolo, dove i Rol possedevano una casa di campagna che frequentavano soprattutto nel periodo estivo. Fu soprattutto qui che Gustavo salvò da sicura fucilazione da parte dei nazisti molti civili, barattando la loro grazia in cambio della riuscita di esperimenti che faceva quasi ogni sera per gli ufficiali tedeschi, che avevano posto il loro quartier generale proprio a casa dei Rol. Raccontò che in alcuni casi, oltre agli esperimenti, aveva salvato la vita a degli innocenti prendendo di sospresa, magari in mezzo alla strada, l'ufficiale responsabile nel dirgli cosa conteneva il cassetto del comodino della sua casa a Düsseldorf, o a un altro il contenuto di lettere private nella sua scrivania a Berlino. Uno di questo fatti è stato anche confermato da Gemma Castino Prunotto figlia di un amico di Rol di quell'epoca, il quale ne era stato un testimone diretto[43].

---

[40] *youtu.be/hgoMNlp1wxk*
[41] *youtu.be/dYTEvXGr2Ps*
[42] Si veda *La Storia siamo noi* (Rai Tre), puntata del 26/12/2007 dedicata a Rol, sulla traccia del documentario di Nicolò Bongiorno *Rol. Un mondo dietro al mondo*.
[43] Cfr. Rol, F., *L'Uomo dell'Impossibile*, episodi I-78, 78bis, 78ter, 78^{qua}, 78^{qui}, 78^{sex}

Quale ulteriore testimonianza di gratitudine dei sansecondesi nel 2005 è stata dedicata a Rol una piccola piazza del paese, dove già c'era da molto tempo una via dedicata alla famiglia (sulla quale si trovava la loro residenza).

La questione dei presunti "fenomeni paranormali"

La prima pubblicazione a larga diffusione in cui si parla di Rol risale al 1949, un articolo sul quotidiano *La Stampa*[44] della giornalista Laura Bergagna che era stata testimone del tragico incidente aereo in cui perse la vita il conte Giorgio Cini in Costa Azzurra. Rol aveva previsto l'incidente e aveva pregato in tutti i modi Cini di non partire con l'aereo, facendo la sera precedente una seduta di esperimenti per dissuaderlo, ma senza successo. In numerosi altri articoli successivi, venivano dati ulteriori dettagli[45]. L'episodio di precognizione è indubitabile, perché confermato da altri testimoni come André Sella, il proprietario dell'Hotel Du Cap scenario degli eventi, e dalle sue due figlie, Jolande[46] e Antoinette.
Meno di due anni più tardi, nel 1951, il settimanale *Epoca* dedicherà il primo – e uno dei pochi – servizi su di lui, e successivamente nel 1965, il noto scrittore Dino Buzzati, l'autore de *Il deserto dei Tartari* (uno dei 100 libri del secolo secondo una classifica di *Le Monde*) racconta in un lungo articolo sul *Corriere della Sera* la sua partecipazione a una sessione di esperimenti a casa di un'amica di Rol, che poi frequentò assiduamente. Alla fine degli anni '60 altri articoli comparvero su *Il Resto del Carlino* e all'inizio degli anni '70 su *La Stampa*, ma la notorietà, per decisione dello stesso Rol, arriverà solo nel marzo 1977, quando aveva già 74 anni, con l'accettazione della pubblicazione di 5 puntate a lui dedicate sul settimanale *Gente*, a firma del giornalista Renzo Allegri. "A firma" nel senso più letterale, dal momento che la condizione di Rol fu che gli articoli, dopo molte resistenze del giornalista, li avrebbe scritti (o riscritti) lui, per evitare qualsiasi tipo di errore o fraintendimento, visti alcuni precedenti che lo avevano particolarmente deluso.
L'anno seguente Allegri trasformerà quegli articoli in un capitolo dedicato a Rol in un suo libro[47], e nel 1986 amplierà ulteriormente questo materiale con foto e brani da altre fonti facendone la prima biografia su Rol[48].

---

[44] Bergagna, L., *Prevista la morte in una seduta spiritica*, La Stampa, 01/09/1949, p. 2.
[45] Cfr. *L'Uomo dell'Impossibile*, Appendice I, che raccoglie una analisi dettagliata di questo evento.
[46] Yolande.
[47] Allegri, R., *Viaggio nel paranormale*, Rusconi, Milano, 1978, pp. 5-52.
[48] Allegri, R., *Rol l'incredibile*, cit..

Si trattava però di una biografia non autorizzata, e Rol ne fu particolarmente amareggiato, principalmente per il carattere sensazionalista, ma anche per altre fondate ragioni[49]. Fu l'unico libro su di lui pubblicato quando era in vita.

Oltre ai giornalisti, tra la fine degli anni sessanta e l'inizio dei settanta studiosi di parapsicologia lo avevano incontrato e invitato poi a sottoporsi ad esperimenti controllati dalle pagine delle riviste *Metapsichica* (1966-1970) e *Quaderni di Parapsicologia* (1970), ma senza molto successo, viste le premesse già riferite in precedenza. Peraltro, pur Rol accettando di incontrare questi studiosi, dichiarava apertamente di non aver nulla a che vedere con la parapsicologia:

> «Ho sempre protestato di non essere un sensitivo, un veggente, medium, taumaturgo o altro del genere. È tutto un mondo, quello della Parapsicologia, al quale non appartengo...»[50].

Tutti gli studiosi che incontrarono Rol, anche se non ottennero le condizioni richieste per la sperimentazione, scrissero delle relazioni precise, con dovizia di particolari, dei loro incontri, ammettendo già al primo incontro il loro sbalordimento e confessando che probabilmente Rol era uno dei più dotati "soggetti" della storia della parapsicologia. Scrissero entusiasticamente di lui Nicola Riccardi[51], Piero Cassoli[52],

---

[49] Cfr. *Il simbolismo di Rol*, p. 30 e sgg.
[50] Rol, G.A., *La Scienza non può ancora analizzare lo Spirito*, cit..
[51] Alcuni giudizi espressi da Nicola Riccardi: «Da oltre 30 anni Gustavo Adolfo Rol dà dimostrazioni, soltanto per amicizia e senza alcuna remunerazione, attraverso le quali manifesta facoltà inabituali, fra le più imponenti del nostro mondo occidentale, che sbalordirebbero consessi di ricercatori psichici, seminari di fisici teorici e sperimentali...» (*Operazioni psichiche sulla materia*, Editrice Luce e Ombra, Verona, 1970, p. 101); «...si ritiene estraneo a tutto ciò che i ricercatori psichici hanno convenuto di chiamare paranormale. Gli esperimenti che gli stanno tanto a cuore, e che veramente sono impareggiabili, appartengono secondo lui alle manifestazioni della coscienza sublime. (...). Le costanti ed eccezionali possibilità contenute nella potenza della sua anima magica – anche se il termine non gli è gradito, non ce n'è uno più adatto nella nostra lingua – non sono esprimibili per parti analitiche» (*L'occulto in laboratorio*, pp. 151-152); «[Le] serate passate con Rol... sono soltanto indelebili» (*Gustavo Adolfo Rol*, Metapsichica. Rivista italiana di parapsicologia, Casa Editrice Ceschina, lug.-dic. 1966, p. 82); «... si resta sbalorditi dall'enorme spazio occupato dalla casistica rolliana. (...) Secondo i suoi amici questa facoltà di meravigliarci è in lui da oltre quarant'anni. Non c'è stoffa di ricercatore psichico, per quanto freddo e altero, che non esca sbalestrato da queste prove» (AA.VV., *Dibattito sui fenomeni provocati dal Dr. Rol*, Metapsichica, Ceschina, Milano, gen-giu. 1970, p. 16).
[52] Cfr. Cassoli, P. e Inardi, M., *Gustavo Adolfo Rol (Nota preliminare)*, Quaderni di Parapsicologia, n. 1, 26/01/1970, pp. 16-26. Dopo l'unico incontro avvenuto a casa di amici comuni, i dottori Franco e Gian Piero Bona, Cassoli scriveva che

Massimo Inardi[53] (il campione di *Rischiatutto*), Giorgio di Simone[54], Gastone de Boni[55] (l'allievo e continuatore di Ernesto Bozzano), Leo

---

«c'è l'eventualità che il Rol sia uno dei più formidabili medium della storia della PP [parapsicologia]» (p. 16). In una pubblicazione del 1999 Cassoli e la moglie Brunilde, anche lei presente a quell'unico incontro, riferiscono che «la nostra ammirazione era palese» e che «quanto avevamo veduto quella sera aveva del miracoloso» (Cassoli, B. e Righettini, P., *Un sole nascosto*, Phoenix Editrice, Roma, 1999, pp. 135-136). E poi: «Ciò che egli offriva allo sguardo di chi aveva la fortuna di vederlo all'opera era al di là di ogni attesa e di ogni immaginazione: tutto quello che allora uno studioso di parapsicologia poteva desiderare di vedere, Rol lo produceva a comando, con regolarità, semplicità, continuità sbalorditive» (p. 131). Franco Bona era rimasto stupito di sapere che Cassoli successivamente aveva manifestato dei dubbi su Rol, dichiarando nel 2002: «Cassoli lo ha conosciuto a casa nostra Rol... mi ricordo ancora lui e Inardi... erano stravolti... commossi addirittura. Per cui ho l'impressione che sia puramente una reazione... di rabbia, però un uomo del genere non dovrebbe farsi prendere dalla rabbia che sia stato escluso qualche volta. Quando sono venuti da me erano estremamente entusiasti...». (cfr.: *youtu.be/d9bz8C4BuKc*).

[53] Ecco una serie di giudizi espressi da Massimo Inardi: «Rol è veramente un uomo? O non piuttosto un essere super-umano? è egli forse uno strumento di Dio, di quel Dio che egli invoca tanto spesso e quasi in ogni occasione...?» (*L'eccezionale Gustavo Rol*, Esp, n.10, dicembre 1975, p. 27); Rol è «uno dei soggetti più interessanti, enigmatici e conturbanti oggi esistenti in Italia e nel mondo: ...da quasi 50 anni è protagonista di fatti talmente incredibili da renderlo quasi una leggenda agli occhi sia del pubblico che degli studiosi e tale da essere difficilissimo avvicinarlo. Dal 1927 Rol costituisce una specie di antologia o di enciclopedia di fatti paranormali (...). Quando Rol "lavora" si ha la sensazione di essere di fronte ad un fenomeno vivente dalle doti senza limiti, senza dimensioni e davvero senza frontiere: ci si sente piccoli ed impotenti di fronte a cose che hanno del sovrumano o addirittura del "non umano". Egli si esibisce con semplicità e con costanza come se per lui far vedere ciò di cui è capace fosse cosa da niente, ma sprezza apertamente gli studiosi ed i parapsicologi, in quanto li ritiene inetti a recepire il suo "messaggio", che ritiene troppo alto e spirituale per essere capito dai non iniziati e soprattutto per essere studiato. Egli lavora e basta, tenendosi per sé il suo segreto, che per lui, segreto non è in quanto lo considera patrimonio di ogni uomo che abbia intuito la sua realtà e che tale realtà, in quanto proveniente da Dio stesso, può essere rivelata ad ogni uomo che se ne renda degno con l'elevatezza dello spirito, con la rettitudine, con l'onestà e col disprezio delle cose terrene. (...) Ho assistito ad esperimenti strabilianti. È certo che stando vicino a Rol si ha l'impressione che l'uomo possa avere limiti e dimensioni ben più ampi di quelli che ad esso si sogliono assegnare, ma nel contempo si ha l'impressione di trovarsi di fronte ad un essere che di umano ha solo l'aspetto fisico e il comportamento, nonché il cuore: tutto il resto pare andare al di là di ogni concezione terrena delle possibilità umane» (*Parapsicologia*, Il Resto del Carlino, 10/06/1975, p. 16); «Rol...teme che la notorietà e la propaganda intorno al suo nome ed alle sue capacità possano snaturare il messaggio morale che il suo lavoro porta con sé, col risultato di renderlo meno puro e meno elevato. È perciò che egli vive isolato e schivo del prossimo e del

Talamonti[56] e altri[57]. Tra tutti, uno solo manifestò successivamente scetticismo: Piero Cassoli, che nel 1987, venti anni dopo aver assisitito

---

mondo, in quella solitudine di cui parlava Di Simone, solitudine che non è sdegno o volontario sprezzo del mondo, ma perfetta coscienza del pericolo di perdere un tesoro che – diffondendolo a chi non è pronto a riceverlo – potrebbe essere incompreso o malcompreso, senza lasciare un'impronta valida e giusta. Egli considera il mondo non preparato, per lo più soltanto curioso, alla ricerca di sensazioni più o meno epidermiche, per cui lo evita o esita ad accostarvisi con frequenza, concedendo ai non iniziati soltanto delle dimostrazioni semplici ed isolate che egli suole definire le "aste" o da "prima elementare", accuratamente selezionando le persone ed i gruppi con i quali approfondire e progredire con la propria opera di preparazione morale e spirituale» (*Gustavo Adolfo Rol. Il favoloso personaggio che da solo costituisce un'antologia delle capacità paranormali*, in: *Dimensioni sconosciute*, SugarCo, Milano, 1975, p. 159); «un uomo le cui doti infinite e generose di fratellanza, di aiuto e di amore verso il prossimo sono senza limiti e ormai proverbiali per chi lo conosce a fondo», un uomo dalle «infinite ed impensabili capacità e doti paranormali», un «formidabile, incredibile, conturbante ma anche enigmatico personaggio, la memoria delle imprese del quale potrebbe rappresentare per l'umanità oltre ad un qualcosa di scientifico, anche un qualcosa di utile e di costruttivo sulla strada della evoluzione e del perfezionamento dell'umanità, che egli afferma essere lo scopo che informa ed ha informato tutta la sua vita» (*ibidem*, pp. 181-182).
[54] Alcuni giudizi di Giorgio di Simone: «...un uomo diverso, completamente diverso dagli altri, sia per ciò che può fare più degli altri, sia perché umanamente, interiormente la sua vita può difficilmente essere paragonata a quella di chiunque altro» (*Gustavo Rol: una vita ai confini dell'impossibile*, Il Giornale dei Misteri, n. 54, settembre 1975, p. 34); «...come si fa a dare una sufficiente idea di quelle che furono le immense "possibilità" di Rol? È d'altra parte chiaro che la difficoltà sta anche nel fatto che si è costretti a lunghe descrizioni, talvolta complicate, mentre semplicissimi appaiono gli esperimenti quando avvengono sotto gli occhi» (*Oltre l'umano. Gustavo Adolfo Rol*, Reverdito, Trento, 2009, p. 88); «[il desiderio di Rol era di] veder considerati i suoi "esperimenti" non finalizzati a se stessi, ma soprattutto come un mezzo, e soltanto un mezzo, per esprimere molto di più, per aprire anche agli altri uno spiraglio di speranza, di minima "sicurezza" nell'eternità della personalità che vive in ognuno di noi» (*ibidem*, p. 11).
[55] De Boni ha dichiarato: «Ho incontrato le personalità più straordinarie della parapsicologia... ma Rol è la più straordinaria di tutte» (apud Lugli, R., *Il prodigioso "viaggio nel tempo" vissuto come in un sogno colorato*, La Stampa, 24/09/1972, p. 3). Cfr. anche: De Boni, G., *Nota del direttore della collana*, in: Riccardi, N., *Operazioni psichiche sulla materia*, Luce e Ombra, Verona, 1970, pp. 109-110).
[56] Leo Talamonti ha scritto di Rol in diverse pubblicazioni, tra cui: *Gente di Frontiera*, Milano, Mondadori, 1975, pp. 107-125; *La mente senza frontiere*, SugarCo, 1974, pp. 324-327; *Universo Proibito*, SugarCo, Milano, 1966, da cui la seguente citazione (p. 103): «Se la sua notorietà non è pari alle incredibili facoltà che possiede, ciò si deve al fatto che egli fa pochissime eccezioni alla regola – che si è imposta da tempo – di non offrire alcun pretesto alla curiosità futile e superficiale, e di non aprire il varco a interpretazioni che non condivide».

agli esperimenti di Rol, descritti in maniera positiva in una relazione del 1970[58], sentì il peso della accumulata frustrazione per non averlo più potuto incontrare, vedendo sfumare i suoi sogni di ricercatore, e scrisse una relazione dubbiosa. Oggi gli scettici fanno notare che anche un parapsicologo dubitò di Rol, ma ignorandone o occultandone le

---

[57] Paola Giovetti: «Chi è stato veramente Rol, questo signore elegante, ironico, coltissimo, dallo sguardo magnetico, che gioia come un bambino quando un esperimento riusciva (e riusciva sempre!), che sapeva consolare ed aiutare, che si divertiva a sorprendere i suoi amici con uno sfavillio sempre più accecante di meraviglie per le quali non parlò mai di "poteri" ma di "possibilità" e dalle quali non volle mai ricavare né pubblicità né denaro?» (Giovetti, P., *Gustavo Rol, il sensitivo gentiluomo*, Il Giornale dei Misteri, n. 393, luglio 2004, p. 12); «un personaggio e una fenomenologia che resteranno certamente unici nella storia della parapsicologia» (introduzione a: Lugli, R., *Gustavo Rol. Un vita di prodigi*, p. 13). Alfredo Ferraro: «Se non fosse per il suo riserbo, per lo sprezzo di tutto ciò che è meschinamente umano, per l'indignazione che mostra nei confronti di chi è solo schiavo delle cose terrene, per la sua fede in un Dio veramente immenso, per tanta bontà di spesso incognito benefattore, potrebbe essere ricchissimo e idolo del mondo intero. Sicuramente, dal punto di vista paranormale è uno dei soggetti più dotati che la storia della parapsicologia possa oggi annoverare...» (*Un personaggio eccezionale: il dottor Gustavo Adolfo Rol*, in: *Spiritismo: illusione o realtà?*, Edizioni Mediterranee, Roma, 1979, p. 179.); «...credo che di persone serie e informate, dubitanti in trucchi di Rol, non ne esistano» (*ibidem*, p. 172); «...uomo eccezionale sotto ogni punto di vista...» (*Testimonianza sulla Parapsicologia*, MEB, Padova, 1993, p. 178); «...il sapere da Rol particolari sui fenomeni da lui provocati è molto difficile... Li considera fatti normali, di cui ciascuno di noi sarebbe capace, se fossimo veramente in grado di trovare noi stessi, poiché nessuna dimensione è preclusa all'uomo spiritualmente evoluto» (*ibidem*, p. 179); «...egli possiede tutte le facoltà paranormali ad alto livello» (*ibidem*, p. 185). Pericle Assennato: «Questi fenomeni... erano la riprova – anche a chi non avesse assistito ad altre più sciocanti dimostrazioni del Rol, veri pugni nello stomaco all'osservatore più obiettivo – che esiste il fenomeno surreale o paranormale che dir si voglia. Perché... qui si assiste a fenomeni veramente surreali, come in un teatro dell'assurdo: al di sopra e al di fuori della realtà che conosciamo» (*Testimonianza e considerazioni sui fenomeni Rol*, Metapsichica, gen-giu 1970, pp. 3-5). Jacopo Comin: «[Quelle del dott. Rol sono] le più incredibili, le più fantastiche manifestazioni paranormali cui oggi sia dato assistere sotto qualsiasi cielo». (Comin, J., *Il favoloso dottor Rol*, Scienza e Ignoto, Faenza Editrice, Giugno 1973, p. 62). Il prof. Hans Bender, uno dei più seri studiosi in questo campo, laureato in medicina e filosofia, nel 1973 disse a Remo Lugli: «Andai appositamente a Torino per conoscerlo ed egli mi fece assistere a cose talmente straordinarie che avevano del miracoloso. Dedicherei un anno della mia vita a studiare il dott. Rol» (Lugli, R., *Gustavo Rol. Una vita di prodigi*, Mediterranee, 2008, p. 130). Nel 2017 è emersa l'intervista originale di Lugli a Bender, [che ho] pubblicata su Youtube: *youtu.be/l2EERKHn1aI*
[58] Cfr. nota 51.

circostanze, come dimostrato da Franco Rol[59]. I dubbi di Cassoli, condivisi anche da quei pochi altri scettici, erano dovuti al fatto che "dal momento che Rol rifiuta i controlli scientifici, ne consegue che potrebbe nascondere qualcosa, ovvero essere un illusionista", una logica semplicistica che presenta la comodità di non affrontare seriamente la questione.

Ad ogni modo, dalle varie testimonianze e dai resoconti dei cronisti, emergeva la figura di un uomo incredibile, fuori dal tempo, apparentemente dotato di poteri illimitati (telepatia, chiaroveggenza, precognizione, bilocazione, traslazione, viaggi nel tempo, levitazione, elasticità del corpo, telecinesi, materializzazione e smaterializzazione di oggetti, attraversamento di superfici, folgorazione e altri) che viveva una vita riservata, immerso nella ricerca della conoscenza, circondato da libri, enciclopedie e pregevoli oggetti di antiquariato, in una casa-museo ricca di cimeli napoleonici (Rol era infatti un estimatore dell'imperatore francese).

Inoltre Rol frequentava assiduamente gli ospedali dove spesso in forma anonima portava sollievo sia psicologico che spirituale alle persone che ne avevano più bisogno. A seconda dei casi, poteva anche intervenire con i suoi poteri terapeutici, dal grado più semplice che era costituito da una azione antidolorifica, ai gradi più elevati come l'eliminazione di tumori. Ad esempio, un caso ancora poco conosciuto perché Rol non voleva che fosse pubblicizzato ha visto protagonista il regista Federico Fellini. Ecco cosa scrive Franco Zeffirelli nella sua autobiografia:

> «La ragione per cui in un primo tempo avevo esitato a contattare Rol, era un episodio capitato a Federico Fellini, che avevo trovato piuttosto inquietante. Rol aveva consigliato a Fellini di abbandonare il progetto del film al quale stava lavorando, *Il Viaggio di Mastorna*, una rielaborazione, al modo di Fellini, dell'Inferno dantesco. [*Fellini tuttavia era contrario e voleva portarlo avanti, fino a quando nell'aprile 1967...*] Dovettero ricoverarlo e gli esami clinici accertarono che aveva una massa di tessuti cancerosi allo stomaco. (...) Dal momento in cui Fellini annunciò pubblicamente di rinunciare al film, (...) cominciò a star meglio. E gli esami radiologici dimostrarono un evidente miglioramento finché, in un paio di settimane, il tumore era praticamente scomparso. Il produttore Dino De Laurentiis, che era uno di poche parole ma di molti fatti, si infuriò, e fece causa a Fellini con feroce accanimento, cercando di screditare il regista con l'affermazione che i raggi X originali, da cui risultava il male, erano di qualcun altro: un trucco infame, sosteneva De Laurentiis.

---

[59] Cfr. *Il simbolismo di Rol*, p. 97 e sgg.

> I medici erano sorpresi quanto lui, e non seppero spiegare il mistero della scomparsa del tumore. Le lastre però eran lì, a dimostrare che il tumore era realmente esistito e poi era scomparso. E le lastre, fu dimostrato, erano di Federico e non di qualcun altro»[60].

In questo come in altri casi, Rol agiva a distanza, non aveva cioè bisogno di essere al capezzale del malato per guarirlo. Quando questo invece avveniva, poteva agire o con l'imposizione delle mani sulla parte del corpo malata, che veniva sanata o immediatamente o dopo qualche azione ripetuta, oppure con quelli che Rol chiamava "soffioni verdi", soffiava cioè in maniera intensa e ripetuta sulla parte malata ottenendo lo stesso effetto.
Poteva inoltre percepire l'Aura intorno al corpo umano, che gli permetteva di diagnosticare eventuali malattie a seconda dei colori, ovvero delle frequenze, emesse dai vari organi. E poteva anche mettere altri in condizione di avere la stessa percezione, come anche di realizzare i suoi stessi esperimenti[61].
Le dichiararazioni entusiastiche su Rol sono centinaia, e sarebbero migliaia se tutti coloro che lo conobbero avessero concesso interviste o lasciato per iscritto la loro testimonianza. A titolo meramente rappresentativo, oltre alle opinioni degli studiosi di parapsicologia che sono state citate in nota, ecco cosa scrisse Federico Fellini in un suo libro del 1980:

> «Ciò che fa Rol è talmente meraviglioso che diventa normale; insomma, c'è un limite allo stupore. Infatti le cose che fa, lui le chiama "giochi", nel momento in cui le vedi per tua fortuna non ti stupiscono, nel ricordo assumono una dimensione sconvolgente.
> Com'è Rol? A chi assomiglia? Che aspetto ha? È un po' arduo descriverlo. Ho visto un signore dai modi cortesi, l'eleganza sobria, potrebbe essere un preside di ginnasio di provincia, di quelli che qualche volta sanno anche scherzare con gli allievi e fingono piacevolmente ad interessarsi ad argomenti quasi frivoli. Ha un comportamento garbato, impostato a una civile contenutezza contraddetta talvolta da allegrezze più abbandonate, e allora parla con una forte venatura dialettale che esagera

---

[60] Zeffirelli, F., *Autobiografia*, Mondadori, Milano, 2006, pp. 280-281. Una versione "ufficiale" affermò che inizialmente era stato sospettato un cancro, successivamente dopo oltre un centinaio di lastre eseguite in poche ore i medici sostennero trattarsi di pleurite, e infine di sindrome di Sanarelli-Schwartzman. *Aggiunta per questo volume*: ho accennato a questo caso in *Fellini & Rol*, nota 78 p. 54.
[61] Cfr. *L'Uomo dell'Impossibile*, cap. X.

volutamente, come Macario, e racconta volentieri barzellette. Credo che la ragione di questo comportamento – a volte ha il buon umore chiassoso di un viaggiatore di commercio che ha deciso di intrattenere i compagni di viaggio – sia nella sua costante e previdente preoccupazione di sdrammatizzare le attese, i timori, lo sgomento che si può provare davanti ai suoi traumatizzanti prodigi di mago. Ma, nonostante tutta questa atmosfera di familiarità, di scherzo tra amici, nonostante questo suo sminuire, ignorare, buttarla in ridere per far dimenticare e dimenticare lui per primo tutto ciò che sta accadendo, i suoi occhi, gli occhi di Rol non si possono guardare a lungo. Son occhi fermi e luminosi, gli occhi di una creatura che viene da un altro pianeta, gli occhi di un personaggio di un bel film di fantascienza.
Quando si fanno "giochi" come i suoi, la tentazione dell'orgoglio, di una certa misteriosa onnipotenza, deve essere fortissima. Eppure Rol sa respingerla, si ridimensiona quotidianamente in una misura umana accettabile. Forse perché ha fede e crede in Dio. I suoi tentativi spesso disperati di stabilire un rapporto individuale con le forze terribili che lo abitano, di cercare di definire una qualche costruzione concettuale, ideologica, religiosa, che gli consenta di addomesticare in un parziale, tollerabile armistizio la tempestosa notte magnetica che lo invade scontornando e cancellando le delimitazioni della sua personalità, hanno qualcosa di patetico ed eroico.
I "giochi" di Rol sono uno spettacolo tonificante per chiunque lo accosti con una vera disponibilità. Cioé con l'innocenza di un bambino o con il sostegno di una scienza non rigida, aperta, che non si metta in conflitto con le forme inattese della verità. Il che è anche più bello, certo più generoso. (...)
Rol è un personaggio fuori della misura abituale di coloro che operano nel campo della parapsicologia»[62].

Non tutti però erano disposti a credere a queste testimonianze. Come già riferito, il giornalista Piero Angela nel 1978 mise in dubbio l'autenticità degli esperimenti a cui aveva assisito, così come in seguito lo scienziato torinese Tullio Regge, entrambi concordi sul fatto che solo un esperimento effettuato in condizioni di controllo, con la presenza di un prestigiatore per evitare la possibilità di un trucco, e replicabile, avrebbe consentito di accertare la reale natura paranormale dei fenomeni che si producevano con Rol[63].

---

[62] Fellini, F., *Fare un film*, Einaudi, Torino, 1980, pp. 89-90.
[63] Nel 1986 in una lettera pubblicata su *La Stampa*, Regge dichiarò: «Non possiedo d'altra parte elementi di giudizio tali da poter criticare o avallare gli esperimenti del dottor Rol.» (Rol&Regge, *Scienziati e sensitivi, perché così*

Come è già stato detto però, tali premesse metodologiche si scontravano con quelle di Rol, il quale peraltro non era prevenuto nei confronti degli illusionisti, nonostante la falsa diceria messa in giro dai più scettici che si rifiutasse di incontrarne. Ne ha ospitati a casa sua almeno 5, tra cui due famosi professionisti, ma solo a titolo amichevole, ovvero a prescindere dal fatto che si occupassero di illusionismo. Per Rol contavano infatti le persone, non le professioni.

La testimonianza forse più decisiva, su questo fronte, è quella di Carlo Buffa di Perrero, perché ebbe modo insieme al padre di verificare in più occasioni l'autenticità degli esperimenti di Rol.

Buffa di Perrero si occupa di turismo, ma sin da bambino ha la passione dei giochi di prestigio, che era anche quella del padre Ermanno Buffa di Perrero, pluridecorato per meriti bellici e civili, e direttore del *Club Alpino Italiano*.

Le famiglie Rol e Buffa avevano occasione di incontrarsi frequentemente, o a Cavour, antica residenza dei conti di Perrero, o a Torino. E in tali

---

nemici?, La Stampa, 11/07/1986 p. 3). Diciotto anni più tardi, in quel tipico effetto psicologico che a distanza di tempo un certo pregiudizio, se non trova ulteriori elementi a sovvertirlo, si rafforza, Regge affermerà: «Personalmente io ho visto solamente esperimenti fatti con carte da gioco e non ho rilevato di certo facoltà paranormali; in molti casi usò in modo ovvio le "forzature" dei prestigiatori» (Regge T., *Personalità magnetica e inimitabile*, La Stampa, 23/09/1994, p. 19). Curioso che questa "ovvietà" sia sfuggita a persone che certamente sono più esperte di Regge in questo campo, come i prestigiatori che hanno visto gli esperimenti (si vedano note seguenti). Rol dal suo canto raccontò come andò il secondo incontro, presenti il prof. Giovanni Sesia con la moglie, e Magda Olivetti: «Tullio Regge è venuto da me, accompagnato da un professore famoso di medicina, con la moglie e con un'altra persona, e hanno portato le carte, e mi hanno fatto stare con le mani dietro allo schienale, e lui le ha mescolate sotto il tavolo. E poi io gli ho detto: "Pensi una carta. La pensi soltanto". Lui dice: "L'ho pensata". "Allora metta quel mazzo che ha mescolato sul tavolo". "Posso cambiare la carta?". "La cambi pure". Allora ha pensato un'altra carta. "Posso di nuovo mescolare?" "Mescoli!". Io avevo sempre le mani dietro lo schienale. Bene, allora ha messo sul tavolo il mazzo che lui aveva mescolato. "Lo tagli". Lo taglia e salta fuori l'asso di fiori. Dico: "Aveva pensato l'asso di fiori?" "Sì, una combinazione... Lo rifaccia!" "Non sono Dio! È venuto, ma non sono Dio da poterlo rifare, questo!". E lui mi ha detto: "Ma io non posso ammetterlo, perché bisognerebbe che ci venga un prestidigitatore a dirmi che noi non siamo tutti suggestionati, o che Lei ha fatto qualche cosa che noi non ce ne siamo accorti. Scientificamente, io non posso in laboratorio ammettere una cosa simile"» (trascrizione letterale della traccia audio n. 8 dal CD allegato a: Dembech, G., *Gustavo Adolfo Rol. Il grande precursore*, L'Ariete, Settimo Torinese, 2005). Questo racconto è stato confermato da tutti i presenti, e Regge non lo ha mai smentito negli ultimi 20 anni (inizialmente pubblicato in: Dembech, G., *Torino città magica vol. 2*, Edizioni L'Ariete, Settimo Torinese, 1993).

occasioni, soprattutto negli anni '60 e '70 quando Carlo era giovane, Rol faceva i suoi esperimenti come di consueto, e Carlo tentava di scoprire il trucco, come ha raccontato più volte[64], senza mai trovarlo.

I Buffa furono inoltre tra i promotori e fondatori del futuro *Circolo Amici della Magia* di Torino, il più noto club di illusionisti italiano.

Ermanno vi introdusse tra l'altro Elio De Grandi, che poi prenderà il nome d'arte Alexander, che negli anni '80 conoscerà Rol, anche se non per suo tramite, ma attraverso la cugina Elda Rol (moglie del pilota Franco Rol) all'epoca assidua giocatrice di bridge e promotrice di tornei.

Anche Alexander in più occasioni ha parlato positivamente di Rol, sebbene a differenza dei Buffa ha dichiarato di non aver assistito agli esperimenti. Ha però testimoniato direttamente un episodio di chiaroveggenza e ha conosciuto diverse persone degne di fiducia che gli hanno raccontato episodi così chiari dal punto di vista del loro svolgimento, da portarlo a propendere per la autenticità della fenomenologia di Rol[65].

L'altro illusionista professionista ad aver conosciuto Rol è Tony Binarelli, che fu invitato una sera a casa sua e assistette alla materializzazione di un acquerello senza riscontrare alcun tipo di manipolazione[66].

Infine, degna di nota in questo ambito la testimonianza del prof. Giuseppe Vercelli, psicologo e prestigiatore amatoriale[67], il quale assistette ad alcuni esperimenti con le carte senza che Rol fosse informato del suo hobby e che fosse socio del *Circolo Amici della Magia*. Vercelli ha dichiarato, senza alcuna ombra di dubbio, che Rol non toccava le carte, facendole maneggiare solo ai presenti, cosa che sarebbe impossibile per un

---

[64] Ad esempio durante una trasmissione televisiva sulla rete piemontese Telestudio (26/05/2004): «Io ho visto da lui degli esperimenti. Li ho guardati con senso critico, perché cercavo di sorprenderlo credendo che facesse dei giochi di prestigio. (...) Posso confermare, testimoniare – ma veramente – che cosa ha fatto lui non aveva dei principi da giochi di prestigio. Questo è molto importante. Bisogna che i prestigiatori ammettano questa dote di Rol, non faceva degli imbrogli perché non era in grado di farli, perché non manipolava le carte, non c'erano dei 'passanti', non c'erano degli strumenti che noi usiamo per fare i giochi di prestigio» (*youtu.be/gBJ-01sJo74*). Si veda anche: *youtu.be/kruS22sf4lQ*
[65] La testimonianza di Alexander, resa in più occasioni, la si può vedere qui: *youtu.be/ffyfeIUU-Hk*
[66] «Da lui sono stato una volta. (...) Da prestigiatore non mi sono spiegato ciò che ho visto» (Giovetti, P., *Vi racconto come piego i cucchiai col pensiero*, in: *Visto*, n. 13, 30/03/2007, p. 75). Più estesamente in: Binarelli, T., *Fellini e Rol*, in: *Quinta dimensione*, Mediterranee, Roma, 2008, pp. 61-64.
[67] Docente di Psicologia del Lavoro a Torino, Psicologo dello sport della Federazione Italiana Sport Invernali e della Federazione Italiana Canoa e Kayak, oltre che Responsabile Scientifico del Centro Studi di Juventus University.

prestigiatore[68]. La sua testimonianza coincide con quella di altre decine di persone, che pur non conoscendo i trucchi degli illusionisti hanno la certezza dell'autenticità di questi esperimenti soprattutto per tale motivo, tanto più che molto spesso i mazzi venivano portati da loro ed erano ancora nuovi e sigillati, e in certi casi persino in luoghi distanti da Rol, che realizzava gli esperimenti per telefono. Come ha dichiarato Alexander, «se le condizioni riferite da decine di testimoni sono proprio quelle» (ovvero, Rol non toccava le carte), «allora nessun prestigiatore sarebbe in grado di riprodurre gli esperimenti di Rol» con le carte[69].

L'esperto di mentalismo Aroldo Lattarulo, in una sua pubblicazione del 2014[70], analizza le pretese dei detrattori di spiegare la fenomenologia di Rol con l'illusionismo arrivando alla conclusione che vi siano troppi elementi che contraddicono questa ipotesi, propendendo invece a considerare Rol e le sue ragioni come autentiche. Franco Rol, un cugino di Gustavo che ha conosciuto piuttosto bene[71] sin da bambino, curatore di un sito a lui dedicato[72] e autore di studi approfonditi[73], ha portato all'evidenza dei ricercatori[74] che vi sarebbe un precedente agli esperimenti di Rol con le carte (che lui considerava l'ABC delle sua fenomenologia) che fornirebbe la prova del nove della loro autenticità, oltre a parametri complementari che permetterebbero altresì di comprenderne la dinamica.

---

[68] «Per quanto riguarda gli esperimenti io non dissi mai a Rol che facevo parte del *Circolo Amici della Magia* di Torino. Mi dilettavo nella prestidigitazione. E lui faceva spesso degli esperimenti di carte. La cosa curiosa è che lui non toccava queste carte. E questo è assolutamente certo, anche perché io in quel momento avevo un occhio critico. Quindi la cosa che mi ricordo di più, che più era evidente, che mi sorprendeva, mi divertiva – anche se non mi ponevo troppe domande nel momento – era proprio che queste carte venivano spesso trovate girate al contrario, pur lui non toccandole, e io di questo sono assolutamente certo.» (Documentario di M. Bonfiglio: *Rol. L'uomo, il mistero, la vita*, 2005. Estratto: *youtu.be/ie7GDS2KsGg*).

[69] Cfr. nota 64.

[70] Lattarulo, A., *Gustavo Adolfo Rol. Solo un mentalista?*, Lulu Press, 2014. Lattarulo è membro del *Psychic Entertainers Association*, autore di voluminose opere sull'argomento. Nel 2016 ha pubblicato un secondo volume: *Gustavo Adolfo Rol. Indagine sugli esperimenti*, dove conferma e rafforza le sue considerazioni precedenti. I due volumi sono stati uniti nel 2017 in un'unica monografia (*Indagine su Gustavo Rol - Volumi 1 e 2*).

[71] Franco Rol è nipote per parte materna dell'omonimo industriale chimico e pilota di automobilismo, cugino di qualche grado di Gustavo Adolfo Rol.
Aggiunta per questo volume: in un articolo formale come questo, è prassi (anche accademica) citare se stessi in terza persona.

[72] *www.gustavorol.org*, inaugurato nel 2000 (inizialmente col suffisso ".it").

[73] *Il simbolismo di Rol* (2008), *L'Uomo dell'Impossibile* (2012-2022), *Fellini & Rol* (2022), ed anche articoli, prefazioni, postfazioni e appendici in altre monografie su Rol.

[74] Cfr. *L'Uomo dell'Impossibile*, voll. I-II, introduzione e appendici II, III e IV.

Ha fatto anche notare che tali esperimenti sono fondamentali per capire le sue altre "possibilità" (50 secondo la sua classificazione[75]), perché rivelerebbero una struttura di carattere matematico in stretta relazione con il sistema nervoso degli esseri viventi.

Dopo la morte di Rol sono proliferate le biografie, gli articoli e le trasmissioni televisive, a cominciare da *Stargate* su *La7* nel 2001 e 2002, e raggiungendo il culmine in occasione del centenario della nascita, nel giugno 2003, quando gli fu dedicata una puntata della trasmissione *Porta a Porta* su Rai Uno e il quotidiano *La Stampa* gli riservò numerosi articoli e pagine intere.

Il 28 marzo 2007 il giornalista Corrado Augias dedicò a Rol una puntata della sua trasmissione *Enigma*, così come il 26 dicembre dello stesso anno fece Gianni Minoli per la sua trasmissione *La storia siamo noi*.

Nel 2008 *History Channel* ha trasmesso a più riprese un documentario dedicato a Rol prodotto e diretto da uno dei figli di Mike Bongiorno, Nicolò (*Rol. Un mondo dietro al mondo*), mentre il programma *Voyager* condotto da Roberto Giacobbo ha mandato in onda il suo servizio più lungo su Rol nel gennaio 2013, dopo avergli dedicato brevi spazi in occasioni precedenti.

Sono attualmente allo studio vari progetti per trasporre l'affascinante storia di Rol in opere cinematografiche, teatrali e televisive[76].

Il pensiero

Il pensiero di Rol può riassumersi sinteticamente abbastanza bene in queste parole di Dino Buzzati:

> «Rol dichiara di non essere un medium. Rol, cattolico convinto, non crede che l'anima dei morti possa tornare fra noi e manifestarsi. Crede che, all'atto della morte, l'anima torni alle origini, ma sulla terra possa restare un quid, chiamiamolo pure "spirito", cioè la carica di vitalità e di intelligenza che l'uomo trasmise alle sue opere. Questo "spirito" può, in determinate circostanze, ripetere cose che aveva fatto durante la vita, non mai creare qualcosa di nuovo o rivelare i segreti dell'aldilà. Il Ravier che tra poco dovrebbe dipingere... non è l'anima del defunto pittore bensì quella parte spirituale di lui che fu spesa su questa

---

[75] 49 fino al 2020, quando si è aggiunta la *resuscitazione*.
[76] *Nota per questo volume*: del 2016 è il breve quanto ben fatto documentario *Rol: la scienza e lo spirito*, Bamboo Productions; del 2019 il documentario *Gustavo Rol e lo spirito intelligente*, Villa e Danelli Production, presenti entrambi in rete; per il 2023 è atteso un docufilm di Anselma Dell'Olio, già realizzatrice di *Fellini degli spiriti* (2020) e *Franco Zeffirelli conformista ribelle* (2022).

terra e che qui continuerà a esistere anche fra cento milioni di anni»[77].

Il quid di cui parla Buzzati, Rol lo ha definito "spirito intelligente", ed è analogo al "residuo psichico" di cui parla la tradizione metafisica, come ben spiegato da René Guénon[78].
Ma ecco come Rol stesso spiega di cosa si tratta:

> «Ogni cosa ha il proprio spirito le cui caratteristiche stanno in rapporto alla funzione della cosa stessa. Quello dell'uomo però è uno "spirito intelligente" perché l'uomo sovrasta ed è in grado, per quanto lo riguarda, di regolare, se non di dominare, gli istinti che sospingono incessantemente tutto ciò che esiste e si forma. Questa prerogativa dell'uomo è sublime e tale la riconosce nel preciso istante che egli la percepisce. Ho definito coscienza sublime ogni impegno volto a raggiungere, sia pure attraverso la materia, dimensioni fuori della consuetudine. Ammesso che la genialità faccia ancor parte dell'istinto, i prodotti della genialità appartengono invece a quella libertà di creare che è prerogativa dello "spirito intelligente" dell'uomo, quindi ben oltre l'istinto stesso. Questa considerazione sarebbe sufficiente a comprendere l'esistenza dell'anima la quale si identifica poi in quell'armonia universale alla quale contribuisce e partecipa. Quando mi venne chiesto di esprimere il mio pensiero a proposito della medianità e dello spirito non ho esitato a rispondere che ogni individuo possiede un certo potenziale di medianità. Sul significato di questa parola però ho posto delle riserve di ordine etico e biologico. Per quanto riguarda lo spiritismo, invece, mi trovai in perfetta collisione e collusione e ciò proprio a causa dello "spirito intelligente". Con l'arresto di ogni attività fisica – la morte del corpo – l'anima si libera ma non interrompe la propria attività. Lo "spirito intelligente", invece, rimane in essere e... anche operante»[79].

---

[77] Buzzati, D., *Un pittore morto da 70 anni...*, cit.
[78] Cfr. *Errore dello spiritismo*, Luni Editrice, Milano, 1998. *Aggiunta per questo volume*: in Rol la nozione è più estesa, ma quanto ne scrisse Guénon ormai un secolo fa (1923) è più che sufficiente, e indispensabile, come punto di riferimento preliminare. In uno studio futuro andrò più nel dettaglio.
[79] Lugli, R., *Gustavo Rol. Una vita di prodigi*, cit., 3ª ed. 2008, p. 27.
Aggiunta per questo volume: in una registrazione degli anni '70 del mio Archivio, Rol aveva poi detto a Lugli di togliere l'avverbio «forse» (ma nel suo libro è rimasto come era anteriormente: «rimane in essere e, forse, anche operante»), cfr. *Il simbolismo di Rol*, p. 497.

L'altra nozione chiave del pensiero di Rol è quella di "coscienza sublime" cui fa cenno nel brano citato. Un amico di Rol, Pierlorenzo Rappelli, riferiva negli anni '60:

> «Egli asserisce di fare esperimenti di "coscienza sublime" ed aggiunge che la "coscienza sublime" è una tappa avanzata sulla strada della conoscenza dell'anima, oltre quella sfera dell'istinto esplorata da Freud»[80].

In diverse occasioni Rol fornisce altre indicazioni. Ecco degli estratti:

> «La "Coscienza Sublime" non è una religione e neppure una scienza. Se vuole può considerarla, sotto un certo aspetto, come una filosofia. In ogni caso è una tappa raggiunta sulla strada della conoscenza dell'anima. Alla "Coscienza Sublime" si accede attraverso una vera e propria iniziazione, dove l'esistenza di Dio, la sopravvivenza dell'anima e l'assenza di qualsiasi speculazione morale e materiale formano la base di tutto l'edificio»[81].

> «Lo stato di coscienza sublime è l'unione con l'Assoluto, un Tutto, un'interezza senza separazione alcuna»[82].

> «Quando si entra nella sfera della "Coscienza Sublime" tutto diventa possibile»[83].

Franco Rol ha messo in relazione la "coscienza sublime" con lo stato più alto della coscienza così come riferito da varie tradizioni spirituali, come ad esempio il *nirvāṇa* e il *samādhi* della tradizione indù, il *fana'a* di quella islamica o il *satori* di quella zen. Da anni sostiene inoltre che la "legge" che Rol scoprì nel 1927 è riconducibile alla metafisica e alla pratica dello yoga[84]. Ha anche sempre insistito nel definire Rol come

---

[80] AA.VV., *Dibattito sui fenomeni provocati dal Dr. Rol*, Metapsichica, cit., gen-giu. 1970, p. 24.
[81] Fasolo, F., *cit.*
[82] in: Giordano, M. L., *L'uomo che si fa medicina*, L'Età dell'Acquario, Torino, 2004, p. 135.
[83] Fasolo, F., *cit.*
[84] Ha esposto il tema per la prima volta nel 2003 nell'ambito della conferenza a Torino per il centenario della nascita di Rol, quindi sul sito *gustavorol.org* nel 2004 e poi in una appendice scritta nel 2005 per il libro di V. Mercante, *Il Mistero e La Fede*. Vi è poi tornato a più riprese, in particolare nell'articolo per la rivista *Mistero* dell'agosto 2021 (*Rol, un Buddha occidentale del XX secolo*, pp. 35-46). Nel 2003 aveva creato una associazione denominata S.E.N.T., *Società Europea di NeuroTeologia*, termine quest'ultimo coniato nel 2000 (quando non esistevano dizionari o pagine web in qualsiasi lingua che lo menzionassero) con l'intento di

"Maestro spirituale occidentale, Illuminato, Risvegliato", laddove i cronisti – salvo rare eccezioni – lo definivano prevalentemente "sensitivo", una qualifica molto limitata che non tiene conto della complessità del personaggio, ma solo di una delle caratteristiche del suo status di Maestro, o *Siddha Guru*.
La più completa definizione che Rol diede invece di se stesso fu la seguente:

> «Io debbo necessariamente agire con 'spontaneità', quasi "sotto l'impulso di un ordine ignoto" come disse Goethe. Mi sono definito "la grondaia che convoglia l'acqua che cade dal tetto". Non è quindi la grondaia che va analizzata, bensì l'acqua e le ragioni per le quali "quella Pioggia" si manifesta. Non è studiando questi fenomeni a valle che si può giungere a stabilirne l'essenza, bensì più in alto dove ha sede lo "spirito intelligente" che già fa parte di quel Meraviglioso che non è necessario identificare con Dio per riconoscerne l'esistenza. Nel Meraviglioso c'è l'Armonia riassunta del Tutto e questa definizione è valida tanto per chi ammette quanto per chi nega Dio»[85].

Come segnalato da Buzzati, Rol era cattolico, ma al tempo stesso amava tutte le religioni, rispettandole ed avendo una conoscenza profonda delle varie dottrine.
Considerava tuttavia come suo punto di riferimento fondamentale l'insegnamento e la vita di Gesù Cristo.

---

riassumere in un solo vocabolo la scienza dello yoga secondo un approccio non solo metafisico ma anche scientifico. Ha poi scoperto che già Aldous Huxley lo aveva usato nel 1962 nel suo romanzo *Island*, con significato molto simile, e partendo dalle stesse considerazioni sia scientifiche che spirituali, e che alcuni studiosi americani lo avevano usato successivamente in riviste di nicchia prendendolo in prestito proprio da Huxley.

[85] Rol, G.A., *La Scienza non può ancora analizzare lo Spirito*, cit.. Occorre aggiungere che in altre circostanze Rol aveva fatto riferimento a se stesso come a "*il Grande Precursore*", "*l'Uomo dell'Impossibile*" e "*portavoce* di Colui che è il Padrone di tutti". Si veda la FAQ n. 6 su: *gustavorol.org*

Pitigrilli e Rol
(1940-1942)

Il primo a scrivere in modo esteso di Rol fu Dino Segre (1893-1975), in arte Pitigrilli, giornalista e scrittore, autore di romanzi di successo anche all'estero. Come emerge dalla documentazione inedita che qui presento[1], conobbe Rol nel 1940 e lo frequentò per il resto della sua vita.
Le lettere pervenute sono degli anni 1940, 1942, 1950, 1951 e 1969.
In questo capitolo pubblico quelle del 1940 e 1942, cui seguiranno altre di altri autori, quindi riprenderò le rimanenti così come i capitoli dal libro "Gusto per il mistero" (1954), dedicati a Rol, versione in italiano degli articoli pubblicati nel maggio 1952 sul quotidiano argentino "La Razón", e un articolo scritto nel 1965 per la rivista francese "Planète".

Le lettere del 1940 sono scritte con inchiostro di colore verde.

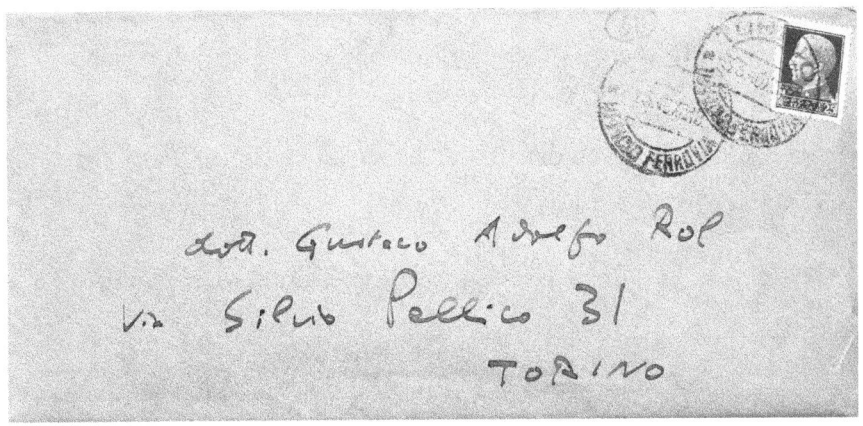

(foto © Franco Rol – Archivio Storico del Comune di Torino)

---

[1] Salvo dove diversamente indicato, tutte le lettere del volume provengono dall'Archivio Storico del Comune di Torino, fotografate dall'Autore.

Quella che segue potrebbe essere la prima lettera scritta da Pitigrilli a Rol. Essa non è datata, ma il timbro postale sulla busta (pag. precedente) reca 3.3.1940. Il 3 marzo infatti era domenica. Da ciò che scrive, si comprende che ancora non erano amici e che erano all'inizio della loro frequentazione, e forse il giorno prima, 2 marzo 1940, fu quando si incontrarono per la prima volta[2].

Torino, domenica, 3 [marzo 1940]

Egregio dottore,

mi permetta di esprimerle la mia riconoscenza per la prova di simpatia che mi ha dato ieri sera, guidandomi al di là delle strade quotidianamente garrule. Non le dico parole di elogio perché lei non le vuole. D'altronde occorrerebbero parole che non sono registrate nei nostri dizionari.

Stamane ho preso un mazzo di carte e mi sono provato a indovinare il colore: ho indovinato con un'approssimazione sensibilmente superiore al 50%. Il caso? Non so[3]. Valuti lei.

Non oso sperare di riuscire. Ma questi fenomeni esercitano su di me un'attrazione irresistibile.

Gradisca, dottore, una cordiale stretta di mano.

Pitigrilli
Corso Peschiera, 28
Telef. 50890

---

[2] In passato, in mancanza di dati precisi, avevo supposto che potessero essersi conosciuti alla fine degli anni '30. Non è escluso comunque che telefonicamente si fossero già parlati in quegli anni.

[3] Probabilmente no. È capitato anche ad altri di provare a fare esperimenti con le carte nelle ore o giorni successivi al loro incontro con Rol con risultati analoghi, superiori alla media. Ad esempio, Giorgio di Simone aveva raccontato nel 1970 di essere «riuscito a realizzare a casa mia alcuni semplici esperimenti (si fa per dire!) sulla scorta delle mie osservazioni e delle intuizioni avute [*durante il primo incontro con Rol*]. Per ben 15 volte (su un totale di circa 70 prove) sono riuscito (da solo o facendo maneggiare il mazzo di carte *da altri*) a determinare *a priori* la posizione di una carta campione (scelta in un secondo mazzo, secondo il sistema usato da Rol)»; nel 1996 specificava che «l'esperimento da me tentato (e riuscito ben 15 volte) consisteva nel "far andare" in cima al mazzo la carta prescelta. Questo straordinario "effetto Rol" (una sorta di trasmissione di poteri) andò lentamente declinando e sparì completamente dopo una quindicina di giorni» (*Oltre l'umano. Gustavo Adolfo Rol*, Reverdito Edizioni, Trento, 2009, pp. 41-42).

> Torino, domenica 3
>
> Egregio dottore,
>
> mi permetta di esprimerle la mia riconoscenza per la prova di simpatia che mi ha dato ieri sera, guidandomi al di là delle strade quotidianamente battute. Non le dico parole di elogio perché lei non le vuole. D'altronde occorrerebbero parole che non sono registrate nei nostri dizionari.
>
> Stamane ho preso un mazzo di carte e mi sono provato a indovinare il colore:

(foto © Franco Rol – Archivio Storico del Comune di Torino)

...no indovinati con un'approssimazione sensibilmente superiore al 50%. Il caso? Non so. Vàluti lei.

Non oso sperare di riuscire. Ma questi fenomeni esercitano su di me un'attrazione irresistibile.

Gradisca, dottore, una cordiale stretta di mano

Pitigrilli
Corso Peschiera, 28
Telef. 50890

(foto © Franco Rol – Archivio Storico del Comune di Torino)

Torino, lunedì 4 marzo [1940]

Egregio dottore, le sue esperienze sono inquietanti. Lei spalanca delle finestre insospettate su una notte piena di stelle, ma di stelle che non sono iscritte nei cataloghi degli astronomi.

Poiché però un uomo della sua sensibilità e della sua statura intellettuale gradisce non il consenso incondizionato e stupefatto, ma quello che parte da una meditata convinzione, oso dirle il mio punto di vista su un'esperienza che è sbalorditiva in sé, qualunque possa essere la spiegazione, ma sulla quale la sua spiegazione non mi pare accettabile.

Lei riconosce la carta attraverso le parole del "soggetto". Il soggetto parla del "sole", e lei interpreta "quadri": il soggetto parla di "vitamine" e lei interpreta "fiori".

Ebbene, dottore, colui che tira una carta – a meno che non si tratti di un dilettante di cartomanzia che ai fiori attribuisce il simbolo della rinascita e della felicità e nelle picche vede la contrarietà e il disappunto – colui, dicevo, che tira una carta, non attribuisce né nel suo cosciente né nel suo incosciente, alcun significato ai segni che la illustrano. Se invece di cuori, quadri, fiori e picche, il litografo Viassone[4] stampasse rasoi, candele, chiavi e svegliarini[5], oppure alfa, beta, gamma, delta, oppure la quercia, il lauro, il giglio e il rosmarino, si potrebbe giocare a poker ugualmente, e le stesse carte dovrebbero ugualmente servire al suo esperimento.
E poiché dunque i segni delle carte che lei usa non sono simboli che abbiano dietro di sé delle classificazioni e delle categorie, ma delle pure contromarche prive di significato, non pescano – mi pare – nel subcosciente del soggetto, le visioni piacevoli o spiacevoli, esaltatrici o deprimenti a cui accenna lei nelle sue deduzioni. Lei giunge a scoprire la verità attraverso misteriosissime vie, indipendentemente – e oserei dire nonostante! – indipendentemente dalle parole che il suo partner pronuncia. Se un soggetto in malafede si preparasse due o tre frasi in precedenza, e si prefiggesse di recitarle qualcuna e fosse la carta tirata, lei leggerebbe con la stessa precisione e la stessa rapidità, come se le frasi fossero state suggerite lì per lì dalle carte.

---

[4] Fabbrica di carte da gioco fondata a Torino nel 1830 e rilevata nel 1838 da Alessandro Viassone, in produzione fino al 1982. Nel 1940 si trovava in corso Re Umberto 100-102.
[5] Orologi meccanici, in genere da polso, con sveglia.

La Sua intuizione le avrà già detto che io cerco la verità e non sono un sabotatore che gode stupidamente nel tentativo di far *râter*[6] un'esperienza. La prossima volta mi dirà la sua opinione su questo punto.

Le stringo le mani con inossidabile simpatia.

Pitigrilli[7]

*

[*Dedica*[8]]
Al Dott.
Gustavo Adolfo Rol che cammina come un illuminato sulla geografia dell'inconoscibile e della relatività

Pitigrilli
1940

---

[6] Fallire (*rater*, senza accento, verbo francese).
[7] Originale della lettera, su quattro fogli, nella pagina seguente.
[8] *Nel vol. VIII, 2024, p. 33, è stata pubblicata l'immagine originale integrale (rist. 2024).*

(foto © Franco Rol – Archivio Storico del Comune di Torino)

Torino, 6 marzo [1940]

Egregio dottore,

le reinvio l'articolo. *Pas fameux du tout*[9]. È scopiazzato, mi pare, nel libro "notre sixième sens" di Richet[10], che ho letto qualche anno fa. Ho ancora provato a leggere le carte alla rovescia. L'esperimento mi riesce bene se distraggo la mia attenzione pensando a fatti complessi oppure leggendo un brano di prosa e interrompendomi all'improvviso. Ma se cerco di giungervi col ragionamento, non me ne riesce una[11].

Credo che qualche briciola caduta dalla sua mensa spirituale sia stata, indegnamente, raccolta da

Pitigrilli

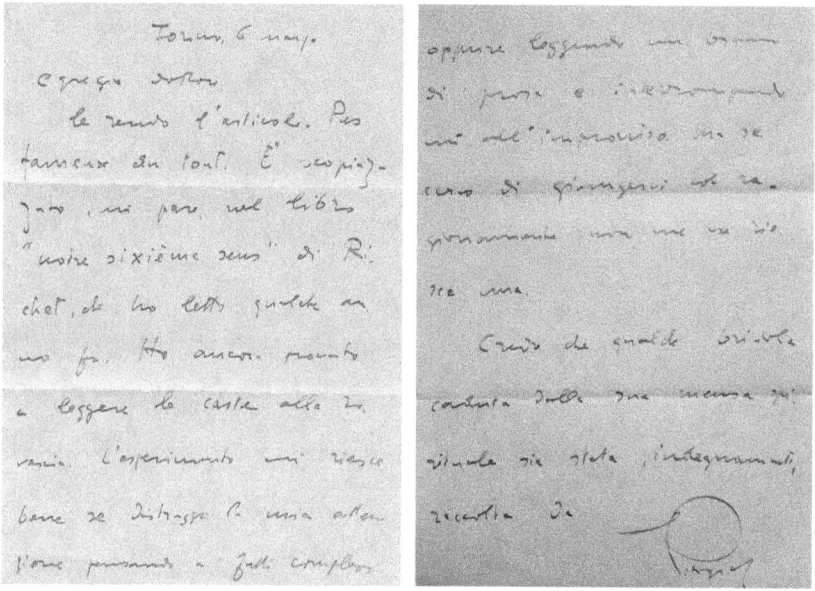

(foto © Franco Rol – Archivio Storico del Comune di Torino)

---

[9] Per niente famoso.
[10] Charles Richet, *Notre sixième sens*, Aubier, Paris, 1928 (*Il nostro sesto senso*, non tradotto in italiano).
[11] Sono appunto questi alcuni degli elementi principali della meccanica degli esperimenti, *conditio sine qua non* per la loro riuscita. Attenzione però a non confondere: se il «ragionamento» è controproducente, da un punto di vista neuro-psichico, per il formarsi della corretta condizione di coscienza, non lo è invece la *ragione*, per la corretta comprensione teorica della dinamica in atto.

Torino, Epifania 42

Caro Rol,

debbo da tempo immemorabile renderti[12] questo libro[13]. Scusami. So quanto dispiaccia avere le opere spaiate. Ma sono stato un po' a Torino e un po' a Roma. Mi dicono che hai aperto un museo di meraviglie[14], verrò a trovarti uno di questi giorni.

Ti stringo le mani con grande cordialità.

Pitigrilli

---

[12] Poco meno di due anni dopo, Pitigrilli gli dà ora del tu, indice ormai della loro amicizia.
[13] «il primo volume delle 1000 e una notte», come si evince dalla lettera seguente del 28 gennaio, dalla quale si capisce anche che questo scritto dell'Epifania vi si accompagnava (quindi non è stata spedita).
[14] Consta che Rol avesse inaugurato un negozio di antiquariato – che lui preferiva fosse chiamato «ufficio» – il 14 settembre 1942, in via Lagrange 2A (danneggiato o parzialmente distrutto e reso inutilizzabile da un bombardamento poco tempo dopo, forse già il 18 novembre; si trasferirà per un periodo a San Secondo e a Pinerolo e in seguito ne aprirà un altro a Torino in Piazza Paleocapa 1, che venderà nel 1962), ma la lettera di Pitigrilli è di 9 mesi prima. È possibile che gli oggetti si trovassero già in via Lagrange e il locale fosse già usato, anche se l'inaugurazione ufficiale è avvenuta in seguito. Oppure si tratta di un'altra *location* provvisoria, probabilmente quella alla quale Rol fa riferimento in uno scritto di fine 1942: «Ho provveduto a sistemare la mia raccolta di argenteria antica, quello che mi è rimasto dopo l'incursione del 18 Nov. 1942. Purtroppo la mia famosa raccolta di cimeli Napoleonici andò totalmente bruciata in un palazzo di piazza San Carlo, ove era temporaneamente depositata in attesa di trasferimento in luogo sicuro. Ventimila fra libri, autografi e documenti dell'epoca Imperiale. 40 lettere di Napoleone – 130 della famiglia Imperiale – 3 bandiere – 231 volumi provenienti dalla biblioteca privata dell'Imperatore – 16 da S. Elena, oggetti, orologi, tabacchiere, decorazioni, mobili, ecc. ecc. ecc. Ecco il triste bilancio! Un valore storico immenso. Commerciale di parecchi e parecchi milioni. 20 anni di fatica, d'amore e di lavoro. Addio mie care cose! Il mio nome, in tutta Europa, era legato alla mia passione napoleonica ed alla mia stupenda collezione. Rimane solamente più in me, il culto e l'affetto per l'Imperatore» (Rol, G. A., *Diario di un capitano degli Alpini*, a cura di C. Ferrari, Musumeci Editore, Quart (Aosta), 2003, p. 41).
Via Lagrange è una parallela di piazza San Carlo, e condivide lo stesso gruppo di palazzi, con entrate da ambo i lati e cortili interni. Il locale, se non era lo stesso, era comunque molto prossimo al negozio-ufficio.

Torino Epifania
42

Caro Rol,
debbo da tempo im-
memorabile renderti questo
libro. Scusami. So
quanto dispiacia avere
le opere spaiate. Ma
sono stato un po'
a Torino e un po' a
Roma. Mi dicono
che hai aperto un

(foto © Franco Rol – Archivio Storico del Comune di Torino)

museo di meraviglie.
Verrò a trovarti uno
di questi giorni.
Ti stringo le
mani con grande
cordialità.

Pitigrilli

Roma, 28 genn. 42

Mio caro Rol, so che hai chiesto di me. Questo è molto gentile. Abbiamo parlato di te il Principe Centurione[15] e io, in treno dalle porte di Roma a Roma, ma ce n'è stato abbastanza per dire che sei l'uomo più straordinario dell'universo. Uso questa sputtanatissima parola "straordinario" nell'unico caso in cui meriti di essere usata, cioè per designare te[16]. Di tutto ciò che mi è successo e può succedermi, la cosa più sensazionale, più degna, più allucinante, è l'aver incontrato un uomo giganteggiante su tutti gli altri, con il suo potere supernormale. Vorrei poter penetrare i libri esoterici, le scienze iniziatiche, i misteri delle civiltà tramontate, per capire un poco del segreto di cui tu conosci la formula, la cifra, la parola. Indipendentemente dal punto di osservazione che io potrò occupare nel tuo mondo ideale, ti ripeterò inesauribilmente la mia gratitudine.

Ti ho lasciato in portineria, 20 giorni fa, il primo volume delle 1000 e una notte. So che la tua cameriera l'ha ritirato. Scusami ancora se me lo sono trattenuto per tanto tempo.
A Roma faccio del cine. Ne farò con te, il giorno che vorrai dedicarmi due ore di conversazione.
A Roma non hai da venire? Se sì, cercami qui[17].
Credo che verrò presto, ma non troppo, a Torino. Ricordami alla signora Rol e tu accetta un abbraccio dal tuo

Piti

---

[15] Carlo Centurione Scotto (1887-1958), avvocato, deputato del Regno d'Italia, si era interessato di spiritismo dopo la morte del figlio nel 1926, organizzando, soprattutto tra il 1927 e il 1929, nella sua residenza ("Castello") di Millesimo, vicino Savona, una serie di sedute molto note alla Ricerca Psichica, alle quali aveva partecipato anche Ernesto Bozzano. Cfr. *Centurione Scotto*, in: Dèttore, U. (a cura di), *L'altro Regno*, Bompiani, Milano, 1973, p. 94, e nello stesso vol.: *Millesimo, sedute di*, pp. 327-329.
[16] Senza conoscere questa affermazione di Pitigrilli, avevo intitolato le versioni in spagnolo e portoghese de *L'Uomo dell'Impossibile* con *El Extraodinario Gustavo Rol* (2013) e *O extraodinário Gustavo Adolfo Rol* (2015). Per l'inglese avevo invece usato *unbelievable* (2014) e per il francese *exceptionnel* (2014).
[17] All'*Albergo Esperia*, via Nazionale 22, come da carta intestata.

ALBERGO ESPERIA
ROMA

ROMA, 28 genn. 42
Via Nazionale, 22
Telefoni 45651 - 45652 - 45653 - 45654

Mio caro Rol, so che hai chiesto di me. Questo è molto gentile. Abbiamo parlato di te il Principe Venturione e io, in treno dalle porte di Roma a Roma, ma ce n'è stato abbastanza per dire che sei l'uomo più straordinario dell'universo. Uso questa sputtanatissima parola "straordinario" nell'unico caso in cui meriti di essere usata, cioè per designare te. Di tutto ciò che mi è successo e può succedermi, la cosa più sensazionale, più degna, più allucinante, è l'aver incontrato un uomo giganteggiante su tutti gli altri, con il suo potere supernormale. Vorrei poter penetrare i libri esoterici, le scienze iniziatiche, i misteri delle civiltà tramontate, per capire un poco del segreto di cui tu conosci la formula, la cifra, la parola. Indipendentemente dal punto di osservazione che io potrò occupare nel tuo mondo ideale,

ti ripeterò inesauribilmente la mia gratitudine.

Ti ho lasciato in portineria, 20 giorni fa il primo volume delle 1000 e una notte. So che la tua cameriera l'ha ritirato. Scusami ancora se me lo sono trattenuto per tanto tempo.

A Roma faccio del cine. Ne farò con te, il giorno che vorrai dedicarmi due ore di conversazione.

A Roma non hai da venire? Se sì, cercami qui.

Credo che verrò presto, ma non troppo, a Torino. Ricordami alla signora Rol e tu accetta un abbraccio dal tuo

Piti

(foto © Franco Rol – Archivio Storico del Comune di Torino)

sabato [21 marzo 1942][18]

Mio caro e grande amico,

hai lasciato un vuoto nel nostro cuore e nella nostra intelligenza. Ci raduniamo per parlare di te. In alto si sa che sei un uomo eccelso[19]. Ti stringo le mani con infinita gratitudine per l'amicizia di cui mi onori

tuo   Pitigrilli

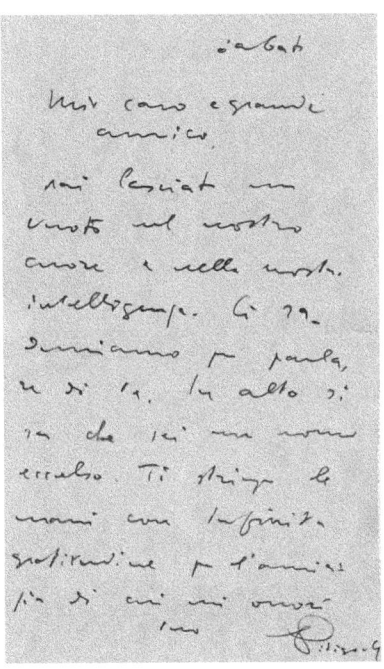

(foto © Franco Rol – Archivio Storico del Comune di Torino)

---

[18] Nella busta in cui si trova questa lettera, c'è il timbro postale del 21 marzo 1942 (che era un sabato).

[19] Pitigrilli si sta riferendo probabilmente agli alti vertici dello Stato, incluso Mussolini. Potrebbe essere questa la lettera o una delle lettere alle quali Rol fa riferimento durante una conversazione di fine anni '80 con la giornalista Giuditta Dembech, registrata (brano 17 "Il Duce", del CD allegato a *Gustavo Adolfo Rol. Il grande precursore*), quando dice: «1942, l'Italia era vittoriosa su tutti i fronti, con la Germania (...). [Mussolini mi ha ricevuto a] Villa Torlonia, mi ha accompagnato Pitigrilli, con Pitigrilli sono andato... C'è le lettere, ho le lettere di Pitigrilli che mi dicono: "Si parla in altissimo luogo di te". E il giorno dopo Osvaldo Valenti e Luisa Ferida, c'ho di là – te le faccio vedere se vuoi pubblicarle – le fotografie [con la dedica] "A Rol, amico-miracolo", perché avevo fatto gli esperimenti» con loro, alla presenza di Pitigrilli (cfr. pp. 116-117 in questo volume). Pubblico una breve lettera di Valenti e Ferida a Rol a p. 130.

giovedì 9 [aprile 1942][20]

Mio caro Rol,

la signora Mastrocinque, la moglie del noto regista[21], e l'ing. Fresia, uno dei cervelli meglio nutriti e meglio orientati che io conosca, elettrizzati dal racconto dei tuoi prodigi desiderano di assistere a qualche saggio. Verremo a Torino[22], con Liù, sabato o domenica. Mi concederai questo grande favore? Ti ringrazio e ti abbraccio

Pitigrilli

[*lateralmente*]
Cordialità a Camillo[23]. Omaggi alla Signora.

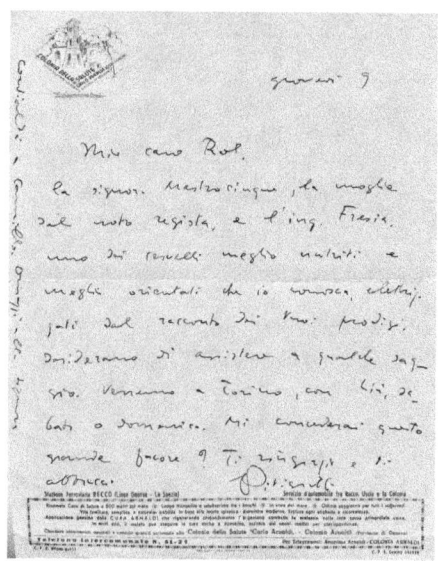

(foto © Franco Rol – Archivio Storico del Comune di Torino)

---

[20] La lettera è senza data, ma in base al fatto che Rol e Luigi Fresia non si erano ancora conosciuti, che Fresia aveva mandato a Rol una lettera il 21 aprile 1942 (pagina seguente) e vagliando i giovedì 9 precedenti, l'unico è il 9 aprile (bisognerebbe andare fino ad ottobre 1941 per avere un altro giovedì 9, troppo lontano).
[21] Camillo Mastrocinque (1901-1969), regista prolifico (suoi molti film di Totò), sceneggiatore, scenografo. Diresse anche Luisa Ferida in *Feroda* (1942).
[22] Pitigrilli scrive su carta intestata della *Colonia della Salute Carlo Arnaldi* di Uscio, vicino a Genova, primo centro benessere italiano creato nel 1906.
[23] Camillo Rajneri, collaboratore di Rol nella sua attività di antiquario, che Pitigrilli deve aver conosciuto a febbraio o marzo quando andò a trovare di nuovo Rol e a visitare il suo «museo di meraviglie».

Lettera dell'Ing. Luigi Fresia[1]

Aosta, 21 aprile 1942 XX°

DOTT. ADOLFO GUSTAVO[2] ROL
Via Silvio Pellico 31
TORINO

Caro Dottor Rol,

Le esprimo la mia viva riconoscenza per la Sua grande cortesia a mio riguardo. I Suoi esperimenti hanno gettato un profondo turbamento nel mio animo, ma, più che la meraviglia del miracolo, mi ha impressionato la Sua personalità. A parte la Sua pazienza e la Sua cortesia che è arrivata al punto di abbassarsi pazientemente alla mia ignoranza, ho trovato in Lei qualcosa molto più grande delle sue esperienze.

Questi poteri soprannaturali rappresentano forse le piccole manifestazioni esteriori di una personalità che è arrivata molto più in là di quanto può fare la mente umana. Mi pare di intuire che, allorquando ci

---

[1] Luigi Fresia (1898-1971), ingegnere civile e imprenditore, negli anni '20 progetta e realizza ponti, strade e dighe al servizio delle strutture minerarie dell'allora Congo Belga (oggi RDC). Negli anni '30 torna in Italia e realizza varie opere civili. Dopo la guerra (1946-1947) sarà il primo presidente della *Associazione Valdostana Industriali*. Per un profilo biografico completo, si veda il libro commemorativo dei 70 anni (1945-2015) dell'A.V.I. (*confindustria. aosta.it/asset/confindustriavda-70anni.pdf*) in particolare pp. 10-12.

[2] Anche altri che non conobbero o prima di conoscere Rol hanno talvolta commesso quest'errore di inversione, dovuto al fatto che Rol era in genere chiamato da amici e conoscenti solo Gustavo, raramente Gustavo Adolfo, troppo lungo. Fresia ha poi frequentato Rol per i successivi trent'anni (è morto il 29/10/1971). Approfitto qui per correggere quanto scritto da Danilo Tacchino nel 2007 (XII-2bis): «Rol si recò a Roma con l'amico ingegner Fresia, per incontrare il noto esoterista Krishnamurti, che voleva conoscere Rol e rendersi conto delle sue capacità». Rol in realtà aveva conosciuto Krishnamurti (che definire «esoterista» mi pare molto poco appropriato) già il 30 novembre 1930, sempre a Roma (cfr. *"Io sono la grondaia"*, 2000, pp. 247-248), molto prima di conoscere lo stesso Fresia. Il viaggio con Fresia a Roma sarebbe invece avvenuto «sul finire degli anni '60» (cfr. vol. I, XII-2), per la precisione «nei primi dell'aprile 1967» (Assennato, P., *Testimonianza e considerazioni sui fenomeni Rol*, Metapsichica, Ceschina, Milano, gen.-giu 1970, p. 3) ciò che è confermato anche da un articolo di Dino Biondi del 15 (*Rol: sono un uomo come gli altri*, Il Resto del Carlino, p. 31) che vi fa riferimento; non è dato sapere se può considerarsi il secondo incontro con Krishnamurti o se ce ne siano stati altri nei decenni precedenti. Su Fresia, cfr. anche vol. I, XXIX-5 e XXXI-4[b].

riempie di stupore con i suoi fatti miracolosi, Lei riesce certamente a esteriorizzare quello che chiama la coscienza sublime[3] e che altri chiamano forse l'Io superiore, lo Spirito puro: vi è in Lei un grande Artista che ha certamente realizzato nel suo interno qualche cosa di supremamente armonioso ben più alto delle Sue esperienze.

È questo che mi attrae profondanente.
Ho una grande riconoscenza per Pitigrilli[4] che con la Sua cortesia mi ha messo a contatto con dei fatti che intuivo ma che non conoscevo.

Gradisca, caro Dottore, l'espressione della mia riconoscenza e dei miei sentimenti di viva ammirazione.

Suo

L. Fresia

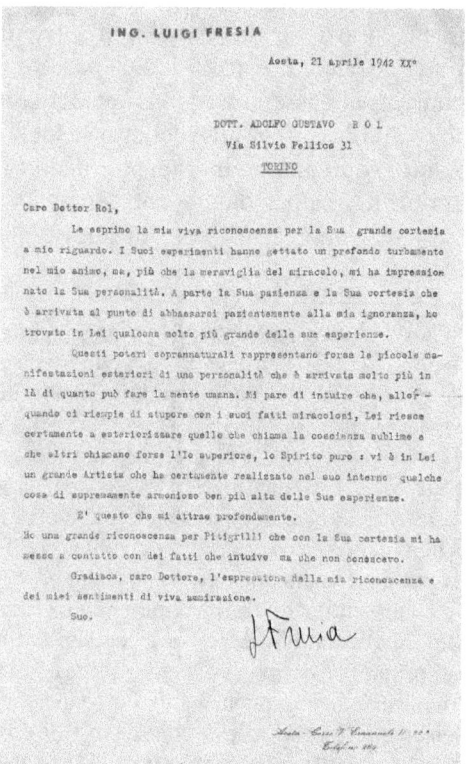

(foto © Franco Rol – Archivio Storico del Comune di Torino)

---

[3] Nel 1942 la nozione/definizione di *coscienza sublime* era già consolidata in Rol. La prima volta di cui al momento ne abbiamo traccia risale a una lettera del 04/04/1940 (in *"Io sono la grondaia"*, p. 110). La lettera di Fresia a Rol dovette sicuramente piacere molto, perché emerge la maturità e sensibilità dell'autore nel giudicarlo, nonostante un solo incontro (o al massimo, potrebbero esservi incontrati due giorni consecutivi).

[4] Che gli ha permesso di conoscere Rol, come da lettera precedente.

Lettera di Michele Serra[1]
Gazzetta del Popolo

Torino, 14 novembre 48

Egregio Dottore,

Le porto una copia dell'"Europeo" di questa settimana per farLe conoscere il giornale, che proprio in questo numero ha un articolo sulla E.J. Garrett[2], e per presentarLe la mia firma[3].

Io sono tuttora sotto la viva emozione di quanto ho visto e ho sentito l'altra sera. Ne ho parlato a Caputo[4] portandogli i Suoi saluti e

---

[1] Michele Serra (1905-1963), giornalista, scrittore, autore di saggi, lavorò alla *Gazzetta del Popolo, Il Popolo d'Italia, La Stampa, Corriere della Sera, L'Europeo* (di cui diverrà direttore dal 1954 al 1958) e *Radiocorriere TV* (direttore dal 1961 al 1963).

[2] Per la precisione, l'articolo è di Eileen J. Garrett (*La medium attraversò la parete*, L'Europeo, n. 47, 14/11/1948, p. 5), o meglio si tratta di un estratto dal suo libro appena uscito *Vita di medium* (Astrolabio, 1948). Da come Serra segnala la Garrett (1893-1970, medium irlandese co-fondatrice nel 1951 della *Parapsychology Foundation* americana), si direbbe che ebbe occasione di parlare di lei con Rol. Il titolo non ha a che vedere con la *possibilità* analoga di Rol, oggettivamente vista da testimoni, ma con la percezione soggettiva della medium che sarebbe stata in grado di "proiettare" il suo "corpo astrale" a distanza, e quindi passare anche attraverso i muri (ciò che testimoniano anche coloro che hanno esperienze di OBE (*Out of Body Experience*) soprattutto nelle NDE (*Near Death Experience*). Tra i due fenomeni esiste comunque una relazione. Scrive la Garrett: «Quando sono in stato di proiezione, il *duplicato* può visibilmente usare la normale attività di tutti i cinque sensi che agiscono nel mio corpo. Per esempio, mentre sto seduta in salotto, in una giornata di neve, posso anche proiettarmi in un luogo dove in quel momento è piena estate (...); proiettandomi a Terranova... prima di entrare nella casa potei vedere il giardino e il mare con la stessa chiarezza con cui vedevo la casa in cui si desiderava che entrassi; sentivo realmente l'umidità dell'atmosfera e vedevo i fiori che crescevano sul sentiero. Allora attraversai le pareti e mi trovai nella stanza...» (nel libro a p. 190). Anche da questi pochi cenni, non sarà difficile vedere dei punti di contatto anche con le esperienze di *viaggi nel tempo*, *alterazione-spazio temporale* e naturalmente *bilocazione* in Rol.

[3] Che nello stesso numero ha scritto l'articolo *Finse di essere adultera* (pp. 6 e 22), su tutt'altro soggetto qui non rilevante.

[4] Massimo Caputo (1899-1968), giornalista, lavorò a *La Stampa, Secolo, Corriere della Sera,* fu corrispondente dall'estero per la *Gazzetta del Popolo,* di cui divenne direttore nel 1945 fino al 1953, e dal 1953 al 1955 del settimanale illustrato *Tutti.* Per un profilo completo: treccani.it/enciclopedia/massimo-

anche lui, ricambiando i saluti, dice che vorrebbe conoscerLa più da vicino e assistere a qualcuno dei Suoi esperimenti.

Io non ho più osato telefonarLe temendo di non trovarLa ben disposta verso un secondo colloquio ma spero vivamente che Ella possa riceverci, Caputo e me, un giorno di questi. Caputo parte stasera per Roma ma tornerà mercoledì o giovedì. Può farmi sapere qualcosa? Io abito in via Bertola 7, telefono 5.85.84.

Mi creda il Suo devotissimo.

Michele Serra

(foto © Franco Rol – Archivio Storico del Comune di Torino)

---

caputo_(Dizionario-Biografico). Risulta che Caputo abbia scritto di Rol almeno in un articolo, ma al momento non è dato sapere quando e dove, anche se è probabile si tratti della *Gazzetta del Popolo*, o del settimanale *Tutti*, e non prima del novembre 1948, come si può evincere da questa lettera.

Due brevi lettere di Norma Shearer[1]
e il suo fazzoletto

[*Busta*]
Fazzoletto donatomi nel 1948 da Norma Shearer a Cap d'Antibes con l'impronta delle sue labbra[2].

(foto © Franco Rol – Archivio Storico del Comune di Torino)

---

[1] Edith Norma Shearer (1902-1983) canadese naturalizzata statunitense, fu un'attrice di molti film, prima muti poi sonori, dal 1919 al 1942, anno in cui si ritirò dalla recitazione. Fu sei volte candidata come miglior attrice all'Oscar, che vinse nel 1930 con *La divorziata*.

[2] Mi sembra strano che si tratti del 1948 e non del 1949. Se Rol non si è confuso quando ha redatto questa annotazione, forse anni dopo, allora aveva conosciuto l'attrice già l'anno precedente alla vicenda dell'incidente aereo di Giorgio Cini, avvenuto il 31/08/1949. Laura Bergagna aveva infatti scritto in merito all'estate 1949: «Fu davvero un'elettrizzante estate quell'anno all'Hotel du Cap (…) [*dove tra gli altri c'era anche*] Norma Shearer (che inviava ogni mattino un fazzolettino profumato con l'impronta del suo rossetto a Rol)» (vol. II, appendice I, p. 659). Può darsi che fosse avvenuto anche l'anno precedente, di fazzoletto ne è rimasto comunque solo uno. Su *Tempo* del 15/09/1949 Bergagna scriveva: «In un *hotel* di Cap d'Antibes, Norma Shearer tenta di consolare Merle Oberon della perdita del fidanzato, conte Giorgio Cini, morto (…) sull'aeroporto di St. Cassien, nei pressi di Cannes». E in un articolo successivo: «Norma Shearer ricorda il primo *party* ad Hollywood cui partecipò Merle Oberon: sola ad un tavolo, nessuno le si avvicinava. Fu Norma Shearer ad introdurla nella società. Norma era allora attrice arrivata, Merle agli inizi. Malgrado il primo amichevole incontro, anche quest'amicizia non si approfondì» (*Tempo*, 24/09/1949). Gli articoli integrali li ho già pubblicati nella appendice citata.

Il fazzoletto con il nome ricamato di Norma Shearer (foto © Franco Rol – Archivio Storico del Comune di Torino) e due sue pose.

Hotel du Cap d'Antibes
Antibes

Dear Mr. Roll[3] –

I was so very pleased by the beautiful flowers you so kindly sent me – they were breathtakingly lovely and I thank you from the bottom of my heart for them and your great kindness to us all –

                              Norma Shearer Arrougé

Caro Sig. Roll –

Sono stata davvero contenta dei bei fiori che così gentilmente mi ha mandato – sono adorabili da mozzare il fiato e grazie per essi dal profondo del mio cuore e della Sua grande gentilezza per tutti noi –

                              Norma Shearer Arrougé

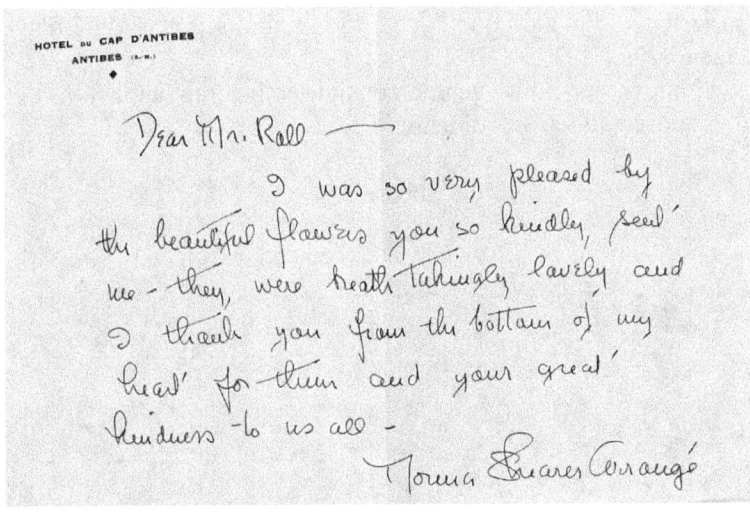

---

[3] Entrambe le lettere sono senza data, credo comunque siamo nell'agosto 1949. Le ho messe, con corrispondente traduzione, in un ordine che ritengo cronologico: nella prima "Rol" è scritto sbagliato e l'attrice si firma anche col cognome del marito. Nella seconda – dopo che Rol o qualcun altro deve averglielo fatto presente – "Rol" è corretto, Mr. (Sig.) è sostituito con Dr. (Dott.) e sparisce il cognome del marito, indice di meno formalità, e forse anche di qualcosa di più, se poi si arriva ai fazzoletti... Presumo che questi (o questo) siano infatti posteriori alle lettere, indice di una intimità instauratasi per la quale mi parrebbe strano se, dopo, la Shearer avesse continuato a chiamare Rol ancora «Dr. Rol», e non magari "Gustavo" (ma non risultano al momento altre lettere oltre a queste due).

Hotel du Cap d'Antibes
Antibes

Dear Dr. Rol –

I promise to send you the other picture when I get some from America –
If I don't keep and send the one I have to my secretary, she want know which to send me.
Thank you again for your kind advice and encouragement – I am most grateful – Cordially

Norma Shearer

Caro Dott. Rol –

Le prometto di mandarle l'altra foto quando ne ricevo alcune dall'America –
Se non la tengo e mando quella che ho alla mia segretaria, lei non saprà quale mandarmi.
Grazie di nuovo per il Suo gentile consiglio e incoraggiamento – Le sono molto riconoscente – Cordialmente

Norma Shearer

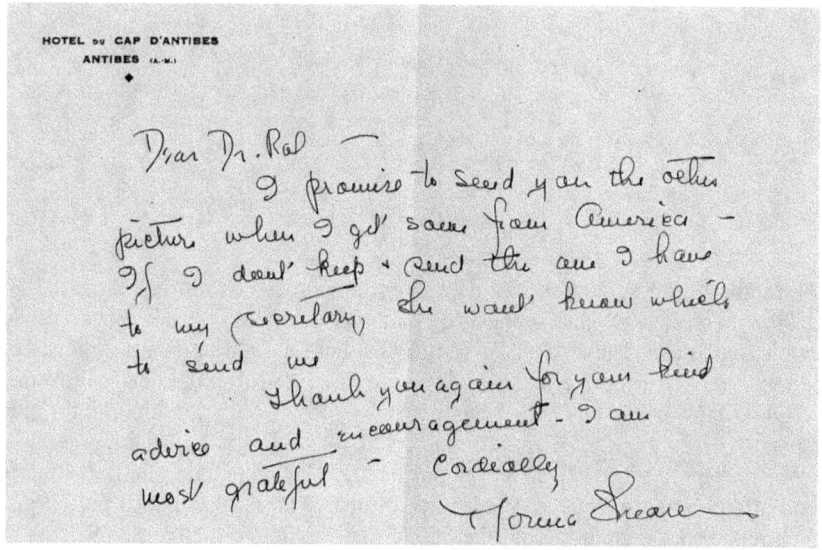

(foto © Franco Rol – Archivio Storico del Comune di Torino)

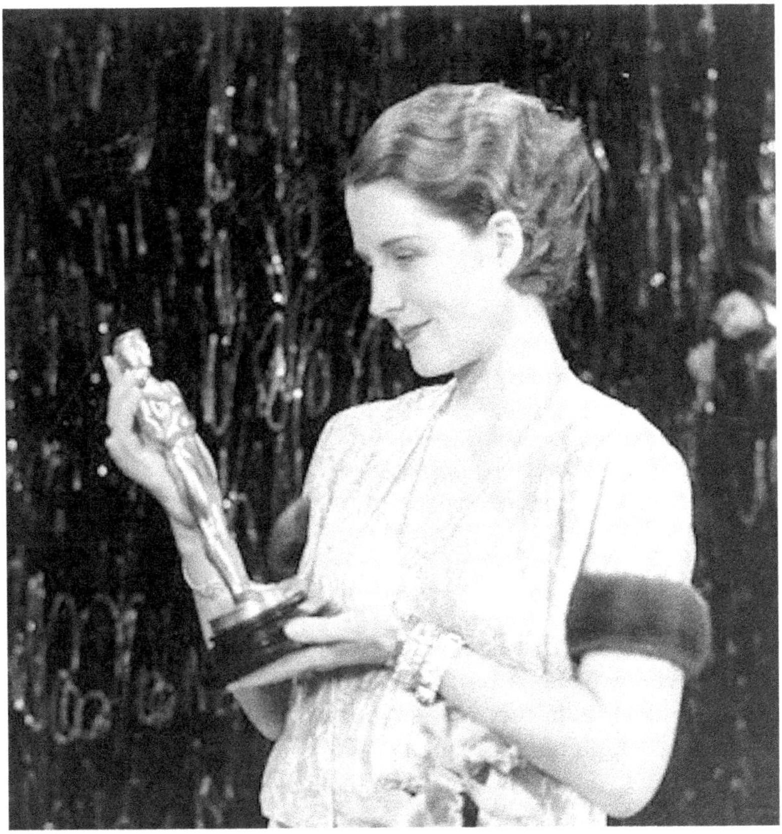

NORMA
SHEARER
in
THE DIVORCEE
A
ROBERT Z.
LEONARD
PRODUCTION
A Metro-Goldwyn-Mayer ALL TALKING PICTURE
CHESTER MORRIS
CONRAD NAGEL
ROBERT MONTGOMERY

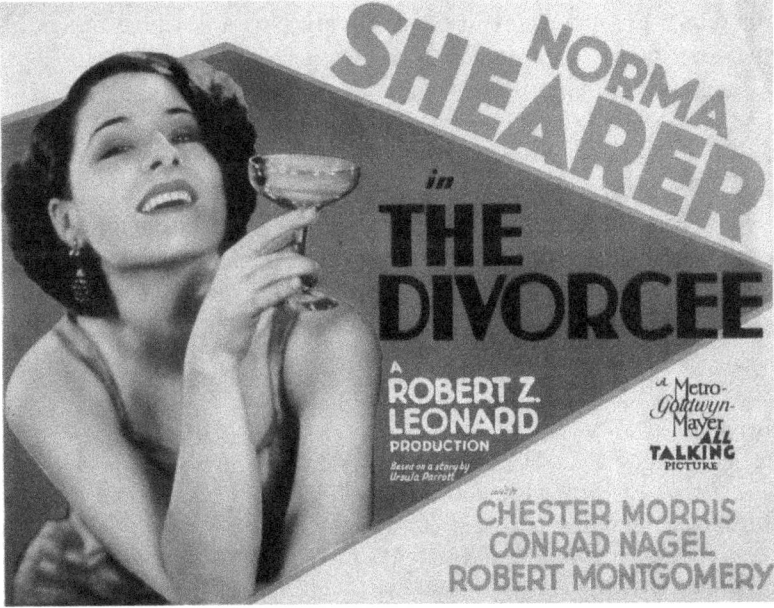

Due articoli sul "caso Cini"

I due articoli che seguono – che complementano quelli che ho già pubblicato nell'appendice-dossier (vol. I o II a seconda dell'edizione) sull'incidente aereo occorso a Giorgio Cini nel 1949 – mostrano soprattutto lo stato d'animo e la tragedia personale dell'attrice Merle Oberon. A Rol si accenna brevemente, e come si vedrà molto maldestramente, nel secondo.

Rimasto alla Oberon solo il fazzoletto di Cini
(*L'Europeo*, 11 settembre 1949, p. 1[1])

La sera del tre settembre, mentre sulla passeggiata a mare di Cannes si sparavano a centinaia i fuochi d'artifizio, mentre le guardie municipali in tenuta di gala regolavano il traffico delle automobili davanti al nuovo palazzo del cinema, e all'Eden Roc i camerieri allineavano i tavolini per la grande serata al chiaro di luna, che sarebbe cominciata dopo la mezzanotte, a Cap d'Antibes una automobile si era fermata davanti a una delle ville del signor Sella proprietario del grande albergo di Eden Roc. Dal cancello della villa uscì Merle Oberon. Abbracciò le poche persone che erano con lei, poi salì sull'automobile, che partì pochi istanti dopo in direzione est verso Montecarlo e Mentone. Erano le nove e i fuochi d'artifizio salivano in cielo a ritmo accelerato per il finale. In quel momento Merle Oberon lasciava la villa senza dir nulla a nessuno, evitando così gli appostamenti dei fotografi. Non si sa dove fosse diretta, se in Italia oppure verso la Svizzera, per recarsi in una casa di salute, o forse anche in una villa poco distante da Antibes nelle prealpi marittime. Si dice anche che la sua assenza durerà soltanto alcuni giorni e che essa ritornerà a Cannes appena sarà terminata la stagione mondana, per trascorrervi l'inverno.

Merle Oberon era giunta sulla Costa Azzurra due mesi fa sullo yacht *San Giorgio II* di Giorgio Cini, ma soltanto raramente aveva messo piede a terra, sia a Cannes, sia negli altri luoghi dove il panfilo aveva attraccato durante la crociera. Al momento della disgrazia essa non svenne come si disse sui giornali; rimase soltanto impietrita dallo stupore[2] accanto alla

---

[1] Articolo di Guido Rocca.
[2] Infatti alcuni giornali avevano riportato questo (ad esempio *La Stampa*, *Oggi* e *Settimo Giorno*, cfr. appendice I del vol. I o II). L'autore non fornisce la fonte che giustifichi questa versione diversa. Comunque, siccome non conoscevo questo articolo quando ho scritto *Fellini & Rol*, non l'ho citato, cosa che avrei fatto laddove menzionavo i due svenimenti della Oberon (pp. 356 e 358), il primo dei quali – avvenuto la sera precedente l'incidente – è sovrapponibile allo svenimento di *Mastorna*, uno degli elementi che per me corroborano l'ipotesi che Fellini (e

balaustra di legno del bar che guarda sul campo d'atterraggio di Cannes, finché alcuni amici che erano con lei non la trascinarono fino a un tassì. Pare anche che essa non abbia pianto, ma si sia semplicemente lasciata andare sui cuscini con gli occhi chiusi e che prima che la macchina partisse abbia avuto la forza di chiedere a uno dei suoi amici di avvertire un inserviente del campo perché raccogliesse per lei il fazzoletto bianco che Giorgio Cini le agitava dalla carlinga nell'attimo della disgrazia e che gli era stato strappato di mano da una folata di vento.
Davanti alla camera da letto in cui Merle Oberon rimase rinchiusa dopo la disgrazia, passarono ogni giorno decine di persone. Tutte le attrici americane giunte a Cannes per il Festival cinematografico si sono trasferite rapidamente a Cap d'Antibes per farle una visita: ma, ad eccezione di Norma Shearer, Merle Oberon non ha voluto ricevere nessuno. Anche Norma Shearer non ha avuto una buona accoglienza. Si è trattenuta soltanto alcuni minuti nella sua camera. Merle Oberon per più di tre giorni non ha voluto prendere cibo e più volte i medici dovettero farle delle iniezioni di morfina per procurarle un po' di torpore e di sonnolenza. Ogni mezz'ora la porta della stanza si apriva e si chiudeva rapidamente per lasciar passare le due infermiere che la curavano; ed è soltanto attraverso lo spiraglio lasciato aperto per pochi istanti che qualcuno degli amici poté vederla. Merle Oberon apparve col capo appoggiato su tre guanciali; indossava una camicia da notte di pizzo bianco, era senza trucco e senza rossetto; sembrava una donna molto vecchia.
Norma Shearer, uscendo dalla stanza dopo la sua breve visita, piangeva. Disse che Merle Oberon, di cui era molto amica fin dai primi anni della sua carriera cinematografica, le aveva fatto le sue confidenze proprio alcuni giorni prima nella hall dell'albergo dell'Eden Roc confessando di essersi innamorata sul serio soltanto allora, a 38 anni e dopo due mariti. Le aveva anche confidato il suo timore di perderlo (non nel modo tragico che volle poi la fatalità, ma temendo che Giorgio Cini ritornasse alla contessa Madina Arrivabene, già sposata a Luigi Visconti di Modrone, con la quale era legato da anni prima che essa arrivasse in Italia). «Se perdessi Giorgio», aveva detto, «la mia vita sarebbe finita».
La stessa frase senza condizionale diventata ormai realtà, Merle Oberon la pronunciò ancora all'aeroporto di Cannes di fronte al piccolo aereo che bruciava a poche diecine di metri da lei sulla pista di atterraggio. In realtà

Buzzati) per la sceneggiatura di quel film avessero preso ad ispirazione, tra i vari spunti, anche l'incidente di Cini. Ai fini di quell'analisi, è comunque irrilevante che la Oberon, *dopo* l'incidente, fosse svenuta o meno. Va detto però che anche Michael Korda – il cui zio Alexander Korda era stato l'ex-marito della Oberon, ovvero lei era sua zia – nel suo romanzo *Queenie* (1985) ispirato alla vita dell'attrice, e di cui io cito all'inizio dell'appendice il brano dell'incidente aereo (vol. II, p. 649) mostra di condividere la versione che fosse svenuta dopo l'incidente.

Merle Oberon ha subito con questa disgrazia un colpo molto grave. Ciò che preoccupa i suoi amici è il fatto che nulla rimane a Merle Oberon per poterle procurare una vita facile e senza pensieri, capace di farle dimenticare. La sua carriera d'attrice era pressoché finita, così la sua popolarità in America dove il pubblico è affezionato ormai a nuove attrici più giovani di lei. Difficile infine che gli avvenimenti e le disgrazie di questi giorni servano a ridarle una popolarità perduta. Che i produttori di Hollywood non fossero più teneri con Merle Oberon, come i proprietari di scuderia non lo sono più con i cavalli che non possono vincere i grandi premi, è stato messo in evidenza dalla semplicità con la quale essi hanno lasciato libera l'attrice dai suoi impegni precedenti quando manifestò il desiderio di ritirarsi dal cinema per dividere la vita di Giorgio Cini. Inoltre sembra che l'attrice si trovi in una situazione finanziaria disperata, avendo speso i suoi ultimi risparmi di una vita senza economie per le pratiche di divorzio, divorzio che il suo ultimo marito Lucien Ballard non aveva desiderato, affatto, e per la penale pagata alla sua Casa per i mancati impegni.

Il signor Sella, di fronte a un pacco di telegrammi che arrivavano ogni giorno, commentando la situazione di Merle Oberon ha detto: «È una donna che nonostante tutte queste parole di solidarietà e di affetto, non ha più nessuno al mondo».

Anche la famiglia Cini, che non ha mai approvato l'ultima avventura galante del figlio, avrebbe preferito vederlo legato a una donna e a un matrimonio più adatto alla sua condizione; il cognato di Giorgio, venuto a Cannes per il trasporto della salma, non ha neppure chiesto notizie di lei. Merle Oberon non può rivolgersi al suo precedente marito perché certe rappacificazioni postume e quasi miracolose appaiono soltanto nei film. Anche a Hollywood i produttori non si sono dimostrati troppo teneri con lei. Per ora l'unica proposta concreta è di un contratto per un nuovo film. Merle Oberon in questo, dovrebbe interpretare la sua vita.

L'unico in cui speravano gli amici dell'attrice era Alexander Korda, che fu il suo primo marito; partito da Cap d'Antibes il giorno prima della disgrazia sul suo panfilo privato, fu informato telegraficamente. Korda è il regista che scoprì la Oberon quando ancora si chiamava Estella O'Brien Thompson, e recitava in un piccolo teatro di Calcutta, e che la lanciò a Hollywood. La sua amicizia con la ex-moglie non è finita. Anche questa volta egli ha risposto al telegramma dicendo che sarà a Cannes la sera del 12 settembre in cui si proietterà il suo film *Il terzo uomo*. Anche lui però non si è dato fretta.

Alcuni amici italiani che commentavano la situazione dell'attrice facevano notare però che forse più triste era la situazione di un'altra donna legata al nome di Giorgio Cini. Intendevano parlare di Madina Arrivabene, che abbandonata proprio quando le nozze sembravano prossime, non aveva smesso di amarlo e di sperare. Di lei, dopo la disgrazia non si è occupato nessuno.

*

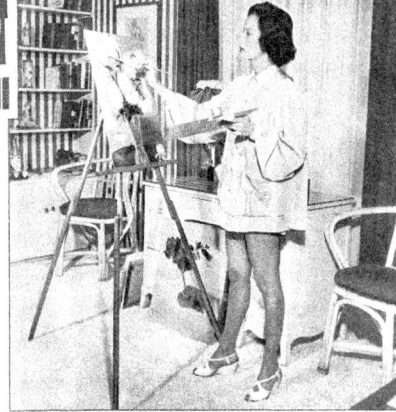

Nella didascalia della foto dell'articolo qui sopra si legge: «Hollywood 1948. L'attrice Merle Oberon dipinge un mazzo di crisantemi nel suo studio». Una passione in comune con Rol, che dipingeva spesso vasi fiori, in genere rose.

Merle Oberon chiusa nel suo dolore
(*Gazzetta del Popolo*, 02/09/1949, p. 4)

Non meno delle due povere vittime del disastro aereo di ieri, il conte Giorgio Cini e il suo pilota Girardello, l'attrice cinematografica Merle Oberon richiama la pietà del pubblico. Mentre un'inchiesta è in corso per accertare le cause del disastro (non è ancora stabilito se l'aereo sul quale viaggiava il conte Cini sia precipitato per un errore di manovra che lo avrebbe spinto contro la cima di un albero ai margini del campo, o per un'improvvisa avaria, o per un improvviso malore di colui che in quel momento aveva la guida dell'apparecchio), il pubblico internazionale che affolla la Costa Azzurra è commosso principalmente dal romanzo d'amore interrotto, fra il giovane industriale veneziano e l'attrice australiana[3].

Merle Oberon è in preda al dolore, chiusa nell'albergo di Cap d'Antibes. Non vuole vedere nessuno. È naturale che dopo avere assistito all'episodio, che fulmineamente e nel modo più assurdo l'ha colpita in un sentimento che tutti affermano fosse molto profondo, ella disperi di ogni conforto e si chiuda in se stessa.

Ancora stasera non si può dire con certezza quale sia stata la causa della tragedia. La prima ragione addotta, che cioè il conte volesse salutare Merle e che sporgendosi dal finestrino dell'apparecchio abbia perduto il controllo della guida, sembra a un più tranquillo esame difficilmente sostenibile. Un abile pilota come si dice fosse il conte Giorgio Cini non poteva incorrere in un incidente così banale. Purtroppo, però, le cause di molte tragedie sono banali. C'è ancora chi afferma di aver visto l'apparecchio incendiarsi in aria, prima di abbattersi radendo la cima di un pino ed arando il terreno con un'ala per parecchie decine di metri. La sciagura appare ancora irreale tanta è stata la sua rapidità.

La figura del conte Cini era simpaticamente nota a Cannes per il suo idillio con Merle Oberon che, sia o non sia un idillio amoroso cosa rara e meritevole di attenzione particolare, lo aveva fatto diventare il beniamino delle anime romantiche e degli spiriti pettegoli che affollano anche la Costa Azzurra. Sebbene i due «fidanzati» avessero più volte cercato di distrarre dai loro fatti privati l'attenzione dei giornali e delle riviste mondane ed avessero anche smentito in più d'una occasione voci e particolari relativi alle loro relazioni, fino a ieri si parlava ancora con insistenza di un loro prossimo matrimonio.

Sono molto commentate le voci di una seduta medianica che la sera antecedente alla tragedia sarebbe stata tenuta nell'albergo in cui il conte Cini e Merle Oberon avevano alloggio, per iniziativa dell'amico torinese Rol (ma non si trattava di Franco Rol, egli pure torinese e noto automobilista, nonché pilota d'aerei). In tale seduta medianica sarebbero

---

[3] In realtà anglo-indiana (nata a Bombay nel 1911) naturalizzata statunitense.

emerse oscure previsioni relative al conte Cini. Ma è risultato che si tratta di mera fandonia, dovuta a desiderio pubblicitario. Si dice anche che Merle Oberon avesse avuto cattivi presentimenti e avesse supplicato il conte Cini di rimandare la partenza. Anche questa è notizia priva di fondamento.

***

L'articolo terminava qui, cui seguiva poi un altro (*La salma di Cini in viaggio per Ferrara*) che non occorre riprodurre. È firmato con le iniziali «r.a.» e non ho indagato di chi possa trattarsi. La parte finale oggi sarebbe considerata alla stregua di *fake news*, dal momento che l'autore/autrice vorrebbe smentire – senza citare alcuna fonte – ciò che aveva scritto il giorno prima su *La Stampa* Laura Bergagna, e che noi sappiamo essere invece vero essendoci le testimonianze dirette sia della Bergagna, che nei giorni e anche anni successivi ha poi aggiunto dettagli su quella vicenda, sia delle figlie di Andrè Sella, proprietario dell'Hotel, con le quali io parlai direttamente e portai Nicolò Bongiorno a intervistare una di loro, Yolande Sella, ad Antibes nel 2003, intervista in video che ho poi pubblicato su uno dei miei canali, integrale, nel 2014[4].
L'unica cosa sbagliata nel reportage della Bergagna era che aveva parlato di seduta «spiritica», ciò che non era, come è improprio definirla «medianica», come scrive qui l'anonimo autore (ma anche Bergagna userà in altri articoli la stessa definizione), il quale afferma anche che la «fandonia» avrebbe avuto scopo «pubblicitario», non è dato capire da parte e a favore di chi. Non certo di Rol, il quale al di là di non aver mai cercato, per tutta la vita, pubblicità, se la prenderà anche abbastanza con Bergagna e manderà anche una lettera di protesta a *La Stampa*, come vedremo più avanti. La giornalista del resto, in quanto oltretutto testimone, ha solo fatto il suo lavoro, e anzi i retroscena che aveva svelato – ai quali naturalmente gli scettici, tra cui probabilmente l'autore del pezzo sulla *Gazzetta*, non erano disposti a dare alcun credito – avevano le carattersitiche dello *scoop*, cosa che agli invidiosi colleghi della testata concorrente non doveva essere andata giù. «Priva di fondamento» quindi è la conclusione dell'articolo. A margine, vi è la menzione di mio nonno, che a quell'epoca era molto più noto di Gustavo, che invece il giornalista scettico-invidioso-menzognero non si è nemmeno degnato di identificare.
Qui di seguito pubblico le immagini, alcune parziali, dei primi articoli di Laura Bergagna[5], di cui avevo già dato trascrizione nell'appendice-dossier sull'incidente. Quello intitolato *Il presentimento della Oberon* era stato

---

[4] Qui: *youtu.be/Ko2FKJcEclE* . Yolande pare essere la versione corretta del suo nome, che in precedenza io avevo scritto come Jolande.
[5] La qualità mediocre, come altre immagini di articoli pubblicate in questo volume, è dovuta al fatto che provengono da microfilm.

pubblicato su *Stampa Sera* il 2-3 settembre 1949 (p. 1), e potrebbe essere una risposta diretta all'articolo della *Gazzetta*, perché in esso si intervistava direttamente Rol (altro *scoop*, e si tratta della prima intervista nota a lui) il quale forniva dettagli sia dell'incontro con la coppia Cini-Oberon che su se stesso. Posso solo immaginare l'espressione del giornalista della *Gazzetta* quando vide questa replica decisamente significativa, che spazzava via le sue illazioni.

*

Il presentimento della Oberon

Interrogata durante la seduta medianica, l'attrice disse di avvertire che non avrebbe finito la vita con Cini - Il prof. Rol ebbe l'intuizione della sciagura al primo incontro con l'amico - Un grande amore

Nostro servizio particolare

Cannes, venerdì sera.

Abbiamo intervistato il dottor Gustavo Rol che nella notte precedente la morte di Cini, alla presenza nostra e di altri testimoni, l'aveva invitato a non partire.

Il prof. Rol, sorvolando su quello che ha potuto essere il monito della seduta medianica, ci ha parlato di tutte le premonizioni avute nell'incontro col Cini, e ha detto:

— Ho rivisto Cini dopo dieci anni. Ci siamo abbracciati nel salone dell'albergo. Quando mi apparve, aitante e forte nella persona, provai subito nel suo contatto, malessere che andò aumentando nella conversazione che seguì. Subito [...] sibilità. A tutti parve chiaro che le cose che diceva a Merle Oberon la colpivano profondamente, come se un mondo ignorato si aprisse davanti a lei.

«Quando faccio esperimenti in pubblico mi valgo di tutte le persone presenti. Mi accorsi invece quella sera di dovermi interessare particolarmente a lei. Da questo momento incominciai ad accorgermi che qualcosa incombeva sulla sua persona, tanto che non esitai a dichiararle che sentivo la morte (non sapevo come!) o qualcosa di tragico molto vicino a lei.

Inutile monito

«Il conte Cini mi chiese di dirgli se credevo che fosse amato dall'attrice, ed io risposi [...] cui era presente; so soltanto che Giorgio Cini è morto in qualche tragico modo e che ora è rimasta sola.

La tormenta anche il pensiero che il mondo possa accusarla come causa della morte dell'amico.

Pamela Churchill, nuora dello statista, ha fissato una cuccetta su un aereo in partenza domenica per Londra, e l'infermiera per accompagnare Merle Oberon nel viaggio. Ma la Oberon si è rifiutata per ora di partire. Vuole ancora restare a Cap d'Antibes e andare a passeggiare, la sera, nel parco dell'Hôtel. Ma ora è sola a guardare il mare e a respirare il profumo dei pini del Capo.

L. Bergagna

IL DISASTRO AEREO DI CANNES

Al "tavolo degli spiriti,, che predisse la morte

La seduta medianica nella notte - Disperata solitudine di Merle Oberon - Le salme del conte Cini e del pilota saranno trasportate oggi stesso a Verona

L'ultima notte del conte Cini

Prevista la morte in una seduta spiritica

(Nostro servizio particolare)
Cannes, 31 agosto.

Ho trascorso l'ultima sera con Cini: eravamo invitati dal comm. Sella proprietario dell'Hotel du Cap ad una seduta di esperimenti trascendentali. Il conte Cini, Merle Oberon, il colonnello francese Carolet, comandante militare alleato di Vienna con la signora; presenti lo stesso comm. Sella, la sorella e altre persone.

Gli esperimenti erano eseguiti da un noto studioso di scienze trascendentali di Torino: si tentavano esperimenti dimostrativi della forza del pensiero capaci di disintegrare e reintegrare le materie e cambiare momentaneamente il «corpo astrale» di due persone. Questi chiarimenti sono utili a dare idea della strana ultima notte del conte Cini.

In quella notte del 30-31 è stato predetto a Cini quello che oggi è accaduto. Il Cini trascorreva due giorni alla settimana con Merle Oberon all'hotel du Cap di Antibes. Erano sempre insieme. Cini sembrava molto innamorato. Nel pomeriggio c'è stato un piccolo litigio, poi la pacificazione e il rinvio di 24 ore della partenza. La sera eravamo riuniti intorno al tavolo nella sala da pranzo all'hotel du Cap. Cini e Merle Oberon si stringevano l'una all'altro durante le esperienze più impressionanti. Merle aveva paura. Verso mezzanotte Rol disse a Cini di non partire: «C'è qualcosa in te che mi fa paura. Non partire». «Non gli succederà nulla, lo so», ha risposto Merle Oberon.

«Quella donna ha la morte vicino», ha ribattuto lo spiritista in italiano. Merle Oberon non conosce l'italiano.

Le esperienze furono interrotte perchè Merle Oberon era stanca e stravolta. Fu indotta a lasciare la stanza e ad andare a dormire. Prima d'uscire ha detto ancora: «So anche un'altra cosa. Io non finirò la mia vita con lui». Cini ha tentato stamane di partire col treno ma non ha trovato posto. Lasciando l'albergo ha raccontato che alcuni anni prima gli era stato predetto da una donna la morte in aereo. Salito sull'apparecchio ha chiesto al pilota una manovra a bassa quota di saluto all'amica. E' caduto vicino a Merle Oberon. All'*Hôtel du Cap*, l'albergo dei miliardari, questa sera atmosfera drammatica. Telefonano da tutto il mondo ma l'*Hôtel du Cap* non risponde. E' in lutto per Cini.

l. b.

GIULIO DE BENEDETTI
direttore responsabile

Giorgio Cini e Merle Oberon nell'agosto 1949 al Palm Beach di Cannes, la loro ultima fotografia. Sotto: primo piano di Merle Oberon, e sulla copertina di *Movie Story* all'epoca del film *L'eterna armonia* (1945).

Lettera di Rol a Laura Bergagna

Alla Signora
Laura Bergagna
giornalista

Torino 14 Sett. '49

Cara Signorina,

    Mi riferisco alla telefonata da Lei fattami stamane, con la quale mi ha comunicato la sua intenzione di scrivere un nuovo articolo su di una rivista illustrata[1], prendendo ad argomento il triste episodio Cini – Oberon.

    Qui Le riconfermo quanto Le dissi in proposito: sono molto sorpreso ch'Ella non sappia o non voglia anteporre un sentimento umano agli interessi che la Sua attività giornalistica può offrirLe. Le ho ricordato la tristezza manifestata dalla Signora Oberon per aver veduto ampiamente diffusi sui giornali i dettagli veri o/e[2] falsi del dolorosissimo episodio da essa vissuto.

    L'ho supplicata di voler desistere dal Suo proposito di scrivere l'articolo di cui sopra, e non Le nascondo che mi ha sorpreso il Suo atteggiamento che certamente non depone a favore di quelle doti di mente e di cuore che Le attribuivo.

    Le rinnovo la preghiera, in ogni caso, di non fare alcuna menzione di me, dei miei esperimenti e dei rapporti che ho avuti con le persone che in quei giorni vivevano a Cap d'Antibes[3].

---

[1] Gli articoli su rivista illustrata di cui sono a conoscenza, posteriori alla data di questa lettera, sono quelli usciti su *Settimo Giorno* il 15 settembre e su *Tempo* il 24, già trascritti nell'appendice-dossier sull'incidente aereo di Giorgio Cini. Il primo è firmato con la sigla «A.A.» e non ho indagato su chi possa essere. Il secondo è della Bergagna, ed è probabilmente quello al quale la giornalista fa riferimento nella comunicazione a Rol. In entrambi si parla di lui.

[2] Non è dato sapere a quali di preciso si riferisca. Tra questi comunque, sicuramente il possibile svenimento (il secondo), su cui ci sono versioni contrastanti, così come la versione *fake* sulla non-seduta secondo il giornalista della *Gazzetta*. Ci sono poi certamente altri dettagli non combacianti – la stessa dinamica dell'incidente – che una rassegna accurata potrebbe almeno in parte identificare.

[3] A meno che in comunicazioni successive tra Bergagna e Rol di cui non siamo a conoscenza non si siano accordati in altro modo, ne dovremmo concludere che la giornalista disattese in pieno la richiesta di Rol, sia scrivendo l'articolo, sia parlando di nuovo di lui.

Non voglio che il mio nome venga ulteriormente associato ad una vicenda della quale vedo solamente il lato dolorosamente umano e per la quale conosco le sofferenze che in questo momento provano coloro che tanto duramente furono colpiti con la scomparsa del Conte Giorgio Cini –

Cordialmente, Suo

GAR

***

Torino 14 Sett '49

Cara Signorina,

Mi riferisco alla telefonata da Lei fattami stamane, con la quale mi ha comunicato la Sua intenzione di scrivere un nuovo articolo su di una rivista illustrata, prendendo ad argomento il triste episodio Cini–Oberon.

Qui Le riconfermo quanto Le dissi in proposito: sono molto sorpreso ch'Ella non sappia o non voglia antepporre un sentimento umano agli interessi che la Sua attività giornalistica può offrire. Le ho ricordato la tristezza manifestata dalla Signora Oberon per aver veduto ampiamente diffusi sui giornali i dettagli veri o falsi del dolorosissimo episodio da essa vissuto.

L'ho supplicata di voler desistere dal suo proposito di scrivere l'articolo di cui sopra, e non le nascondo che mi ha sorpreso il Suo atteggiamento che certamente non depone a favore di quelle doti di mente e di cuore che le attribuivo.

Le rinnovo la preghiera, in ogni caso, di non fare alcuna menzione di me, dei miei esperimenti e dei rapporti che ho avuti con le persone che in quei giorni vivevano a Cap d'Antibes.

Non voglio che il mio nome venga ulteriormente associato ad una vicenda della quale vedo solamente il lato dolorosamente umano e per la quale conosco le sofferenze che in questo momento provano coloro che tanto duramente furono colpiti con la scomparsa del Conte Giorgio Cini.

Cordialmente, Suo

(foto © Franco Rol – Archivio Storico del Comune di Torino)

L'articolo pubblicato su *Tempo* il 24 settembre 1949

Lettera di Giulio De Benedetti[1]
direttore de *La Stampa*

Torino, 20 settembre 1949

Caro Dottor Rol,

scusi se ho tardato qualche giorno a rispondere alla Sua lettera perché ero incerto sulla risposta.

Sono convinto e credo di darLe un consiglio da amico, che la miglior cosa sia il silenzio. Se però Lei insiste, non ho difficoltà a pubblicare un Suo breve chiarimento. La pregherei di evitare però qualsiasi accenno alla sventura di Cannes.

Spero di avere l'occasione di vederLa presto e intanto, mi creda, cordialmente,

Suo

[firma]

***

Non abbiamo la lettera che Rol mandò a De Benedetti. Il nome del direttore compariva proprio al termine del primo articolo-scoop di Laura Bergagna – *Prevista la morte in una seduta spiritica* – la cui immagine ho pubblicato nelle pagine precedenti. De Benedetti afferma di aver tardato «qualche giorno» nel rispondere e non è dato sapere se Rol avesse scritto una lettera al seguito dell'articolo del 1° settembre – e quindi il direttore gli rispondeva più di due settimane dopo – oppure se gli scrisse per esempio negli stessi giorni in cui scriveva la lettera a Bergagna (14 settembre).
Entrambe le cose sono possibili. Nel primo caso, è difficile non pensare che Rol non se la fosse presa per come era stata presentata la seduta, qualificata come «spiritica», al di là della pubblicità che di sicuro non cercava (non l'aveva mai cercata fino ad allora, figurarsi se l'avrebbe voluta per una vicenda tragica come quella).

---

[1] Giulio De Benedetti (1890-1978) è stato direttore de *La Stampa* dal 1948 al 1968. Vi era entrato nel 1910 assunto dal direttore e ri-fondatore Alfredo Frassati, padre di Piergiorgio Frassati e di Luciana Frassati, amica di Rol. Nel 1919 era passato alla *Gazzetta del Popolo*, di cui fu condirettore dal 1927 al 1930, quindi tornò a *La Stampa* nel 1931 e dopo una pausa nel periodo bellico vi tornò di nuovo nel 1946.

Nel secondo caso, siccome la Bergagna lavorava per *La Stampa*, Rol potrebbe aver scritto al direttore sia per fargli presente comunque quanto sopra, sia per chiedergli di parlarle e per ribadire – come ha fatto con lei nella lettera del 14 settembre – di non pubblicare altri articoli sulla vicenda e di non fare il suo nome, foss'anche su altro periodico. Nel caso avrebbe preso due piccioni con una fava (che non si parlasse più di lui sia su *La Stampa* che su *Tempo*).

In entrambi i casi, il «chiarimento» avrebbe riguardato il tipo di esperimenti che Rol faceva, come inquadrarli e la loro ragione di essere, prendendo naturalmente le distanze dallo spiritismo.

Sarei propenso comunque a pensare che la lettera sia stata mandata i primi giorni di settembre, perché non vedo Rol attendere due settimane per protestare. Tra l'altro l'articolo era stato pubblicato giovedì mattina, 1° settembre. Il giorno seguente, venerdì sera, Bergagna aveva intervistato Rol, che era ancora a Cannes[2]. Penso che in quel momento lui non sapesse ancora dell'articolo del giorno precedente, non essendo a Torino, e quindi ha concesso la breve intervista – forse dettata o scritta direttamente da lui – alla giornalista, cosa che forse non avrebbe fatto se avesse letto l'articolo. Nei giorni seguenti qualcuno dovette informarlo per telefono[3].

Per finire, è comunque significativo come De Benedetti gli si rivolge, soprattutto nel finale («Spero di avere l'occasione di vederLa presto») il che fa pensare che già si fossero incontrati e che avessero una certa confidenza.

---

[2] L'articolo *Il presentimento della Oberon* inizia con: «Cannes, venerdì sera».

[3] Qualcuno potrebbe obbiettare: ma Rol non sapeva sempre tutto? Se Bergagna lo ha intervistato *dopo* che l'articolo era stato pubblicato, non poteva scoprirlo con i suoi mezzi? Ammesso che le cose siano effettivamente andate così, va detto che Rol per sapere e *vedere* in maniera paranormale doveva "sintonizzarsi" con la persona o situazione specifica (o, viceversa, quando una persona si sintonizzava o cercava contatto con lui). Non sarebbe concepibile pensare che fosse sintonizzato automaticamente con tutti e tutto 24 ore su 24. Diciamo che è un mero fatto di *attenzione*. Quindi potrebbe benissimo avere ignorato che era stato scritto un articolo di quel tipo. Anche perché il giorno dopo la tragedia sarà stato occupato in vario modo all'hotel, anche a consolare la Oberon.

LA STAMPA

IL DIRETTORE

GDB/o

TORINO, 20 settembre 1949

dr. Gustavo Rol
via Silvio Pellico, 31
<u>Torino</u>

Caro Dottor Rol,

scusi se ho tardato qualche giorno a rispondere alla Sua lettera perchè ero incerto sulla risposta.

Sono convinto e credo di darLe un consiglio da amico, che la miglior cosa sia il silenzio. Se però Lei insiste, non ho difficoltà a pubblicare un Suo breve chiarimento. La pregherei di evitare però qualsiasi accenno alla sventura di Cannes.

Spero di avere l'occasione di vederLa presto e intanto, mi creda, cordialmente,

Suo

(foto © Franco Rol – Archivio Storico del Comune di Torino)

Due lettere di Merle Oberon
(dicembre 1949[1] / gennaio 1950)

(foto © Franco Rol – Archivio Storico del Comune di Torino)

---

[1] La busta in questa pagina, fronte e retro (dettaglio), è relativa alla prima lettera (pubblicata nella pagina seguente). È stata spedita da Cannes il 2 dicembre 1949. In blu è scritto: «Dott. Gustavo R. Rol – Via Silvio Pellico 31 – Torino – Italy»; poi è stata tirata in nero una riga sopra, e in sostituzione è stato scritto: «Rue des Marronniers 2 – Paris – France». La grafia è diversa. Questo indirizzo – o almeno la via – corrisponde a quello che Rol aveva quando abitava a Parigi nel 1927. Il custode di Via Pellico, appena ricevutala, dovette spedirla a sua volta a Parigi, dove Rol evidentemente si trovava, il 4 dicembre, come da timbro delle poste di Torino. Rol aveva comprato o affittato l'appartamento dove aveva abitato nel 1927? O un altro appartamento nello stesso palazzo o via? Occorrerebbe una ricerca al catasto parigino.

HOTEL MAJESTIC[2]
Sur la Croisette
Cannes

2nd Dec [1949]

My dear Dr. Rol

I've wanted to write to you for a long time to thank you for all your kindness to me during my first days of sorrow, I have not been quite up to writing letters – hence the delay.
Since I saw you I have made a great many descoveries about this world of ones – I've been studying while in London quite a bit – of course I am still only on the thresh·old of knowledge – I would love to see you again to discuss all this with you. I know now too a little of how you come by your great gift and how sacred it is.
Please let me know your plans and if you don't go to India perhaps you could come here for a few days. I am here to make a film –
I shall not start work for a couple of weeks – I think so if you could come here I would be free.
I want to thank you again for all your kindness – you will be pleased that I am in quite good health I know because you wanted so much to help me.

    With all good wishes

    Yours sincerely

    Merle Oberon

---

[2] Il Majestic è un hotel dove andava spesso anche Rol. Nell'agosto 1949 (o forse già da luglio) per esempio, Rol aveva alloggiato al Majestic prima di trasferirsi all'Hotel du Cap. Cfr. anche *"Io sono la grondaia"*, p. 139, dove dice che si trovava al Majestic il 21/02/1950.

HOTEL MAJESTIC
Sur la Croisette
Cannes

2 dicembre [1949]

Mio caro Dott. Rol,

Volevo scriverLe da molto tempo per ringraziarla per tutta la Sua gentilezza nei miei confronti durante i miei primi giorni di dolore, non sono stata molto in grado di scrivere lettere – di qui le ragioni del ritardo.
Da quando ci siamo visti ho fatto tantissime scoperte su questo mondo di individui – ho studiato un bel po' mentre ero a Londra[3] – naturalmente sono ancora solo alla soglia della conoscenza – amerei rivederLa per discutere di tutto questo con Lei. Ora anch'io conosco un poco di come Lei si sente col Suo grande dono e quanto sia sacro[4].
Per favore mi faccia sapere i Suoi piani e se non va in India[5] forse potrebbe venire qui [*a Cannes*] per qualche giorno. Sono qui per fare un film[6] –
Non inizierò a lavorare prima di un paio di settimane, penso che se potesse venire qui sarei libera.
Voglio ringraziarLa ancora per tutta la Sua gentilezza – Le farà piacere che io stia abbastanza bene, lo so perché ha tanto voluto aiutarmi.

Con i più sinceri auguri

Cordialmente,

Merle Oberon

---

[3] Dove era stata un paio di mesi dopo la tragedia aerea.
[4] Si riferisce naturalmente al suo *carisma* spirituale. La Oberon, sicuramente anche per le indicazioni di Rol, dovette approfondire su testi di carattere spirituale e/o esoterico.
[5] Se la Oberon sapeva che Rol aveva questo programma vuol dire o che lui Le aveva scritto una lettera in cui glielo comunicava e alla quale lei stava rispondendo, o che all'inizio di settembre lui le aveva detto che aveva in programma questo viaggio. Risulterebbe che poi in India ci andarono insieme; prima di conoscere queste lettere a suo tempo avevo ipotizzato nel 1950.
[6] *Pardon my French*, (o *The Lady of Boston*), film girato in Costa Azzurra e al Château de Castellaras, vicino a Cannes, che sarebbe uscito nell'agosto 1951. Il viaggio in India potrebbe esserci stato una volta finite le riprese (occorrerebbe indagare in che mese si sono concluse).

HOTEL MAJESTIC
Sur la Croisette
CANNES

2nd Dec

My dear Mr. Rol,
I've wanted to write to you for a long time to thank you for all your kindness to me during my first days of sorrow. I have not been quite up to writing letters – hence the delay.
Since I saw you I have made a great many discoveries about this

(foto © Franco Rol – Archivio Storico del Comune di Torino)

HOTEL MAJESTIC
Sur la Croisette
CANNES

for a few days. I am here to make a film. I shall not start work for a couple of weeks - I think. So if you could come now I would be free. I want to thank you again for all - your kindness - you will be pleased that I am in quite good health I know

world of ours - I've been studying while in London quite a bit - of course I am still only on the threshold of knowledge - I would love to see you again to discuss all this with you. I know now too a little of how you come by your great gift & how sacred it is. Please let me know your plans & if you don't go to India perhaps you could come here

because you wanted so much to help me.

With all good wishes
Yours Sincerely
Merle Oberon.

(foto © Franco Rol – Archivio Storico del Comune di Torino)

Fri.

My dear Dr. Rol –

Thank you so much for your kind note – I'm very sorry not to be able to accept your suggestion as I have some friends arriving from England tomorrow, and I have promised them I would be here to see them.
I've been working like a slave – Why don't you come to visit us at Castleras?
        Merle

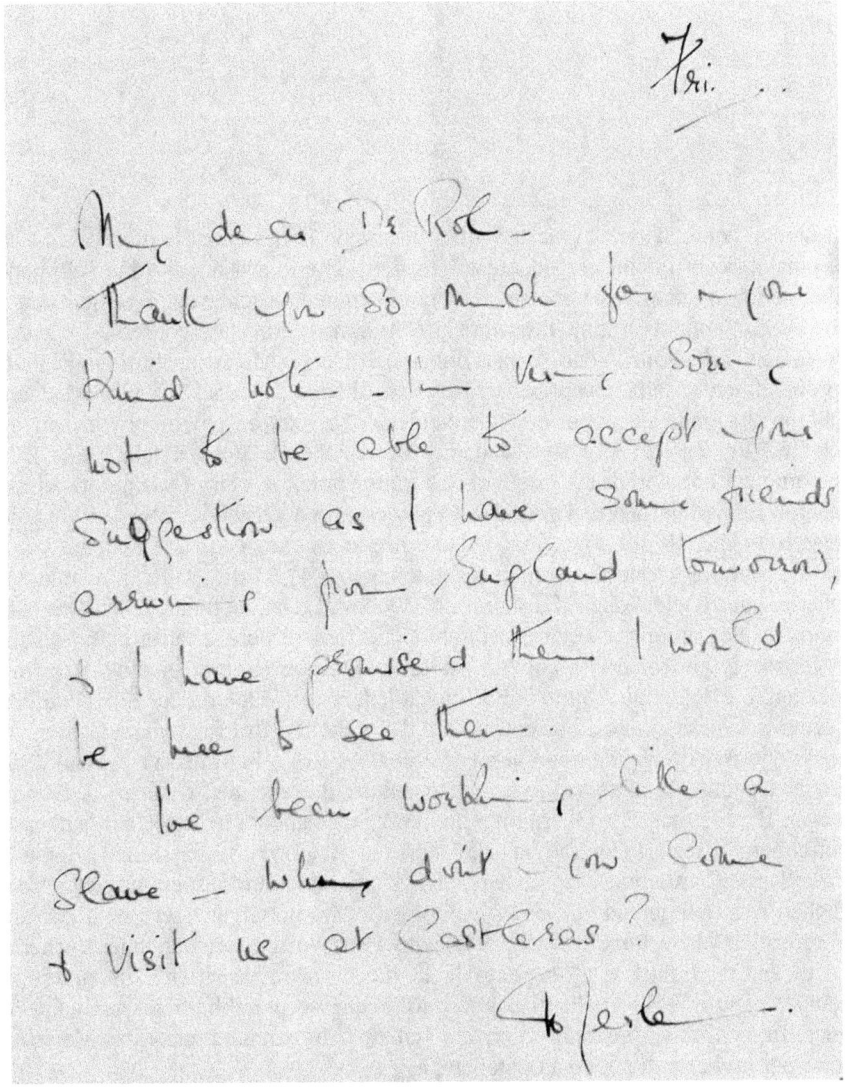

(foto © Franco Rol – Archivio Storico del Comune di Torino)

Venerdì

Mio caro Dott. Rol –

Grazie davvero per il Suo gentile messaggio[7] – Sono molto dispiaciuta di non poter accettare la Sua proposta[8] dal momento che ho degli amici in arrivo domani dall'Inghilterra, e ho promesso loro che sarei stata qui per vederli.
Sto lavorando come una schiava – Perché non ci viene a trovare a Castellaras?

Merle

---

[7] «note», "annotazione". Questa lettera purtroppo non è datata e manca la busta originale: se in quella precedente aveva detto che aveva ancora due settimane libere e in questa afferma che sta «lavorando come una schiava», avrei ipotizzato che siamo almeno a fine dicembre 1949. Sono però stati conservati quattro «message téléphoné» con intestazione dell'Hotel Majestic, tutti indirizzati (probabilmente dalla reception) a Rol, che dicono: 1) 05/12/1949: «Madame Oberon demande que vous lui téléphoniez» (La signora Oberon Le chiede di telefonarle); 2) 16/12/1949: «Madame Merle Oberon Vous a téléphoné. Elle retourne cet apres midi a Castellaras. Si vous voulez la voir» (La signora Merle Oberon Le ha telefonato. Torna questo pomeriggio a Castelleras. Se Lei la vuole vedere»); 3) 22/12/1949: «20h. Madame Merle Oberon vous a téléphoné» (Ore 20. La signora Merle Oberon Le ha telefonato); 4) 07/01/1950: «Madame M. Oberon vous a téléphoné» (La signora M. Oberon Le ha telefonato). Siccome non sono né telegrammi né lettere, si direbbe che fossero consegnati a mano a Rol, ovvero che lui fosse ospitato al Majestic. Quando ci era andato? Il primo messaggio è del 5, ma è improbabile che la lettera della Oberon del 2, rispedita da Torino il 4 fosse giunta a Parigi tra il 4 e il 5 e che il 5 Rol fosse già a Cannes. A meno che il 4 il custode non avesse telefonato a Rol a Parigi (o viceversa) e lui senza aspettare la lettera avesse preso subito il treno per Cannes, arrivando magari il 5 mattina. E la Oberon il 5 dov'era? Forse ancora in Hotel, nel qual caso potrebbero essersi incontrati la sera stessa o il giorno successivo. O forse a Castelleras. Comunque, si direbbe che Rol sia rimasto tutto il mese di dicembre e anche l'inizio di gennaio al Majestic. Questa lettera potrebbe essere stata lasciata in reception (dove forse Rol aveva lasciato a sua volta l'«annotazione») venerdì 16 dicembre. Infatti se fosse stato il 23 dicembre mi aspetterei gli auguri di Natale, mentre il 30 quelli di capodanno, anche se potrebbero esserseli fatti a voce. In alternativa, venerdì 6 gennaio (sabato 7 lo cercherà ancora al Majestic, forse per invitarlo di nuovo a Castelleras).
[8] Probabilmente di raggiungerlo a Cannes e fare una escursione da qualche parte nel fine settimana.

Due lettere di Merle Oberon

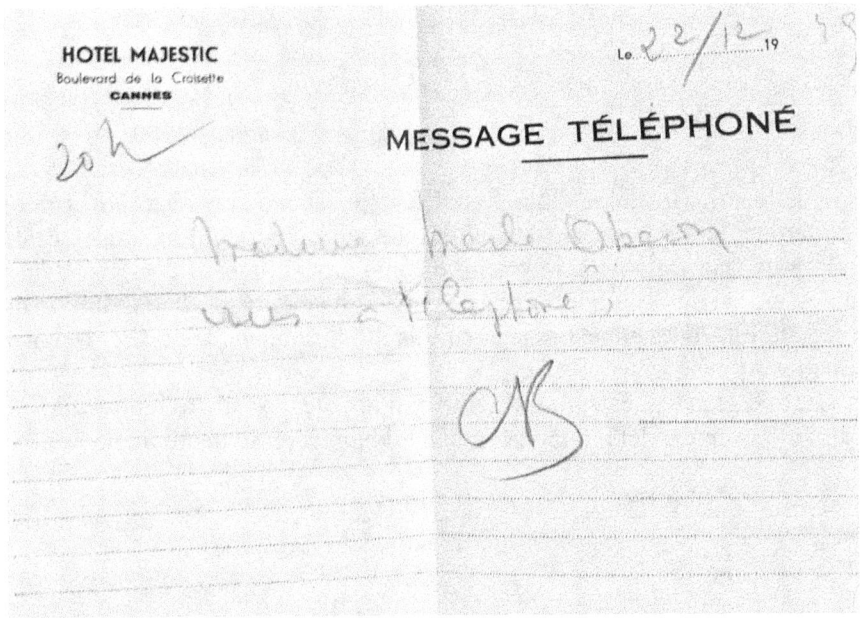

(foto © Franco Rol – Archivio Storico del Comune di Torino)

Questa è uma immagine piuttosto significativa, fotogramma che ho tratto dal film del 1954 *Desirée*, dove Merle Oberon interpreta Joséphine de Beauharnais, ovvero Giuseppina Bonaparte, al fianco di Marlon Brando che interpreta Napoleone.

Pitigrilli e Rol
(1950)

Sabato, 26 agosto 1950

Caro Gustavo[1], tuo fratello e io siamo in casa del Conte Guazzone[2] e non parliamo d'altro che di te e dei tuoi stupefacenti orizzonti. Sapessi come ci manchi, e come – per compenso – siamo felici di essere vissuti in questi tempi che ci hanno dato la possibilità di incontrare te, il sogno al quale ci rifiutiamo di rinunciare, è che tu venga a Buenos Aires[3].
Ciao, mio grande Gustavo, ti ringrazio di tutte le cose meravigliose che mi hai fatto vedere e del mondo nel quale mi hai generosamente immerso.

Tuo Piti

Ti aspettiamo
Weller[4]

Completando il Trinomio, di questo continente, che ha avuto la grande fortuna di vedere ... quelle cose e che prova la grande nostalgia di esserne, non certo col pensiero, tanto lontano, Ti abbraccio affettuosamente

Tuo Carlo

---

[1] Dopo dieci anni di amicizia, lo chiama ora per nome.
[2] Si tratta di Alfredo Guazzone di Passalacqua, padre della principessa Ilaria Notarbartolo di Furnari e figlio del conte Giuseppe Guazzone (1854-1935) che era emigrato in Argentina.
[3] Pitigrilli si era trasferito nel 1948 in Argentina, dove era rimasto una decina di anni. Qui aveva conosciuto Carlo Rol, fratello di Gustavo, che vi era emigrato negli anni '20.
[4] Non identificato/i.

(foto © Franco Rol – Archivio Storico del Comune di Torino)

Il signor Rol, Mago

di Furio Fasolo

24/02/1951[1]

Occhiello
L'uomo, che a Merle Oberon predisse la tragica morte del conte Cini, legge i pensieri del prossimo, sa dirigere con la sua volontà la pallina della roulette, sdoppia uomini e donne. Ma è umano: spesso anche lui smarrisce il lapis o gli occhiali e cerca inutilmente la guida del telefono.

«No, per carità, non mi chiami "mago", non adoperi mai questa parola, attribuendola alla mia persona. Io non sono un mago, sono un uomo semplice che conduce una vita semplice».
Queste furono le prime parole che mi rivolse il dott. Gustavo Adolfo Rol. Nella sua casa non era affatto l'atmosfera di mistero che piace ai maghi moderni, ma bensì l'ambiente che è congeniale agli studiosi e agli artisti. Di punto in bianco mi chiese: «Che cosa desidera?» Risposi: «Vedere l'altro me stesso. So che a lei è possibile compiere un tale prodigio»[2]. Devo tuttavia confessare che, mentre così gli parlavo, in me stesso una voce per nulla magica commentava: «Se farà cilecca ci divertiremo un mondo...». Egli mi prese le mani e, immediatamente, all'altezza del soffitto, intravidi un chiarore nebuloso, dai contorni incerti, del diametro di una quarantina di centimetri. Movendosi nell'aria, ora si dilatava, ora si rimpiccioliva; infine si portò a due spanne dai miei occhi e assunse l'aspetto di un volto umano[3], il mio. Ma si trattava di un me stesso trasferito su un piano di irrealtà indescrivibile. Io non sono superstizioso, ma in quel momento feci gli scongiuri, pensando: «Io sarò così nel futuro, dopo la vita?».
Il telefono in quell'istante squillò. Il dott. Rol si alzò esclamando: «Peccato: ci hanno interrotti in un momento interessante». Intanto il mio secondo sembiante dileguava lentamente, ritornando al suo etereo domicilio. Gli augurai buon viaggio, molto affettuosamente. Terminata la breve telefonata, il dott. Rol tornò a sedersi accanto a me. Con semplicità disse: «Ha visto? I fenomeni di sdoppiamento della personalità sono possibili».

---

[1] *Epoca*, n. 20, 24/02/1951, pp. 39-41.
[2] Più avanti infatti riferisce che un pittore torinese gli disse che Rol «un giorno ottenne lo sdoppiamento del corridore Nino Farina».
[3] Il fenomeno ricorda quello testimoniato e raccontatomi da Yolande Sella sulla seduta fatta dopo la morte di Giorgio Cini: «è arrivato un ectoplasma, che si è messo a circolare, e si è fermato davanti a Merle. (...) Era la maschera di Cini che era davanti a lei» (vol. II, appendice I, p. 679).

Il bello venne dopo, quando, con naturalezza, rapidamente prese a parlare di me. Nelle sue parole sfilarono i fatti salienti della mia più segreta vita passata, e persino gli stati d'animo che erano affiorati in me quel giorno. Fra me dicevo: «Quest'uomo è davvero un mago?». Egli con un sorriso mi pregò: «Per favore, non pensi codesta parola». Questa volta lo guardai esterefatto, chiedendomi: «Che cosa esiste dunque nel dott. Rol? Di dove viene? Dove va?».

Mi raccontò la sua vita: ebbi l'impressione di udire un romanzo fantastico. Venticinque anni or sono si trovava solo a Marsiglia: «Ero alle prese con una vita durissima, dalla quale scaturì la scintilla che mi spinse sulla strada delle ricerche spiritualistiche. Giovane laureato[4], anziché restare nella comoda casa paterna a Torino, era partito alla scoperta del mondo, recando seco due valigie: una conteneva l'indispensabile in fatto di indumenti; l'altra, il violino e la tavolozza. Un pomeriggio, durante una peregrinazione nei dintorni di Marsiglia, fu colpito dalla vista di uno stupendo arcobaleno. Ma la seguente osservazione l'impressionò: ogni qualvolta distoglieva lo sguardo dall'arcobaleno, egli rammentava non già tutti i colori dell'iride, ma bensì il solo verde: la tinta che risaltava nel centro. Si domandò se un portentoso significato segreto si nascondesse nel colore verde. Di qui, egli mi disse, ebbero inizio i suoi studi: prima nei campi della fisica, dell'ottica e dell'acustica, poi nella sfera di fenomeni misteriosi, appartenenti a un mondo ultraterreno di cui io e voi non comprendiamo proprio nulla.

La sera del 28 luglio 1927, un giovedì, a Parigi, scriveva sulla sua agenda: «*Ho scoperto una tremenda legge che lega il colore verde, la quinta nota musicale e il calore. Non cercherò più nulla*»[5]. Spieghiamoci con un esempio, fra quelli che egli mi citò: «Io ormai avevo sviluppato in me stesso alcune sensibilità del tutto eccezionali: tra le altre, la capacità di *sentire e distinguere*, tramite il palmo delle mani, le vibrazioni dei colori. Le mani sono prodigiose antenne donate da Dio agli uomini; un giorno, non c'è dubbio, essi impareranno a giovarsene compiutamente».

Ma presto avremo diffuse notizie delle meravigliose scoperte del dott. Rol. Egli infatti sta lavorando a un libro che recherà il titolo «*Le quattro

---

[4] In realtà Rol si laureò il Legge/Giurisprudenza nel 1933, mentre a Marsiglia si era trasferito nel gennaio 1925, dove vi rimase fino all'anno successivo quando si trasferì a Parigi (giugno 1926). All'università si era iscritto nel 1923.

[5] Fasolo aveva riferito in modo impreciso e altri in seguito copiarono questa imprecisione. L'annotazione corretta è: «Ho scoperto una tremenda legge che lega il colore verde, la *quinta musicale* ed il calore. (…) Non *scriverò* più nulla»; dove qui ho messo i puntini, e che Fasolo non riporta, Rol aveva scritto: «Ho perduto la gioia di vivere. La potenza mi fa paura». Ho pubblicato le due pagine dell'agenda alle pp. 101-102. Rol aveva parlato di *quinta* (un accordo di due note – bicordo – come do-sol) e non di quinta nota, che è una nota sola.

mura intorno»[6], espressione scelta a indicare i limiti di spazio e di tempo posti alle normali manifestazioni della nostra vita quotidiana. Ma egli ha superato queste leggi, è in grado di vivere in un'altra dimensione. È noto come i prodigiosi esperimenti che spesso egli compie dinanzi a persone amiche e a studiosi mirino appunto a dimostrare questa sua attitudine. Io avevo portato un mazzo di carte, e Rol accondiscese a farmi assistere a numerose prove. Mi soffermerò su una sola, apparentemente la più semplice. Io stesso mescolavo le carte, controllavo che tutte quante fossero disposte nel medesimo senso, con i segni rivolti verso il basso, poi premevo su di esse la mia mano. A un certo istante, il dott. Rol faceva sì che una di quelle carte, secondo l'esatta indicazione da me espressa, si capovolgesse, pur continuando il mazzo a restare immobile, senza un tremito, né una vibrazione. Un geometra, un ingegnere, un professore di matematica così argomenterebbero: «Evidentemente, una carta da gioco, per capovolgersi, ha bisogno di libertà di movimenti in uno spazio che è determinato dalla misura, per lo meno del suo lato minore. Perciò se il movimento si rendesse possibile pur senza la disponibilità di tale spazio, le stesse leggi fondamentali della fisica sarebbero sovvertite. È inammissibile!». Quanti geometri, ingegneri, professori di matematica il dott. Rol fece restare a bocca aperta?

Un notissimo pittore torinese, che frequentò a lungo il dottor Rol, mi aveva assicurato: «Da lui c'è da attendersi di tutto. Un giorno ottenne lo

---

[6] Di questa pubblicazione non è dato sapere nulla. Non solo non venne pubblicata, ma non ve n'è traccia nei lasciti testamentari di Rol (incluso quello a Catterina Ferrari), dai quali pare comunque mancare molto materiale. Ad esempio, pochi anni prima, nel 1944, Rol riferiva in una lettera che a 19 anni scriveva «l'*Erotikon*», a quanto pare un componimento poetico in versi (cfr. Rol, G.A., *La Coscienza Sublime. L'incontro con la poetessa Elda Trolli Ferraris*, a cura di M.L. Giordano e G. Ferraris di Celle, L'Età dell'Acquario, 2006, p. 82); secondo Maria Luisa Giordano Rol «scrisse dei drammi, tra questi il *Giulio Cesare*» (Giordano, M.L., *Gustavo Rol. Una vita per immagini*, p. 22). Non ci sono al momento pervenuti. Nicola Riccardi in una lettera del 9 giugno 1970 indirizzata a Giorgio di Simone affermava che Rol «ha nel cassetto cento volumi manoscritti di sue memorie e riflessioni, e quel che me ne ha letto è di enorme livello spirituale» (Di Simone, G., *Oltre l'umano. Gustavo Adolfo Rol*, Reverdito Edizioni, Trento, 2009, p. 70); l'affermazione «cento volumi» è iperbolica e non può comunque essere presa alla lettera. Due anni dopo Remo Lugli scriveva che Rol «riconosce che i suoi esperimenti "sconvolgono le leggi della natura": però aggiunge: "Tutti possono arrivare a fare quello che io faccio". Come? Ha scritto centinaia di pagine, in proposito, ma sulla copertina del plico ha vergato un terribile ordine: "Bruciare dopo la mia morte"» (Lugli, R., *Strabilianti esperimenti d'un uomo che dissolve e ricompone la materia*, La Stampa, 23/09/1972, p. 3). Non mi risulta che qualcuno abbia bruciato qualcosa, e molti scritti sono stati in parte pubblicati postumi da Catterina Ferrari nei libri *"Io sono la grondaia"* (2000) e *Diario di un capitano degli Alpini* (2003). Ma sicuramente mancano molti documenti.

sdoppiamento del corridoio Nino Farina: l'altro "io" dell'asso del volante, con voce schietta e sicura, descrive le proprie future vittorie, la stessa conquista del campionato del mondo[7]. Una volta vidi Rol far restare sollevate nell'aria carte da gioco, che si erano sollevate da sé, senza che egli le toccasse. Era bastato un suo ordine». Durante l'intervista, pregai il dottor Rol di parlarmi di simili fatti. Ma egli scosse il capo: mi parlò non come un taumaturgo, ma come un filosofo:

«I fenomeni materiali non m'interessano più. Quando iniziai i miei esperimenti, mi proponevo di risvegliare la fantasia degli uomini, trasportandoli, con la vista di cose straordinarie, in un'atmosfera più elevata, e di convincerli dell'esistenza dell'anima. Con amaro disinganno, constatai che quasi tutti cercano solo il meraviglioso, come se si trattasse di uno spettacolo[8]. Perciò io, abbandonate le dimostrazioni materiali, miro soltanto a progredire nel campo spiritualistico»[9]. Quali risultati conseguì?

---

[7] Elsa Farina, moglie di Nino, ha raccontato un aneddoto collegato, anche se non questo. Si veda l'articolo del 1988 di Marina Ceratto Boratto a p. 106.

[8] Le stesse cose le dirà 24 anni dopo, indice che nulla era cambiato: «Ma che cosa volete mai che io faccia, che vi mostri, che vi dica: esperimenti, rivelazioni, racconti trascendentali, apporti, dialoghi con spiriti intelligenti, pitture, confidenze, ecc. ecc. Insomma tutta la gamma delle mie sofferenze... Eppure queste cose le conoscete, ormai le sapete, ve le ho mostrate, ve le ho dette... Ma voi rimanete immobili ed immoti anche se vi tendo le braccia, se vi grido col cuore lacerato la mia solitudine ed il vostro assenteismo. Dopo tanto tempo non ho costruito nulla in voi; ho soltanto colmato molte ore della vostra noia, vi ho dato spettacolo. La vostra attenzione è altamente peculiare, così come se foste di fronte ad un palcoscenico ove il mio spirito o la mia anima o solamente il mio corpo assumono, per voi, il ruolo di una ridicola marionetta. Le mie parole cadono nel vuoto del nulla, di tutto il nulla che nutre il vostro cervello condizionato dalle esigenze di una materialità alla quale, ammetto, non vi é dato sottrarvi. Ma almeno un piccolo tentativo avreste pur potuto farlo, quello di muoverVi verso di me od almeno verso le cose altissime che mostro a voi ciechi, egoisti ed indifferenti di quel che succede. Poiché dentro di me i sogni, le tempeste, i timori e le speranze urgono ad ogni istante.... Povero me, nessuno di voi se ne accorge. Poveri voi, che camminate sul bordo del nulla e rischiate di caderci ad ogni istante. (...)» (Trascrizione diretta dalla voce di Rol, registrata da Remo Lugli nel 1975, si veda il video: *youtu.be/lnMLvYvDxNc*).

[9] Se certamente Rol dovette maggiormente dedicarsi al «campo spiritualistico», non si può però dire – tranne forse una pausa relativa al periodo precedente all'incontro con Fasolo, iniziata dopo l'incidente di Giorgio Cini – che avesse «abbandonate le dimostrazioni materiali», a giudicare dai quarant'anni successivi che queste dimostrazioni ha continuato a dare abbondantemente. Sicuramente deve essere passato spesso da fasi di delusione e rassegnazione a non essere compreso, e in tali momenti non è difficile immaginarlo isolarsi, senza voglia ed energia di mostrar più niente a nessuno, salvo poi cambiare idea spinto da rinnovata fiducia ed ottimismo una volta esaurito il periodo negativo e pessimistico.

Udite: «Chiunque mi venga dinnanzi» mi dichiarò Rol «subito tutto conosco di lui, essenzialmente per quel che emana dalla persona stessa e che io so intuire in virtù di quanto appresi percorrendo la strada della conoscenza dell'anima. La tappa più importante da me raggiunta è la "Coscienza Sublime".

Non senza un po' di vergogna confessai la mia ignoranza, chiedendo: «Che cos'è dunque questa "Coscienza Sublime"? È forse una manifestazione spiritica?»

«La "Coscienza Sublime" non è una religione e neppure una scienza. Se vuole può considerarla, sotto un certo aspetto, come una filosofia. In ogni caso è una tappa raggiunta sulla strada della conoscenza dell'anima. Alla "Coscienza Sublime" si accede attraverso una vera e propria iniziazione, dove l'esistenza di Dio, la sopravvivenza dell'anima e l'assenza di qualsiasi speculazione morale e materiale formano la base di tutto l'edificio»[10].

Il superamento della materia? Ancora una volta il dottor Rol me ne diede una prova. Sotto i miei occhi, senza neanche toccarle, fece sì che dodici carte – da me scelte in un mazzo ben mescolato – diventassero tutte di fiori. Illusione ottica? No, altre persone presenti erano concordi con me: si trattava proprio di dodici carte di fiori. Di più: ottenni dal dottor Rol il permesso di portarmele a casa. Il mattino successivo le guardai: erano ancora fiori. Ne fui un po' deluso. Durante tutta la notte avevo continuato a sognare che stavano tramutandosi in dodici assegni di un milione.

Quando rividi Rol[11] gli chiesi: «Non sarebbe stata possibile una simile trasformazione?» Egli rispose con semplicità: «Quando si entra nella sfera della "Coscienza Sublime" tutto diventa possibile[12]. Ne vuole la prova?». Da un mazzo di carte (insospettabile, perché me l'ero portato da casa) mi fece scegliere una carta. La presi: il tre di quadri. Mi disse: «La prema contro il petto... sì, così. Ora non è più il tre di quadri. Guardi». Guardai: era diventata il nove di cuori. Più e più volte la medesima carta mutò colore e valore: alla piena luce del sole, dinanzi a una finestra, ove qualsiasi illusione ottica era impossibile. Ma neanche in quell'occasione ebbi la gioia di vedere una carta da gioco tramutarsi in uno *chèque*.

In quanto a fortuna nei giochi d'azzardo, la "Coscienza Sublime" (che, tenetelo bene a mente, è nemica di qualunque egoismo[13]) pone il dott. Rol

---

[10] All'epoca di questa intervista, la nozione di *spirito intelligente* ancora non era stata formulata da Rol. Comparirà solo alla fine degli anni '60, come complemento e ulteriore precisazione delle stesse manifestazioni della *coscienza sublime*, che è il pilastro più importante della sua "filosofia".

[11] Quindi si incontrarono almeno due volte.

[12] È per me questa la più importante affermazione di Rol, che riassume in poche parole tutta la sua conoscenza e scienza.

[13] *Nemica di qualunque egoismo*, proprio così: la possibilità di accesso alla *coscienza sublime* è inversamente proporzionale al "tasso" di egoismo presente

in questa paradossale posizione: se, a scopo del tutto disinteressato, egli si pone accanto al tavolo della roulette, riesce a prevedere con esattezza l'andamento del gioco: ma se egli si propone di puntare, la «Coscienza Sublime» dichiara la «non collaborazione»[14].

«A qualunque gioco io giochi» mi disse Rol «io perdo quasi sempre».

Ma un episodio di vincita fulminea mi è stato narrato dal suo intimo amico e medico curante, il dott. comm. Enrico Vecchia, primario di ospedale e autore di opere notevoli sul cancro.

Chiamato d'urgenza a tarda ora della sera, il medico corse a vedere una bimba malata. Rol volle accompagnarlo. Si trovarono in una casa in cui incombeva una miseria tragica, resa ancor più terribile dall'assoluta urgenza di quattrini per acquistare costose medicine. Rol, come invasato, disse all'amico: «Portami a S. Mauro, immediatamente, non c'è un istante da perdere». A S. Mauro, a pochi chilometri da Torino, funzionava allora un Casinò[15]. In quattro puntate, Rol – commosso come il mago della fiaba di Oscar Wilde – vinse 90,000 lire, che portò a quella famiglia. Le offrì in nome della «Coscienza Sublime»[16].

---

nell'individuo. Un *apprendista* con un tasso troppo elevato viene di norma respinto, o neanche invitato da Rol, così come da qualunque altro Maestro autentico.

[14] L'interesse, in quanto forma di *attaccamento*, "disattiva" la *coscienza sublime*. Non si tratta di una questione morale, ma di un meccanismo/processo neuropsichico. Avrò modo di ritornarci nel dettaglio.

[15] Inaugurato nel 1946, in Via Lunga 23 (di cui pubblico più avanti un disegno d'epoca). Siccome Fasolo non informa l'anno, si potrebbe collocare l'episodio ipoteticamente nel 1947 (se fosse stato nel 1946 penso avrebbe detto che era stato appena inaugurato; e se fosse stato nel 1949 o 1950 credo avrebbe scritto «l'anno scorso», «due anni fa»).

[16] Se prendiamo come riferimento una mera rivalutazione monetaria, 90.000 lire del 1947 corrispondono a circa 2.500 euro nel 2022. Un calcolo corretto però – cosa che non ho considerato in pubblicazioni precedenti – dovrebbe tener conto anche del potere d'acquisto di quell'epoca e degli stipendi minimi/medi. Nel 1945 per esempio, con 90.000 lire pare si comprasse una FIAT Balilla e lo stipendio di un operaio fosse di 11.000. Nel 1950 pare fosse di 24.000 (dati che ho trovato su: *storiologia.it/tabelle/popolazione06.htm*, non so se corretti). Se nel 1947, per esempio, la paga fosse stata di 18.000, 90.000 lire sarebbero corrisposte a 5 stipendi, ovvero circa 8.500 euro nel 2022. Una cifra più di tre volte superiore alla sola rivalutazione monetaria. Un economista certamente saprebbe essere ancora più preciso.

Una prova sorprendente compiuta dal dott. Rol alla presenza del nostro inviato. Il «mago» fece mescolare meticolosamente 5 mazzi di carte all'intervistatore, che poi ne scelse uno e lo suddivise in quattro mucchietti. «Ora» disse Rol «scelga il mucchio che preferisce, vi ponga sopra la mano e mi indichi di quale seme desidera diventino tutte le carte da lei prescelte.» La risposta fu: «Fiori». Rol allora sollevò la destra, quasi a carezzare l'aria intorno al mazzetto indicatogli; il suo viso si trasfigurò in espressione di estasi, forza di volontà, sofferenza, commiste a contentezza. Infine esclamò: «Ecco i fiori!». Tutte quelle carte - dodici - erano davvero diventate di fiori.

Il signor Rol, MAGO

L'uomo, che a Merle Oberon predisse la tragica morte del conte Cini, legge i pensieri del prossimo, sa dirigere con la sua volontà la pallina della roulette, sdoppia uomini e donne. Ma è umano: spesso anche lui smarrisce il lapis o gli occhiali e cerca inutilmente la guida del telefono.

«No, per carità, non mi chiami "mago", non adoperi mai questa parola, attribuendola alla mia persona. Io non sono un mago, sono un uomo semplice che conduce una vita semplice.»

Queste furono le prime parole che mi rivolse il dott. Gustavo Adolfo Rol. Nella sua casa non era affatto l'atmosfera di mistero che piace ai maghi moderni, ma bensì l'ambiente che è comprensibile agli studiosi e agli artisti. Di punto in bianco mi chiese: «Che cosa desidera?» Risposi: «Vedere l'altro me stesso. So che a lei è possibile compiere un tale prodigio». Devo tuttavia confessare che, mentre con gli parlavo, la mia stesso una voce per nulla magica commentava: «Se farà cilecca ci divertiremo un mondo...» Egli mi prese le mani e, immediatamente, all'altezza del soffitto, intravidi un chiarore nebuloso, dai contorni incerti, del diametro di una quarantina di centimetri. Movendosi nell'aria, ora si dilatava, ora si rimpiccioliva; infine mi portò a due spanne dai miei occhi ed assunse l'aspetto di un volto umano, il mio. Ma si trattava di un me stesso trasferito su un piano di irrealtà indescrivibile. Io non sono superstizioso, ma in quel momento feci gli scongiuri, pensando: «Io sarò così nel futuro, dopo la vita?»

Il telefono in quell'istante squillò. Il dott. Rol si alzò esclamando: «Peccato: ci sarebbe interrotti in un momento interessante». Intanto il mio secondo sembiante dileguava lentamente, ritornando al suo etereo domicilio. Gli augurai buon viaggio, molto affettuosamente. Terminata la breve telefonata, il dott. Rol tornò ad sedersi accanto a me. Con semplicità disse: «Ha visto? I fenomeni di adoppiamento della personalità sono possibili.»

Il bello venne dopo, quando, con naturalezza, rapidamente, prese a parlare di me. Nelle sue parole sfilarono i fatti salienti della mia più segreta vita passata, e persino gli stati d'animo che erano affiorati in me quel giorno. Fra me dicevo: «Quest'uomo è davvero un mago?» Egli con un sorriso mi pregò: «Per favore, non pensi codesta parola». Questa volta lo guardai esterrefatto chiedendomi: «Che cosa esiste dunque nel dott. Rol? Di dove viene? Dove va?»

Mi raccontò la sua vita; ebbi l'impressione di udire un romanzo fantastico. Venticinque anni or sono si trovava solo a Marsiglia: «Ero alle prese con una vita durissima, dalla quale scaturì la scintilla che mi spinse sulla strada delle ricerche spiritualistiche». Giovane laureato, antiché restare nella comoda casa paterna a Torino, era partito alla scoperta del mondo, recando seco due valige: una conteneva l'indispensabile in fatto di indumenti; l'altra, il violino e la tavolozza. Un pomeriggio, durante una peregrinazione nei dintorni di Marsiglia, fu colpito dalla vista di uno stupendo arcobaleno. Ma la seguente osservazione gli impressionò: ogni qualvolta distoglieva lo sguardo dall'arcobaleno, egli rammentava non già tutti i colori dell'iride, ma bensì il solo verde: la tinta di passava nel centro. Si domandò se un portentoso significato segreto si nascondesse nel colore verde. Di qui, egli mi disse, ebbero inizio i suoi studi: prima nei campi della fisica, dell'ottica e dell'acustica, poi nella sfera di fenomeni misteriosi, appartenenti a un mondo ultraterreno di cui io

Il dottor Rol svela i segreti di una maiolica antica. E stato finanziere, antiquario, giornalista; parla sette lingue antiche e moderne.

Il signor Rol, Mago (Fasolo)

Immagine inedita del dott. Enrico Vecchia, amico di Rol e padre di Carla Perotti, a casa di Rol. Nella pagina seguente, scatti originali inediti (Archivio Franco Rol) pubblicati parziali su *Epoca*. Gli altri scatti presenti in questo articolo li ho pubblicati in volumi precedenti.

[*Didascalia nell'articolo, p. 39*]
Il dottor Rol svela i segreti di una maiolica antica. È stato finanziere, antiquario, giornalista; parla sette lingue antiche e moderne.

[*Didascalia p. 41*]
In un libro scelto a caso, Rol (a destra) esemplifica al suo amico e medico curante dott. Vecchia la misteriosa legge dei numeri. È una sua scoperta.

[*Didascalia p. 41*]
Al nostro inviato, il dott. Rol qui ritratto accanto a un busto di Napoleone, confidò di vivere un dramma profondo: «E se dovessi rimanere solo a godere di un privilegio che non tarderebbe a isolarmi dagli altri? In questo caso il mio destino sarebbe certo: la diffidenza o la beffa, tutt'al più la pietà».[17]

Disegno d'epoca del Casinò di San Mauro, vicino a Torino.

---

[17] Sono passaggi di una lettera di Rol del 1947 o 1949, pubblicata poi nel 2000 in *"Io sono la grondaia"* (p. 129): «Qualche volta una grande tristezza mi coglie: e se io dovessi rimanere solo a godere o a soffrire? Di un privilegio che non tarderebbe ad isolarmi dagli altri uomini, causa delle mie azioni divenute non più compatibili con l'esperienza dei saggi e con la fede dei Santi? In questo caso il mio destino sarebbe certo: la diffidenza o la beffa; perché (...) solamente la pietà, qualche volta, si avventura ad accompagnare, nella grande illusione, il cercatore d'oro nei luoghi ove l'oro non val più che la sabbia».

Didascalie delle altre fotografie

p. 39 in alto (Rol di fronte a quattro file di carte da gioco)

Una prova sorprendente compiuta dal dott. Rol alla presenza del nostro inviato. Il «mago» fece mescolare meticolosamente 5 mazzi di carte all'intervistatore, che poi ne scelse uno e lo suddivise in quattro mucchietti. «Ora» disse Rol «scelga il mucchio che preferisce, vi ponga sopra la mano e mi dica di quale seme desidera diventino tutte le carte da lei prescelte». La risposta fu: «Fiori». Rol allora sollevò la destra, quasi a carezzare l'aria intorno al mazzetto indicatogli; il suo viso si trasfigurò in espressione di estasi, forza di volontà, sofferenza, commiste a contentezza. Infine esclamò: «Ecco i suoi fiori!». Tutte quelle carte – dodici erano davvero diventate fiori.

p. 40 in alto (Rol e un suo dipinto)

Da molti anni Rol si diletta in pittura. Questo è un suo quadro di cui sono protagonisti il cabalistico colore verde e «l'anima del vento».

In basso (Rol mostra il palmo della mano)

Ossevate com'è atteggiata la mano di Rol. È un gesto d'iniziazione che infonde ottimismo e senso di potenza. Era noto già agli antichi, come testimoniano quadri e statue che ritraggono Saggi, Profeti e Santi[18]. Dietro la sua testa si staglia un'aquila napoleonica, uno dei molti cimeli raccolti da Rol, che dichiara di ammirare in Napoleone l'uomo che durante la prigionia a Sant'Elena seppe elevare la propria anima a meravigliosa altezza.

p. 41 in alto

Il pianoforte è lo strumento preferito dal mago; ma sa suonare anche il violino.

---

[18] Su questo gesto e altre immagini relative, si veda *Il simbolismo di Rol*.

Il signor Rol, Mago (Fasolo)

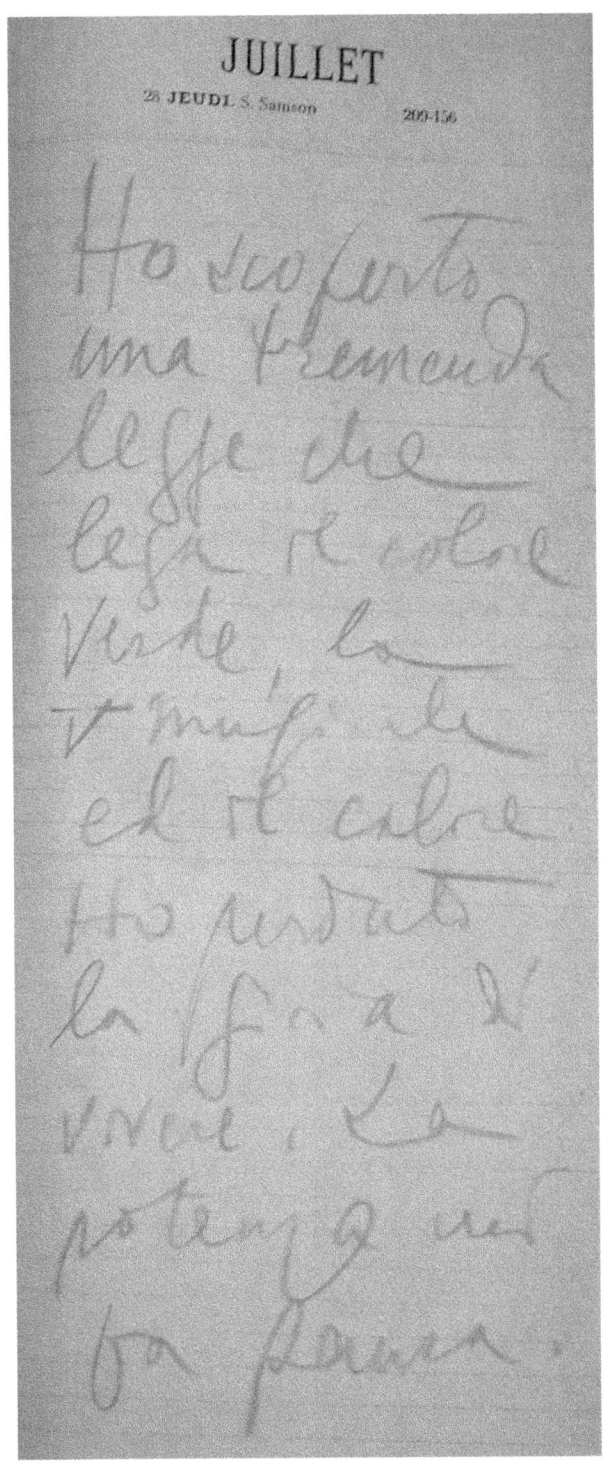

(foto © Franco Rol – Archivio Storico del Comune di Torino)

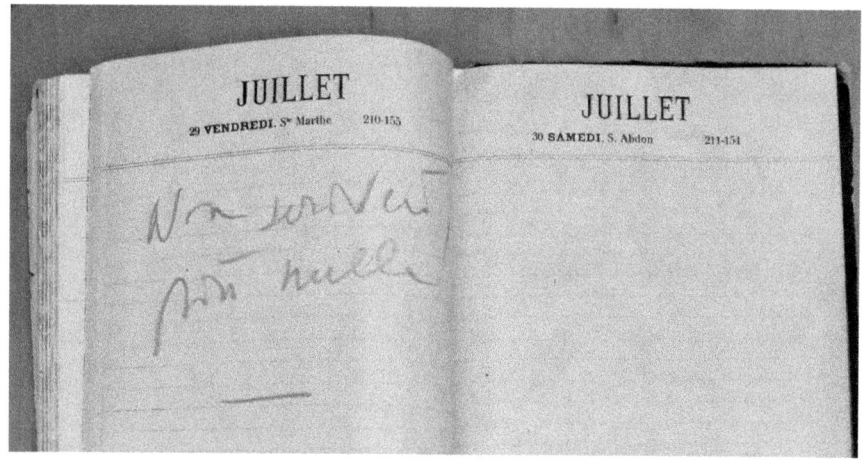

(foto © Franco Rol – Archivio Storico del Comune di Torino)

L'opinione di Pitigrilli sull'articolo di *Epoca*

Buenos Aires, venerdì 9 marzo 1951

Caro Amico[1], un argomento così importante e un uomo così eccezionale meritavano una trattazione più dignitosa e più austera. L'articolista[2] non ha saputo ripulirsi dal suo umorismo grossolano da "Calle caricaturista"[3] e dalla sua faciloneria di piccolo reporter[4], che farebbe delle freddure davanti alla Trasfigurazione, al Giudizio Universale e al Sermone della Montagna.

Il libro su Gustavo e sulle inenarrabili meraviglie alle quali mi ha fatto l'onore di iniziarmi, tenteremo di scriverlo Lei ed io. È necessario che rimangano tracce dei fenomeni sconcertanti che abbiamo visto, e che spalancano finestre su mondi inesplorati. Saremo degli ingrati e degli indegni se non lo facessimo. Occorrerebbe la penna di Maeterlinck[5], l'autorità di Gustave Le Bon[6], il rigore scientifico di Bergson[7], per scrivere su Gustavo. Ma sarebbe inqualificabile negligenza per parte nostra non deporre, come testimoni davanti ai ricercatori di decenni, secondo la nostra coscienza serena, non obnubilata dalla fraternità e dall'amicizia.

Usi della sua parola e del suo cuore per farlo venire a Buenos Aires. Un libro su Rol sarebbe un best seller per oggi, un documento scientifico per decenni. Non amo le frasi sonore, ma umilmente Le dico che la mia proposta Lei la deve accettare non come invito ma come un dovere[8].

---

[1] La lettera, senza destinatario, è indirizzata probabilmente a Carlo Rol. È scritta a macchina, copia dell'originale, non firmata.
[2] Furio Fasolo.
[3] "Caricaturista da strada", poco serio e non conforme a realtà, facendone invece una caricatura.
[4] «Lillipuziano» lo definirà Rol. Il giudizio di Pitigrilli è impietoso, analogo a quello che darà lo stesso Rol poco meno di due mesi dopo (1° maggio 1951) in una lettera proprio al fratello Carlo (si veda più avanti, p. 105).
[5] Maurice Maeterlinck (1962-1949), saggista, poeta, drammaturgo belga, vincitore del Premio Nobel per la letteratura nel 1911. In *Fellini & Rol* ho già avuto occasione di citare il suo *L'ospite ignoto*.
[6] Gustave Le Bon (1841-1931), antropologo, medico, psicologo e sociologo francese, autore, tra gli altri, del classico *Psicologia delle folle* (1895).
[7] Henri Bergson (1859-1941), filosofo francese che si era anche interessato seriamente ai fenomeni paranormali, ricoprendo nel 1913 la carica di presidente della *Society for Psychical Research*. Premio Nobel per la letteratura nel 1927.
[8] La penso come Pitigrilli, tuttavia alla fine lui ha fatto davvero un po' pochino, quattro articoli su *La Razón* di Buenos Aires nel maggio 1952 (poi ripresi nel

Se scrive a Rol, lo abbracci per me.

E Lei si faccia vedere presto. Desidero che mi serva, a tartine, peptonizzato, tutto ciò che ha appreso sui cento libri dei quali si è ipernutrito.

il sottoalimentato
F.to[9] PITI

E la non supernutrita
F.ta LIU[10]

(foto © Franco Rol – Archivio Storico del Comune di Torino)

---

libro *Gusto per il mistero*, 1954) e un articolo su *Planète* nel 1965, mentre il libro non lo ha mai scritto.

[9] Firmato.

[10] Lina Furlan (1903-2000), detta "Liù", moglie di Pitigrilli, anche lei amica di Rol. Fu la prima donna avvocato in Italia, iscritta all'Ordine nel 1930.

L'opinione di Rol sull'articolo di *Epoca*

1 maggio 1951[11]

«…io vado cauto nel credere nella "forza-pensiero" intesa nel senso che tu mi esponi e trovo maggior sollievo alle mie convinzioni, ad appoggiarmi, ancora, a quanto ho detto essere "la coscienza sublime", sinonimo di quella parte "già divina" dell'uomo rivelatagli lungo la strada della conoscenza dell'anima.
Queste cose ho cercato di esporle a quel lillipuziano di giornalista al quale ho perfino dettato certe definizioni, supplicando di non svisare questi concetti, scivolando nella magia, nello spiritismo e vietandogli di parlare di roulette e di questo e di quest'altro fatto occorsomi e che gli raccontarono altre persone (ne dicono tante sul mio conto!). Promettono questi giornalisti ma poi scrivono quel che vogliono. Credevo che Mondadori vedendomi concedere al suo inviato alcuni colloqui, comprendesse che onoravo la sua reputazione di editore onesto, mentre sin qui avevo sistematicamente messo alla porta chiunque si presentasse in veste di giornalista, tanto in Italia quanto all'estero. Dopo quella disgraziata pubblicazione, molta gente alla quale avrei potuto giovare non vede in me che il solito "mago" prezzolato dei quali il mondo è pieno.
Molti avranno gioito di questo mio infortunio (mi dicono che un celebre "mago" italiano abbia per me un odio feroce!). Da ogni parte continua a piovermi un'infinità di lettere con le più strane proposte per lo sfruttamento della roulette, con richieste di filtri d'amore e chi più ne ha più ne metta.
Per questa faccenda della roulette debbo ringraziare la bella lingua del Dr. V.[ecchia], il quale raccontò su di me troppe cose che io normalmente taccio perché so benissimo che intanto ben pochi possono comprenderle! Eppure avevo tanto supplicato di non aprire bocca! Credimi, carissimo, credi a ciò che ti dico! Tutto ciò che sin qui si è pensato e si è fatto nel campo del soprannaturale è ben lungi dalla verità. I concetti che si hanno sullo spiritismo e, soprattutto, sulla reincarnazione sono inadeguati se non addirittura falsi».

---

[11] Da una lettera al fratello Carlo, pubblicata in: *"Io sono la grondaia"*, 2000, pp. 143-144.

Amarcord Nino

di Marina Ceratto Boratto[1]

In casa di Elsa Farina, a Torino, c'è una vetrina dove luccicano un centinaio di coppe e trofei, di targhe e medaglie. Sono le vittorie di Nino Farina, l'ultimo grande pilota torinese. Da circa vent'anni Elsa ne custodisce la memoria, e cioè da quando Nino, al volante di una Lotus Cortina, è morto in un banale incidente avvenuto nel giugno del 1966, sulla strada che da Modane porta a Chambery.
Moglie di un campione, ma con una personalità altrettanto forte e autonoma di quella del marito, Elsa Farina possiede il gusto della battuta, il piacere di raccontare, una grande ironia. Soltanto quando ricorda il mondo delle corse, le paure e i successi di un uomo che ha dedicato tutta la vita allo sport dell'automobile, la sua voce cambia, si appanna; e così si scopre che, mentre per lui correre costituiva un'esaltazione insopprimibile, per lei, la moglie, era un attentato alla felicità familiare. E anche per questo che nel racconto della signora Elsa si percepiscono, ancora intatte, le ansie e le gioie, le angosce e le speranze di quegli splendidi anni vissuti accanto a Nino Farina.
«Ho incontrato Nino a Torino, in tempo di guerra... Era l'inverno del '44, nevicava. Ero con alcuni amici in un ristorante quando, improvvisamente, è entrato quest'uomo alto e sorridente.
«Qualcuno ha mormorato "È Nino Farina, l'asso del volante!". Qualcuno ci ha presentati. Mi sembrava di conoscerlo da sempre. Aveva una personalità che s'imponeva. Un carattere diretto, aperto, solare. Alla fine del pranzo mi ha riaccompagnata a casa ed io gli ho chiesto subito: Lei, perché corre? "Io sono nato per correre", mi ha detto, "Non so fare altro ...".
«Da allora non ci siamo più lasciati e tre anni dopo ci siamo sposati. Così è cominciato il mio dramma perché lui era nato tra le auto. Suo padre e suo zio Pinin avevano fondato nel 1906 gli stabilimenti Farina. Nino, a quattro anni, vinceva già le gare di bicicletta e a diciannove aveva partecipato alla prima corsa in automobile.
Nel 1938 aveva vinto il Gran premio di Svizzera, la Coppa Ciano e il Gran Premio di Aversa. Correre era una malattia di famiglia, tanto che

---

[1] *L'Automobile*, n. 464, ottobre 1988, pp. 54-56. Marina Ceratto Boratto, figlia dell'attrice Caterina Boratto, ha parlato anche di mio nonno Franco Rol, industriale, pilota di automobilismo e amico di Farina, e del suo incidente mortale alla Targa Florio nel 1953, nel suo libro *La cartomante di Fellini. L'uomo, il genio, l'amico* (Baldini+Castoldi, Milano, 2020, pp. 162-163), nel quale menziona a più riprese anche Gustavo, che avrebbe fatto tornare alla vita Franco. Con lei ho avuto occasione di parlare più volte, si veda *Fellini & Rol*.

Nino da soldato, come Ufficiale di Cavalleria a Pinerolo, aveva ottenuto di passare al reparto autoblindato solo per stare in mezzo ai motori. Prima della guerra correva con Nuvolari, Varzi, Trossi. Dopo, si è inserito nel ristretto numero di campioni come Fangio e Ascari.

«Io l'ho seguito in quasi tutte le corse. Chiudevo gli occhi e stringevo i pugni. Non c'era verso di farlo smettere ma a Indianapolis non ce l'ho fatta più. Sposare un corridore significava vivere perennemente in uno stato di ansietà[2]. Bisogna imparare a dirgli continuamente "addio". Così ho coltivato un odio profondo per le corse. Anche quando Nino arrivava primo al traguardo, anche quando è diventato il primo campione del mondo. Perché Nino, dopo il Gran Premio di Montecarlo su Maserati[3], ha cominciato a infilare una collana di trionfi con l'Alfa 1900... Era spericolato. Un gran sangue freddo e nessuna paura. Mai. Tranne quel 31 agosto del 1950, a Monza. Tutto è successo per una lettera arrivata una settimana prima alla Rai di Torino. Diceva: "Avvisare subito il corridore Nino Farina di smettere di correre perché nei primi tre circuiti perderà la vita". La lettera jettatrice era accompagnata da un mezzo tarocco sul quale c'era scritto: "Mi farò riconoscere dall'altra metà...". Lì per lì Nino si era messo a ridere e aveva strappato la lettera. Ma i giorni passavano ed io non riuscivo più a dormire, fin quando ho deciso di chiamare Gustavo Rol che è un grande illuminato e possiede delle facoltà di veggenza straordinarie[4]. Rol mi ha completamente tranquillizzata. Mi ha detto: "Nino vivrà e diventerà il primo campione del mondo". Così ho riferito a Nino la conversazione avuta con Rol. "Già, come se fosse facile vincere

---

[2] Un sentimento che mia nonna Elda Rol conosceva bene.
[3] Al quale partecipò anche mio nonno, ne ho pubblicata una foto nel volume precedente.
[4] Elsa Farina usa e conferma la stessa definizione data dal regista Franco Zeffirelli l'anno precedente (11/01/1987) a *Domenica in*, quando definì Rol «un grande Illuminato». In precedenza, nel 1978, un non meglio specificato «esponente di un centro di ricerche esoteriche torinese» lo aveva definito «un vero Illuminato» (in: Femore, P., *Il dottor Rol, mago dei maghi che riuscì a strabiliare Fellini*, Stampa Sera, 13/03/1978, p. 7). Che io sappia e per ora, quando Rol era in vita sono le uniche persone ad averlo definito chiaramente in questo modo, che è quello corretto. In modo più sfumato Pitigrilli, nel primi tempi della loro frequentazione, nel 1940, aveva scritto che Rol «cammina come un illuminato sulla geografia dell'inconoscibile e della relatività» (si veda p. 46), ma poi quando si tratterà di inquadrarlo per davvero oscillerà tra medium e mago, mentre Dino Buzzati nel 1965 era ancora indeciso su come definirlo: «Adesso il mago, ma non è un mago, come possiamo definirlo? il Maestro? l'Illuminato? il Sapiente? il superuomo? adesso il potente e irraggiungibile Rol farà un esperimento...» (Buzzati, D., *Un pittore morto da 70 anni ha dipinto un paesaggio a Torino*, Corriere della Sera, 11/08/1965, p. 3).

Fangio..." rispose Nino. Era preoccupato. Ricordiamoci che Fangio aveva 39 anni e Nino 44[5].

«Finalmente arriva il giorno della gara. Alloggiavamo al Gallia di Milano. Fangio era in un'albergo vicino, accompagnato dai suoi fans argentini che urlavano senza sosta il nome del loro beniamino. Anche i dirigenti dell'Alfa tifavano per Fangio. Senza contare che le caratteristiche di guida di Nino, come tenere le braccia tese, lasciavano perplessi molti tecnici.

«Il giorno dopo partimmo per Monza. Erano in cinque a difendere i colori dell'Alfa: Fangio, Sanesi, Fagioli, Taruffi e Nino. Ascari correva con la Ferrari. Fangio era avvantaggiato di tre punti e in forma smagliante, ma al secondo giro gli fu consegnata la macchina di Taruffi perché la sua era in disordine. Taruffi fu obbligato a abbandonare la gara e, prima incredulo poi adirato, lanciò i suoi guanti per terra. Insomma, doveva vincere Fangio. Il pilota argentino rimontò superbamente, ma, giunto in settima posizione, fu costretto a ritirarsi per guasto al motore. Fu allora che cominciai a pensare che Nino ce l'avrebbe fatta. Aveva percorso il giro più veloce quando il motore della sua macchina diede segni di irregolarità e il manometro prese a oscillare paurosamente. Sa cos'era successo? Non aveva più olio. Mancavano solo otto giri al termine e Ascari, scatenato, era alle sue spalle. Nino si fermò al box dove gli imposero di proseguire la corsa a ogni costo. Per un attimo ebbe l'idea di ritirarsi, poi ripartì furibondo. Lanciava e metteva subito in folle per far riposare il motore. Alla fine sfrecciò velocissimo di fronte allo starter. Era fatta! Nino era diventato il primo campione del mondo».

«Ma quante notti e quanti giorni ho trascorso nelle corsie degli ospedali. Nino, oltre ad essere stato il primo campione del mondo, possiede un altro primato: è stato il campione più ferito del mondo. Era uscito indenne dai peggiori incidenti, ma si era rotto quattro volte le clavicole e diverse costole. E poi l'omero, la scapola e gli avambracci; quello sinistro una volta e due quello destro. Una volta, in prova a Monza, gli si spaccò un giunto della trasmissione che tranciò un'condotto della benzina: tutto prese fuoco, ma prima di potersi fermare fece 400 metri con le gambe nell'inferno... Per fortuna saltò dalla macchina e cominciò a rotolarsi per terra perché si ricordava che su di un circuito argentino aveva visto morire un pilota che invece di rotolarsi per terra era scappato pazzo di dolore. Restò in ospedale tre mesi. Quando guarì, gli chiesi: "E adesso smetterai, vero?" Sa cosa mi ha risposto "Non c'è proprio nessuna ragione perché smetta".

«E pensare che è morto per un incidente qualsiasi ... Lo ammetto, sono stata una moglie molto gelosa e possessiva. Ma se tornassi indietro mi comporterei allo stesso modo. Non avevo che lui... e anche dopo ho continuato a vivere solo per lui...».

---

[5] Mio nonno 42. Sempre nel volume precedente ho pubblicato l'articolo della *Gazzetta del Popolo* dove è insieme a Farina e Fangio, proprio a Monza.

Amarcord Nino (Ceratto)

campioni

Le ansie e le gioie, le angosce e le speranze: «Ogni volta che correva io tremavo. E un giorno, a Monza, l'inferno...»

AMARCORD NINO

Intervista con Elsa Farina di MARINA CERATTO

In casa di Elsa Farina, a Torino, c'è una vetrina dove luccicano un centinaio di coppe e trofei, di targhe e medaglie. Sono le vittorie di Nino Farina, l'ultimo grande pilota torinese. Da circa vent'anni Elsa ne custodisce la memoria, e cioè da quando Nino, al volante di una Lotus Cortina, è morto in un banale incidente avvenuto nel giugno del 1966, sulla strada che da Modane porta a Chambéry.
Moglie di un campione, ma con una personalità altrettanto forte e autonoma di quella del marito, Elsa Farina possiede il gusto della battuta, il piacere di raccontare, una grande ironia. Soltanto quando ricorda il mondo delle corse, le paure e i successi di un uomo che ha dedicato tutta la vita allo sport dell'automobile, la sua voce cambia, si appanna, e così si scopre che, mentre per lui correre costituiva un'esaltazione insopprimibile, per

ELSA FARINA, MOGLIE DEL PRIMO CAMPIONE DI F. 1»

lei, la moglie, era un attentato alla felicità familiare. È anche per questo che nei racconto della signora Elsa si percepiscono, ancora intatte, le ansie e le gioie, le angosce e le speranze di quegli splendidi anni vissuti accanto a Nino Farina.
«Ho incontrato Nino a Torino, in tempo di guerra... Era l'inverno del '44, nevicava. Ero con alcuni amici in un ristorante quando, improvvisamente, è entrato quest'uomo alto e sorridente.
«Qualcuno ha mormorato "È Nino Farina, l'asso del volante!". Qualcuno ci ha presentati. Mi sembrava di conoscerlo da sempre. Aveva una personalità che s'imponeva. Un carattere diretto, aperto, solare. Alla fine del pranzo mi ha riaccompagnata a casa ed in gli ho chiesto subito: Lei, perché corre? "Io sono nato per correre", mi ha detto, "Non so fare altro...".
«Da allora non ci siamo più lasciati e tre anni dopo ci siamo sposati. Così è cominciato il mio dramma perché lui era nato tra le auto. Suo padre e suo zio Pinin avevano fondato nel 1906 gli stabilimenti Farina. Nino, a quattro anni, vinceva già le gare di bicicletta e a diciannove aveva partecipato alla prima corsa in automobile.
Nel 1938 aveva vinto il Gran premio di Svizzera, la Coppa Ciano e il Gran Premio di Aversa. Venne una malattia di famiglia, tanto che Nino da soldato, come Ufficiale di Cavalleria a Pinerolo, aveva ottenuto di passare al reparto autoblindato solo per stare in mezzo ai motori. Prima della guerra correva con Nuvolari, Varzi, Trossi. Dopo, si è inserito nel ristretto numero di campioni come Fangio e Ascari.
«Io l'ho seguito in quasi tutte le corse. Chiudevo gli occhi e stringevo i pugni. Non c'era verso di farlo smettere, ma a Indianapolis non ce l'ho fatta più. Sposare un corridore significava vivere perennemente in uno stato di ansietà. Bisogna imparare a dirgli continuamente "addio". Così ho coltivato un odio profondo per le corse. Anche quando Nino arrivava primo al traguardo, anche quando è diventato il primo campione del mondo. Perché Nino, dopo il Gran Premio di Monte-

carlo su Maserati, ha cominciato a infilare una collana di trionfi con l'Alfa 1900... Era spericolato. Un gran sangue freddo e nessuna paura. Mai. Tranne quel 31 agosto del 1950, a Monza. Tutto è successo per una lettera arrivata una settimana prima alla Rai di Torino. Diceva: "Avvisare subito il corridore Nino Farina di smettere di correre perché nei primi tre circuiti perderà la vita". La lettera jettatrice era accompagnata da un mazzo tarocco sul quale c'era scritto: "Mi farò riconoscere dall'altra metà...". Lì per lì Nino si era messo a ridere e aveva strappato la lettera. Ma i giorni passavano ed io non riuscivo più a dormire, fin quando ho deciso di chiamare Gustavo Rol che è un grande illuminato e possiede delle facoltà di veggenza straordinarie. Rol mi ha completamente tranquillizzata. Mi ha detto: "Nino vivrà e diventerà il primo campione del mondo". Così ho riferito a Nino la conversazione avuta con Rol. "Già, come se fosse facile vincere Fangio..." rispose Nino. Era preoccupato. Ricordiamoci che Fangio aveva 39 anni e Nino 44.
«Finalmente arriva il giorno della gara. Alloggiavamo al Gallia di Milano. Fangio era in un albergo vicino, accompagnato dai suoi fans argentini che urlavano senza sosta il nome del loro beniamino. Anche i dirigenti dell'Alfa tifavano per Fangio. Senza contare che le caratteristiche di guida

● Farina vittorioso in Inghilterra (1951) e, a sinistra, mentre guida la Ferrari «soprassquadro» nel Gran Premio del Belgio (1955). In alto una foto autografa in cui il pilota dedica al suoi fan.

Gusto per il mistero

Estratti su Rol dal libro di Pitigrilli[1]

Dalla *Prefazione*
(agosto 1953)

Il mio amico Gustavo Rol, al quale dedico molte pagine, in una comunicazione ultrafanica, sotto dettatura di non so quale spirito (gli spiriti non presentano la carta d'identità, e quando dicono il nome, generalmente è falso), scrisse queste parole: «Noi dobbiamo lasciare all'umanità sofferente la speranza eterna che in questi terribili fenomeni ci sia della mistificazione».
Il sospetto della mistificazione è incancellabile. Credo che solamente io, il fratello di Rol, ingegnere elettrotecnico Carlo Rol, residente in Buenos Aires, e pochi altri, abbiano raggiunto la certezza di non essere stati mistificati.
Molti anni or sono parlai delle esperienze di Gustavo Rol a Ettore della Giovanna. Questo brillante scrittore, oggi corrispondente da Nuova York di un grande quotidiano di Roma[2], allora era laureando in medicina. Era cioè un giovane che per la sua formazione scientifica sapeva osservare un fenomeno; nei laboratori si era abituato a non vedere la luna nel pozzo. Quando, a Milano, gli parlai delle esperienze di Rol, prese il primo treno per Torino[3] e la sera stessa, tornando a Milano, mi scrisse una lunga lettera per dirmi che ciò che aveva visto in casa di Rol era stupefacente, scombinava tutto il suo modo di pensare sulla materia, sulla gravità, sulla realtà controllabile, e gli sollevava il velo di Iside. Ma quindici giorni dopo mi scriveva un'altra lettera, per dirmi che ci aveva pensato meglio e che si rifiutava di credere[4].

---

[1] Sonzogno, Milano, 1954, pp. 8-10 (prefazione); 75-98 (cap. 10-13); 177-178; 312-314.
[2] *Il Giornale d'Italia*.
[3] Probabilmente siamo nel 1940, anno in cui Pitigrilli conobbe Rol. Della Giovanna era nato nel 1912 (morto nel 2004).
[4] È questo un caso emblematico, paradigmatico, di chi giunge a non credere nemmeno a se stesso, tanto *impossibile* pare ciò a cui si è assistito. Unica soluzione era quella di assistere di nuovo e di nuovo, e verificare con la frequentazione spontanea di Rol la realtà di questi fenomeni. La maggior parte di coloro che ebbero la reazione di Della Giovanna si ricredettero completamente dopo altri incontri. Alcuni non ebbero una seconda chance, in genere a causa del loro carattere/atteggiamento, della mancanza di fiducia e della freddezza che mostravano. Pochissimi altri rimasero scettici dopo aver assistito una seconda volta, e anche in questo caso la frequentazione non ebbe seguito a causa del loro atteggiamento.

(...) Gustavo Rol non appartiene alla leggenda; abita a Torino e il suo nome è sulla guida del telefono. Non vorrei tirargli in casa degli scocciatori – e se ho fatto questo, caro Gustavo, ti prego di perdonarmi –, ma voglio dire che non è un personaggio difficile da avvicinare perché oggi si difende, ma non è irraggiungibile. Anzi, se la nostra vecchia amicizia mi autorizza a fargli un rimprovero, è di aver ammesso alle sue esperienze – che i superficiali chiamano «giuochi» – troppi analfabeti e mezze calzette, cialtroni e imbecilli, falliti alla licenza liceale e al diploma di ragioniere, snobs, signorinette e faciloni. Spero che si sia corretto della sua prodigalità nel «proicere margaritas» o che, vedendo i «porcos»[5] riprodursi a una cadenza allarmante, abbia chiuso almeno un battente del suo santuario. Tuttavia anche oggi, come ho detto, non è inavvicinabile.

Pranza nei restaurants, va dal barbiere, si sceglie con gusto le cravatte, si infila camicie impeccabili, preferisce l'automobile al tranvai, non veste da mago, e invece di lasciar dietro di sé odor di zolfo, emana un buon profumo di lavanda Aktinson; non paga il sarto con formule magiche e non si compiace della fisica dilettevole di fin di tavola col turacciolo e il tovagliolo. Peccato che non abbia incontrato un Charles Richet. L'autore del «Traité de metapsichique»[6] gli avrebbe dedicato un'altro volume di altrettante centinaia di pagine, e Gustavo Rol sarebbe consacrato nella scienza ufficiale per illuminare gli studiosi futuri, come sono consacrati gli esperimenti del colonnello de Rochas e quelli dell'ingegnere polacco Stéphane Ossovietzki[7].

---

[5] «*neque mittátis margaritas vestras ante porcos*», non gettate le vostre perle davanti ai porci (Mt 7, 6). Pitigrilli usa «proicere», che ha lo stesso significato di «gettare innanzi».

[6] Charles Richet (1850-1935), medico e fisiologo francese, premio Nobel per la medicina nel 1913, fu anche uno dei più seri "ricercatori psichici", fondatore nel 1891 degli *Annales des sciences psychiques*, nominato nel 1905 presidente della *Society for Psychical Research*, autore di articoli e libri sull'argomento. Il *Traité de metapsichique* (1922) è la sua opera principale in questo campo.

[7] Albert De Rochas D'Aiglun (1837-1914), tenente colonnello delle forze armate francesi, editore, cartografo, divulgatore scientifico, si dedicò anche allo studio del *magnetismo animale* sperimentando con soggetti sonnambuli e in stato di ipnosi, pubblicando numerosi lavori al riguardo, così come su argomenti collegati. Dire comunque che fossero «consacrati nella scienza ufficiale» non era corretto e non lo è nemmeno 70 anni dopo. Stefan Ossowiecki (1877-1945) era un ingegnere polacco dotato principalmente di percezioni chiaroveggenti e telepatiche, che Richet e altri sottoposero a sperimentazione controllata.

[Capitolo]
10

21 maggio 1952[8]

Ma insomma – mi scrivono – il dottor Gustavo Rol, di Torino, di cui lei parla come dell'uomo più straordinario del mondo, che cosa fa nell'inconoscibile?

Risponderò. Non ho detto che sia l'uomo più straordinario del mondo; non abuso di frasi così impegnative. Il dottor Bonabitacola[9], di Roma, un esperto di magia, amico personale di Giuliano Kremmerz, autore dell'«Avviamento alla scienza dei magi», quando nel 1943 gli descrissi, durante tre ore, gli sconcertanti esperimenti del mio amico, mi disse: «Potrebbe fare molto di più: questo non è altro che facchinaggio della magia»[10].

Rol è un uomo di mezza età. Suo padre era direttore di una banca famosa, e l'agiatezza della sua famiglia gli permise di addottorarsi in legge, di vivere aristocraticamente in un clima di arte, di buon gusto e di bellezza. Collezionista di oggetti antichi, intenditore di musica, fornito di una cultura enciclopedica, viaggiatore, ha sposato una bionda scandinava, è un gran signore, gode di una salute eccellente, si ispira, nei suoi atti, ai dieci comandamenti, obbedisce scrupolosamente al nono, quello che vieta di desiderare il servo, il bue, l'asino e la moglie del prossimo. Soprattutto lo osserva nel non desiderare il servo, l'asino e il bue. Voglio dire che sul piano morale è un uomo a posto. Ha, come tutti i magi, un viso da réclame della farina lattea, che con l'avanzare degli anni ha assunto i lineamenti del «bon vivant», dell'epicureo, dell'uomo non tormentato dalla metafisica; non ha sulla fronte, per parlare come Rimbaud, «les rides que l'alchimie imprime aux grands fronts studieux»[11]. In breve, non presenta la faccia standard e convenzionale del mago.

Si serve talvolta, per i suoi esperimenti, di carte da poker, il che fa insinuare dai superficiali che faccia della prestidigitazione. Adopera carte

---

[8] Questo e gli altri capitoli erano stati pubblicati prima in spagnolo nel 1952, in altrettanti articoli, sul quotidiano argentino *La Razón*. Le date nel libro sono al fondo di ciascun capitolo, qui io le ho messe all'inizio.

[9] Giovanni Bonabitacola (1890-1945), medico, discepolo di Giuliano Kremmerz (1861-1930), esoterista ed ermetista autore di numerosi articoli e libri.

[10] Gli esperimenti cui Pitigrilli assistette erano infatti di grado inferiore (ma non erano "magia"). Se fosse stato al corrente fino in fondo di tutta la gamma delle *possibilità* di Rol, non avrebbe avuto alcuna remora di «abusare di una frase così impegnativa» e descriverlo senz'altro come «l'uomo più straordinario del mondo». Vedremo più avanti cosa ne dirà anni dopo.

[11] "Le rughe che l'alchimia imprime alle grandi fronti studiose". Come ho già osservato in altro testo, l'apparenza di Rol era in realtà una maschera mondana che celava una persona malinconica, molto sola e incompresa.

da gioco perché, chiuse nella scatola, avvolte nel cellofan, escono intatte dal negozio e chiunque può procurarsele anche in un paese distante, eliminando ogni possibilità che egli le abbia precedentemente truccate[12].
– Ecco tre mazzi di carte che avete comperato voi, non sono passate per le mie mani – disse una sera a me e agli invitati in casa sua dove entravamo per la prima volta. – Apritene due; scegliete in uno otto o nove carte; nell'altro, altre otto o nove, e allineatele per formare un numero di otto o nove cifre (le figure valgono zero). Questi due numeri saranno il moltiplicando e il moltiplicatore. Le prime carte del terzo mazzo, quello che è ancora chiuso e rimarrà chiuso, vi daranno il prodotto.
Eseguimmo i suoi ordini. I due fattori furono formati in collaborazione fra i più scettici della serata. Riuscimmo a eseguire la non facile moltiplicazione. Quando fummo tutti concordi sul prodotto, Rol disse nell'aria qualche parola di cui egli sa il segreto; parole nelle quali abbondano gli «a» e gli «o», circostanza che ho constatato poi in certi libri di magia[13]. Ma improvvisamente si contrasse:
– C'è un guaio – disse –: nel prodotto ci sono sei «sei».
Tutti sanno che di «sei» (sei di quadri, sei di fiori, sei di cuori e sei di picche) in un mazzo non ce ne possono essere che quattro.
– Non importa, – disse Rol – aprite pure il pacco.
Le prime 17 carte, allineate nel nuovo ordine che avevano assunto nella scatola, davano il prodotto della moltiplicazione. In altre parole, nell'interno della scatola chiusa, le carte, che in una scatola intatta sono disposte in ordine crescente (asse[14] di cuori, due di cuori, tre di cuori...) si erano disposte in un altro ordine, un ordine obbediente a una logica matematica[15]. Non solo, ma – udite, udite! – c'erano sei «sei», cioè due di più di quelli che esistono nel gioco. Di dove erano venute quelle due carte in più?
Altro esperimento:
– Lei si metta in tasca un mazzo; quello che crede. Si abbottoni la tasca. Apra l'altro, scelga una carta qualunque. La guardi. E ora, col suo lapis o con la sua penna, disegni nell'aria una parola, o la sua firma, o una cifra. Sulla carta ancora chiusa nel pacco, abbottonata nella tasca, e corrispondente a quella che ha scelto, troverà la parola che lei ha scritto nell'aria con la sua penna o con il suo lapis.

---

[12] Naturalmente questa è solo *una* delle ragioni, anzi è piuttosto una conseguenza favorevole del poter usare questo mezzo. La ragione principale è che si tratta di uno strumento che permette *combinazioni*, semplice ed accessibile a tutti.
[13] Più produttivo, invece della "magia", è tener presente l'uso dei *mantra* nella tradizione indiana.
[14] Pitigrilli scrive spesso «asse» in luogo di «asso».
[15] Questo è uno degli esperimenti che meglio mostrano l'affinità e analogia con quelli di Poutet-Stasia, che William Mackenzie definì di «aritmetica trascendente».

La persona che si presta scieglie una carta, il quattro di fiori, per esempio, disegna nell'aria una firma; apre il pacco; cerca il quattro di fiori; la firma, eseguita con quel lapis, attraversa la carta.

Una sera in casa di amici aveva invitato un giovane violinista povero[16], al quale Rol aveva regalato un violino. Il violinista suonò «Le Streghe» di Paganini.

– Bravo – gli disse Rol. – Avrai un premio. Prendi un mazzo di carte e vallo a nascondere dove credi, due o tre stanze più in là. Chiudilo in un cassetto e metti in tasca la chiave. Poi torna qui. E ora, in un altro mazzo, scegli una carta.

Il musicista eseguì. Parole strane e gesti magici di Rol.

– Vai a prendere l'altro pacco – gli ordinò Rol; e quando il violinista tornò col pacco intatto, gli ordinò: – Aprilo, cerca la carta corrispondente a quella che nell'altro mazzo hai scelto tu.

Sulla carta era scritto: «Più lenta la prima parte». Nessuno poteva prevedere che il violinista avrebbe suonato «le Streghe», né indovinare quale carta egli avrebbe scelto; i suggelli dell'altro mazzo erano intatti. Tuttavia un avvocato, incoraggiato dalle scosse incredule dei cappellini di due o tre belle signore, disse: «Il trucco c'è ma non si vede». Voleva dire che il giochetto di manipolazione si era svolto secondo la precedente preparazione. E per confondere Rol propose:

– Il violinista potrebbe ripetere il pezzo, più adagio, e – aggiunse con ironica sfida – vedremo che cosa Paganini scriverà.

S'aspettava che Rol, non prevedendo questo imprevisto, proposto da lui, e non avendo perciò potuto preparare in precedenza una seconda parte dell'esperimento, si dichiarasse battuto[17].

– Suonalo di nuovo – ordinò Rol. E pregò lo scettico avvocato di andare a riporre il secondo mazzo in un nascondiglio di sua scelta. Poi gli disse: – Scelga una carta; la guardi bene, e vada a prendere l'altro mazzo.

Quando l'avvocato tornò, aprì personalmente il pacco. Sulla carta corrispondente a quella scelta, era scritta la famosa frase di Paganini «Paganini non ripete».

Lo scetticismo intorno a Rol perdura. Parlano di trucco, di suggestione, di «combinazione», di casualità. Molte persone, incapaci di spiegare i fenomeni, trovano comodo non credere. C'è qualcosa che ci sfugge, dicono. Ma il pacco lo hanno comperato gli scettici, è rimasto intatto, Rol non lo ha toccato, occhi estranei all'esperimento, come i domestici di casa che non sanno di che si tratti, hanno constatato che quella parola è scritta, che le carte sono allineate così.

---

[16] Aldo Redditi, si veda la nota a V-5 (vol. I, 3ª ed., p. 374). L'anno dell'episodio dovrebbe essere il 1946.

[17] Non pochi scettici hanno tentato di "incastrare" Rol in modi analoghi, senza mai riuscirci.

– Mah! – rispondono.
Se non che i problemi non si risolvono con lo scrollare ironico del cappellino di una bella signora, né con la frase solenne e inamidata «mi rifiuto di credere».

11

24 maggio 1952

Pranzavo a Roma, in una trattoria caratteristica col mio amico Gustavo Rol[18]; a un tavolo accanto al nostro era seduto un colonnello d'artiglieria. Quando volsi lo sguardo verso l'ufficiale, questi mi disse:
– Non mi riconosci? Eravamo compagni di ginnasio. Io sono Quarra.
Prima che avessi il tempo di rispondere all'ufficiale, Gustavo Rol mi prese la mano che stavo avanzando per salutare, e sollevò una pagnotta. Sulla tovaglia era scritta a lapis la parola «Quarra».
Intanto avevo promesso ad amici romani di presentare loro il dottor Rol. La prima reazione di questo stranissimo uomo è rispondere no. Ma poi, per non dispiacere a un amico, rettifica la sua decisione:
– Che però non mi chiedano esperimenti.
– Non ti chiederanno esperimenti.
– Conviene preparare l'ambiente: raccomandazione indispensabile:
– Non chiedetegli esperimenti.
Linea di condotta da seguire:
– Dottor Rol, non le chiediamo di presentarci i suoi esperimenti. Ci spieghi di che si tratta.
– E che cosa volete che vi spieghi? Mandate a comperare alcuni mazzi di carte.
E così l'uomo meraviglioso – ho detto che ha un viso soave di fanciullo – cade docilmente nell'ingenuo inganno.
Furono portati i mazzi di carte, comperati da un fattorino del Grand Hôtel. I miei amici: l'attrice Luisa Ferida, l'attore Osvaldo Valenti e il padre di questo, ambasciatore a Teheràn, il principe Lanza di Trabìa; invitati, un medico, un ingegnere e un'attrice minore, una bellezza romana all'aurora e un'aristocratica al tramonto.
– Dottor Rol – gli disse con franchezza l'attore [*Osvaldo Valenti*]. – Il nostro amico mi ha descritto i suoi esperimenti, ma io le rivolgo una preghiera: invece di usare carte da gioco come si possono trovare in qualunque negozio, potrebbe servirsi di un mazzo di carte di cui non c'è un secondo esemplare a Roma?
– Non ho nulla in contrario – rispose Rol.
L'attore gli presentò un mazzo di carte stampate in Scozia.

---

[18] Dovremmo essere nel marzo 1942. Si veda la lettera di Pitigrilli a p. 53.

– Io non lo tocco – disse Rol. – Le conti.
– Sono 52.
– Le conti anche lei.
– Cinquantadue.
– Anche lei.
– Cinquantadue.
– E ora allaragatele e stendetele in una sola fila ad arco, come fanno i croupier del baccarat, e lei, signorina[19], faccia correre il dito e si fermi su una carta qualunque senza guardare. Bene. Ora guardi la carta. La mostri a tutti. Ciascuno scriva il numero e il nome della carta. Fatto? Ora lei, signorina, la strappi – era il nove di fiori – e butti dalla finestra i pezzetti.
L'attrice eseguì. Alcuni frammenti caddero sulla terrazza, altri furono portati dal vento nella strada e qualcuno tornò nella stanza.
– Contate le carte che rimangono.
– Cinquantadue, cinquantadue, cinquantadue – risposero i presenti.
– Cercate il nove di fiori.
Suonò il campanello e alla cameriera domandò:
– Che carta è questa?
– Nove di fiori, signore.
– Per favore, raccogliete quei pezzi di carta. Che cosa sono?
– Pezzetti di una carta da gioco, di colore nero. Sono fiori.
C'è stato dunque un momento in cui la stessa carta si trovava al tempo stesso intera nel suo mazzo di cinquantadue carte, e allo stato frammentario sparsa fra la stanza, la terrazza e la strada.
Una sera, nello studio dell'avvocatessa Lina Furlan, invitò il professor Marco Treves, docente d'università e direttore del Manicomio di Torino.
– In questa scatola – disse – io pongo un foglio di carta piegato in quattro e un pezzo di grafite di lapis (mostrò la carta bianca e la grafite). Chiudo la scatola. Tutti voi appoggiate le vostre mani. E ora lei, professore, mi dica una frase qualunque.
Il professore citò un verso di Dante: «Amor che a nullo amato amar perdona».
– Sollevate le mani, aprite la scatola, leggete.
Sul foglio era scritto il verso di Dante.

*

---

[19] Probabilmente Luisa Ferida. Poco dopo la signorina è identificata con l'attrice, anche se: 1) Rol potrebbe essersi rivolto a un'altra «signorina» (in tutto sono due o tre (o quattro, perché era presente anche Lina Furlan, moglie di Pitigrilli, che qui non nomina); Rol era solito coinvolgere più persone in questi esperimenti: a uno diceva di fare una cosa, a un altro un'altra, per aumentare il livello di aleatorietà e mostrare al tempo stesso l'impossibilità di una sua manipolazione); 2) Ferida non è l'unica attrice. Comunque, il suo compagno Valenti aveva già fornito il mazzo e credo sia plausibile che fosse lei a venire coinvolta.

Spiegazione? È ciò che sto cercando da anni. Inutile chiedere confidenze a un mago. Schopenhauer, nel suo libro «Le scienze occulte», lascia capire che la magia non si insegna. La si assimila per contatto, per assorbimento. Non è un potere che si acquisti. Vorrei trascrivere l'opinione di Rol, ma non siamo riusciti a carpirgliela né io né suo fratello, cervello fisico-matematico, i due uomini che lo hanno studiato più da vicino e forse gli hanno rubato frazioni di verità. Ma sono poi frazioni di verità quelle che si è lasciato sfuggire, o inquietanti apparenze con le quali maschera un'altra verità che egli non è autorizzato a rivelare?[20]

Anche i magi hanno una loro morale, una deontologia, come dicono i medici. Io credo – ma è semplicemente una sensazione mia –, che il fenomeno Rol sia un caso di medianità, e che gli spiriti che lo assistono si prestino ai suoi esperimenti, facendogli giungere per vie invisibili la carta che gli manca, guidino la grafite nella scatola chiusa, sul foglio piegato, eseguiscano fulmineamente la moltiplicazione di due fattori di nove cifre[21]. Lo so, lo so. Che le carte immobilizzate nel pacco possano rompere il loro ordine, uscire dalle fila, disporsi secondo il prodotto della moltiplicazione è un rospo difficile da ingoiare, ma la magia non è nutrimento per stomachi deboli. L'impossibilità fisica non appare più così rigida oggi, che sappiamo come ciò che grossolanamente i vecchi fisici chiamavano la materia non sia altro che forza; se potessimo sopprimere gli spazi interatomici, la Terra si ridurrebbe al volume di una palla da foot-ball.

Rol esclude di essere medium. Non crede allo spiritismo[22]. Dopo avermi iniziato per mesi e mesi, tutte le notti alle pratiche magiche, un giorno mi disse:

– Ti occupi di spiritismo? Sei indegno che ti insegni queste cose. Non ti voglio più vedere.

Ma la sera stessa mi telefonò per riammettermi nel mondo meraviglioso[23]. Vi rientrai, con la mia convinzione. Io credo che Rol sia medium. Vedremo perché[24].

---

[20] Le *frazioni di verità* di Rol erano indizi forniti all'apprendista (e chiunque Rol incontrava era considerato tale, anche a sua insaputa). Nessun Maestro potrebbe rivelare tutto e subito, anche perché non sarebbe capito. Non si può leggere e quindi capire Dante se si è analfabeti. In ogni cosa occorrono basi e progressive acquisizioni. Per la *scienza di Rol* sono necessari decenni. Forse in futuro, con una comprensione superiore, basteranno anni.

[21] In parte è così (per lo meno nelle apparenze), si veda quanto scrivo sui *jinn* (e affini) della tradizione islamica, in *Fellini & Rol*, pp. 163-164 e 254 e sgg..

[22] Entrambi i verbi sono inappropriati. Rol non «esclude» di essere medium, ma «non è» medium; e non «non crede» allo spiritismo, piuttosto «non ha a che fare con» lo spiritismo, sia nella teoria che nella pratica. Credere implica che non si sappia, mentre Rol conosceva bene il grado di validità dello spiritismo (molto basso) e sapeva ciò che faceva e come lo faceva (al netto delle volte che si schermiva al riguardo).

12

28 maggio 1952

Il primo a darmi l'impressione che Rol sia medium è stato lui. Mi disse:
– È andata così: a Marsiglia prendevo i pasti in una pensione di famiglia, dove era mio vicino di tavola un signore taciturno, che non rivolgeva la parola a nessuno, non rispondeva, salutava appena; leggeva giornali e libri polacchi e non si sapeva che mestiere facesse. Un bicchiere rovesciato mi diede l'occasione di dirgli finalmente qualche parola. Uscimmo insieme. Gli parlai delle mie letture di contenuto spirituale, religioso. Rise: «Dio non esiste», mi disse; e mi domandò se io ammettevo che con la volontà si potessero immobilizzare le lancette dell'orologio. Eravamo sulla Canebière. «Che ora segna» – e mi indicò l'orologio luminoso della Borsa – «Le nove e un quarto». «Io lo fermo». E l'orologio si arrestò.
(Parentesi. Quando raccontai questo fatto al dott. Bonabitacola, mi disse che il mago Kremmerz con un atto di volontà staccò una ruota di una carrozza in piena via toledo, a Napoli).
– Tornati a casa – continuò Rol – mi fece assistere ad alcuni esperimenti per mezzo delle carte. Mi insegnò qualche cosa. Mi disse a quali esercizi ci si deve sottomettere, in quale stato d'animo ci si deve collocare. Mi insegnò a riconoscere, col semplice passaggio delle mani, il colore di tutto un mazzo di carte rovesciate. Mi disse le più elementari formule (Rol non parla di formule magiche; le parole mago e magia non escono mai dalla sua bocca) per gli esperimenti più semplici.
Un giorno, per allontanarmi dalla fede (Rol è profondamente credente) mi condusse a Lourdes, che mi aveva dipinto come un'organizzata mistificazione, ma una guarigione avvenuta sotto i nostri occhi lo fece cadere in ginocchio: «Io credo, io credo» gridò. Tornammo a Marsiglia, bruciò i libri e i manoscritti, mi espresse il suo rincrescimento per avermi insegnato appena qualche cosa senza spiegarmene il senso, e mi disse che il di più lo avrei imparato da me. Si ritirò in un monastero della Savoia, come fratello laico, e quando andai a trovarlo, nel congedarmi mi disse di non cercarlo più, perché oramai i fenomeni ai quali mi aveva iniziato appartenevano a un mondo lontano. Più tardi venni a sapere che era morto[25].

---

[23] Piccolo esempio sia di come Rol se la prendesse con chi non prestasse attenzione o desse il giusto peso alle sue spiegazioni, sia di come, passato il momento di delusione, desse una nuova chance a chi secondo lui meritava di averla.
[24] Come si vedrà, Pitigrilli lo inquadra come "medium" per la presunta relazione con lo "spirito" del misterioso "Polacco".
[25] A partire da *Il simbolismo di Rol* (2008) ho sostenuto che questo racconto non debba essere preso alla lettera, e che abbia diversi livelli di lettura. Per quanto mi

Il misterioso personaggio riapparve molte volte nelle parole di Rol. Lo chiamava «lui». "Credo – mi diceva Rol «egli» abbia della simpatia per te. «Egli» non vuole che io faccia questo. Mi autorizza a insegnarti questo. Ricordati della «sua» raccomandazione: immaginare un piano tutto verde, come un prato senza alberi, senza particolari che turbino l'uniformità del verde; immagina di essere sommerso in una immensità di vernice verde. Tu vuoi che tutte le carte di questo mazzo si dispongano in un certo ordine? Chiedilo mentalmente, poi immagina il verde: nel momento in cui tu "vedi" il verde, la trasformazione è avvenuta». Una sera mi disse: «Quest'oggi mi ha dettato queste parole per te: "Non c'è successo senza lavoro, non c'è lavoro senza sofferenza, non c'è sofferenza senza verde"».
Dichiaro senz'altro che come «apprenti sorcier» non valgo niente. Quando ero assistito da Rol ho fatto anch'io delle cose spettacolose, ma da solo nulla mi riuscì. Non riuscii mai a «vedere» un verde uniforme. Le formule ripetute in presenza di Rol e davanti a testimoni mi fecero realizzare dei prodigi. Ma quando ero solo, in casa mia, il risultato fu totalmente negativo. Ho provato in varie circostanze a ripetere le formule, senza risultato. Il monosillabo «om» col quale certi antichi ebrei facevano cadere fulminato un uomo, e la parola «abraxas» che allontana gli spiriti del male, non sono che elementi di un complesso di potenze. Le formule di Rol, senza Rol lasciano le cose come sono[26].
Una sera eravamo in casa del giornalista pittore Enrico Gianeri-Gec. Qualche bicchiere di whisky aveva rallentato in Rol i controlli. Dopo alcuni esperimenti Rol disse: «Gec, lei mi è simpatico; finora ha visto esperimenti di primo e secondo grado. Le offro qualcosa di più. Prenda un mazzo di carte qualunque, lo tenga stretto tra le sue mani. Ripeta la

---

riguarda, dubito che ci sia mai stato un Polacco nei termini qui esposti da Pitigrilli. Questa storiella è più uno specchietto per le allodole per accontentare i curiosi, misto di verità e costruzione simbolica, e infatti regolarmente le allodole ne vengono attratte, nell'illusione di aver risolto qualcosa e aver dato una spiegazione plausibile e una origine comprensibile al "mistero", in realtà spostando solo da un'altra parte il "problema". Ho inoltre riscontrato spesso una certa difficoltà ad ammettere che Rol fosse arrivato dove era arrivato da solo, senza una trasmissione iniziatica di qualche tipo o senza far parte di qualche "organizzazione". Anche questa pare una necessità e una difesa psicologica di chi non si capacita di come un essere umano possa arrivare tanto in alto da solo, senza l'aiuto di nessuno (altra cosa sono spunti e indicazioni trovate o ricevute lungo il percorso, che chiunque inevitabilmente incontra). E il "caso Rol" non è certo l'unico.

[26] La ripetizione di un *mantra* non adatto a chi lo recita o con intonazione sbagliata o non associato ad altri elementi che un Maestro di norma fornisce a un discepolo, difficilmente produce qualcosa di significativo. In ogni caso, non sono le parole a produrre un qualche effetto, ma lo stato di coscienza che quelle parole potrebbero favorire. Sulle "formule" di Rol, si veda anche più avanti, p. 142 nota 27.

seguenti parole (e gli recitò una formula che non trascrivo). Il giornalista ripeté la formula e tutte le carte del mazzo furono proiettate a ventaglio come se contenessero esplosivo. «Ora raccolga una carta qualunque: che è?» «Dieci di picche». «In quale carta vuole che io la trasformi?» «In asso di cuori». «La fissi e dica queste parole».
Gec ripeté la formula, impallidì; dovette sedersi. La carta che teneva con le due mani si scolorì, divenne grigia, una pallida macchia rosea si delineò nel centro, si fece rossa, un cuore si disegnò.
Chiamammo gli amici che nella sala accanto giocavano a bridge e la padrona di casa che, nella sua camera da letto, mostrava a un'amica i suoi ultimi acquisti, cappelli, creme, frivolités. Nessuno sapeva dell'esperimento, ma tutti, alla domanda «che carta è?» furono concordi nell'affermare che si trattava di un asse di cuori; esattamente come l'asse di cuori che era presente nella serie.
Il dieci di picche non c'era più. La nuova carta, anzi, la carta trasformata, è tuttora custodita, con tutte le firme di controllo, dal giornalista Gec. Particolare non abbastanza ripetuto: Rol non aveva toccato le carte[27].
Ma dopo questi due esperimenti, Rol mi chiamò a parte e mi disse: «Temo di averlo (di averLO) irritato. Vediamo!». Tornò nella sala, ordinò a una signora di scegliere un libro qualunque fra le migliaia di libri che coprivano le quattro pareti, e di estrarre tre carte, per formare un numero. «Che numero è? Apra il libro alla pagina corrispondente a quel numero. La pagina cominciava con le parole: «Egli lo aveva veramente irritato»[28].
Questi fatti sembrano la narrazione di un delirante. Bisogna credermi sulla parola[29]. Ho centinaia di testimoni e gli studiosi di magia sanno che io non invento. Si è visto di più. Si può vedere molto di più. Ma mentre scrivo, mi telefona una mia intelligentissima amica: «Gustavo Rol – mi domanda – opera in stato di incoscienza?» «No». «Ricorda ciò che ha fatto?» «Sì,

---

[27] Rol ha fatto lo stesso esperimento con altri (abbiamo rivisto nelle pagine precedenti quello fatto a Furio Fasolo), famoso quello di Fellini, che vide il processo di trasformazione ed ebbe conati di vomito. Il fatto che negli altri casi nessuno debba ripetere nessuna "formula", né Rol ne reciti qualcuna, dovrebbe suggerire quanto esse non siano affatto indispensabili, il che equivale a dire più o meno che sono superflue. Le poche volte, con altri tipi di esperimenti, che dei testimoni riferiscono che Rol ne fa uso, vanno considerate ad uso e consumo dei testimoni stessi, sorta di indizi su cui riflettere. Ovvero, altri specchietti per le allodole.
[28] Nel momento in cui si identifichi chi effettivamente sia "Lui" si arriverà a comprendere sia che non è lo spirito del presunto Polacco, sia che non è propriamente uno "spirito", e decadrà anche dal punto di vista teorico l'opinione di Pitigrilli che Rol fosse "medium". Se si sono letti i miei libri precedenti si capirà cosa intendo. Comunque in futuro sarò più esplicito.
[29] Oggi è sufficiente scorrere questa antologia per rendersi conto, *oggettivamente*, che quello che raccontava Pitigrilli su questi esperimenti non solo era degno di fede, ma persino "normale", routine.

ricorda i gesti e le formule, ricorda ciò che ha voluto che avvenisse, e i risultati ottenuti». «Ebbene – mi domanda – come può lei sostenere che Rol sia medium? Il medium è un essere alla cui personalità si è sostituito uno spirito, e che, a comunicazione avvenuta, non ricorda nulla di ciò che è avvenuto»[30].

Rispondo alla mia amica e a coloro che la pensassero come lei. Io non sono qui a tentare delle spiegazioni. Mi guardo bene dall'interpretare ciò che non ho compreso. Io espongo i fatti con la freddezza obiettiva di un testimone, che in piena coscienza dice la verità, o quella che crede essere la verità. Io non insegno la magia; io non faccio né opposizione né propaganda; faccio del reportage. Se la parola "medium" è impropria, cerchiamone una più felice[31]. Ma è incontestabile che accanto a Gustavo Rol è presente una forza estranea a lui, da cui egli è dominato o che egli domina[32]. Forse i due collaborano. In origine, quando il polacco era vivo, gli insegnò i rudimenti della scienza terribile. Dopo la morte, continua[33]. Gli ha insegnato dell'altro; lo assiste in cose ancora più stupefacenti. È lo spirito del mago che carbonizza per lui, con la brace di una sigaretta che è nella mano di Rol, un documento chiuso in una cassaforte? È lo spirito del mago che mette in movimento una «boite a musique» di cui si è persa la chiave, e che è chiusa in un cassetto? O è invece Rol che ordina a certe misteriose forze di aiutarlo? Quale è il meccanismo delle formule magiche?

Non posso dirlo, perché io non sono un mago. E se fossi un mago, a più forte ragione non lo direi.

13

31 maggio 1952

Obiezioni:
1) Si tratta di fenomeni di suggestione collettiva, mi scrivono.
Rispondo: no, signori. I risultati non furono osservati solamente dalle persone che assistevano agli esperimenti, ma da estranei i quali ignoravano che cosa «avrebbero dovuto vedere», e vedevano con occhi indifferenti. I documenti furono fotografati[34], e l'obiettivo non è

---

[30] Per l'appunto questa è una delle ragioni principali, per quanto concerne la *pratica*, che differenziano Rol dall'agire di un medium.
[31] *Illuminato*. Ma Pitigrilli non aveva parametri sufficienti per poterlo comprendere. E Rol non poteva certo dirglielo.
[32] Questo è, davvero, *incontestabile*.
[33] Interpretazione spiritica, sbagliata.
[34] Chissà dove sono finite queste fotografie, per quanto in se stesse dimostrino poco.

suggestionabile, la gelatina fotografica non va soggetta a dermatosi stereografica come la pelle di un mistico e di una signorina isterica.

2) Indovinare il colore di una carta, mi scrivono, può essere una fortunata combinazione, e può essere dovuto al caso il prodotto rappresentato da un numero di 17 cifre. È esatta la prima affermazione: indovinare un colore su due non ha nulla di soprannaturale. Alla roulette se puntate un gettone sul rosso e viene il rosso guadagnate un gettone, perché avevate una probabilità di indovinare contro una di sbagliare. Ma se lasciaste la vincita sul tappeto per 52 colpi e per 52 colpi vinceste (e la Banca non avesse stabilito un limite alle puntate) guadagnereste tanti gettoni quante erano le probabilità di perdere contro una di vincere; in altre parole se la probabilità di indovinare un colore su due è rappresentata da uno diviso due, la probabilità di indovinare il colore delle 52 carte di Rol è rappresentata da
1 : 499 seguito da tredici zeri.

E affinchè in un mazzo di carte si trovino le prime 17 disposte a formare il prodotto di una determinata moltiplicazione, debbono verificarsi due «fortunate circostanze»: la prima, quella matematica, rappresentata da uno, diviso un numero intero di più di 20 cifre; la seconda fortunata circostanza è che la fabbrica, abituata a disporle nei mazzi secondo il solito ordine crescente a partire dall'asso di cuori, le abbia, proprio in quel mazzo, disposte in quel certo disordine per far comodo a Rol.

3) È il subcosciente – mi scrivono senza compromettersi alcuni lettori –. Rispondo: il subcosciente è un comodo ingrediente al quale si ricorre per spiegare l'inspiegabile. È come l'etere al quale facevano appello i fisici di quarant'anni fa per giustificare come certe onde potessero passare attraverso un compatto blocco d'acciaio o attraversare una zona dove l'aria non esiste. La spiegazione per mezzo del subcosciente è paragonabile alla missione demografica della cicogna e alla giustizia punitrice del babau. Col subcosciente riesce sbrigativo spiegare come Shakuntala Devi, la giovinetta indù, in qualche secondo estragga a memoria radici cubiche, come un direttore d'orchestra di nove anni sappia senza averlo studiato, ciò che si impara nell'ultimo anno del conservatorio, come a 14 anni Pascal scoprisse da solo le 32 prime proposizioni della geometria di Euclide, e come Mozart componesse delle sinfonie. Col subcosciente è comodo spiegare come certe persone possano vedere e sentire incidenti che in quel momento si svolgono dall'altra parte della Terra e come certuni descrivano luoghi e appartamenti che non hanno veduto. Il subcosciente è una parola che soddisfa coloro che si accontentano di parole.

4) Se Rol è in comunicazione con lo spirito del mago che gli insegnò i rudimenti delle pratiche magiche, e se oggi, alla stato di spirito, il maestro impiega per esprimersi il linguaggio quotidiano, per quale motivo Rol –

mi domandano – impiega delle formule magiche per parlare con lo spirito che si esprime come lei e come me?[35]

Per rispondere non posso accontentarmi del mio ragionamento e delle mie osservazioni; debbo servirmi della sapienza altrui. I grandi maestri di magia sono concordi nell'affermare che le tre forze animiche per operare azioni di magia sono il pensiero, la volontà e la fede. (Quando dico fede, la fede nel senso religioso non c'entra[36]). Il pensiero concentrato, insistente, ripetuto, è una forza che crea, e perdura anche con la morte dell'individuo[37]. Ogni pensiero si diffonde nell'universo, e quanto più è potente e ripetuto, e tanto più profonde sono le tracce che lascia, tanto più energicamente influisce sul pensiero altrui. Certi maghi d'oriente dicono: «fissa intensamente un dente di cane, esigi che diventi un brillante, e diventerà un brillante». Con la volontà Simon Mago apriva le porte a distanza, senza toccarle con la mano, come certe porte di oggi, dove una cellula fotoelettrica chiude un circuito[38]. Un viaggiatore inglese si lagnava della sua sete inestinguibile; nel treno c'era un fachiro, il quale, mentre il treno correva nell'aperta campagna, mise la mano fuori del finestrino e gli porse una bottiglia di birra gelata. La Chiesa ammette che un santo abbia spostato una montagna per costruire una chiesa. La fede (meglio se è accompagnata dalla Fede) è la fiducia nel risultato.

Le formule magiche, dicono i grandi autori, Du Potet, madame Roy, Papus, Jagot (ma non è la mia opinione) fanno parte del rituale della magia, come la parola, il gesto, i profumi, gli ornamenti, i filtri, gli amuleti, i talismani. Tutto questo non ha altro scopo che d'eccitare più intensamente le tre forze animiche, pensiero, volontà e fede[39]. Può darsi che le differenti formule per differenti esperimenti di crescente difficoltà, impiegate da Rol, siano mezzi suggeriti a lui dallo spirito del mago, il quale alla sua volta può averli ricevuti da un maestro. Questa è l'ipotesi mia[40]. Il colore verde che si deve immaginare per il compimento dei fenomeni è, a parer mio, un mezzo di concentrazione[41]. Elyphas Levy nel suo libro «Dogmi e rituali di alta magia», insegna che per produrre fenomeni magici occorre l'astrazione del saggio e l'esaltazione di un pazzo.

Chi non vuole leggere libri e non ha ore da dedicare a queste esperienze, ha però la possibilità di fare, in modeste proporzioni, della magia. Posso insegnare qualche cosa, la più elementare, senza violare i segreti dei magi

---

[35] Ciò, davvero, non è che mera apparenza.
[36] Quella che Rol chiamava *fiducia incrollabile*.
[37] Pitigrilli non immaginava che questo si sarebbe avvicinato molto alla nozione di *spirito intelligente*, che peraltro Rol ancora non aveva coniato.
[38] Lo faceva anche Rol.
[39] Più semplicemente, consente di modificare lo stato di coscienza.
[40] Si può tranquillamente fare a meno di questa ipotesi, comunque sbagliata.
[41] Indubbiamente.

e senza danneggiare nessuno, senza condurre la sua anima alla perdizione né il suo corpo al manicomio.

Disponete due carte, una rossa e una nera, capovolte sulla tavola, e passateci sopra la mano, alla distanza di quattro centimetri circa, e cercate di indovinare il colore; se vi riesce una volta su due, se ne indovinate 26 su 52, la cosa non è strana. È normale. Ma se ne indovinate 27, 28, 29... continuate. Siete sulla via di indovinarle tutte 52. E allora vedrete che il verbo indovinare è improprio e disadatto. Non so se faccio bene a dirlo, ma la fiducia nei primi successi vi infonderà la fede che, se si fissa il dente di un cane e si vuole intensamente che diventi un diamante...

Fissate la nuca di una persona, con la volontà che si volti. Si volti. Si volterà. A condizione – e qui è il difficile –, che la vostra volontà sia intensa e non sia viziata dal timore che l'esperimento non riesca.

Stendetevi su un letto, con le membra abbandonate. Pensate intensamente a una persona che vi sia cara. Immaginate in tutti i particolari il suo viso, immaginatela nei movimenti che voi volete. Li compirà. O avrà la tentazione di eseguirli. Sentirà la vostra presenza nella sua camera. Vedrà il vostro viso; l'amore non è altro che questo. L'amore può, con la tecnica che io suggerisco, indurre una mano di donna a scrivere una lettera, a formare un numero di telefono[42]; l'amore muove il sole e le altre stelle.

Lo dice Lei – mi scriveranno gli scettici. – No. Lo dice Dante Alighieri.

*

Buenos Aires, 5 giugno 1952

Mentre pubblicavo nella «Razón» gli articoli sopra le esperienze di Gustavo Rol, ricevetti una lettera della signora L. P. de Stanoyevitch, abitante in calle Canning 2194, Buenos Aires, che traduco e pubblico integralmente, lasciando a lei e a coloro che in materia ne sanno più di me la responsabilità e la libertà di giudizio che in questa fluida materia si impone.

---

[42] Nel 1999 mi capitò una situazione proprio di questo tipo. La mia fidanzata di allora, studentessa di medicina del Camerun a Torino, era andata per qualche settimana nel suo Paese a trovare i parenti. Per alcuni giorni c'erano stati problemi di comunicazione, il suo cellulare era irraggiungibile. Avevo bisogno di parlarle e cominciavo ad essere anche preoccupato. Allora ho fatto proprio come scrive Pitigrilli, ho visualizzato il suo volto e con intensa concentrazione mentale *ed emozionale* ho ripetuto più volte "chiamami", per circa 10 minuti, finché il telefono è squillato. Era lei, che mi chiamava da una linea fissa di una vicina di casa. Mi disse che aveva *sentito* che mi doveva chiamare. Non lo aveva fatto fino a quel momento perché il cellulare non prendeva, perché non aveva in casa un telefono fisso e perché era stata molto occupata con questioni familiari da risolvere. Non ho alcun dubbio in merito alla relazione di causa-effetto. *So* che non è stata una mera coincidenza.

Mi pare che siano un intelligente complemento alle opinioni di Ugo Maraldi, che ho riportato a pagina 130[43].
Dice dunque la signora:

> Leggo con molto interesse i Suoi articoli, e ho seguito la serie «Gusto per il Mistero». Spero di non annoiarla troppo, dicendole ciò che penso sulla materia.
>
> Non pretendo di sapere né di comprendere molto, ma oltre a occuparmi di vestiti, ricette di cucina e pettegolezzi come tutte le donne, mi diverte «rompermi la testa» con problemi che non hanno importanza vitale. Così giungo molte volte a conclusioni che mi sembrano interessanti, ma nessuno ha la pazienza di ascoltarle.
>
> Non mi sono mai occupata seriamente del problema che Lei tratta nei suoi articoli, ma dopo averli letti e averci pensato, voglio dirle che tutto ciò che Lei racconta sul signor Rol mi pare non solo possibile, ma logicamente spiegabile.
>
> Una delle caratteristiche degli uomini è voler complicare ciò che è semplice e semplificare ciò che è complicato. Così, durante secoli si è desiderato togliere valore a ciò che appartiene al mondo tridimensionale. Corpo e Peccato sono stati considerati quasi sinonimi. Con lo sviluppo delle scienze, gli uomini si son resi conto di poter comprendere molte delle cose che prima parevano inesplicabili; però oggi, per conseguenza, pretendono di spiegare tutto. Non solo, ma negano l'esistenza di tutto ciò che non possono dimostrare praticamente, e così comincia l'era del materialismo.
>
> Ma la teoria atomica dimostra che la materia non è tanto «solida» come la si considerava prima. La possibilità di trasformare una determinata materia in un'altra con differenti qualità sembra oggi dipendere dal perfezionamento tecnico. Nel caso che Lei cita, la superficie di una carta che rappresentava il dieci di picche, si mutò

---

[43] Dove Pitigrilli scrive: «Un passo avanti ... lo ha fatto la fisica atomica, con la teoria moderna che esclude la continuità della materia. "Sappiamo che la materia – scrive Ugo Maraldi – è costituita da particelle infinitesimali, separate da vuoti immensi. La coesione di queste particelle per formare gli atomi, degli atomi per formare le molecole, delle molecole per formare i gas, i liquidi, i solidi, avviene mediante legami elettrici. Se i corpi non possono passare gli uni attraverso gli altri, la causa sta in quella specie di tela di ragno, costituita dalle forze energetiche da cui sono tenuti in coesione gli elementi di un corpo che oppone una barriera impenetrabile alle tele di ragno energetiche costituite dagli altri corpi. Tuttavia la fisica moderna conobbe certe particelle, i neutroni, insensibili alle forze energetiche di questi reticolati e che li attraversano senza difficoltà"». Ugo Maraldi è stato un divulgatore scientifico, autori di numerosi saggi.

in color cenere, e poi sorse una macchia rossa, e alla fine la carta presentava il segno dell'asso di cuori. Teoricamente non è avvenuto qui altro che la trasformazione della materia. L'inesplicabile risiede nella parte pratica, poichè le trasformazioni delle materie si ottengono con processi sommamente complicati, e questo avvenne «semplicemente così».
Consideriamo come miracolo, magia o mistero tutti i fenomeni che si verificano in contrasto con le leggi naturali che reggono il nostro mondo tridimensionale. Ma supponiamo l'esistenza di spiriti che non sono nel nostro mondo e non sono sottomessi alle nostre leggi naturali. Inoltre possiamo supporre l'esistenza di mondi di più di tre dimensioni, il che in matematica si considera come un fatto. Tenendo conto di questo, l'esperimento si può spiegare anche praticamente.
In geometria si dice che in una retta (una dimensione) ci sono infiniti punti, e in un piano (due dimensioni) infinite rette, e nello spazio (tre dimensioni) infiniti piani; perciò in un mondo a quattro dimensioni ci sarà un'infinità di spazi. E poichè noi viviamo in uno di questi spazi e siamo tridimensionali, non possiamo uscirne. Ma in certe università esistono proiezioni tridimensionali di corpi geometrici di quattro dimensioni, fatte come nei collegi si disegnano sulla carta proiezioni in due dimensioni di corpi tridimensionali.
E ora, per illustrare meglio la mia idea, prenderò un esempio molto semplice, per evitare complicate spiegazioni geometriche:
Supponendo teoricamente che la nostra mano destra fosse l'imagine identica della sinistra solo dall'altro lato di un piano di simmetria, se proiettiamo le loro ombre sopra la parete, avremo due ombre uguali ma opposte, rispetto a un asse di simmetria. Se desideriamo ottenere che le ombre siano identiche, capovolgendo le ombre non lo otterremo. Solamente lo otterremo capovolgendo la mano nell'aria. Così per convertire la mano sinistra nella destra supponendo che le stesse possano essere per un corpo a quattro dimensioni ciò che l'ombra è per la mano, bisognerebbe capovolgere lo stesso corpo a quattro dimensioni nel suo mondo. Se da questa manovra si potesse convertire la mano destra nella sinistra, perchè la superficie di una carta non potrebbe cambiare di disegno dando un giro, nel mondo a quattro dimensioni, al corpo per il quale la carta è la proiezione? Per gli abitanti di questo mondo composto di infinità di spazi, questo gioco deve essere tanto semplice quanto per noi quello delle ombre cinesi. Ma perchè si fanno pregare tanto per offrirci uno spettacolo che impressiona e diverte tanto gli uomini? Non so. Può darsi che ci considerino troppo irresponsabili per questi giochi, e credo che

abbiano ragione, perchè conoscendo il maneggio della bomba atomica ci prepariamo a distruggere tanto rapidamente ciò che costruimmo durante secoli interi.

Cosicchè posso dire che non solo credo che avvenga ciò che Lei racconta, ma vagamente comprendo come avviene. Io personalmente non sono stata testimone di tali fenomeni, e per il momento non desidero che gli spiriti mi eleggano come assessore tecnico di questa classe di dimostrazioni.

Essendo io straniera, ho certe difficoltà nell'esprimermi, ma spero d'averlo fatto abbastanza chiaramente per essere compresa.

Firmo questa lettera col mio nome completo, sebbene esso non significhi nulla per lei, perchè so quanto Ella detesti gli anonimi.

La saluta molto devotamente

L.P. de Stanoyevitch

L'edizione brasiliana di *Gusto per il mistero*, pubblicata a Rio de Janeiro nel 1955. A differenza della copertina italiana, questa fa diretto riferimento agli esperimenti di Rol. La carta riunisce l'esperimento dell'asso di cuori e quello dei sei 6, il colore verde è preminente. Il volto femminile rappresenta forse l'attrice Luisa Ferida.

Lettera di Luisa Ferida e Osvaldo Valenti[1]

Primavera
1942
Luisa Ferida
e Osvaldo Valenti
al Dr. Gustavo Rol[2]

P.mo Rol

Grazie della lettera e del ricordo –
Lei ha lasciato una scia qui a Roma che ha dell'indimenticabile –
L'aspettiamo e le vogliamo bene –
Caramente

Luisa e Osvaldo

*

Rol ha annotato che questa lettera gli è stata inviata nella «primavera 1942». Deve quindi collocarsi in questa parte dell'anno (aprile-maggio) anche l'incontro con Mussolini a Villa Torlonia, avvenuto il giorno prima di quello con Ferida e Valenti. Escludo marzo in base alla lettera di Pitigrilli del 21 marzo 1942[3], che fa presumere che Rol ancora non avesse incontrato Mussolini. E si potrebbe restringere di più il campo in base alla lettera di Pitigrilli del 9 aprile, nella quale lo scrittore fa sapere che sarà a Torino l'11 e il 12. Tenendo presente che Rol aveva detto che Pitigrilli lo aveva accompagnato a Villa Torlonia, si potrebbe ipotizzare che: in quell'incontro a Torino Pitigrilli comunicasse a Rol la volontà di Mussolini di conoscerlo; che fece un paio di telefonate; e che poi convinse Rol a tornare a Roma con lui. Tale ipotesi andrebbe conciliata e integrata con questa affermazione di Rol: «Quando già la guerra era avanzata, il mio Comandante mi inviò a Roma dove mi presentai ad un Colonnello che mi condusse all'una di notte a Villa Torlonia»[4]. Ne dovrebbe

---

[1] Luisa Ferida (vero nome Luisa Manfrini Farnet, 1914-1945) e Osvaldo Valenti (1906-1945) furono noti attori dell'epoca fascista, poi arrestati e giustiziati dai partigiani, accusati dopo un processo sommario per crimini di guerra. Nel dopoguerra Ferida fu giudicata innocente e le accuse a Valenti pare fossero infondate.
[2] Scritto a matita da Rol.
[3] Pubblicata a p. 53; in nota (18) si veda l'affermazione di Rol di aver incontrato gli attori il giorno successivo all'incontro con Mussolini.
[4] *"Io sono la grondaia"*, 2000, p. 20.

conseguire che a Villa Torlonia andarono in tre, Pitigrilli dovette restare ad aspettare Rol e il Colonnello dovette introdurlo nello studio del Duce, col quale rimase solo, come parrebbe dal seguito del racconto. Il Comandante di Rol potrebbe invece aver svolto un ruolo burocratico-esecutivo, su richiesta di Rol e Pitigrilli. Si potrebbe quindi ipotizzare l'incontro con Mussolini già la settimana seguente, tra il 13 e il 20 aprile. Il 22 aprile in una lettera alla contessa Elda Trolli Ferraris, Rol scrive: «Sono sul treno che mi conduce da Pinerolo a Torino»[5]. Altro paletto utile alla ricostruzione cronologica. Al ritorno da Roma potrebbe essere andato subito a Pinerolo. Se invece Rol non andò a Roma con Pitigrilli, allora lo raggiunse a fine aprile o a maggio. Di certo, con questi elementi una ricerca di archivio – se ancora esistono i registri degli incontri col Duce, o verbali di colloqui, ecc. – diventa ora molto più facile.

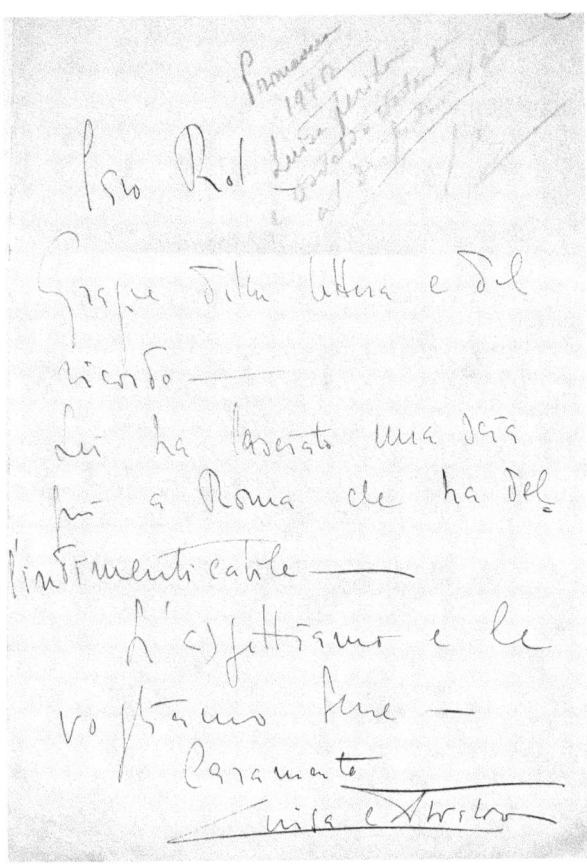

(foto © Franco Rol – Archivio Storico del Comune di Torino)

---

[5] Rol, G.A., *La Coscienza Sublime. L'incontro con la poetessa Elda Trolli Ferraris,* a cura di G. Ferraris di Celle e M.L. Giordano, L'Età dell'Acquario, Torino, 2006, p. 48.

Pitigrilli e Rol

Parigi, 18 maggio[1]

Caro Rol,

sono a Parigi. So che ci vieni spesso. Voglio vederti. Scrivimi a questo indirizzo:

Pitigrilli, presso Gianni Finlandia[2]
Hotel Henri IV
Place Dauphine, 25
PARIS (1)

Ti stringo le mani con viva cordialità. Tuo

piti

Hotel d'Athenes
6 Rue Gay Lussac

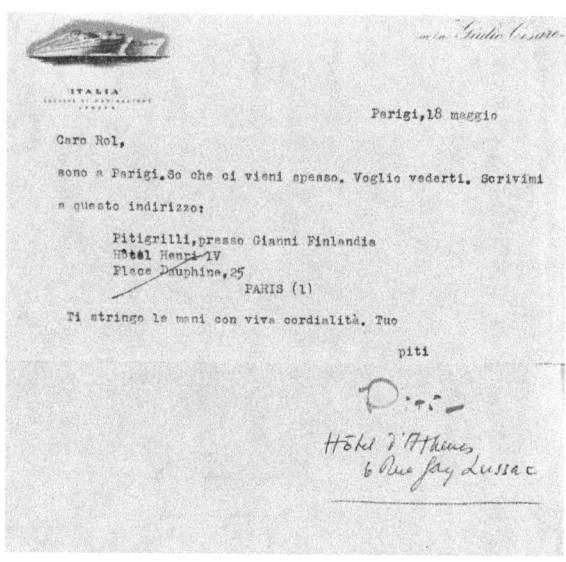

(foto © Franco Rol – Archivio Storico del Comune di Torino)

---

[1] Anno non conosciuto, forse il 1958 o 1959, quando Pitigrilli tornò dall'Argentina e si stabilì a Parigi.
[2] "Finlandia" era lo pseudonimo di Gianni Segre, figlio primogenito di Pitigrilli.

L'incredibile mago Gustavo Rol

di Pitigrilli

Aprile 1965[1]

È FAVOLOSO, MA È QUELLO CHE HO VISTO

Non ho letto in Erodoto o Marco Polo i fatti che vado a narrare. Li ho visti con i miei propri occhi, e si sono riprodotti molte volte. Non troverete qui nient'altro che una lunga testimonianza. Farò come ogni testimone di un processo, che deve deporre senza aver ascoltato la deposizione dei testimoni precedenti; cercherò di dimenticare (ma non posso garantire di riuscrirci) tutto ciò che so sulla scuola di Rhine, sulle carte di Zener, sulla levitazione di Santa Caterina di Genova, della santa Brigitta svedese e di san Giuseppe di Copertino, e sullo sdoppiamento, i doni di bilocazione di sant'Alfonso di Liguori e del Padre Pio.

Rol, sul quale porterò la mia testimonianza, *è un uomo di mezza età. Suo padre era direttore di una banca* importante[2]; *l'agiatezza della sua famiglia gli permise di addottorarsi in legge, di vivere aristocraticamente in un clima di arte e* di eleganza. *Collezionista di oggetti antichi,* musicista, *fornito di una cultura enciclopedica,* navigatore e *viaggiatore, ha sposato una bionda Scandinava. Gode di una salute eccellente. Si*

---

[1] Mia traduzione da: *L'incroyable mage Gustave Rol*, Planète n. 22, mag-giu. 1965, pp. 115-125. L'articolo non è mai stato pubblicato in italiano. Pubblicato in seguito in spagnolo e tedesco, come: *El increíble mago Gustavo Rol*, Planeta n. 16, Buenos Aires, mar-apr. 1967, pp. 134-145 (Argentina); *Der Magier Gustavo Rol*, Planet, n. 5, gen-feb. 1970, pp. 121-131 (Germania); *El increíble mago Gustav Rol*, Horizonte n. 11, Barcelona, lug.-ago. 1970, pp. 149-160 (Spagna). Al fondo del capitolo ho pubblicato copertine e prime due pagine di ciascun articolo. Si noterà che nella sola versione argentina c'è una foto di Rol – che io ho già pubblicato separatamente in *Fellini & Rol* – mentre nelle altre versioni c'è un suo disegno-caricatura (abbastanza brutto e poco fedele all'originale). Gli articoli, quasi tutti uguali ma con leggere differenze (che segnalerò in nota), riprendono molti brani quasi identici da *La Razón / Gusto per il mistero*, brani che metto in corsivo per distinguerli da quelli inediti. Se separassimo da questo articolo e da *Gusto per il mistero* quanto Pitigrilli aveva già scritto nel 1952 su *La Razón*, rimarrebbe molto poco. Per questo nell'introduzione ho scritto che «non è riuscito lui stesso a produrre nient'altro che una manciata di articoli». Anche se è degli anni '60, così come una lettera che riproduco di seguito, li pubblico in questo volume per completezza, in quanto dello stesso autore.

[2] All'interno dei brani in corsivo, lascio alcune parole senza – come questa – quando differiscono da quelle usate in *Gusto per il mistero*. Anche la punteggiatura è leggermente diversa e alcune parole non sono presenti.

ispira nei suoi atti ai dieci comandamenti, obbedisce scrupolosamente al nono, quello che vieta di desiderare «il servo, il bue, l'asino e la moglie del suo prossimo». Soprattutto lo osserva nel non desiderare il servo, l'asino e il bue. Voglio dire che sul piano morale è un uomo come gli altri. Ha un viso da réclame della farina lattea, che con l'avanzare degli anni ha assunto i lineamenti del bon vivant, dell'epicureo, il viso, insomma, dell'uomo senza problemi metafisici. Non ha il viso convenzionale degli astrologi, come sulle vecchie immagini. Non ha, per parlare come Rimbaud, «les rides que l'alchimie imprime aux grands fronts studieux». In breve, non presenta la faccia standard e convenzionale del mago.

Tutto ciò che dice non è sistematicamente esatto. La sua immaginazione è fertile. Egli inventa certi fatti senza il minimo sospetto di verità. Ne modifica certi altri. Questo tratto fa parte del personaggio. Ciò che dice non conta[3]. Ciò che fa è sensazionale[4]. Nel corso degli anni in cui l'ho avvicinato, ho compreso «qualche cosa», ma è stato per qualche parola che egli si è involontariamente lasciato scappare[5]. Ciò che mi ha donato apertamente non aveva altro scopo che nascondere la verità[6].

LA MIA FIRMA APPARE NONOSTANTE NON L'AVESSI SCRITTA

Il giorno stesso in cui feci la sua conoscenza a Torino[7], Rol mi disse:
– Entra in un qualunque negozio, compra due mazzi di carte da poker. Io aspetto fuori.
Scelsi un negozio, entrai, acquistai i due mazzi di carte e uscii. Mi chiese allora di mettere i due pacchetti nella mia tasca, e prendemmo un taxi. Arrivati da lui, disse:
– Tieni uno dei due mazzi nella tua tasca, senza aprirlo.

---

[3] Penso che in questa frase ci sia una allusione soprattutto al racconto del presunto "Polacco", che Pitigrilli dovette cominciare a sospettare non essere vero, 13 anni dopo averlo riferito su *La Razón* (si veda più avanti nell'articolo l'opinione scettica di Carlo Rol al riguardo). Non si accorge però di passare da un estremo all'altro (dal credere *alla lettera* a quel racconto di Rol a non credervi affatto). Io ho già suggerito che la verità stia nel mezzo (sono veri gli *elementi* del racconto, intreccio di realtà, allusione e simbolo).

[4] Davvero è concepibile un livello di *perfezione* in «ciò che fa» con uno di *imperfezione* in ciò che dice? In realtà, è un ossimoro che prende forma solo nella mente dei "profani", ovvero di coloro che non comprendevano (e non comprendono) ciò che Rol diceva e perché lo diceva. Con questo naturalmente non intendo dire che ciò che diceva fosse sempre "perfetto", ma che non parlava a vanvera.

[5] Io direi invece: *che volontariamente ha lasciato trapelare*.

[6] Di nuovo, sospetto che si riferisca soprattutto alla storia del Polacco.

[7] Forse il 2 marzo 1940, come ho supposto a p. 42.

Quindi mi fece aprire il secondo e mi fece estrarre una carta. Posò il 9 di quadri[8] su di un mobile e mi ordinò:
— Adesso, con la tua matita o la tua penna, scrivi nell'aria qualche cosa, una parola, una frase, un nome di persona o di città.
Scrissi nell'aria la mia firma.
— E adesso, disse Rol, prendi il pacchetto che hai nella tasca. Cerca nel pacchetto, che non è stato aperto né da te né da me, il 9 di quadri.
Strappai il cellophane. Cercai la carta. Sopra il 9 di quadri, la mia firma era scritta a matita, come se fossi stato io ad averla fatta.
Si serve generalmente *per i suoi esperimenti di carte da* gioco, *il che fa insinuare,* per analogia, *che faccia della prestidigitazione.* In realtà, *adopera carte da gioco perché, chiuse nella* loro *scatola, avvolte nel cellofan, escono intatte dal negozio. Chiunque può procurarsele,* non importa dove. Queste caratteristiche *eliminano ogni possibilità* di un trucco precedente da parte sua d'accordo con il venditore.
— *Ecco tre* pacchetti *di carte che avete comperato voi. Esse non sono passate per le mie mani, disse una sera a me,* così come alle altre persone presenti. Eravamo invitati da amici, presso i quali andavamo per la prima volta[9].
— *Apritene due. Scegliete in uno otto o nove carte. Nell'altro* pacchetto ugualmente *e allineatele,* in modo da *formare* due numeri *di otto o nove cifre, le figure valgono zero. Questi due numeri saranno* le cifre da moltiplicare *e il moltiplicatore.* Le sedici o diciotto *prime carte del terzo* pacchetto, *quello che è chiuso e rimarrà chiuso, vi daranno il prodotto* della moltiplicazione.

FA APPARIRE DELLE CARTE CHE NON ESISTONO

Eseguimmo i suoi ordini. I due fattori furono formati in collaborazione fra i più scettici della serata. Riuscimmo a eseguire la difficile *moltiplicazione. Quando fummo tutti concordi sul prodotto, Rol disse,* con viso teso, *qualche parola di cui sa il* significato segreto. Sono *parole nelle quali abbondano le A e le O* (dettaglio *che ho* ritrovato *poi in certi libri di magia). Improvvisamente, si contrasse:*
— C'è un guaio, disse, nel prodotto ci sono sei 6.
Tutti sanno che non ci possono essere che quattro 6 in un mazzo di carte (6 di quadri, di cuori, picche e fiori)
— *Non fa niente ripres*e Rol, *aprite il* pacchetto.

---

[8] Nelle due versioni in spagnolo del 1967 e 1970 si trova invece: «Supponiamo che fosse il 9 di quadri».
[9] In *La Razón / Gusto per il mistero* aveva invece scritto: «disse una sera a me e agli invitati in casa sua dove entravamo per la prima volta». È probabile che qui Pitigrilli stia correggendo quanto scrisse nel 1952, e questa del 1965 penso debba essere considerata la versione corretta.

Le prime carte – non so più se fossero sedici o diciotto –, allineate nel nuovo ordine che avevano assunto all'interno della loro *scatola, davano il prodotto della moltiplicazione.* In altre parole, nell'interno della scatola sigillata e intatta, *le carte che,* in un mazzo nuovo, *sono disposte in ordine crescente (asse di cuori, 2 di cuori, 3 di cuori,...) si erano disposte* diversamente, *obbedienti* per questo nuovo ordine *a una logica matematica. E c'erano sei 6, cioé due di più di quelli che* si trovano in tutti i mazzi di poker del mondo.
Altro esperimento. Una sera, in casa di amici, Rol *aveva* portato *un* giovane e povero *violinista, al quale aveva* offerto *un violino.* L'artista *suonò «Le Streghe», di Paganini.*
– *Bravo, gli disse Rol. Avrai un premio. Prendi un* pacchetto *di carte e vallo a nascondere dove credi, due o tre stanze più in là. Chiudilo in un* mobile *e metti in tasca la chiave. Poi torna qui... E ora scegli una carta in un altro mazzo*
Il musicista eseguì.
Rol si avvicinò a una porta e passò le sue mani dall'alto in basso come sulle corde di un violino gigante[10].
– *Adesso, vai a riprendere il pacchetto che hai nascosto, ordinò* al giovane musicista.
Quando il violinista tornò col pacchetto intatto, lo pregò di non aprirlo, ma di cercare in un altro pacchetto, aperto, una carta qualunque. Il giovane scelse una carta.
– *Ebbene, sulla carta corrispondente, ma nel pacchetto ancora chiuso che solamente tu hai toccato e che tu aprirai, vedrai qualcosa.*
Il musicista aprì il pacchetto[11]. *Sulla carta era scritto: «Più lentamente, la prima parte».*
Nessuno poteva prevedere che il violinista avrebbe suonato «le Streghe» di Paganini, né indovinare quale carta egli avrebbe scelto. I suggelli dell'altro pacchetto che aveva nascosto erano intatti. Tuttavia, un avvocato, incoraggiato dalle scosse incredule dei cappellini di due o tre belle signore, disse:
– *Il trucco c'è ma non si vede.*
Voleva dire che il giochetto di manipolazione si era svolto dopo una precedente preparazione. Intervenni[12].

---

[10] In *La Razón / G. per il m.,* aveva invece scritto: «*Parole strane e gesti magici di Rol*». Credo che questa nuova frase molto più precisa sia anche più interessante, oltre a sgombrare il campo, secondo me, da strani ipotetici rituali che invece non ci sono. Resta comunque un'azione singolare, e in questi termini non mi risulta ci siano altri episodi del genere.

[11] Anche qui, Pitigrilli fornisce una versione più dettagliata. In precedenza aveva sintetizzato così: «*gli ordinò: – Aprilo, cerca la carta corrispondente a quella che nell'altro mazzo hai scelto tu*».

– *Il violinista potrebbe ripetere* questo *pezzo, più adagio. Vedremo che cosa Paganini scriverà.*
Tutti, tranne me, si aspettavano che Rol[13], non avendo previsto questo seguito improvvisato *e non avendo perciò potuto preparare* la *seconda parte dell'esperimento, si dichiarasse battuto.*
– Suona *di nuovo, ordinò Rol. E io prego* il più *scettico di tutti voi,* l'*avvocato, di andare a* mettere *il secondo* pacchetto di carte *in un nascondiglio di sua scelta.*
Il giovane suonò una seconda volta, più lentamente.
Quando l'avvocato andò a riprendere il pacchetto che era passato solamente dalle sue mani, Rol gli disse di aprirlo. Su una *carta era scritta,* con la scrittura di Paganini (l'abbiamo verificata in seguito[14]), *la famosa frase:* «*Paganini non* suona due volte», detto un giorno dal grande violinista al re Carlo Felice che gli aveva chiesto un bis (risposta sdegnosa che gli valse due anni d'espulsione dagli Stati di Sua Maestà).

LA MATERIA SEMBRA OBBEDIRGLI

Questi fenomeni non diminuiscono lo scetticismo che regna intorno a Rol. *Parlano di trucco, di suggestione* collettiva, *di «combinazione», di casualità.* I più prudenti *dicono: «C'è qualcosa che ci sfugge».*
Pranzavo a Roma in un ristorante conosciuto, con *G. Rol. Al tavolo accanto era seduto un colonnello d'artiglieria. Quando volsi lo sguardo verso l'ufficiale, questi mi disse:*
– *Non mi riconosci? Eravamo compagni* al collegio. *Io sono Quarra.*
Prima che avessi il tempo di rispondere all'ufficiale, G. Rol mi prese la mano che stavo avanzando per salutare e sollevò una pagnotta. Sulla tovaglia, il nome Quarra era scritto.
Avevo promesso ad amici romani di presentargli *Rol.*
– Non voglio che tu mi presenti a chicchessia. Non faccio esperimenti.
È sempre la sua prima reazione. Poi cambia di tono:
– Chi sono questi amici?
E finalmente:

---

[12] Qui la differenza è significativa. Se nel 1952 scriveva: «*E per confondere Rol propose:*», dove il soggetto era l'avvocato, qui invece è Pitigrilli stesso. Forse in precedenza si era confuso, oppure chissà perché non voleva dire che era lui a fare quella proposta (una ipotesi potrebbe essere che non volesse rischiare di passare per eventuale "complice"; ipotesi analoga ho fatto in merito alla testimonianza di Leo Talamonti sull'esperimento del tacco della scarpa di Fellini (cfr. *Fellini & Rol*, p. 36), che anche Pitigrilli menziona più avanti.
[13] Nel 1952 scriveva: «*S'aspettava che Rol*», dove il soggetto era sempre l'avvocato.
[14] Dettaglio aggiunto in questa nuova versione.

Vediamo questi tuoi amici, ma a condizione che *non mi chiedano esperimenti*.
Io rispondo: «Non te ne chiederanno», sapendo che questo è il suo modo di fare abituale da anni.
La *linea di condotta da seguire* con lui è semplice:
– *Dottor Rol, non le chiediamo di* fare qualcosa. *Ci spieghi* semplicemente *di che si tratta*.
E lui risponde subito:
– *E che cosa volete che vi spieghi? Mandate a comperare alcuni mazzi di carte* da poker.
E così l'uomo meraviglioso, animo *di fanciullo, cade docilmente nell'inganno*.
Si portano *i mazzi di carte, comperati da un fattorino dell'hôtel. I miei amici* erano *l'attrice Luisa Ferida, l'attore Osvaldo Valenti* e suo *padre, ambasciatore a Teheran, il principe Lanza di Trabìa;* tra gli *invitati, c'era un medico, un ingegnere, un'attrice, una bellezza romana,* Lina Furlan, mia moglie, avvocato della Corte [d'Assise][15].
– *Dottor Rol, gli disse con franchezza l'attore [Osvaldo Valenti]*. Pitigrilli *mi ha descritto i suoi esperimenti, ma io le rivolgo una preghiera: invece di usare carte da gioco come si possono trovare in qualunque negozio a* Roma, *sarei felice se si servisse di un mazzo di cui* è *impossibile trovare un secondo esemplare in tutta l'Italia*.
– *Non ho nulla in contrario, rispose Rol*.
L'attore gli presentò un mazzo di carte stampate in Scozia.
– *Io non lo tocco, disse Rol. Le conti*.
– Ci *sono 52* carte.
– *Le conti, anche lei*.
– *52*.
– *E ora, stendetele* sulla tavola *in un solo arco, come fanno i croupier del baccarat, e lei,* signora, *passi lentamente il Suo dito e si fermi quando uno di questi signori – non io – dirà: stop*.
– Stop, dice l'ambasciatore d'Iran[16].
– *Bene,* dice Rol. *Ora guardi la carta* che è *sotto il Suo dito. Io la mostro a tutti*[17].

---

[15] Nel 1952 scriveva: «*un'attrice minore, una bellezza romana all'aurora e un'aristocratica al tramonto*». In teoria l'«aristocratica», se dobbiamo mantenere lo stesso numero di presenti (nove), corrisponde a Furlan, anche se non è una descrizione pertinente (aveva inoltre, nel 1942, 39 anni – coetanea di Rol – quindi non certo "al tramonto"). Pertanto o i presenti erano dieci, o Pitigrilli si era inventato l'aristocratica al posto della moglie, che non voleva menzionare.
[16] Dettaglio mancante nella versione precedente.
[17] «Je la montre à tous». In precedenza aveva invece scritto: «*La mostri a tutti*», quindi il soggetto cambia. Non sarebbe lei a mostrarla, ma Rol (o Pitigrilli che sta scrivendo? Non è del tutto chiaro). Nella versione argentina del 1967 c'è [*el*

Ciascuno scriva il numero e il nome della carta. Fatto? Ora, signora, *la strappi (era il nove di fiori) e butti dalla finestra i pezzetti.*
L'attrice eseguì. Alcuni frammenti caddero sulla terrazza, altri furono portati dal vento nella strada e ce n'è stato uno che *tornò nella stanza.*
– *Contate le carte che rimangono.*
– *52, 52, 52,* risposero tutti *i presenti.*
– *Cercate il nove di fiori.*
– Ecco il 9 di fiori.
La carta distrutta era tornata nel pacchetto.
Si *suonò [il campanello]; e alla* cameriera io domandai[18]:
– *Che carta è questa?*
– *Nove di fiori, signore.*
– *Per favore,* raccogliete questo pezzo[19] *di carta. Che cosa è?*
– Un pezzo *di una carta da gioco,* signore, *di colore nero. È di fiori.*
C'è stato dunque un momento in cui la stessa carta si trovava al tempo stesso intera nel suo mazzo di 52 carte, e allo stato frammentario sparsa fra la terrazza, la stanza e la strada.

UN MISTERIOSO POLACCO

Spiegazione? È ciò che sto cercando.
Negli undici anni che ho vissuto a Buenos Aires, mi sono trovato sovente con suo fratello, l'ingegnere Carlo Rol, che ha assistito a questi esperimenti e ad altri, e li ha seguiti dai primi tentativi fino ai primi successi. Le nostre conversazioni sul caso Rol erano un groviglio di interrogativi, di supposizioni, di ragionamenti per analogia, senza conclusione.
Inutile chiedere confidenze a un mago. Schopenhauer, nel suo libro 'le Scienze occulte', lascia capire che la magia non si insegna. La si assimila per contatto, per assorbimento. Non è un potere che si acquisti.
È anche l'opinione di Kremmerz, espressa nel suo libro 'Introduzione alla scienza dei magi'.
Vorrei trascrivere l'opinione di Rol, ma non siamo riusciti a carpirgliela né io né suo fratello, cervello fisico-matematico, i due uomini che lo hanno studiato più da vicino e forse gli hanno rubato frazioni di verità.

---

naipe, maschile] «*Lo mostraré a todos*» (La mostrerò a tutti), mentre in quella spagnola del 1970 c'è «*Muéstresela a todos*» (La mostri a tutti), quindi l'incertezza permane.
[18] Anche qui, cambia il soggetto della frase. In precedenza era: «[Rol] domandò», mentre qui è Pitigrilli a domandare (come nella versione argentina del 1967 – «*pregunté*», chiesi –, mentre in quella spagnola del 1970 è «*se le preguntó*», le si chiese, senza un soggetto).
[19] In precedenza era plurale («*quei pezzi*»), mentre qui, come nelle versioni in spagnolo, è solo un pezzetto.

Ma sono poi frazioni di verità quelle che si è lasciato sfuggire, o inquietanti apparenze con le quali maschera un'altra verità che egli non è autorizzato a rivelare?
Rol è stato *il primo a darmi l'impressione che* fosse *medium*. Un giorno mi dice:
– *È andata così. A Marsiglia, prendevo i* miei *pasti in una pensione di famiglia dove era mio vicino di tavola un signore taciturno, che non rivolgeva la parola a nessuno, non salutava, non* rispondeva quando lo si salutava[20]. *Leggeva*, durante i pasti, *giornali e libri polacchi, e nessuno sapeva chi fosse né che mestiere facesse. Un bicchiere rovesciato mi diede l'occasione di dirgli finalmente qualche parola. Uscimmo insieme. Gli parlai delle mie letture di contenuto spirituale, religioso. Rise:*
– *Dio non esiste, mi disse.*
E mi domandò se io ammettevo che con la volontà si potesse immobilizzare la lancetta di un *orologio. Eravamo sulla Canebière.*
– *Che ora segna?*
E mi indicò l'orologio luminoso della Borsa.
– *Le nove e un quarto.*
– *Io lo fermo,* disse lui.
E l'orologio si arrestò.
Quando, più tardi, *raccontai questo fatto al dott. Bonabitacola, mi disse che il mago Kremmerz,* suo amico, *con un atto di volontà staccò una ruota di una carrozza, via Toledo, a Napoli.*
– *Tornati a casa, continuò Rol*, il Polacco *mi fece assistere ad alcuni esperimenti per mezzo delle carte*. Gli esperimenti che faccio io, *ora*[21]. *Mi disse a quale disciplina ci si deve sottomettere, in quale stato d'animo ci si deve collocare. Mi insegnò a riconoscere, col semplice passaggio delle mani, il colore di tutto un mazzo di carte rovesciate. Mi disse le più elementari formule,* riservandosi d'insegnarmi, in seguito, le più importanti.
Rol non parla mai di maghi né di magia; le espressioni: formule magiche, rituale magico *non escono mai dalla sua bocca.*
– *Un giorno* – è sempre Rol che parla –, *per allontanarmi dalla fede (Rol è profondamente credente,* alla sua maniera[22]*), il Polacco mi condusse a Lourdes, che mi aveva dipinto come* un'*industria organizzata e ramificata di mistificazioni assortite. Ma una guarigione* soprannaturale *avvenuta sotto i nostri occhi, lo fece cadere in ginocchio: «Io credo, io credo» gridò. Tornammo a Marsiglia, bruciò i libri e i manoscritti, mi espresse il suo rincrescimento per avermi insegnato «appena qualche cosa», senza spiegarmene il senso, e mi disse che il* più importante, l'avrei potuto

---

[20] In precedenza era: «*salutava appena*».
[21] In precedenza: «*Mi insegnò qualche cosa*».
[22] Aggiunta interessante.

imparare da solo. È ciò che in effetti è successo. Ogni giorno – mi disse più volte Rol –, imparo qualcosa di più da me stesso[23].
Il Polacco *si ritirò in un monastero della Savoia, come fratello laico, e quando andai a trovarlo, nel congedarmi* dopo un breve colloquio, *mi disse di non* cercare *più* di vederlo, *perché*, per lui, *oramai i fenomeni ai quali mi aveva iniziato appartenevano a un mondo lontano. Più tardi venni a sapere che era morto.*

CAMBIA UN 10 DI PICCHE IN ASSO DI CUORI

Secondo il fratello di Rol, l'ingegnere Carlo – cervello fisico-matematico eminentemente oggettivo –, niente è vero in questa storia. Il misterioso Polacco farebbe parte delle affabulazioni di cui Rol si compiace[24]. Eppure, il *personaggio* comparve numerose *volte nelle parole di* Gustavo *Rol*. Lo chiamava «Lui»[25]:
– *Credo, mi diceva Rol,* che «Lui» *abbia della simpatia per te;* «Lui» *mi autorizza a* dirti questa formula.
Un'altra volta, mi dice:
– «Lui» vuole che tu erediti le mie facoltà. Se un giorno io scomparissi, «Lui» ti trasmetterà tutto ciò che avrebbe dovuto ancora trasmettere a me[26].
Preciso subito *che come* apprendista stregone, *non valgo niente. Quando ero assistito da Rol,* a casa sua, *ho fatto anch'io* «qualche cosa»; *ma, da solo, nulla mi riuscì.* Le formule che io ripetevo non cambiavano le cose. Era come se leggessi i nomi dei dieci primi abbonati nell'elenco telefonico.

---

[23] In registrazioni inedite del mio archivio, Rol nel marzo 1977 diceva: «Negli ultimi cinque anni i progressi che ho fatto... cinque anni fa non facevo le cose che faccio adesso»; e due mesi dopo, rivolto ad Alfredo Gaito: «Ricordati bene che fra noi: uno, due, tre, quattro, cinque, sei persone qui presenti, la persona che ha più necessità... assoluto bisogno di imparare, sono io. Perché io c'ho in mano un'arma... a percussione, un'arma da taglio, un rondello, una qualunque cosa, ho un'arma micidiale. Io devo imparare a adoperarla, come avessi un'atomica, ma non per distruggere, ma per creare. E siccome, grazie al cielo, la mia coscienza morale mi mette in guardia costantemente – quante preghiere io faccio (anche durante gli esperimenti, ma sono velocissime) perché le cose che faccio non abbiano a nuocere a nessuno, quante – cosa vuol dire, vuol dire che io sono ben conscio, quindi io ho bisogno di imparare».
[24] Questa è una opinione importante, che prescinde da quanto io stesso ho fatto osservare al riguardo e che lo conferma, anche se Carlo – e così Pitigrilli – non comprendono che ha un suo grado di verità, su un piano, come ho già scritto, *non letterale*. È un racconto *costruito* con elementi reali e altri simbolici, allusivi, iniziatici.
[25] «Il» in francese. A «Egli» preferisco usare sempre la forma «Lui».
[26] Frase che non compare nella versione precedente, piuttosto significativa.

Le formule di Rol senza Rol lasciano le cose immutate. Quindi è meglio tornare ai prodigi realizzati dal mio amico.
Una sera, eravamo, a Torino, in casa del pittore Enrico Gec. Qualche bicchiere di whisky aveva rallentato in Rol i controlli. Dopo alcuni esperimenti, Rol gli disse:
– *Gec, lei mi è simpatico. Finora ha visto esperimenti di primo e secondo grado. Ora le offro qualcosa di più. Prenda un mazzo di carte qualunque* (sul tavolo ce n'erano sovente cinque o sei), *lo tenga stretto tra le sue mani.* Dica la formula seguente: «Hemma Hanna iagei»[27].
– «Hemma Hanna iagei», recitò lo scrittore[28].
E tutte le carte del mazzo furono proiettate e sparpagliate *come se contenessero esplosivo.*
– E *ora*, continuò Rol, *raccolga una carta qualunque. Che* cos'è?
– Il *dieci di picche.*
– *In quale carta vuole che io la trasformi?*
– *In asso di cuori.*
– *La fissi e* ripeta la formula.
Enrico *Gec ripeté la formula, impallidì, dovette sedersi. La carta che teneva con le due mani si scolorì, divenne grigia, una pallida macchia rosea si delineò nel centro, si fece rossa, un cuore si disegnò.*

---

[27] In precedenza invece aveva scritto: «*(e gli recitò una formula che non trascrivo)*». Ora Pitigrilli ha cambiato idea e la riferisce. E la cosa ha una sua rilevanza, perché sono quasi le stesse parole – che non combaciano solo perché non lette, ma ascoltate dai testimoni – riferite anni dopo (non è dato sapere quanti perché non è dato sapere in che anno si è svolto l'episodio, ma sicuramente prima del 1948, quando Pitigrilli si trasferì in Argentina), ovvero nel 1967, da Piero Cassoli e Massimo Inardi nella loro relazione del primo incontro con Rol, avvenuto quell'anno: «Rol allora getta il Re di Quadri sulla carta nel mezzo, invita la Signora a metter5vi la mano sopra e le fa pronunciare le parole "Hamma Hemma". La Signora Cassoli allora alza la mano e scopre la carta coperta che è il Re di quadri!»; «Rol mi dice di porre la mia mano sul mio mazzo, di chiudere gli occhi, di cercare di vedere, di visualizzare un quattro verde e di pronunciare 'Hamma Hemma'»; e in un altro esperimento: «"Chiuda gli occhi e pensi intensamente al verde... Dica con me Hamma Hemma (ed altre parole che non ricordo)...» (*Quaderni di Parapsicologia*, n° 1, 26 Gennaio 1970, pp. 20; 21; 22); anche Di Simone aveva ricordato le «strane parole che Rol a volte (non sempre, per lo meno udibilmente) pronunciava, [e che] gli erano nate spontaneamente: "*hemma-hamma*"» (*Oltre l'umano*, 2009, p. 45). Si comprende che queste parole non furono contingenti a una sola volta, ma compaiono più volte nel corso forse di almeno trent'anni (da Gec a Di Simone). Ne *Il simbolismo di Rol* (p. 317) ho ipotizzato che possano avere a che vedere con vocalizzazioni con base fonetica "M", come, nella tradizione indiana, *ham sah* o come *om*, sillaba mistica che ho anche messo in relazione con la quinta musicale, che è associata al *verde* proprio come lo è qui «Hamma Hemma». Non si possono però escludere anche altri significati e derivazioni, ad esempio dall'ebraico.
[28] Gec era sia pittore che scrittore.

Chiamammo gli amici che nella sala accanto giocavano a bridge e la padrona di casa che, nella sua camera da letto, mostrava alle sue amiche i suoi ultimi acquisti. Nessuno sapeva dell'esperimento, ma tutti, alla domanda: «Che carta è questa?», risposero: «L'asso di cuori». Esattamente come l'asso di cuori che era presente *anche nel mazzo di carte. Invece, il dieci di picche non c'era più.*
C'erano sempre 52 carte, senza 10 di picche e con due assi di cuori.
La nuova carta, o, più esattamente, la carta trasformata, è sempre custodita, con tutte le firme di controllo, da questo amico di Torino.

A VOLTE, È LUI PER PRIMO AD ESSERE STUPITO

Particolare mai *abbastanza ripetuto: Rol non aveva toccato le carte.*
All'improvviso, Rol assunse un'espressione che non gli avevo mai visto. *Mi chiamò a parte e mi disse:*
– Temo di averlo (di averLO) irritato. Non avevo il diritto di far fare a Gec un esercizio di terzo grado[29]. *Vediamo». Tornò nella sala, domandò*[30] *a una signora di scegliere un libro qualunque fra le migliaia di libri che coprivano le quattro pareti e di estrarre tre carte per formare un numero.*
– Che numero è? Apra il libro alla pagina corrispondente a quel numero.
La pagina cominciava con queste *parole: «Egli lo aveva veramente irritato»*
Questi fatti sembrano la narrazione di un delirante. Bisogna credermi sulla parola.
Il regista Fellini, il professor Beonio-Brocchieri dell'Università di Padova, il giornalista Ettore della Giovanna, corrispondente a New York del «Giornale d'Italia», l'ingeniere Luigi Fresia, imprenditore, li hanno visti. Ma siccome la mia esperienza non viene solo da Rol, ma anche dalle reazioni di chi gli sta intorno, devo aggiungere che Ettore della Giovanna, giornalista e dottore in medicina, dopo aver assistito a queste esperienze, mi ha scritto una lettera piena di entusiasmo per Rol e di gratitudine per me. Rol gli aveva aperto orizzonti imprevedibili. Tuttavia, quindici giorni dopo, mi scriveva una lettera per dirmi che ci aveva pensato e che si rifiutava di crederci. La sua ragione si era ribellata.
Quello che fa Rol è spiegato, dai meno increduli dei testimoni, per mezzo dell'inconscio e del subcosciente. Questa spiegazione è frettolosa come lo è per giustificare *come Shakuntala Devi, la giovinetta indù, estragga* in pochi istanti *a memoria radici cubiche, come un direttore d'orchestra di nove anni sappia, senza averlo studiato, ciò che si impara nell'ultimo*

---

[29] Frase interessante, non presente nella versione precedente.
[30] In precedenza era: «*ordinò*». È chiaro che se, per esempio, in futuro questi racconti dovessero essere tradotti in film o serie televisiva, questi dettagli non sono indifferenti. Ordinare e domandare sono due atteggiamenti diversi. In linea di massima, la versione successiva dovrebbe sostituire quella precedente.

anno del conservatorio, come, a quattordici anni, Pascal scoprisse da solo le trentadue prime proposizioni della geometria di Euclide. *Il subcosciente è* un placebo *che soddisfa coloro che si accontentano di parole.*
L'ultima volta che vidi Rol[31], accadde qualcosa che mi spinse ad una supposizione. Ci trovavamo in casa di un funzionario del Ministero degli Affari Esteri francese[32]. Dopo i modi abituali che sono, con poche varianti, sempre gli stessi, mi disse:
– Prendi una carta e dimmi in quale carta vuoi che la trasformi.
La scelsi e risposi:
– Nella più piccola carta che ci sia.
Pensavo all'asso, ovvero all'1. Gesto di Rol appenna abbozzato.
– Vediamo?[33] disse Rol.
La voltai. Era una carta bianca, la carta senza significato con la quale inizia qualunque mazzo di carte.
– È vero, disse Rol, più sorpreso di noi, è la carta più piccola.
Anche lui, come tutti coloro che erano presenti, avevano pensato all'1. In altri termini, Rol non aveva voluto, non aveva ordinato che uscisse l'asso; qualcun altro, al di fuori di lui, aveva interpretato alla lettera il mio desiderio. E lo zero era arrivato, la carta più piccola.

Quindi, non è Rol che agisce. *È qualcun altro*[34], al di fuori di lui. Qualcuno che ragiona con criteri suoi, senza l'intervento di Rol. Rol avrebbe fatto apparire l'asso, avrebbe fatto apparire l'1, perché tanto lui quanto i nostri ospiti avevamo pensato che la carta più piccola era l'1. Nessuno aveva pensato alla carta bianca, allo zero[35].

STACCA CON LA VOLONTÀ IL TACCO DI UNA SCARPA

---

[31] Non è dato sapere quando, comunque probabilmente tra il 1958 – anno in cui Pitigrilli dovrebbe essersi trasferito a Parigi – e il 1965. Quanto segue non è presente nella versione precedente.
[32] Si tratta con ogni probabilità di Constantin Adronikof, amico di Rol e marito di Natalia Andronikof, con la quale Rol aveva avuto una relazione intorno al 1950, quando i matrimoni di entrambi erano in crisi. Cfr. *Il simbolismo di Rol*, n. 418, p. 328. Prendendo spunto da questa contingenza, l'incontro presumibilmente a casa Andronikof a Parigi, pubblico più avanti due importanti lettere inedite di Rol, del 1956, al Console di Francia a Torino e al Questore.
[33] Le due versioni spagnole sono senza punto interrogativo.
[34] In corsivo nel testo. La risposta semplice e veloce, e attenendosi appena al pensiero di Rol, è che il *qualcun altro* non è che il suo *spirito intelligente*.
[35] La coscienza comune *pensa*. Lo *spirito intelligente* non pensa. *Sa*. Perché non è coscienza comune, ma espressione, o meglio ancora *volto e fisionomia*, della *coscienza sublime*.

Talvolta, in momenti di collera, Rol, il pacifico e assai corretto gentleman, si lascia andare a oscure minacce. Nel corso di un litigio, fece chiaramente comprendere che aveva a sua disposizione le forze diaboliche per mezzo delle quali avrebbe potuto rompere qualunque catena, aprire una porta dietro la quale lo si sarebbe chiuso[36]. Ma un giorno mi disse:

---

[36] Non capisco perché Pitigrilli qualifichi queste forze come «diaboliche»: ciò che descrive non ha nulla di diabolico, come non è diabolica, per esempio, la folgorazione del calabrone (XLIV-1), il mattone gettato con impeto *quasi* a colpire lo scettico operaio (XX-9), il mazzo di carte che attraversa il muro e le carte colpiscono una cameriera che si stava scolando una bottiglia di vino (XX-8), il mobile che "infesta" la casa di un tizio che aveva truffato Rol (vol. III, XVI-44), e così via. Rol sapeva essere anche temibile, per chi se lo meritava, il che non trasforma le forze di cui si serviva in "diaboliche". Altrimenti qualsiasi punizione o lezione anche aspra di un Maestro (o anche solo di un genitore nei confronti di un figlio capriccioso o irresponsabile) dovrebbe essere considerata "diabolica", il che ovviamente non è. Interessante la menzione di Rol che «avrebbe potuto rompere qualunque catena, aprire una porta dietro la quale lo si sarebbe chiuso»: sono esempi di *possibilità* delle quali a quanto pare lui aveva parlato – e di cui si potrebbero trovare facilmente gli analoghi nella sua fenomenologia – e che fanno pensare anche alle simili *performances*, ma col trucco, degli illusionisti; il che è normale: l'illusionismo ha sempre tentato di copiare e riprodurre col trucco ciò che anticamente solo sciamani di alto livello, Maestri o Santi potevano fare. A tal proposito, valgano qui due esempi significativi, e al netto delle diverse sfumature che per ora non occorre analizzare. Il primo riguarda San Pietro:
«Pietro dunque era tenuto in prigione (...) piantonato da due soldati e legato con due catene stava dormendo, mentre davanti alla porta le sentinelle custodivano il carcere. Ed ecco gli si presentò un angelo del Signore e una luce sfolgorò nella cella. Egli toccò il fianco di Pietro, lo destò e disse: "Alzati, in fretta!". E le catene gli caddero dalle mani. (...) "Avvolgiti il mantello, e seguimi!". Pietro uscì e prese a seguirlo, ma non si era ancora accorto che era realtà ciò che stava succedendo per opera dell'angelo: credeva infatti di avere una visione. Essi oltrepassarono la prima guardia e la seconda e arrivarono alla porta di ferro che conduce in città: la porta si aprì da sé davanti a loro. Uscirono, percorsero una strada e a un tratto l'angelo si dileguò da lui» (At. 12, 5-10).
Il secondo riguarda il Maestro neopitagorico Apollonio di Tiana; il fedele discepolo Damis gli chiese: «"E quando sarai messo in libertà?". "Per quanto attiene al giudice, oggi; per quanto riguarda me, in questo stesso momento". Con tali parole trasse la gamba fuori dai ceppi, dicendo poi a Damis: "Eccoti una dimostrazione della mia libertà: fatti dunque coraggio". Allora per la prima volta Damis afferma di avere compreso appieno la natura di Apollonio, che era divina e superiore all'umano: poiché senza sacrifici – e come avrebbe potuto farli in prigione? – né preghiere, senza dire neanche una parola si era preso gioco dei ceppi; e poi, introducendovi di nuovo la gamba, riprese la parte del prigioniero» (Filostrato, *Vita di Apollonio di Tiana*, Adelphi, Milano, 1978, p. 345).

– Se compissi una cattiva azione, se cercassi di trarre da queste cose un beneficio materiale e finanziario, perderei automaticamente e definitivamente il mio potere[37].

Altre prove esistono, al di fuori di quelle che porto a mio nome, di forze che, per sua volontà, Rol poteva mettere in movimento e della disintegrazione o della ricomposizione della materia che esse presuppongono. Lo scrittore italiano Donato Piantanida lo incontrò nella hall di un hotel un giorno in cui era lui stesso in compagnia del regista Federico Fellini e dello scrittore Leo Talamonti[38]. Rol disse a Fellini:

– Le sue scarpe mi piacciono; con questa fibbia d'argento, i suoi mocassini sembrano quelli di un vescovo. Se ci facessi un buco, le dispiacerebbe?

Il regista rispose che poteva fare quello che voleva. A queste parole, si udì un grande colpo. Rol disse a Talamonti di sollevare il piede destro. Con grande stupore del giornalista e di tutti noi, si vide che sotto la sua suola era incollata la metà del tacco di gomma che mancava a una scarpa di Fellini. Quest'ultimo, per meglio constatare il prodigio, tolse la sua scarpa. La metà del tacco era proprio quella che gli mancava. I chiodi erano visibili, brillanti e contorti per lo sforzo.

Un altro fatto mostra che Rol possiede dei doni di veggenza. Intorno al 1940, l'avvocato Lina Furlan aveva invitato nel suo studio la pianista Magda Brard[39], nipote di Léon Blum[40], Enrico Wild[41] che faceva degli

---

[37] Questo perché le azioni cattive sono in genere compiute da persone non disinteressate, immature, impulsive (nel senso biologico) e non pure di cuore, con un ego ancora forte, principale ostacolo alla *coscienza sublime* e di conseguenza inibitore delle *possibilità* che vi sono associate.

[38] Incontro che ho potuto stabilire essere avvenuto il 26 maggio 1963. Cfr. *Fellini & Rol*, pp. 31-38 e 450-451.

[39] Magdeleine Brard (1903-1998), pianista francese, amica di Rol, amante di Mussolini, dal quale nel 1932 ebbe una figlia, Vanna, che prese il cognome del marito di allora, Edmondo Michele Borgo. Magda si separò da lui nel 1936. L'avvocata che la seguì era Lina Furlan.

[40] Critico letterario e teatrale, scrittore, divenne politico attivo ricoprendo tra le altre le cariche di Primo ministro della Repubblica Francese nel 1936-1937 e nel 1938 e Capo del Governo provvisorio nel 1946-1947.

[41] Enrico Wild (1889-1955), umanista, viaggiatore, nel 1939 o 1940 conobbe Magda, con la quale si sposò nel 1945. Lina Furlan curava alcuni suoi interessi, forse fu per suo tramite che lui e Magda si conobbero. L'avvocata e Pitigrilli nel 1942 andarono insieme alla coppia in villeggiatura a Levanto, dove Wild aveva una villa. Si veda: Festorazzi, R., *La pianista del Duce*, Simonelli, Editore, Milano, 2000, in particolare pp. 64-70.

studi sulla magia, Tatiana Tchaliapine[42], figlia del celebre basso[43], io, e naturalmente Rol.
– L'anello che avete al dito è legato a Napoleone, disse senza indugi Rol alla signorina Tchaliapine. È appartenuto a un grande attore tragico.
– Sì, rispose la giovane. Era l'anello di Talma[44]. Mio padre me l'ha lasciato in eredità.
L'essenziale di ciò che so su Gustavo Rol è qui. Ci credo. Noi siamo molti a crederci. Ma noi non crediamo tanto perché «anche nell'animo del più illuminato degli uomini sussiste sempre una piccola radice di mandragora[45] della vecchia superstizione che non si lascia estirpare», come dice Heine, quanto perché abbiamo visto.
Credo che nessuno abbia visto Rol più lungamente, più intensamente e attentamente di me[46].

---

[42] Tatiana Chaliapin Chernoff (1905-1993). Il fratello Feodor Fedorovich Chaliapin Jr. (1905-1992) fu un attore di cinema (interpretò, tra gli altri, il personaggio Jorge de Burgos ne *Il nome della rosa*).
[43] Fëdor Ivanovič Šaljapin (anche Chaliapin o Chaliapine alla francese, 1873-1938), cantante lirico russo, considerato il più celebre basso della prima metà del XX secolo.
[44] François-Joseph Talma (1763-1826), attore tragico, «alla Comédie dal 1789, raggiunse il successo con *Charles IX* di M.-J. Chénier; attivo sotto la repubblica, l'impero e la monarchia restaurata, fu l'attore più caro a Napoleone, e il suo nome è intimamente legato all'epopea di Bonaparte. (...) Esaltato dai più illustri scrittori contemporanei, da Madame de Staël a Chénier, per incarico di Napoleone recitò *La mort de César* di Voltaire a Erfurt (1808) dinanzi a un *parterre de rois*» (*treccani.it*).
[45] «La Mandragora è una pianta allucinogena conosciuta sin dall'antichità, molto citata nelle pratiche magiche e negli erbari medioevali e rinascimentali» (*Fellini & Rol*, p. 185). Ne ho parlato in relazione a *Mandrake*.
[46] Difficile valutare questa affermazione. Certamente Pitigrilli, come la maggioranza dei testimoni di Rol, *credeva per avere visto*. Peccato però non dica, anche a grandi linee, quante volte si sia effettivamente incontrato con lui. Da quanto ne ha scritto (poco), e da come ne ha scritto (con una certa incomprensione, per quanto con perizia e acutezza letteraria) mi lascia un po' perplesso. Non ho mai pensato, putroppo, di contattare i figli Gianni Segre (morto nel 2014) e Pier Maria Furlan, ordinario di psichiatria dell'Università di Torino, morto nel 2022, per sapere se avessero scritti e documenti inediti sull'amicizia del padre con Rol. Chissà che non ci sia da qualche parte una bozza del libro su di lui che avrebbe voluto scrivere.

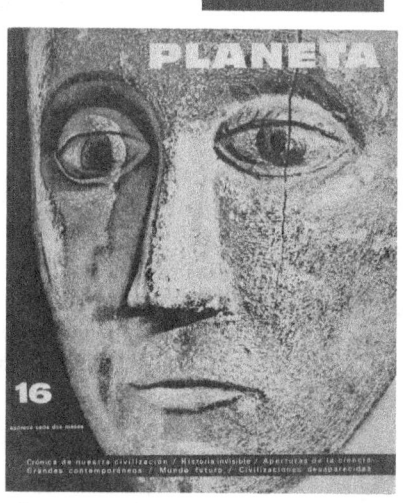

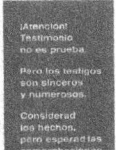

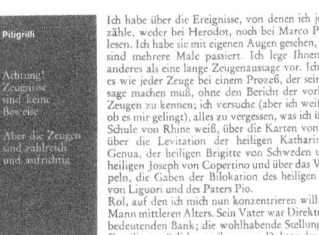

Marseille, il brûla ses livres et ses manuscrits, m'exprima ses regrets pour m'avoir enseigné « à peine quelque chose », sans m'en expliquer le sens, et me dit que le plus important, j'aurais pu l'apprendre tout seul. C'est ce qui arriva en effet. Chaque jour – me dit plusieurs fois Rol –, j'apprends quelque chose de plus par moi-même.
Le Polonais se retira dans un monastère de Savoie, comme frère lai, et quand j'allai le trouver, en me congédiant après un bref entretien, il me dit de ne plus chercher à le voir parce que, pour lui, les phénomènes auxquels il m'avait initié appartenaient désormais à un monde lointain. J'appris plus tard qu'il était mort.

IL CHANGE UN 10 DE PIQUE EN AS DE CŒUR

D'après le frère de Rol, l'ingénieur Carlo – cerveau physico-mathématique éminemment objectif –, rien n'est vrai dans cette histoire. Le mystérieux Polonais ferait partie des affabulations dans lesquelles Rol se complaît. Cependant, le personnage apparut de nombreuses fois dans les paroles de Gustave Rol. Il l'appelait « Il » :
– Je crois, me disait Rol, qu' « Il » a de la sympathie pour toi ; « Il » m'autorise à te dire cette formule.
Une autre fois, il me dit :
– « Il » veut que tu hérites de mes facultés. Si un jour je disparais, « Il » te transmettra tout ce qu'il aurait encore eu à me transmettre.
Je précise immédiatement que, comme apprenti sorcier, je ne vaux rien. Quand j'étais assisté de Rol, chez lui, j'ai fait moi aussi « quelque chose » ; mais, seul, rien ne me réussit. Les formules que je répétais ne modifiaient pas les choses. C'était comme si je lisais les noms des dix premiers abonnés dans l'annuaire du téléphone. Les formules de Rol sans Rol laissent les choses inchangées. Aussi vaut-il mieux revenir aux prodiges réalisés par mon ami.
Un soir, nous étions, à Turin, chez le peintre Enrico Gec. Quelques verres de whisky avaient affaibli le contrôle de Rol. Après quelques expériences, Rol lui dit :

– Gec, vous m'êtes sympathique. Jusqu'à maintenant vous avez assisté à des expériences du premier et du deuxième degré. Maintenant je vais vous offrir quelque chose de plus. Prenez un paquet de cartes (sur la table il y en avait souvent cinq ou six), tenez-le serré entre vos mains. Dites la formule suivante : « Hemma Hanna iagei ».
– « Hemma Hanna iagei », récita l'écrivain.
Et toutes les cartes du paquet furent projetées et éparpillées comme si elles avaient contenu un explosif.
– Et maintenant, continua Rol, ramassez une carte quelconque. Qu'est-ce que c'est ?
– Le 10 de pique.
– En quelle carte voulez-vous que je la transforme ?
– En as de cœur.
– Fixez-la et répétez la formule.
Enrico Gec répéta la formule, pâlit, dut s'asseoir. La carte qu'il tenait avec les deux mains se décolora, devint grise, une pâle tache rosée se traça au centre, devint rouge, un cœur se dessina. Nous appelâmes les amis qui jouaient au bridge dans la pièce à côté et la maîtresse de maison qui montrait ses dernières acquisitions à ses amies dans sa chambre. Personne ne savait rien de l'expérience, mais tous, à la question : « Quelle est cette carte ? », répondirent : « L'as de cœur. » Exactement semblable à l'as de cœur qu'il y avait aussi dans le paquet de cartes. Par contre, le dix de pique n'y était plus. Il y avait toujours 52 cartes, sans 10 de pique et avec deux as de cœur. La nouvelle carte ou, plus exactement, la carte transformée, est toujours gardée, avec toutes les signatures de contrôle, par cet ami de Turin.

PARFOIS, IL EST LE PREMIER ÉTONNÉ

Détail jamais assez répété : Rol n'avait pas touché les cartes. Tout à coup, Rol prit une expression que je ne lui connaissais pas. Il m'appela à part et me dit :
– J'ai peur de l'avoir (de L'avoir) irrité. Je n'avais pas le droit de faire faire à Gec un exercice de troisième degré. Voyons. » Il retourna dans la salle, demanda à une dame de choisir un

Pitigrilli e Rol
(1969)

Torino, Natale 1969

Caro Rol, non ti telefono perché una telefonata in un momento inopportuno (bagno, tavola, barba, dolce-far-niente, come dicono i Francesi) crea nel subcosciente, nell'*insight*, nel sé, nella controcassa o nel mezzanino di noi una predisposizione all'intolleranza, all'antipatia, al prendere "an ghignôn"[1] il prossimo telefonante, e la più innocente e cordiale telefonata diventa una violazione di domicilio, un'aggressione. D'altra parte per te, che sei l'uomo più straordinario di tutti i tempi[2], per te che sei al di fuori della materia e della realtà tangibile, al di sopra di tutto ciò che è misurabile e concreto, gli augúri sono squallide convenzioni e relatività. Io credo che l'augurio sia una forma attenuata della benedizione, ma non tento di imporre le mie opinioni a te che mi sei maestro nel mondo soprannaturale e dell'inconoscibile.

Comunque, Natale e San Silvestro, nascita di Garibaldi o Incoronazione di Carlo Magno, Ti abbraccio

Pitigrilli

No: io ti abbraccio con tua moglie perché è Natale e perché prego Gesù per Voi
    Liù

---

[1] "in avversione", in piemontese (da *ghigna*, faccia).
[2] Quasi 18 anni prima aveva scritto: «Non ho detto che sia l'uomo più straordinario del mondo; non abuso di frasi così impegnative» (*supra*, p. 113). Direi che ora *l'uomo più straordinario di tutti i tempi* è una frase abbastanza impegnativa...

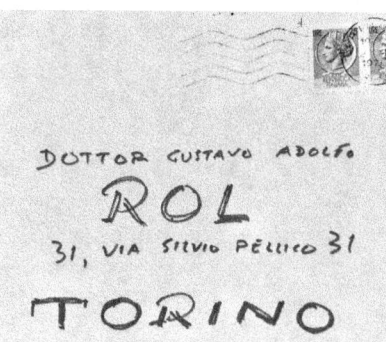

(foto © Franco Rol – Archivio Storico del Comune di Torino)

Lettera di Rol al Questore di Torino

Torino, 26 maggio 1956

Ill.mo Signor Questore[1],

Mi permetto rivolgermi alla S.V. per esporle quanto segue: da molto tempo sono solito effettuare viaggi in Francia dove conto parecchie relazioni avendo colà lavorato per anni quale funzionario presso le filiali della Banca Commerciale Italiana (il mio compianto Padre ne era Direttore) e per la mia passione alle cose artistiche ed a quelle storiche (vedi la mia recente donazione delle carrozza dell'Imperatore Napoleone all'Ordine Mauriziano[2]). Seguo poi con molto interesse ogni ricerca nel campo della biologia e dell'evoluzione del pensiero ben lontano però dall'occuparmi di ipnotismo, di spiritismo ed altre cose del genere[3].

Fra le mie relazioni parigine, la più profonda anzi la più affettuosa è la mia amicizia (oramai di anni) con il Principe Costantino Andronikof, di nazionalità francese, funzionario al Ministero degli Esteri di quella Repubblica. Detto signore, persona molto per bene ed assai colta, è ammogliato, con due bambini. Queste persone le quali vivono in un ambiente morale assai elevato mi assistono con il loro affetto, come fosse quello di parenti che è caro ritrovare specialmente quando si è in viaggio e lontano dal proprio Paese.

Quale non è stato il mio doloroso stupore nel ricevere, il 25 corrente, una lettera dal mio amico Andronikof[4], dalla quale stralcio e traduco i passi principali[5]:

---

[1] In quell'anno era il dott. Carlo Chiriaco, questore dall'aprile 1955 fino ad ottobre 1957.
[2] Si veda più avanti, p. 188 e sgg..
[3] L'approccio di Rol, così come il campo in cui desidera mostrare di appartenere – a buon diritto – è quello della scienza (e nello specifico, la biologia, il perché lo spiegherò in futuro) e della filosofia.
[4] Che pubblico in originale di seguito. Su Andronikof, questa la nota che scrivevo nel 2008 ne *Il simbolismo di Rol*: «Constantin (1916-1997) era un principe russo nato a San Pietroburgo e trasferitosi alla fine degli anni '30 a Parigi. Tra le sue molte attività, fu docente di teologia liturgica al St. Sergius Orthodox Theological Institute, traduttore di numerosi testi fondamentali del pensiero religioso russo (soprattutto Bulgakov), scrittore (*Des mysteres sacramentels, Le sens de la liturgie: la relation entre Dieu et l'homme, Le cycle pascal, I giorni della preparazione e della passione*, etc.), ministro plenipotenziario (1974) e interprete ufficiale di vari capi di stato e ministri del governo francese tra il 1945 e il 1976. Fu interprete personale (dal russo e dall'inglese) del presidente Charles De

"Avrei amato scriverti a proposito di tutt'altra cosa od anche senza ragione alcuna, per il semplice piacere di parlarti, ma bisogna disgraziatamente ch'io ti metta al corrente di cose serie, addirittura gravi. Non prendere le cose al tragico, al contrario occorre conservare il proprio sangue freddo per agire eventualmente. Dopo il primo momento di indignazione mi sono trovato calmo ma deciso a procedere tanto quanto occorrerà. Tu lo ricorderai, circa un anno fa quando ti trovavi a Parigi, ti segnalai che qualcuno aveva visitato il mio Ministro di allora[6] per dirgli che io rappresentavo un certo rischio per la Sicurezza, poichè, si pretendeva sapere che mia moglie[7] era un medium utilizzata da un "mago" italiano per predire l'avvenire. Il Ministro non aveva tenuto conto di questo straordinario romanzo ma egli mi aveva chiesto di stilare una piccola nota al riguardo. Dippoi non ne sentii più parlare. La settimana scorsa, lunedì, quando stavo preparandomi per partire per Mosca con il Presidente del Consiglio[8] ed il mio Ministro[9] quale non fu il mio stupore nell'apprendere che era stata ripetuta questa favola e che il Ministro aveva stimato utile scartarmi dalla Conferenza a questo proposito.

Così dunque una stupida denuncia fu questa volta sufficiente ad ostacolare le mie funzioni. Ne va di mezzo, per contro, il mio lavoro stesso e la sicurezza della mia famiglia.
Inoltre non posso rimaner oltre indifferente all'ingiuria fatta così al mio onore[10] e finalmente a te stesso che sei per me e per noi più che un amico. Così, a causa di questa assurdità, la mia carriera viene ad essere

---

Gaulle, che Rol conobbe per suo tramite. Nel 1997, poco prima di morire, fu nominato da Jacques Chirac commendatore della Legion D'onore. Sul ruolo e le relazioni degli Andronikof nella politica francese del dopoguerra, si veda *L'oreille du Logos. In memoriam Constantin Andronikof*, a cura di Marc Andronikof, L'Age d'Homme, Losanna, 1999; su Natalia, in particolare le pp. 83-84» (pp. 328-329). Qui aggiungo un dettaglio: a dirmi che fu Andronikof a presentare Rol a De Gaulle fu sua figlia Anne, che incontrai a Parigi nel 2003. E siccome pare che Rol e Andronikof si conobbero solo dopo la II Guerra Mondiale, sarebbe inesatto – ma non ne sarei stupito – quanto riferisce Allegri, che Rol e De Gaulle si sarebbero conosciuti prima della guerra (cfr. più avanti p. 157 nota 17).
[5] Alcuni di questi stralci si possono confrontare con gli originali in francese trascritti e citati da Rol nella lettera al Console di Francia scritta due giorni dopo, pubblicata a p. 160 e sgg. in questo volume, così come con la lettera originale manoscritta, a p. 174 e sgg.
[6] Probabilmente Antoine Pinay, Ministro degli Affari Esteri dal 23/02/1955 al 01/02/1956.
[7] Natalie de Couriss Andronikof (Natalia al modo russo).
[8] Guy Mollet, Presidente del Consiglio dal 01/02/1956 al 13/06/1957.
[9] Christian Pineau, Ministro degli Affari Esteri dal 01/02/1956 al 14/05/1958.
[10] Qui poi omette la frase: «ainsi qu'à celui de ma femme», *così come a quello di mia moglie* (Natalia).

compromessa, il mio nome insultato e le nostre relazioni con te avvelenate[11].

Ebbi certamente torto di lasciare che il silenzio si facesse la prima volta. Io credevo, come mi era stato detto, che questa faccenda non meritava altra cosa che il silenzio. Ma questa volta, fortunatamente è un piccolo scandalo che è scoppiato al Ministero, dove conto l'appoggio dei miei Capi. Certamente vi sarà una battaglia a darsi, battaglia difficile poichè non conosco i miei nemici e temo assai che non li conoscerò mai.

Un elemento curioso di questo affare è che i Servizi della Sicurezza, propriamente detta, i quali hanno ben inteso condotto ogni sorta di inchiesta su di me, non condividono questi sospetti rocamboleschi[12]. Le accuse che mi vengono mosse sono talmente bestiali che sarebbe sufficiente un breve confronto per confutarle con facilità, ma non ho che un timore: che mi si opponga il velo del silenzio o la nebbia dell'anonimato impedendomi così di dissipare queste calunnie, ciò che non comporterebbe che cinque minuti di tempo per farlo.

Certamente la persona che ha visitato il Ministro (si tratta forse di un Militare) è in buona fede ed immagina di compiere il proprio dovere appoggiandosi su qualche confidenza ricevuta, confidenza però nettamente calunniosa. Veramente non comprendo. Tuttavia occorre metter fine a questa cosa e che tutti coloro che ebbero sentore apprendano che essa non è che un tessuto di controverità."[13]

---

[11] Qui omette una parte, il brano completo è questo (mia traduzione): «Inconsciamente o consciamente, forse è per questi pettegolezzi che non vieni più a trovarci, che non scrivi nemmeno più. Così, poiché ci sono persone non solo cattive ma anche stupide, la mia carriera deve essere compromessa, il mio nome – insultato, le nostre relazioni con te – avvelenate...» (si veda trascrizione da originale a p. 161 nota 6).

[12] Nella lettera al Console, trascrive e completa la frase: «qui seraient le produit de l'imagination mauvaise de quelqu'un; mais qui?» («che sarebbero il prodotto della cattiva immaginazione di qualcuno; ma chi?»). Quindi omette, sia qui che là, il brano seguente (mia trad.): «Un dettaglio che ho appreso potrebbe essere utile. Il mio "accusatore" o i miei "accusatori" (sono forse molteplici) sostengono che tu abbia pagato il nostro appartamento. Questa menzogna mi fa pensare all'entourage astioso di Fraysse, a certi militari più o meno in pensione che hai visto ai tempi di Gilis, a certi personaggi discutibili che si vendicano forse per il fatto che li hai smascherati e confusi attaccandomi senza conoscermi» (trascrizione francese a p. 162 nota 8).

[13] Segue qui brano omesso (mia trad.): «Ecco dunque gli elementi del problema. Credo anche di sapere che il militare in questione è alla Nato. Non so se sia membro della delegazione francese o se faccia parte del segretariato generale. Ora, l'Italia fa parte della Nato. Conosci un militare intelligente, soprattutto se si occupa di questioni di sicurezza, in una posizione molto alta e che potrebbe utilmente parlare con il suo collega o prendere qualche altra strada affinché si sappia che conoscerti è un onore ed una provvidenza, e non un rischio di sicurezza?» (trascrizione a p. 162 nota 9).

Il mio amico Andronikof si chiede se il suo accusatore non sia un Militare appartenente al NATO e mi domanda di far leva sulle mie relazioni in Italia affinché di qui venga fornito in quel settore ogni ragguaglio su di me (che vengo ritenuto un pericoloso mago italiano!!!) sfatando questa leggenda, oppure di appoggiarmi a qualche altra autorevole voce "affinché si sappia ben chiaro qui, intorno a me, che essere in relazione col Dr. Rol costituisce un onore ed una provvidenza e non un rischio per la Sicurezza!!!..."

Dice inoltre il Principe Andronikof nella sua lettera:
"Se ben mi sembra comprendere, il Militare pretenderebbe che non occorre fornire le prove di ciò che egli afferma. Si tratterebbe quindi di provare il contrario e ciò contrariamente a tutti i principi del diritto, ossia: che il Dr. Rol non è un "mago" che "non fa profezie, che non mette in stato di "transe" mia moglie la quale non è un medium, ecc. ecc., onde spazzar via tutte queste inverosimili sciocchezze. Mia moglie rimase assai colpita da questa calunnia e va rimettendosene lentamente, ma a me l'ingiustizia rivolta e infonde il coraggio di combatterla.[14]

"Ho buona speranza che si riuscirà a provocare un'inchiesta. Ho scritto a questo effetto una lettera al Ministro e l'ho fatto dietro il consiglio del Consigliere Giuridico del Ministero e del mio Capo diretto che è il Direttore Generale del Personale. Tutti coloro che mi conoscono sono indignati e risoluti a non permettere che la cosa passi in silenzio. Nei riguardi tuoi ho semplicemente affermato che non vi era evidentemente una sola parola di vero in ciò che venne denunciato e che tu saresti senza dubbio pronto, malgrado le tue qualità di straniero, di venire a testimoniare, se ciò ti fosse richiesto, poichè io ti avevo messo al corrente della cosa."[15]

Il mio amico Andronikof mi esorta ad intervenire con ogni mezzo a mia disposizione, poichè, com'egli dice "vi sono persone le quali

---

[14] Segue brano omesso (mia tr.): «Nathalie è colpita nei suoi organi, nel suo equilibrio umorale. Si sta riprendendo solo lentamente» (trascrizione a p. 163 nota 10).

[15] Segue brano omesso (mia tr.): «Vuoi riflettere un po' sulla questione e fare appello alle tue qualità di stratega? Credo che la cosa migliore, per ora, sarebbe di vedere se conosci o pensi di raggiungere un militare responsabile, di preferenza un generale, competente nelle questioni di sicurezza e di politica estera e avente accesso alla Nato; questo, al fine di predisporre una pratica se necessario. Spero che essa sarà inutile. Ma sarebbe saggio prepararla, nel caso in cui sia impossibile fare un'indagine e il militare si defilasse. Perché vi sono persone le quali preferiscono la loro ipotesi alla verità» (trascr. a p. 163 nota 11).

preferiscono le loro ipotesi alla verità. Allora occorre forzar loro la mano e mettere la verità sotto i loro stessi occhi[16]."

Non posso nascondere alla S.V. quanto sia rimasto sbalordito da tutto ciò e come mi addolori che per causa mia anche se senza alcuna mia colpa o responsabilità una famiglia amica, a me tanto cara, venga così duramente colpita nell'onore e nel lavoro. Non riesco a comprendere di dove tutte queste menzogne possano sorgere. Un vago ricordo, solamente, mi riporta ad un lontano giorno degli scorsi anni a Parigi, quando, essendo stato presentato ad un anziano signore col quale ebbi una discussione sui metodi di indagine psicanalitica Freudiana e su alcuni miei esperimenti sulle possibilità spirituali (non spiritistiche!) dell'individuo, mi sentii poi dire che quell'anziano signore riteneva esser io un individuo molto pericoloso. "Egli afferma, mi si riportò, che con le vostre qualità voi costituite un vero pericolo per la Sicurezza nazionale Francese[17], ed aggiunge che gli risulta esser voi dedito ad ogni sorta di vizi. E poiché, a

---

[16] Ottima frase, che sottoscrivo pienamente (cfr. trascrizione a p. 163 nota 11, dove nell'originale è «sous le nez», sotto il naso). Dopo questo brano, la lettera si conclude così: «Una volta che questo ascesso sia scoppiato, spero ardentemente, Tavo, di vederci tante volte come in passato. Ti abbraccio con tutto il cuore – Tuo Costantino» (*idem*).

[17] Alla luce di questa vicenda, assume un contesto e acquista concretezza l'affermazione attribuita al presidente Charles De Gaulle, che – scrive Luigi Bazzoli sulla *Domenica del Corriere* nel 1979, sicuramente perché riferitogli da Rol – «proibì a un suo ministro di frequentare Rol dopo che aveva assistito alla lettura di una lettera chiusa. "Non possiamo rischiare che i segreti dello stato francese vengano a conoscenza di estranei"» (Bazzoli, L., *Rol l'incredibile. L'uomo più misterioso del mondo*, Domenica del Corriere, 17/01/1979, p. 154). Anni più tardi, nel 1986, Renzo Allegri, a suo dire saputolo a Monaco di Baviera (ma secondo me prendendolo invece da Bazzoli, in tipico "stile Allegri"...) nella sua monografia su Rol che, caso vuole, ha lo stesso titolo dell'articolo di Bazzoli, scriveva: «A Monaco mi raccontarono che de Gaulle conosceva molto bene Rol per essersi recato più volte da lui prima della guerra. Divenuto presidente della Repubblica francese, il generale proibì a un suo ministro di frequentare il sensitivo torinese affermando: "Quell'uomo legge nel pensiero e non possiamo rischiare che i segreti dello Stato francese vengano a conoscenza di estranei"» (*Rol l'incredibile*, Musumeci Editore, 1986, p. 9). Ne *Il simbolismo di Rol* non mi ero accorto di questa ennesima "chicca" che si aggiunge alle altre e che dovette contribuire al giudizio di Rol che aveva stroncato il suo libro definendolo «idiota». Ad oggi, Bazzoli è cronologicamente la prima fonte conosciuta di questa affermazione. Se l'aneddoto è corretto, ovvero se De Gaulle era già presidente, questo deve collocarsi cronologicamente dopo la sua nomina, ovvero dopo l'8 gennaio 1959, quindi non meno di quasi 3 anni dopo il "caso Andronikof". E il ministro più probabile credo sia sempre quello degli Affari Esteri, ovvero Maurice Couve de Murville, in carica dal 01/06/1958 al 31/05/1968.

dir suo, egli è legato al servizio di controspionaggio, Vi ha segnalato affinchè si prendano nei vostri confronti, le misure del caso." La cosa mi parve così formidabilmente assurda che ci feci sopra una risata e non la considerai più che uno scherzo. Il risultato però fu che a distanza di anni la cosa si presentò sotto un aspetto ben differente.

Ecco quindi Ill.mo Signor Questore la ragione per la quale oso invocare l'appoggio della Sua autorevole voce.

Nato e residente in questa città sono troppo conosciuto per non sperare ch'Ella possa avere della mia moralità, quel concetto che lui solo sarebbe sufficiente a distruggere la favola testè esposta.

La mia vita si svolse sempre in maniera semplice e più che chiara. Mai appartenni a società segrete[18] e mai mi occupai di cose politiche né ebbi relazioni suscettibili di crearmi inimicizie capaci di metter su una faccenda del genere. Nulla ebbi poi mai a che vedere con la Giustizia in nessuna parte del mondo.

Mi affido alla Sua profonda competenza chiedendo appoggio alla di Lei alta autorità e La prego di gradire, Ill.mo Signor Questore i sensi della mia profonda devozione

(Dr. Gustavo A. Rol)

Ill.mo Signor Questore
Capo della Polizia di
TORINO

---

[18] È qualcosa che io ho spesso sottolineato, specialmente a certuni col vizio del complottismo e delle dietrologie a buon mercato, ignari che certi simboli esoterici esistono dalla notte dei tempi e non sono prerogativa né esclusiva di qualsivoglia società più o meno segreta, che all'occasione può adottarne alcuni per riproporli, con varianti sul tema. Nella mia postfazione al libro di Paola Giovetti (*Gustavo Adolfo Rol. L'uomo oltre l'uomo*, Edizioni Mediterranee, Roma, 2022, p. 188) ho scritto che Rol aveva «ricevuto anche proposte di affiliazione alla Massoneria (come già avevo a suo tempo ipotizzato – escludendo sia che ne facesse parte sia che avesse bisogno di farne parte, non foss'altro perché un Illuminato ha già raggiunto quella meta che qualsiasi organizzazione iniziatica ha o dovrebbe avere come suo obbiettivo primario – e come dimostra anche una lettera dattiloscritta del Gran Oriente d'Italia del 2 settembre 1965, conservata all'Archivio, nella quale si dice che "saremmo... lieti di approfondire la Sua conoscenza, anche per darLe modo di sapere le condizioni per essere ammesso, e conoscere i nostri programmi ...", lettera sulla quale Rol, lapidario, annotò a mano: "Non ho risposto perché non li conosco e poi non amo ciò che è occulto")».

(foto © Franco Rol – Archivio Storico del Comune di Torino)

Lettera di Rol al Console di Francia

All'Ill.mo Sig. Console di Francia

Torino, 28 Maggio 1956

Ill.mo Signor Console[1],

ho l'onore di rivolgermi al rappresentante della Repubblica Francese per esporVi quanto segue:

Da molti anni sono solito effettuare viaggi in Francia dove conto parecchie relazioni avendo colà lavorato nel tempo della mia giovinezza, quale funzionario della Banca Commerciale Italiana a Marsiglia ed a Parigi (il mio compianto Padre ne fu un direttore generale in Italia) e per la mia passione alle cose artistiche ed a quelle storiche. Seguo poi con molto interesse ogni ricerca nel campo della biologia e dell'evoluzione del pensiero, ben lontano però dall'occuparmi di ipnotismo, di spiritismo ed altre cose del genere.

Fra le mie relazioni parigine, la più profonda anzi la più affettuosa è la mia amicizia (ormai di anni) con il Principe Costantino Andronikof, di nazionalità francese, funzionario al Ministero degli Esteri della Repubblica. Detto signore, persona molto per bene ed assai colta, è ammogliato, con due bambini. Queste persone le quali vivono in un ambiente assai elevato moralmente, mi assistono con il loro affetto come fosse quello di parenti che è caro ritrovare specialmente quando si è in viaggio e lontano dal proprio Paese.

Quale non è stato il mio doloroso stupore, nel ricevere, il 25 corrente, una lettera dal mio amico Andronikof, dalle quale stralcio i passi principali[2]:

"...J'aurais aimé t'écrire[3] è propos de toute autre chose, et même sans raison aucune, pour le simple plaisir de te parler, même sans espérer

---

[1] Jean Le Forestier, Console di Francia a Torino da gennaio 1954 ad ottobre 1958.
[2] Fin qui la lettera è praticamente identica a quella indirizzata al Questore. Poi c'è la trascrizione di parti dell'originale in francese, mentre nella lettera al Questore era la traduzione in italiano, e in seguito vi si trovano di nuovo altre parti identiche. Rol deve aver ritenuto opportuno riproporle perché probabilmente pensava già di aver espresso al meglio quanto voleva spiegare e chiarire, e quindi non ha creduto necessario riformularlo solo perché indirizzato ad altra persona.
[3] Si veda la traduzione dello stesso Rol pp. 154-155 in questo volume.

de réponse. Il faut malheureusement que je te dise des choses sérieuses, graves même. Ne les prends pas au tragique. Au contraire, il faut garder tout son sang-froid pour agir éventuellement. Après les premiere moments d'indignation, je me suis retrouvé calme et décidé à aller aussi loin qu'il le faudra. En effet, il faudra peut-être aller loin.

"Tu te rappeleras qu'il y a environ un an, tu étais à Paris, je t'ai signalé[4] qu'on était venu voir mon Ministre d'alors pour lui dire que je représentais un certain risque pour la sécurité, car, prétendait-on, ma femme était un "médium" utilisée par um "mage" italien pour prédire l'avenir.

"Le Ministre n'avait pas tenu compte de cet extraordinaire roman, mais il m'avait demandé de rédiger une petite note à ce sujet. Je n'en ai plus jamais entendu parler.

"La semaine dernière, lundi, je me preparais à partir pour Moscou avec le Président du Conseil et mon nouveau Ministre.
Quelle ne fut pas ma stupéfaction d'apprendre qu'on avait repété au Ministre ces racontars et qu'il avait jugé utile de m'écarter de la conférence à ce propos.

"Ainsi donc, une dénonciation stupide a cette fois été jugée suffisante pour faire obstacle à mes fonctions. Il y va, par conséquent, de mon travail même, de la sécurité de ma[5] famille. Je ne puis non plus rester indifférent à l'injure ainsi faite à mon honneur ainsi qu'à celui de ma femme; enfin, à toi-même qui es pour moi et pour nous plus qu'un ami.[6]

"J'avais eu tort de laisser faire le silence la première fois. Je croyais, et on me l'avait dit, que l'affaire ne méritait pas autre chose. Cette fois-ci, heureusement, c'est un petit scandale qui a éclaté au Ministère. Et jai l'appui de mês Chefs. Il n'en reste pas moin qu'il y aura une bataille à livrer d'autant plus difficile que je ne[7] connais pas mes ennemis et que je crain bien que je ne les connaîtrai jamais. Un élément cocasse de l'affaire, c'est que les services de sécurité proprement dits, qui ont bien entendu fait

---

[4] Termina qui la prima pagina della lettera manoscritta, più avanti a p. 174.
[5] Termine della seconda pagina manoscritta, cfr. p. 175.
[6] Segue un brano omesso, di cui do qui trascrizione (l'originale si trova nella terza pagina, p. 175): «Inconscienment ou conscienment, c'est peut-être à cause de ces ragots que tu ne viens plus nous voir, que tu n'écris même plus. Ainsi, parce qu'il y a des gens non seulement méchants mais bêtes, ma carrière doit être compromise, mon nom – insulté, nos relations avec toi – empoisonnées...» (cfr. traduzione a p. 155 nota 11).
[7] Termine della terza pagina.

toutes sortes d'enquêtes sur moi, ne partagent pas ces soupçons rocambolesques qui seraient le produit de l'imagination mauvaise de quelqu'un; mais qui?[8]

"Cette accusation est tellement bête qu'il suffirait d'une brève confrontation pour tout remettre au point. Je n'ai qu'une crainte, c'est qu'on ne m'oppose le voile du silence et la fumée de l'anonymat, m'empêchant ainsi de refuter ces averies, ce qui ne demanderait que 5 minutes. Le plus beau, c'est que peut-être la personne qui est venue voir mon Ministre est de bonne-foi e s'imagine de faire son devoir, en se fondant sur quelque confidence, elle nettement calomnieuse. Je ne sais. Cependant, il faut y mettre fin et que tous ceux qui ont eu vent de cette affaire apprennent qu'elle n'est qu'un tissu de contre-vérités."[9]

Il mio amico Andronikof si chiede se il suo accusatore non sia un Militare appartenente al NATO e mi domanda di far leva sulle mie relazioni in Italia affinchè di qui venga fornito in quel settore ogni ragguaglio su di me (che vengo ritenuto un pericoloso mago italiano !!!) sfatando questa leggenda, oppure di appoggiarmi a qualche altra autorevole voce "... pour que l'on sache que te connaître est un honneur et un bienfait, et non un risque de sécurité. Si je comprends bien, le militaire pretend qu'il n'y a pas besoin d'apporter les preuves de ce qu'il avance. Il s'agirait donc de prouver le contraire, contrairement à tous les principes du droit: que tu n'es pas un "mage", que tu ne fais pas de propheties, que tu ne mets pas ma femme en transe, que ma femme n'est pas un "médium", ete. etc... pour balayer toutes ces bêtises. Ma pauvre femme en

---

[8] Segue un brano omesso: «Un detail que j'ai appris est peut-être utile. Mon "accusateur" ou mes "accusateurs" (ils sont peut-être plusieurs) prétendent que tu aurais payé notre appartement. Ce mensonge me fait penser à l'entourage haineux de Fraysse, à certains militaires plus ou moins em retraite, que tu as vus au temps de Gilis, à certains personnages douteux qui se vengent peut-être de ce que tu les as percés à jour et confondus en s'attaquent à moi sans me connaître» (cfr. originale pagina 4, p. 175; traduzione a p. 155 nota 12).
[9] Segue brano omesso: «Voici donc les données du problème. Je crois aussi savoir que le militaire en question est au Nato. Je ne sais s'il est membre de la délégation française ou s'il fait partie [*qui termina pagina n. 5*] du sécrétariat général. Or, l'Italie fait partie du Nato. Connaîtrais-tu un militaire intelligent, surtout s'il s'occupe de questions de sécurité, en trés haut placé et qui pourrait utilement parler à son collègue français ou emprunter quelque outre voie pour que l'on sache que te connaître est un honneur et un bienfait, et non un risque de sécurité?» (originale pagine 5-6, pp. 175-176; traduzione a p. 155 nota 13).

a été littéralement malade. Moi, au contraire, l'injustice me hérisse et me donne envie de me battre.[10]

"J'ai bon espoir qu'on réussira à provoquer une enquête et j'ai écrit une lettre à cet effet au Ministre. Tous ceux qui me connaissent sont indignés et résolus à ne pas permettre que l'on fasse le silence.

"A ton propos, j'ai simplement dit qu'il n'y avait évidemment pas un mot de vrai dans la dénonciation et que tu serais sans doute prêt, malgré ta qualité d'étranger, à venir témoigner si l'on te le demandait, car je t'avais mis au courant."[11]

Non posso nascondere alla S.V. il mio sbalordimento nel leggere questa lettera.

Il mio primo impulso fu quello di recarmi dal Prof. Vittorio Valletta, Presidente della Fiat, il quale conosce molto bene me e la mia famiglia e lo pregai d'intervenire presso il nostro Ministro degli Esteri a Roma[12] e di interessare addirittura gli organi italiani della NATO onde far conoscere tramite i nostri funzionari a Parigi ai loro Colleghi Francesi le più precise informazioni sul mio conto, sulla mia moralità, sul mio modo di vivere, finalmente su quello che è giudicato il mio standing morale in Italia, dove sono ben noto nel campo dello studio, dell'arte e della beneficenza. Successivamente mi recai dal Dott. Maugeri, Capo della Squadra Nobile della Polizia[13] di questa città, il quale pure mi conosce da anni e nelle cui mani lasciai una dettagliata esposizione per il Questore Capo della Polizia. Concludevo detto esposto pregando questo funzionario di promuovere un'inchiesta la più dettagliata sulla mia vita e trasmettere

---

[10] Segue brano omesso: «Nathalie est atteinte dans ses organes, dans son équilibre humoral. Elle ne se remet que lentement» (originale pagina 6, p. 176; traduzione a p. 156 nota 14).

[11] Segue brano omesso, conclusione della lettera: «Veux-tu reflechir un peu à la question et faire appel à tes qualités de stratège? Je crois que le mieux, pour l'instant, serait que tu vois si tu [*qui termina pagina n. 7*] connais ou si tu pense toucher un militaire responsable, de préférence un géneral, compétent dans les questions de securités et de politique ètrangère et ayant accés au Nato; cela, afin de prèparer une dèmarche le cas échéant. J'èspere pour celle-ci sera inutile. Mais il serait sage de la preparer, pour le cas où il serait impossible de faire une enquête et où le militaire se dèroberait. Car il ya des gens qui prèfèrent leur hypothèse à la vérité. Alors il faut leur forcer la main, en lui mettant la vérité sous le nez. Cet abcès une foi crevé, je souhaite ardemment, Tavo, que nous nous voyons aussi souvent que par le passé. Je t'embrasse de tout mon coeur – Ton Costantino» (originale pagine 7-8, p. 176; traduzione a pp. 156-157 note 15-16).

[12] Nel 1956 era Gaetano Martino.

[13] Antonio Maugeri (1915-1990), capo della Squadra Mobile dal 1949 al 1967, fu anche a capo della Criminalpol.

queste informazioni al Ministero degli Esteri affinchè fossero inoltrate, eventualmente tramite l'Interpol, al Governo della Repubblica Francese.

Occorre che a Parigi si conosca chi io sia realmente[14] e che se v'ebbe luogo un errore o di trasmissione o di giudizio o scambio di persona, questo venga prontamente riparato.

Il pensiero poi che una famiglia amica e che mi è particolarmente cara (quella di Costantino Andronikof) debba essere ingiustamente colpita da sanzioni e per motivi che neppure la sfiorano, e che in questi motivi appaia la mia persona, la cosa mi rivolta e mi addolora.

Fin dalla mia infanzia e per naturale influenza dell'ambiente nel quale sono nato e cresciuto (i miei Avi furono in intimi rapporti con l'Imperatore Napoleone[15]) appresi a conoscere e ad amare profondamente quella dolce terra di Francia e la sua gente, sino a considerarla la mia

---

[14] Deve quindi esistere negli archivi del Ministero degli Esteri italiano, così come di quello francese, traccia di questo profilo biografico di Rol, che certo sarebbe interessare trovare.

[15] Frase significativa, utile tassello per comporre il mosaico del pensiero di Rol riguardo al suo rapporto "speciale" con Napoleone (rapporto che già ho indagato abbastanza profondamente ne *Il simbolismo di Rol*). Sette anni dopo questa lettera, nel 1963, Vittorio Beonio-Brocchieri scrisse che Rol era «convinto che, attraverso una cosiddetta "cellula trascendentale" trasmessa per generazioni, la sua esistenza risale a un antenato il quale militò nell'esercito napoleonico» (Beonio-Brocchieri, V., *Sogno misterioso di un gentiluomo torinese*, in *Camminare sul fuoco e altre magie...*, Milano, Longanesi, 1964, p. 125). Altra ricerca da fare sarebbe quella di scoprire quale degli avi-antenati di Rol, oltre due secoli fa, militò nell'esercito di Napoleone e al tempo stesso ebbe con lui una stretta confidenza. Ne *Il simbolismo di Rol* avevo già esplorato questo ambito, e tra l'altro avevo scritto (p. 242): «Il culto di Rol per Napoleone è stato quindi favorito dalla "cellula biologica trascendentale" di un suo antenato che è diventata *prevalente* rispetto ad altre e che ha *predisposto* Rol fin da giovane ad interessarsi e appassionarsi alla vita e alle imprese dell'imperatore francese. Questo misterioso antenato, vero e proprio testimone "oculare" dell'epoca napoleonica, potrebbe in ogni caso essere l'ennesima finzione di Rol: un *escamotage* comodo, *exoterico*, per spiegare ciò che non è affatto semplice spiegare. Qui di seguito noi ci limiteremo ad alcune citazioni che forse possono dare qualche indicazione aggiuntiva, ma dubitiamo che la cosa possa essere risolta con certezza per la semplice ragione che si dovrebbero conoscere nei particolari i *curricula* degli antenati maschi di Rol che hanno vissuto in quell'epoca e militato nell'esercito napoleonico (ce ne sono presumibilmente 9)»: «Ottavio Rol (circa 1765-?) e Carlo Giuseppe Rol (1793-1884), rispettivamente il bisnonno e il nonno paterno di Gustavo; il padre e i due nonni di Cesarina Balbo della Torretta (nonna paterna di Gustavo, circa 1833-?) e i quattro bisnonni di Martha Peruglia (madre di Gustavo, 1878-1958)».

seconda Patria. Questi miei sentimenti furono anche sostenuti dagli anni di lavoro spesi in Francia al tempo della mia giovinezza, e sono quelli gli anni che più non si dimenticano, specialmente se, come i miei, furono tanto felici! Bisogna amare un paese come io amo il Vostro, Signor Console, per provare quell'indignazione e quella tristezza che mi procurò la lettera del mio amico Andronikof.

Accusare me di "pratiche magiche", d'ipnotismo, o che so io, sino a farmi ritenere da un organo ministeriale un elemento pericoloso per la Sicurezza Nazionale Francese, è una favola così colossale da lasciarmi sbalordito ed incredulo, incapace di farmi un concetto di questa accusa. E coinvolgervi poi il Signor Andronikof e la sua Consorte comporta un errore così enorme, un'ingiustizia così grande che se non fossero le parole stesse del mio amico ad avermene dato notizia, non ci avrei creduto.

Il Signor Andronikof è un autentico Francese, devoto al proprio paese ed ai suoi Capi dai quali il suo lavoro dipende. Se così non fosse non avrei mai potuto essergli amico, né tanto affettuosamente legato alla sua consorte ed ai suoi bambini.

Di dove tutta questa montatura abbia avuto origine, non posso comprenderlo. Mai io appartenni a società segrete, mai mi occupai di politica né feci parte di Servizi d'Informazione Militare in Francia, in Italia od altrove. Per quanto ufficiale di Complemento nell'Esercito Italiano e richiamato alle armi durante l'ultima guerra quale capitano nelle truppe alpine, chiesi di essere destinato ad altro settore che non fosse la frontiera occidentale "perché avendo sempre considerato la Francia come una seconda patria, battermi contro di essa mi sarebbe parso di compiere un crimine" – Così dicevo in un mio esposto al Ministero della Guerra nel 1940. E fortunatamente venni esaudito poiché mai misi piede sul suolo francese durante tutti quegli anni di dolore.

Queste cose che io non avrei mai avuto occasione di ripetere, le dico oggi a Voi, Signor Console ed in circostanze ben penose. Posso ribellarmi alla calunnia che insudicia il mio nome, ma al pensiero che la Francia, questo Paese che ho sempre adorato come se fossa la mia patria possa ricambiarmi con tanta ingiustizia, il cuore si solleva.

Confido che Voi, Signor Console, sappiate giustificare il mio stato d'animo e penetrare i miei sentimenti.

Come ho detto, non riesco comprendere di dove tutto questo tessuto di menzogne abbia avuto origine. Quando mi reco in Francia i miei viaggi sono sempre in relazione con le mie ricerche nel campo dell'Arte della Storia e delle Scienze. Possono farne fede i molti Francesi che se è il caso chiamerò a confermarlo. Tutti i librai poi e gli antiquari mi conoscono da anni poiché sono loro cliente e mi forniscono quanto è necessario ai miei studi e per le mie collezioni. A voi, Signor Console, non sarà difficile ignorare il Museo Napoleonico da me fondato in questa Città[16] alla quale ho già legato più di un ricordo affinché non si spenga la memoria di quella che fu la vita Piemontese quando la città di Torino era capoluogo imperiale del Département du Pô[17]. E furono le mie mani a rialzare la divelta statua del Generale Desaix nel luogo stesso ove cadde mortalmente ferito a Marengo nel giugno del 1800[18], e la mia voce a protestare contro lo scempio fatto da una società industriale[19] di quel glorioso campo di battaglia dove il sangue francese scrisse il primo capitolo dell'Evo Moderno conquistando per le generazioni future il supremo diritto di vivere libere. E fui ancor io a raccogliere ed a restaurare con pietoso amore la carrozza di Napoleone, tanto da sollevare nei recenti mesi trascorsi, una violenta campagna di stampa nei miei confronti, ove si denunciava la mia intenzione di donare al Governo Francese (per il Museo degli Invalidi) tanto prezioso cimelio[20]. Fu solamente dopo un'aspra polemica che potei evitare che la carrozza dell'Imperatore venisse avocata al Governo Italiano, ma se non potei farla giungere al Museo degli

---

[16] Rol si riferisce a una sala presso la Palazzina di Caccia di Stupinigi dove aveva chiesto di collocare, l'anno precedente, la carrozza di Napoleone – di cui parla poco dopo – donata all'Ordine Mauriziano, insieme ad altri cimeli (si veda più avanti, p. 188 e sgg.). Nulla è rimasto di quella idea ed iniziativa. Anni prima invece aveva già, nelle parole di Pitigrilli, «aperto un museo di meraviglie» (cfr. p. 49 in questo vol.) che andò quasi completamente distrutto nel bombardamento del 18 novembre 1942. Probabilmente alcuni degli oggetti sopravvissuti dovettero, almeno nelle intenzioni, fare parte del nuovo Museo che Rol aveva «fondato» a Stupinigi.
Al Museo del Risorgimento invece donò due quadri inerenti l'epoca Napoleonica; qui vi finì anche «la bandiera consegnata da Napoleone ai veliti torinesi che lo seguirono nella campagna di Russia nel 1812», cimelio che «venne donato da Rol alla famiglia Sacerdote, che ne fece generoso omaggio al Museo del Risorgimento» (Lupo, M., *In quella carrozza Napoleone si sentì re*, La Stampa, 11/06/1991, p. 37).
[17] Dipartimento del Po, durante il Primo Impero (dal 1802 al 1814).
[18] Probabilmente si riferisce al mezzo busto in marmo realizzato da Giovan Battista Comolli, che si trova ora nel parco di Villa Delavo a Marengo (cfr. p. 173). Louis Charles Antoine Desaix (1768-1800) è stato il generale che con le sue truppe ribaltò le sorti della battaglia di Marengo venendo in soccorso di Napoleone che poi sconfisse gli Austriaci. Fu colpito al cuore da una pallottola in località Vigna Santa sulla strada tra Spinetta Marengo e San Giuliano Vecchio. Probabilmente Rol incontrò il busto caduto per qualche ragione al suolo.
[19] Si riferisce alla società Montecatini, poi confluita in Montedison. Si veda più avanti il capitolo sulla carrozza di Napoleone, in particolare p. 290.
[20] Cfr. il dossier che segue, *La carrozza di Napoleone Bonaparte*.

Invalidi, come l'avevo offerta in donazione tramite il Vostro Generale Blanc[21], ottenni però di collocarla nel Castello di Stupinigi ove Napoleone soleva abitare quando si recava in Piemonte e proprio sulla soglia del suo appartamento. Così i Francesi che si recano in Italia ritrovano questo glorioso cimelio che ricorda loro l'Eroe che tanto lustro diede alla loro patria ed i Piemontesi non dimenticano l'onore di aver condiviso con i Vicini di oltr'alpe tanta gloria sui campi di battaglia dell'Europa ed in Egitto.

Tutto quanto ho l'onore di esporVi Signor Console, può lasciarVi meglio comprendere il mio stato d'animo. Davvero non so capacitarmi di dove una così infame accusa possa essere sorta. Un vago ricordo, solamente, mi riporta ad un lontano giorno degli scorsi anni a Parigi, quando, essendo stato presentato ad un anziano signore col quale ebbi una discussione sui metodi di indagine psicanalitica Freudiana e su alcuni miei esperimenti sulle possibilità spirituali (non spiritistiche!) dell'individuo, mi sentii poi dire che quell'anziano signore riteneva esser io un individuo molto pericoloso. "Egli afferma, mi si riportò, che con le vostre qualità voi costituite un vero pericolo per la sicurezza nazionale francese, ed aggiunge che gli risulta esser voi dedito ad ogni sorta di vizi. E poiché, a dir suo, egli è legato al Servizio al controspionaggio, vi ha segnalato affinché si prendano nei vostri confronti, le misure del caso". La cosa mi parve così formidabilmente assurda che vi feci sopra una risata e non la considerai più che uno scherzo.

È vero che i problemi di psicologia applicata mi hanno sempre molto interessato e che io stesso fui il promotore di quella Scienza che ho chiamata "Coscienza Sublime" perché, lungi da qualsiasi speculazione metafisica, abbraccia le squisite intuizioni che, attraverso l'ordine e l'armonia conducono l'uomo alla percezione della propria identità spirituale[22].

---

[21] Quando Rol lo coinvolse, il generale Clément Blanc (1897-1982) era Capo di Stato Maggiore dell'Esercito Francese (dal 1949 al 1955). Nel momento in cui scriveva al Console, era *Inspecteur général de l'Armée de terre*.

[22] La seconda parte di questo brano è stata riportata da Remo Lugli nel 1995 nel suo libro *Gustavo Rol. Una vita di prodigi* (p. 22, 3ª ed. 2008). La prima è molto significativa: Rol si qualifica come «il promotore di quella Scienza che ho chiamata "Coscienza Sublime"», e in questa sola frase c'è tutto il succo della sua filosofia e il senso della sua ricerca e della sua vita; poi, altro elemento interessante, questa scienza farebbe parte, o sarebbe conseguenza, dei «problemi di psicologia applicata», e infatti poco più sopra parla dei «metodi di indagine psicanalitica Freudiana» che di fatto mette in una qualche relazione con i suoi «esperimenti sulle possibilità spirituali». Anni più tardi, nel 1969, Pierlorenzo Rappelli riferirà che Rol «asserisce di fare esperimenti di "*coscienza sublime*" ed aggiunge che la "coscienza sublime" è una tappa avanzata sulla strada della

Ma di qui all'ipnotismo, alla suggestione, alla veggenza, o allo spiritismo o che so io corre un abisso al cui solo pensarci vengono le vertigini. Ignoro e nego la magia, così come ce la descrivono le cronache oscure della notte medioevale; è dunque possibile che in questo ventesimo secolo ci sia chi presta ancora fede a queste favole?[23]

Io vedo, Signor Console, che mi sono già molto dilungato. Concludo questa mia accorata lettera con la viva preghiera di voler impiegare i mezzi che Vi vengono dalla Vostra alta posizione per indagare sul mio conto e riferirne al Vostro Governo.

Un uomo che trascorre i nove decimi dell'anno in questa città, è troppo noto per sfuggire a qualsiasi controllo. Io sono disposto, poi, a recarmi immediatamente a Parigi ed a presentarmi ovunque occorra da me una testimonianza un confronto, una spiegazione. E questo non solamente nell'interesse del mio amico Andronikof al quale va restituita tutta la fiducia che egli merita dal suo Ministro, ma anche nei confronti miei.

La Francia può ignorare il nome dei suoi figli di adozione i quali tali si auto-eleggono in virtù di un sentimento istintivo e profondo: ma la Francia non può rimanere sorda alla loro voce quando essa la raggiunge per chiedere giustizia e protezione.

Voglia gradire, Ill.mo Signor Console, i sensi della mia più profonda devozione.

---

conoscenza dell'anima, oltre quella sfera dell'istinto esplorata da Freud» (AA.VV., *Dibattito sui fenomeni provocati dal Dr. Rol*, Metapsichica, rivista italiana di parapsicologia, Casa Editrice Ceschina, Milano, gen-giu. 1970, p. 24). Nel 1972 Rol dirà che «se Freud fosse ancora vivo saprebbe certamente classificare questi fenomeni che sono in antitesi diretta con la materia» (Jorio, L., *Viaggia nel passato e vede nel futuro*, Grazia, 10/12/1972, p. 30). Freud compare poi in altri momenti delle riflessioni di Rol, su cui mi propongo di dar conto in uno studio futuro.

[23] Brano importante, ulteriore conferma di come Rol si ponesse nei confronti di tutto ciò che è "occultistico", ovvero molto critico (come io lo sono verso quella che viene attualmente chiamata *new age*, che ha diramazioni più estese e anche meno occultistiche ma la cui sostanza non è molto diversa).

[*annotazioni/aggiornamenti scritti a mano al fondo*]

Il 9/6 sono stato ricevuto al Quirinale[24]. Si dirà al governo francese che io sono un galantuomo, non un agente Sovietico![25]

18/6 Il Ministro degli Esteri di Francia[26] mi ha assicurato che tutto era adesso messo in chiaro. Ma, cosa veramente straordinaria, mi ha detto, in grande confidenza che è a Washington, al Pentagono, che hanno di me un terrore folle!

14/7 Invitato al Consolato di Francia di Torino alla Cerimonia per la festa nazionale francese. Il Console mi ha trattato con molto riguardo, ...[27] è rimasto sempre con me.

[*scritto di lato*]
25 Ott.
Ho detto a Parigi: non voglio onoreficenze. Le ho sempre rifiutate, anche nel mio Paese![28]

---

[24] Sede della Presidenza della Repubblica. Potrebbe voler dire che Rol fu ricevuto dall'allora Presidente (dal 1955 al 1962) Giuseppe Gronchi.
[25] Per la sua amicizia col russo Andronikof.
[26] Christian Pineau.
[27] Parola non comprensibile.
[28] Sarebbe naturalmente interessante sapere quali gli siano state offerte sia in Francia che in Italia.

(foto © Franco Rol – Archivio Storico del Comune di Torino)

All'Ill.mo Sig. Console di Francia
Torino, 28 Maggio 1956
5.

proprio paese e dai suoi Capi dai quali il suo lavoro dipende. Se così non fosse non avrei mai potuto essergli amico, né tanto affettuosamente legato alla sua consorte ed ai suoi bambini.

Di dove tutta questa montatura abbia avuto origine, non posso comprenderlo. Mai io appartenni a società segrete, mai mi occupai di politica né feci parte di Servizi d'Informazioni Militari in Francia, in Italia od altrove. Per quanto ufficiale di Complemento nell'Esercito Italiano e richiamato alle armi durante l'ultima guerra quale capitano nelle truppe alpine, chiesi di essere destinato ad altro settore che non fosse la frontiera occidentale "perché avendo sempre considerato la Francia come una seconda patria, battermi contro di essa mi *sarebbe parso* di compiere un crimine" – Così dissero in un mio esposto al Ministero della Guerra nel 1940. E fortunatamente venni esaudito poiché mai i miei piedi sul suolo francese durante tutti quegli anni di dolore.

Queste cose che io non avrei mai avuto occasione di ripetere, le dico oggi a Voi, Signor Console ed in circostanze ben pesate. Posso ribellarmi alla calunnia che insudicia il mio nome, ma al pensiero che la Francia, questo Paese che ho sempre adorato come se fosse la mia patria possa riscambiarmi con tanta ingiustizia, il cuore si solleva.

Confido che Voi, Signor Console, sappiate giustificare il mio stato d'animo e penetrare i miei sentimenti.

Come ho detto, non riesco comprendere di dove tutto questo tessuto di menzogne abbia avuto origine. Quando mi reco in Francia i miei viaggi sono sempre in relazione con le mie ricerche nel campo dell'Arte della Storia e delle Scienze. Possono farne fede i molti Francesi che me o il caso chiamerò a confermarlo. Tutti i librai poi e gli antiquari mi conoscono da anni poiché sono loro cliente e mi forniscono quanto è necessario ai miei studi e per la mia collezioni. A Voi, Signor Console, non sarà difficile ignorare il Museo Napoleonico se ne fondato in questa Città alla quale ho già legato più di un ricordo affinché non si spenga la memoria di quella che fu la vita Piemontese quando la città di Torino era capoluogo imperiale del Département du Pô. E furono le mie mani a rimisere la divelta statua del Generale Dessaix nel luogo stesso ove cadde mortalmente ferito a Marengo nel giugno del 1800, e la mia voce a protestare contro lo scempio fatto da una società industriale di quel glorioso campo di battaglia dove il sangue francese scrisse il primo capitolo dell'Evo Moderno conquistando per le generazioni future il supremo diritto di vivere libere. E fui ancor io a raccogliere ed a restaurare con pietoso amore la carrozza di Napoleone, tanto da sollevare

(foto © Franco Rol – Archivio Storico del Comune di Torino)

All'Ill.mo Sig. Console di Francia
Torino, 28 maggio 1956
6.

nei recenti mesi trascorsi, una violenta campagna di stampa nei miei confronti, ove si denunciava la mia intenzione di donare al Governo Francese (per il Museo degli Invalidi) tanto prezioso cimelio. Fu solamente dopo un'aspra polemica che potei evitare che la carrozza dell'Imperatore venisse avocata al Governo Italiano, ma se non potei farla giungere al Museo degli Invalidi, come l'avevo offerta in donazione tramite il Vostro Generale Mano, ottenni però di collocarla nel Castello di Stupinigi ove Napoleone soleva abitare quando si recava in Piemonte e proprio sulla soglia del suo appartamento. Così i Francesi che si recano in Italia ritrovano questo glorioso cimelio che ricorda loro l'Eroe che tanto lustro diede alla loro patria ed i Piemontesi non dimenticano l'onore di aver condiviso con i Vicini di oltr'alpe tanta gloria sui campi di battaglia dell'Europa ed in Egitto.

Tutto quanto ho l'onore di esporVi Signor Console, può lasciarVi meglio comprendere il mio stato d'animo. Davvero non so capacitarmi di dove una così infame accusa possa essere sorta. Un vago ricordo, solamente, mi riporta ad un lontano giorno degli scorsi mesi a Parigi, quando, essendo stato presentato ad un anziano signore col quale ebbi una discussione sui sistemi di indagine psicanalitica Freudiana e su alcuni miei esperimenti sulle possibilità spirituali (non spiritistiche) dell'individuo, mi sentii poi dire che quali'anziano signore riteneva esser io un individuo molto pericoloso. "Egli afferma, mi si riporta, che con le vostre qualità voi costituite un vero pericolo per la sicurezza nazionale francese, ed aggiunge che già risulta essere "per voi dedito ad ogni sorta di vizi. E poiché, a dir suo, egli è "legato al Servizio di controspionaggio, vi ha segnalato affinché si "prendano nei vostri confronti, le misure del caso". La cosa mi parve così formidabilmente assurda che vi feci sopra una risata e non la considerai più che una scherzo.

E' vero che i problemi di psicologia applicata mi hanno sempre molto interessato e che io stesso fui il promotore di quella Scienza che ho chiamato "Coscienza Sublime" perché, lungi da qualsiasi speculazione metafisica, abbraccia le squisite intuizioni che, attraverso l'ordine e l'armonia conducono l'uomo alla percezione della propria identità spirituale.

Ma di qui all'ipnotismo, alle suggestioni, alle veggenze, ed alle spiritismo e chi sa che ne corre un abisso al cui solo pensarci vengono le vertigini. Ignoro e nego la magia, così come ne la descrivono le cronache oscure della notte medioevale; è dunque possibile che in questo ventesimo secolo ci sia chi presta ancora fede a queste favole?

All'Ill.mo Sig. Console di Francia
Torino, 28 maggio 1956

7.

    Io vedo, Signor Console, che mi sono già molto dilungato. Concludo questa mia accorata lettera con la viva preghiera di voler impiegare i mezzi che Vi vengono dalla Vostra alta posizione per indagare sul mio conto e riferirne al Vostro Governo.

    Un uomo che trascorre i nove decimi dell'anno in questa Città, è troppo noto per sfuggire a qualsiasi controllo. Io sono disposto, poi, a recarmi immediatamente a Parigi ed a presentarmi ovunque occorra da me una testimonianza un confronto, una spiegazione. E questo non solamente nell'interesse del mio amico Andronikof al quale va restituita tutta la fiducia che egli merita dal suo Ministro, ma anche nei confronti miei.

    La Francia può ignorare il nome dei suoi figli di adozione i quali tali si auto-eleggono in virtù di un sentimento istintivo e profondo; ma la Francia non può rimanere sorda alla loro voce quando essa la raggiunge per chiedere giustizia e protezione.

    Voglia gradire, Ill.mo Signor Console, i sensi della mia più profonda devozione.

Ill.mo Sig. Console Generale
della REPUBBLICA FRANCESE
T O R I N O

(foto © Franco Rol – Archivio Storico del Comune di Torino)

Annotazione sulla busta contenente le lettere al Questore di Torino e al Console di Francia (foto © Franco Rol – Archivio Storico del Comune di Torino)

Il busto del generale Louis Charles Antoine Desaix a Marengo in un disegno tratto dal libro *Marengo et ses monuments*, 1854, e in una fotografia d'epoca.

Lettere di Constantin Andronikof

Pubblico qui di seguito la lettera originale di Andronikof del 23 maggio 1956 che Rol cita nelle lettere al Questore e al Console di Francia viste nelle pagine precedenti; così come altre tre lettere manoscritte del 1956, con trascrizione e traduzione in italiano, successive a questa e che completano e concludono il soggetto che ne è il filo conduttore.

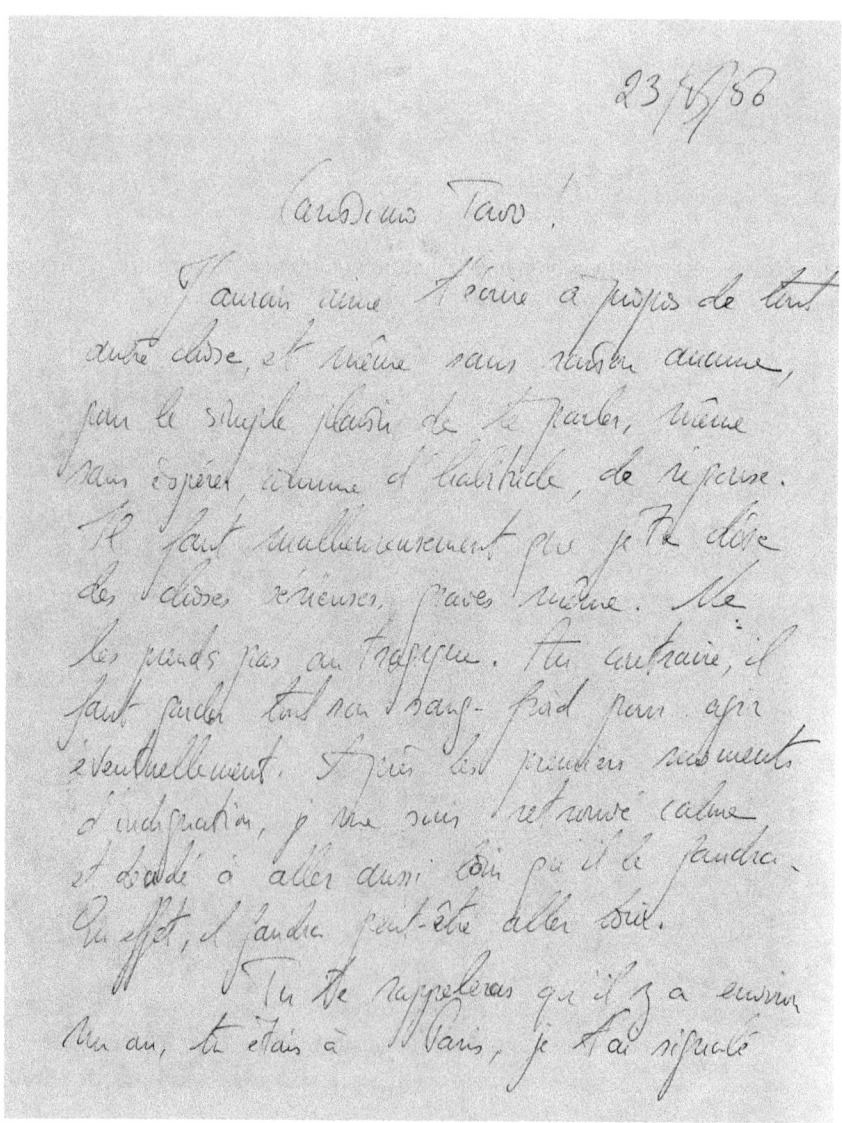

(foto © Franco Rol – Archivio Storico del Comune di Torino)

(foto © Franco Rol – Archivio Storico del Comune di Torino)

(foto © Franco Rol – Archivio Storico del Comune di Torino)

Le 1/VI/1956

Carissimo Tavo,

Notre inconcevable affaire prend tournure, en ce sens qu'une enquête très sérieuse est en cours pour etablir, entre autres, qui pourrait étre a l'origine de ce roman. A ce titre, on est en train de preciser dans ses moindres détatils ma biographie et celle de Nathalie.
Nous nous prêtons bien volontiers aux interrogatoires, qui sont très courtois et même, techniquement, qui ne sont qu'un monologue dirigé.

Apparemment, nos "accusateurs" ont une idée bien curieuse de ta personnalité et une ignorance totale des phénoménes psychiques et spirituels auxquels ils se sont sottement référés. En effet, si je comprends bien, ils s'imaginent par exemple qu'il est possible de lire dans l'esprit de quelqu'un, ou plus exactement dans la mémoire, pour en extraire tel ou tel évènement ou conversation. Je me suis hâté d'indiquer qu'il fallait être bien ignorant pour le croire.

Comme je l'ai dit aux agents de la Securité du territoire auxquels j'ai eu à faire, ces informateurs militaires de mon ministre sont ou bien de mauvaise foi ou bien idiots. Et je ne sais de quoi il faut s'indigner davantage, du manque de probité morale ou du manque de probité intellectuelle.
Car même si l'en admet une seconde que je répète à Nathalie tout ce que j'entends en conférences, que Nathalie tombe en transe sous les fluides et qu'elle le repète tout, que tu te livres à ces pratiques occultes, qu'est-ce que tu ferais de ces reinsegnements magiquement obtenus?
Tu es assez connu em Italie comme em France pour qu'on n'ait pas besoin de chercher longtemps a connaître tes activités. Comme je l'ai declaré, tu ne vends pas des prèdictions, tu ne tiens pas une officine astrologique, tu ne t'occupes pas de politique, je ne crois pas que tu sois um agent de reinsegnements, etc... Et j'ai ajouté que je ne t'avais pas caché cette fable qui nous arrivait et que tu n'allais certenements pas em rester là. J'ai brievement parlé de tes expériences, em citant quelques examples de la puissance de l'esprit sur la matière (mais non, encore une fois, sur l'esprit): cartes, lecture à distance.

Le jeune commissaire, fort sympathique, qui m'interrogue, au fond meurt d'envie de te rencontrer. Surtout quand j'ai raconté l'incident Cini, à partir duquel je crois que les journalistes ont commencé a t'appeler "mago". Tout cela me parait progresser heureusement. Nathalie a repris sa calme, bien qu'elle eût été trés remuée pour le rappel de ses souvenirs de la rèsistance. Quand je pense que cette femme a été proposée, pour la croix de la libération, qu'elle ne l'a pas eue et que les "autorités competentes" la soupçonnent de rares sottises, je suis indigné. Mais, courage et patience! Comme tu dis, Dieu est avec nous. Voyons-nous trés bientôt, je le souhaite de tout coeur.

Ton Costantino

*

L'1/VI/1956

Carissimo Tavo,

Il nostro assurdo caso prende forma, nel senso che un'inchiesta molto seria è in corso per stabilire, tra le altre cose, chi possa essere all'origine di questo romanzo. Per questo stiamo precisando nei minimi dettagli la mia biografia e quella di Nathalie. Ci prestiamo volentieri agli interrogatori, che sono molto cortesi ed anche, tecnicamente, nient'altro che un monologo guidato.

Apparentemente, i nostri "accusatori" hanno un'idea ben curiosa della tua personaità e un'ignoranza totale dei fenomeni psichici e spirituali ai quali si sono riferiti in modo superficiale.

In effetti, se comprendo bene, si immaginano per esempio che sia possibile leggere nella mente di qualcuno, o più esattamente nella memoria, per estrarne tale o tal altro avvenimento o conversazione. Mi sono affrettato a far notare che bisognerebbe essere ben ignoranti per crederlo.

Come ho riferito agli agenti della Sicurezza del territorio con i quali ho avuto a che fare, questi informatori militari del mio ministro o sono in malafede o sono idioti. E non so per cosa essere più indignato, se per la mancanza di integrità morale o per la mancanza di onestà intellettuale.

Perché anche se si ammettesse per un secondo che io ripeto a Nathalie tutto ciò che sento nelle conferenze, che Nathalie cade in *trance* sotto l'influenza dei fluidi [*magnetici*] e che lei ripeta tutto, che tu ti dedichi a queste pratiche occulte, cosa faresti con queste informazioni ottenute magicamente?

Tu sei abbastanza conosciuto sia in Italia che in Francia, perché non ci sia bisogno di cercare molto per conoscere le tue attività. Come l'ho dichiarato, tu non vendi pronostici, non hai una bottega di oroscopi, non ti occupi di politica e non credo tu sia un agente dei servizi segreti, ecc. Ed ho aggiunto che non ti avevo nascosto questa fandonia in cui ci siamo imbattuti e che certamente tu non saresti rimasto a guardare. Ho brevemente parlato dei tuoi esperimenti, menzionando qualche esempio della potenza dello spirito sulla materia (ma non, ancora una volta, sulla mente): carte, lettura a distanza.

Il giovane commissario, gentilissimo, che mi interroga, in fondo non vede l'ora di conoscerti. Soprattutto quando ho raccontato l'incidente Cini, a partire dal quale credo che i giornalisti abbiano cominciato a chiamarti "mago"[1]. Tutto ciò mi sembra procedere bene.

Nathalie ha riacquistato la sua calma, sebbene fosse molto commossa per la rievocazione dei suoi ricordi della Resistenza. Quando penso che questa donna è stata proposta per la Croce della Liberazione[2], che non l'ha ricevuta e che le "autorità competenti" la sospettano di insolite stupidaggini, mi indigno. Ma, coraggio e pazienza! Come tu dici, Dio è con noi. Vediamoci molto presto, me lo auguro con tutto il cuore.

        Tuo   Costantino

---

[1] Anche *medium* e *sensitivo*, sprovvisti come erano e come continuano ad essere di categorie corrette per inquadrare qualcuno come Rol. Il "caso Cini" come si vede veniva già in quegli anni '50 giustamente indicato come evento di rilevanza, sorta di spartiacque, nella biografia di Rol.

[2] La Croce della Liberazione, ovvero l'Ordine della Liberazione (*Ordre de la Libération*) è la seconda onoreficienza francese per importanza, dopo la Legion d'onore, creata dal generale Charles de Gaulle nel 1940 e concessa a coloro che si sono distinti nella liberazione della Francia durante la Seconda Guerra Mondiale. Fu conferita tra gli altri a Winston Churchill e Dwight Eisenhower.

(foto © Franco Rol – Archivio Storico del Comune di Torino)

10/VI/56

Tavo Carissimo,

Vendredi dernier, alors que je signais ma déclaration à la Securité, déclaration qu'il a fallu retaper deux fois, tellement il y avait de fautes d'orthographie et de signature (les pauvres n'ont aucun credit pour des secrétaires et doivent payer eux-mêmes), le commissaire, jeune et décidè, qui m'avait entendu, m'a dit: "Mon opinion est faite. Il faut considérer toute cette histoire avec le plus grand mépris". Bien sûr, mais encore faut-il que tous ceux qui sont au courant de mon anecdote, à commencer par les mouvais auteurs de celle-ci, l'apprennent.
On attendant, mon ministre se rendra aux Etats – Mais sans moi. Il me devient de plus en plus difficile de cacher les veritables raisons de l'ostracisme qui me frappe. C'est à la foi ridicule et odieux. Je leur flanquerais bien mon billet, mais par cela il faut deux choses: la réhabilitation, d'abord; une situation analogue ou meilleure, ensuite. Je pourrais certe travailler um peu partout comme interprete.
Mais j'avoue être fort las de mon metier.
S'il ne s'accompagne pas de l'intêret qui s'attache à mon poste et de la liberté qu'il importe, il ne m'attire guère. Et j'ai toujour le sentiment de pouvoir et de devoir faire autre chose.

En attendant, comme tu le dis fortement, il faut en finir avec notre histoire "magique". Tu as trés bien fait de lancer aussi vite toutes tes démarches. Je n'ai aucune raison d'être discret. Et d'ailleur on ne me l'a nullement recommendé.
Oui, il serait exellent que tu veuilles bien venir à Paris voir le commissaire de la Securité du territoire chargé de l'enquête et qui desirait beaucoup s'entretenir avec toi. Pourrais-tu le libérer bientôt? Je pense que l'Interpol aura vite fait d'y voir lui. Mais l'oscurantisme pas imaginable des braves militaires me sidère. Même si, comme tu le supposes, j'ai mon ennemi dans les milieux qui touchent au ministére et si cet ennemi veut ma peau, ce qui ne me surprendrait nullement, je suis efferé par la sottise dèmesuré des unes et par la pusillanimité des autres.
J'aimerais connaître certaines figures pouvoir lutter autant de derrières.
Mais il est normal que le mal attaque ceux qui ont fait voeu de le combattre. Celle-là, au moins, est une "magie" qui existe.

Je serais enchanté de rechercher avec toi le temps perdu de Pauline. Mais en quoi pourrai-je t'aider? J'ai l'impression qu'on ne peut rien t'apprendre sur cette epoque.

Tu viendras donc bientôt à Paris. C'est la joie que je me souhaite.

Ton   Costantino

10/VI/56

Tavo Carissimo,

Venerdì scorso, quando stavo firmando la mia dichiarazione alla Sicurezza, dichiarazione che è stato necessario riscrivere due volte, tanti erano gli errori di ortografia e di firma (i poveretti non hanno alcun credito [*finanziario*] per dei segretari e devono pagare di tasca loro), il commissario, giovane e determinato, che mi aveva capito, mi ha detto: "La mia opinione è fatta. Occorre considerare tutta questa storia con il massimo disprezzo". Certo, ma è comunque necessario che tutti coloro che sono a conoscenza del mio episodio, a cominciare dai suoi cattivi autori, ne siano informati. Nel frattempo, il mio ministro andrà negli Stati Uniti – Ma senza di me. Diventa sempre più difficile per me nascondere le vere ragioni dell'ostracismo che mi colpisce. È sia ridicolo che odioso. Darei loro la mia parola, ma ciò richiede due cose: la riabilitazione, in primo luogo; una situazione analoga o migliore, in seguito. Potrei certamente lavorare praticamente ovunque come interprete.
Ma confesso di essere molto stanco del mio lavoro.
Se non è accompagnato dall'interesse collegato al mio incarico e dalla libertà che porta, difficilmente mi attrae. E ho sempre la sensazione di potere e di dovere fare qualcos'altro.

Nel frattempo, come dici tu con forza, occorre porre termine alla nostra storia "magica". Hai fatto molto bene a intraprendere così velocemente tutti i tuoi passi. Non ho motivo di essere discreto. E inoltre, non mi è stato per niente consigliato. Sì, sarebbe eccellente se tu venissi a Parigi per vedere il commissario della Sicurezza del territorio incaricato dell'inchiesta e che desiderava molto parlare con te. Potresti liberarlo presto? Penso che l'Interpol lo vedrà presto lì. Ma oscurantismo non immaginabile di valorosi soldati mi stupisce. Anche se, come tu supponi, ho il mio nemico negli ambienti che gravitano attorno al ministero e se questo nemico vuole la mia pelle, cosa che non mi sorprenderebbe affatto, rimango sbalordito dall'eccessiva stupidità di alcuni e dalla meschinità di altri.
Vorrei conoscere certe figure per poter combattere altrettanto da dietro. Ma è normale che il male attacchi coloro che hanno fatto voto di combatterlo. Questa, almeno, è una "magia" che esiste.

Sarei felice di ritrovare con te il tempo perduto di Pauline[1]. Ma in cosa potrei aiutarti? Ho l'impressione che non ti si può insegnare nulla su quest'epoca.

Quindi verrai presto a Parigi. È la gioia che auguro a me stesso.
Tuo   Costantino

---

[1] Si riferisce forse a Paolina Bonaparte, sorella di Napoleone.

(foto © Franco Rol – Archivio Storico del Comune di Torino)

13/XII/56

Carissimo Tavo!

Mon voeu sincère et ardent, c'est que la nouvelle année nous permette de nous retrouver souvent, au moins aussi souvent qu'avant. Avant quoi, d'ailleurs? Je ne sais s'il y a un dèsaffection. Je constate qu'il y a éloignement, silence, absence.

Je constate aussi que j'en ai beaucoup de peine. Ce n'est pas seulement parce que l'affection a besoin de presence pour se nourrir et se développer. C'est aussi parce que tes conseils me manquent.

Mon "affaire" est reglée. J'ai repris mes fonctions comme par le passé.

Beaucoup de personnes et de services s'en sont occupés. Ce qui nous a permis de remonter la filiére. Ce sont bien les deux colonels qui sont à l'origine. Ils auraient déclaré que le "mage" était un Hitler ou un Mussolini en puissance. Le nouveau chef des reinsegnements s'est immédiatement rendu compte qu'il avait affaire à deux déments.

Il en rit encore. Voilà une exécrable plaisanterie bien terminée.

J'achève mon petit roman que j'espère donner à l'éditeur avant la fin de l'hiver. Un autre editeur me propose d'ècrire une grosse synthèse sur la Russie. J'hésite beaucoup devant l'enorme travail que cela représente, car je ne suis pas historien et nullement érudit. Il y faudrait plusieurs mois de recherches ininterrompues, donc un an ou deux avec ma vie. Il me sera aussi assez délicat de parler de l'URSS à cause de ma position officielle. En effet, je ne pourrai que condamner formellement le totalitarisme et le matérialisme, qui son des apostasies de la vocation du peuple russe.

Qu'en pense-tu?

Je songe aussi à ècrire une pièce sur mon guérisseur qui déchaine les forces du mal à mesure qu'il fait le bien et que person ne comprend.

Mais pour tout cela, il faut un dynamisme que je n'ai pas et une regularité dans le travail difficile à règaliser, à moins de se lever à cinq heures du matin. Malheuresment, j'ai dejà du mal à me tenir éveillé.

A quoi occupes-tu tes journées? Nous pensons constamment à toi. L'autre soir, je me trouvais devant ton tableau de l'arbre, et il m'a semblé sentir um souffle sur le tempe. Imagination, mais sympathique!

Si tu ne viens pas bientôt a Paris, j'irai passer quelques jour à Turin. Ne serait ce que pour savoir si tu n'ai pas changé.

Ton   Costantin

13/XII/56

Carissimo Tavo!

Il mio augurio sincero e ardente è che il nuovo anno ci permetta di ritrovarci spesso, almeno come prima. Prima di cosa, comunque? Non so se c'è qualche disaffezione. Noto che c'è allontanamento, silenzio, assenza.
Constato anche che mi dispiace molto. Non è solo perché l'affetto ha bisogno di presenza per nutrirsi e crescere. È anche perché mi mancano i tuoi consigli.
Il mio "caso" è risolto. Ho ripreso le mie funzioni come in passato. Molte persone e dipartimenti se ne sono occupati. Questo ci ha permesso di risalire la filiera. Sono infatti i due colonnelli che ne sono all'origine[1]. Avrebbero dichiarato che il "mago" era un Hitler o un Mussolini in potenza[2]. Il nuovo capo dell'intelligence[3] si è reso subito conto di avere a che fare con due dementi.
Ne ride ancora adesso. Ecco un'esecrabile farsa conclusasi bene.
Sto finendo il mio piccolo romanzo che spero di consegnare all'editore prima della fine dell'inverno. Un altro editore mi offre di scrivere una grande opera di sintesi sulla Russia. Esito molto davanti all'enorme lavoro che questo rappresenta, perché non sono uno storico e per nulla erudito. Ci vorrebbero diversi mesi di ricerca ininterrotta, quindi un anno o due con la vita che faccio. Sarà anche piuttosto delicato per me parlare dell'URSS a causa della mia posizione ufficiale. In effetti, non potrei che condannare formalmente il totalitarismo e il materialismo, che sono apostasie della vocazione del popolo russo.
Cosa ne pensi?

---

[1] Non è dato sapere a chi si riferisca. Comunque, si capisce che alla fine gli autori sono stati identificati.
[2] L'affermazione è davvero sconcertante: da un lato, mostra che anche ad alti livelli c'era chi non solo temesse esageratamente Rol, ma anche gli attribuisse, automaticamente e sulla base di testimonianze per forza di cose credibili, poteri autentici potenzialmente pericolosissimi (a torto o a ragione); dall'altro, come di fatto queste illazioni prescindessero completamente da una effettiva frequentazione e conoscenza approfondita di Rol, che avrebbe permesso di escludere nel modo più assoluto sia che potesse essere un Hitler o un Mussolini in potenza, sia che avrebbe potuto usare in maniera negativa, contro qualcuno o contro la collettività e a proprio profitto, le sue *possibilità*.
[3] Potrebbe trattarsi di Jean-Émile Vié (1915-2015) direttore dell'RG (*Renseignements généraux*) dal 1955 al 1961; oppure del colonnello Maurice Dumont (1911-2001), capo del servizio di contro-spionaggio del SDECE (*Service de documentation extérieure et de contre-espionnage*) dal 1949 o 1952 al 1963 (anni non verificati).

Sogno anche di scrivere un'opera teatrale sul mio guaritore che scatena le forze del male nella misura in cui fa il bene e che nessuno comprende[4].

Ma per tutto questo ci vuole un dinamismo che io non ho e una regolarità nel lavoro che è difficile da realizzare, a meno che non ci si alzi alle cinque del mattino. Sfortunatamente, ho già problemi a rimanere sveglio.

Come occupi le tue giornate? Ti pensiamo costantemente. L'altra sera, ero davanti al tuo dipinto dell'albero[5], e mi è sembrato di sentire un respiro sulla tempia. Forse era l'immaginazione, ma piacevole!

Se non vieni presto a Parigi, verrò a passare qualche giorno a Torino. Se non altro per sapere se non sei cambiato.

    Tuo   Costantino

---

[4] Il riferimento credo sia a Rol, il suo guaritore di corpo e anima, il quale in quanto grande forza del bene non può che causare una reazione in quelle del male che cercano di opporsi a lui e a ciò che rappresenta.

[5] Potrebbe essere quello che compare nelle foto di *Epoca* nel 1951 (p. 97 in questo vol.), oppure un altro. È un soggetto abbastanza frequente nella produzione di Rol.

(foto © Franco Rol – Archivio Storico del Comune di Torino)

La carrozza di Napoleone Bonaparte
acquistata, restaurata e poi donata da Rol
all'Ordine Mauriziano

In una lettera inviata al mensile *Astra* che aveva pubblicato quattro articoli su di lui nel 1987, e pubblicata nel mese di luglio, Rol scriveva:

> «Volli donare alla città di Torino la carrozza dorata con la quale Napoleone si recò a Milano per essere incoronato Re d'Italia, ma la mia città, avendo rifiutato il dono, l'Ordine Mauriziano lo accettò collocando la preziosa carrozza in un salone da me indicato, nella palazzina di caccia di Stupinigi, unitamente a bassirilievi in marmo dello Spalla, che si riferivano alle campagne napoleoniche. Quel cimelio è oggi relegato nelle scuderie di quella residenza dei Savoia (!)»[1].

Dopo la delusione avuta dalla Città di Torino, Rol si lamentava che il cimelio fosse stato «relegato nelle scuderie», ovvero, come poi spiegherà meglio in una intervista di quattro anni dopo, in una galleria che nel '700 era usata come scuderia e che non era quella da lui indicata[2].
Qualche mese prima, l'Ordine Mauriziano, proprietario della Palazzina, gli aveva conferito una onoreficienza, come racconta Maria Luisa Giordano:

> «Il 20 ottobre 1986, accompagnai Gustavo a ricevere l'onorificenza dell'Ordine Mauriziano, che gli venne data dopo aver donato la carrozza che Napoleone usò il 26[3] maggio 1805, quando si fece incoronare re d'Italia a Milano, e che lo seguì a

---

[1] *Gustavo Rol ci ha scritto*, Astra, 01/08/87, p. 89. Giacomo Spalla (1775-1834) fu scultore di corte di Napoleone (1807) e di Carlo Felice (1822). I bassorilievi di cui parla Rol sono cinque (*La battaglia di Marengo, L'incoronazione di Giuseppina, La firma della pace di Presburgo, La battaglia di Jena, La battaglia di Eylau*) descritti nel dettaglio in: Puato, A., *Napoleone a Torino. Le visite del 1797, 1800, 1805 e 1807*, Mediares, Torino, 2015, pp. 222-223; per un profilo di Spalla, pp. 198-200).

[2] In un primo tempo pensavo che Rol si riferisse ad alcuni locali che si trovavano presso le cascine settecentesche ai lati del viale che conduce alla Palazzina di Stupinigi – dove io l'ho vista per esempio ancora nel 2018 in attesa di essere restaurata e ricollocata – ma, a meno che nel 1987 non si trovasse temporaneamente in uno di questi locali, con «scuderie» dovrebbe intendersi l'antica scuderia Juvarriana del lato di ponente, ovvero quella che fu poi denominata *Galleria dei cimeli napoleonici*.

[3] Giordano nel testo originale scrive erroneamente «23» che era la data inizialmente programmata per quella cerimonia, poi posticipata al 26.

Marengo, il giorno in cui volle ripercorrere con i suoi generali, il campo di battaglia che lo aveva visto vittorioso contro gli Austriaci, il 14 giugno 1800.
La carrozza era in una cascina, ridotta a pollaio per galline. Rol la acquistò e, dopo averla fatta restaurare, la offrì in omaggio al comune di Torino. Il comune la respinse, perché era appartenuta a un dittatore. Sarebbe finita al museo "Des Invalides" di Parigi se non fosse intervenuta la sovrintendente ai beni culturali di allora, Noemi Gabrielli, che ne bloccò l'esportazione e propose di offrirla all'Ordine Mauriziano. La donazione fu fatta il 3 giugno 1955 e Rol chiese che la carrozza fosse esposta nella palazzina di caccia di Stupinigi»[4].

In un testo non datato, ma posteriore al 1986, Rol spiegava:

«La carrozza, con la quale Napoleone si recò da Parigi a Milano, ove fu incoronato re d'Italia, ebbi la ventura di poterla acquistare a Marengo dove Napoleone l'aveva lasciata perché s'era rotta ed egli aveva fretta di tornare a Parigi. A Marengo Napoleone s'era recato per illustrare di presenza alcuni momenti della battaglia[5].
Quando acquistai la carrozza, essa era in cattivo stato di manutenzione. La feci riparare scrupolosamente e la offersi alla città di Torino che la rifiutò con le parole del sindaco di allora[6], dicendo: "Non sappiamo che farcene della carrozza di un dittatore". L'On. Peretti Griva[7] mi consigliò allora di donarla all'Ordine Mauriziano, dicendomi che l'avrebbero accolta con gli onori che essa meritava.

---

[4] Giordano, M.L., *Rol e l'altra dimensione*, Sonzogno, Milano, 2000, p. 152.
[5] Il 5 maggio 1805.
[6] Amedeo Peyron, sindaco di Torino dal 16/07/1951 al 19/02/1962. Avvocato, autore di monografie giuridiche, storiche ed artistiche, iscritto nelle file della Democrazia Cristiana. Il cugino Carlo Peyron era padre di Anna Peyron, amica di Rol che nel 2005 organizzò la seconda mostra di suoi dipinti al castello di Guarene, in provincia di Cuneo.
[7] Nel suo libro del 1964 Vittorio Beonio-Brocchieri citava tra i testimoni autorevoli di Rol «il famoso magistrato Peretti-Griva, già presidente della Corte d'Appello di Torino» (Beonio-Brocchieri, V., *Camminare sul fuoco e altre magie*, Longanesi, Milano, 1964, p. 125). Rol però qui pare confondersi – o desidera fornire questa versione – perché risulterebbe che fu Noemi Gabrielli a consigliarlo di donarla all'Ordine Mauriziano, di cui Peretti Griva era presidente, come vedremo avanti. Questa è la seconda imprecisione di questo testo, e sarebbe importante capire se sia stato scritto direttamente da Rol o se sia una trasposizione di Catterina Ferrari da cose dette da Rol oralmente. Purtroppo lei non indica la fonte, il che, come non di rado capita, finisce per generare problemi.

Nessuno mi disse: "Grazie". Quasi trentacinque anni dopo mi venne offerta, a nome dell'Ordine Mauriziano, dall'On. Cavigliasso[8], una medaglia d'oro, in occasione di una mia visita a Stupinigi, per constatare la nuova sistemazione della carrozza nella suddetta Palazzina di caccia»[9].

La "vecchia" sistemazione era quella per la quale Rol era rimasto deluso, e che è segnalata nel 1966 nel volume *Museo dell'arredamento. Stupinigi*, a cura di Noemi Gabrielli, ovvero la galleria dell'*Appartamento del Principe di Carignano*, in quella che poi è stata chiamata, anche a causa della carrozza, *Galleria dei cimeli napoleonici*. Quella nuova, dove Rol voleva fosse collocata, era invece sul lato opposto, come vedremo più avanti.

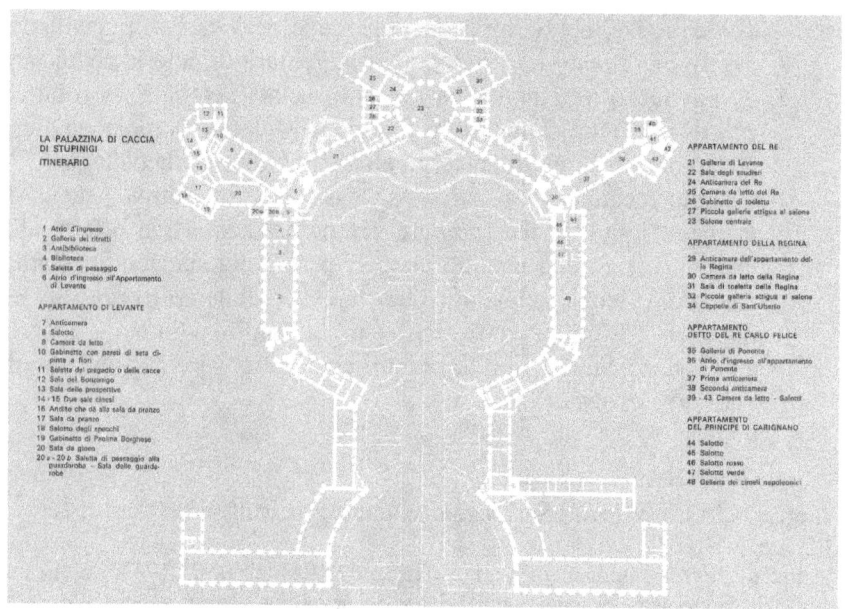

La *Galleria dei cimeli napoleonici* è contrassegnata col n. 48, a destra. Piantina tratta dal vol. *Museo dell'arredamento. Stupinigi*, 1966.

---

[8] Paola Cavigliasso (n. 1942), iscritta alla Democrazia Cristiana, all'epoca dell'onoreficienza era Sottosegretario di Stato alla Sanità (dal 1983 al 17/07/1987), e poi per pochi mesi (18/04/1987-24/07/1987), contemporaneamente, anche Sottosegretario di Stato ai Beni Culturali. Occorrerebbe verificare se non fosse durante questo breve mandato – più consono – che fu conferita, effettivamente, l'onoreficienza, a meno che la medaglia sia stata consegnata in un momento successivo, separato, a quello di cui parla M.L. Giordano (20/10/1986).

[9] *"Io sono la grondaia"*, 2000, pp. 22-23.

La carrozza di Napoleone Bonaparte

186. Carrozza, magnifico esempio dell'artigianato artistico francese intorno al 1790, celebre per aver trasportato Napoleone Bonaparte da Parigi a Milano nel 1805; dono del dottor Gustavo Rol.

La carrozza così come ritratta e descritta nel 1966 nel volume di Noemi Gabrielli *Museo dell'arredamento*.

Carlo Buffa di Perrero, imprenditore e agente di viaggi, aveva riferito al giornalista Maurizio Ternavasio ciò che suo padre Ermanno Buffa di Perrero, entrambi amici di Rol, gli aveva raccontato di come Rol scoprì la carrozza:

> «Gustavo l'aveva vista in sogno all'interno di una cascina, di cui gli erano rimaste ben impresse nella mente alcune immagini, che si trovava in un triangolo compreso tra Alessandria, Tortona e Novi Ligure. In più di un'occasione mio padre lo accompagnò in auto sulle colline di quella zona, affinché potesse riconoscere dall'alto la cascina incriminata. Una volta giunti a Torre Garofoli, Gustavo ebbe la certezza di essere sulla giusta strada, ma venne maltrattato dal proprietario della tenuta che lo aveva preso per un visionario o, ancor peggio, per un pazzo. Dopo molte insistenze, e

solo quando venne letteralmente sventrato un pagliaio, la carrozza spuntò fuori»[10].

Quando ho cominciato a indagare più a fondo sulla vicenda della carrozza, ho trovato che questo racconto di Buffa faceva fatica ad inserirsi nelle versioni più o meno ufficiali del ritrovamento. Ragion per cui, siccome quanto qui appena riferito non è una testimonianza diretta, ho chiesto conferma direttamente a Buffa, il quale mi ha sì confermato l'episodio, ma me ne ha fornita per iscritto una versione più completa e precisa:

«Questo episodio me lo ricordo bene, anche se ero ragazzo (avevo circa 10/11 anni), perchè papà lo raccontò più volte. Con l'amico col. Emiliano Vialardi di Sandigliano (marito di sua cugina) partivano più volte d'inverno, al sabato in auto, per andare dalle parti di Alessandria, nelle campagne in perlustrazione, perchè Rol aveva detto a loro di aver visto come in una visione, una carrozza che era sistemata sotto ad un pagliaio in una cascina.
Rol non sapeva dove fosse, ma aveva ben presente alcuni riferimenti che in realtà "quadravano" sia con la sua memoria che proprio con il territorio visitato: campanili lontani, le montagne ad ovest, il torrente Scrivia e le colline alle spalle, davanti il lontano profilo di Alessandria, la torre Garofoli a sinistra, etc etc[11].

---

[10] Ternavasio, M., *Gustavo Rol la vita, l'uomo, il mistero*, L'Età dell'Acquario, Torino, 2002, pp. 54-55.

[11] Ci si potrebbe chiedere come mai Rol in questo caso ebbe una visione *generale* chiara della zona così come una visione *particolare* chiara su *come* fosse disposta la carrozza all'interno della cascina, ma non fosse in grado di sapere *dove* esattamente si trovasse. Eppure, in molti episodi di chiaroveggenza dimostra di conoscere con precisione dove si trova un determinato oggetto, tanto da essere persino consultato da amici e conoscenti se perdevano qualcosa di importante (si veda per esempio quanto raccontò Maria Beatrice di Savoia: «Negli anni trenta [*1938*] mia madre [*la regina Maria José*] mise alla prova Rol per ritrovare una parure di diamanti scomparsa dal forziere del Quirinale. Lo chiamò al telefono e lui, in pochi minuti, risolse il giallo: "È finita nel terzo cassetto a sinistra dello scrittoio nella sua anticamera". "Era la verità: qualcuno, dopo che mamma era rientrata da una visita in Vaticano, aveva riposto lì la parure, con l'intenzione di rimetterla a posto l'indomani. Poi se ne era dimenticato"» (1-I-63)). La spiegazione dovrebbe essere che Rol, a seconda dei casi, aveva percezioni e *possibilità* di grado differente, ovvero: la carrozza era un oggetto "sensibile" – perché collegato a Napoleone ma anche al suo essere antiquario, quindi con un interesse materiale (ricordate il principio «vinco perché non gioco» o «quando si vuole nulla si ottiene»?) – in grado di condizionare e diminuire il grado di precisione della sua chiaroveggenza. Stesso discorso poteva capitare con gli affetti (per es., la difficoltà ad aiutare Maria Luisa Giordano all'epoca del

Praticamente, poco per volta perlustravano le varie cascine tra Tortona, Torre Garofoli, Spinetta (Marengo), Piovera e la tenuta *La Viscarda*, che era di loro amici, dove ogni tanto si fermavano a mangiare.
I due cugini ne avevano anche un po'... basta di questi inutili giri nel fango e nella nebbia e dei contatti con contadini anche sempre molto reticenti e sospettosi, specialmente vedendo arrivare nell'aia un'auto con sconosciuti, e la risposta era sempre no, non esiste nessuna carrozza... Alla fine Gustavo dopo diversi sabati persi inutilmente e tanti giri a vuoto, volle ripassare di domenica in una di queste cascine, nella piana vicino alla torre dei baroni Garofoli (da cui pare, – l'ho poi saputo dopo – Napoleone stava affacciato per vedere la pianura di Marengo e prevedere le fasi dei possibili scontri). E qui invece dei soliti rozzi individui che avevano maltrattato nella precedente volta i nostri incauti visitatori, c'era un vecchio contadino a custodire la casa, perchè i suoi erano andati a Messa.
Ed alla domanda in piemontese:
Ca scusa, ah l'a vedu una carussa da ste' part si?
il vecchietto rispose:
Ma cert... ah l'e' sterma' bele li', suta la paja dla prima d'la guera, la ricurdu da quand a l'ero mansna'
("Scusi per caso lei ha visto da queste parti una carrozza?"
"Ma certo, ce n'è una nascosta lì nel fienile sotto la paglia da prima della guerra, me la ricordo da quando ero bambino...")
Venne allora data una lauta mancia perchè tirassero giù la paglia ed i rovi, in seguito ci fu l'acquisto, venne chiamato uno con un camion per il prelievo del carro tutto malmesso (ed assolutamente non bello come poi l'ho visto anch'io nella Palazzina), etc. etc e poi solo tempo dopo, la conferma da parte di esperti del settore che quella era veramente una carrozza di Napoleone».

Non è quindi corretto quanto riportato da Ternavasio, ovvero che Rol sarebbe stato «maltrattato dal proprietario della tenuta», questo dovendosi invece riferire ad alcuni dei proprietari delle tenute visitate in precedenza. Quanto all'acquisto della carrozza, vedremo che passeranno anni per arrivare a questa fase, non è qualcosa di immediato come può apparire qui.

---

rapimento del marito), ovvero sempre nel caso di un qualche tipo di *attaccamento*. Se può esservi un tallone d'Achille o, in termini moderni, una *kryptonite* che inibisca i "poteri", questo è appunto l'*attaccamento*. Il rimedio è il *distacco*, non sempre possibile – nemmeno per un Maestro – al 100%.

Nel 1991 Rol si era invece limitato a dire a un giornalista che gli «venne segnalata dal direttore del locale museo, il professor Mensi. Era in una cascina, ridotta a pollaio per galline»[12].

Le due versioni, come spesso capita in racconti di terzi che diventano parziali, frammentari e imprecisi, potrebbero essere complementari e non in contraddizione. Rol potrebbe aver visto la carrozza in sogno o visione, quindi aver telefonato a Mensi, che potrebbe avergli detto di sapere che era esistita questa carrozza nel Museo di Marengo, e che era stata abbandonata o che doveva trovarsi da qualche parte nella zona, anche se non sapeva dove di preciso. Dopo che Rol ebbe conferma dell'esistenza, sarebbero seguiti i sopralluoghi con Ermanno Buffa di Perrero fino al ritrovamento.

In entrambe i racconti viene detto che si trovava in una cascina, a quanto pare nei pressi di Torre Garofoli, dove ce ne sono diverse. Una ulteriore ricerca in loco o negli archivi di Alessandria potrebbe svelare di quale si trattava.

Questo fatto dovrebbe essere accaduto nel 1947, stando a quanto Rol scrive nei suoi "libri inventari", registri compilati a mano da lui negli anni '80 con il dettaglio di tutti i suoi oggetti posseduti e il valore corrispettivo:

> «Vari cimeli provenienti dalla Carrozza dorata con la quale Napoleone, accompagnato da Giuseppina, venne da Parigi per essere incoronato Re d'Italia, a Milano. Detta carrozza venne da me donata all'Ordine Mauriziano e collocata alla Palazzina di Caccia di Stupinigi. A Marengo, ove Napoleone e Giuseppina si recarono per rivedere il celebre campo di Battaglia, la carrozza venne abbandonata per un guasto prodottosi dal timone[13]. Essa

---

[12] Lupo, M., *In quella carrozza Napoleone si sentì re*, La Stampa, 11/06/1991, p. 37. È una delle fonti, non citate, di M.L. Giordano. Arturo Mensi (1896-1973) dal 1926 al 1960 o 1961 (con una pausa tra il 1944 e il 1949) fu direttore della Biblioteca civica, del Museo, della Pinacoteca e dell'Archivio storico municipale di Alessandria (si veda il profilo completo su *aib.it/aib/editoria/dbbi20/mensi.htm*). Nel 1977 Rol scriveva in uno degli articoli a firma di Renzo Allegri per la rivista *Gente*, poi non pubblicato: «Ad Alessandria, nella galleria fondata dal professor Arturo Mensi, già direttore del museo di quella città, c'è un dipinto di Rol. La signora Mensi, quando fa delle mostre collettive, espone anche quel dipinto, che però non mette in vendita. La signora dice che l'interesse per quell'opera è sempre immediato, ed è successo che qualcuno, alla vista di quel dipinto, ne rimanesse talmente affascinato da riportarne un'emozione profondissima» (Allegri, R., *Rol il grande veggente*, Mondadori, Milano, 2003, pp. 182-183). Quale fosse questo dipinto e dove sia ora non è dato sapere. Sulla «signora Mensi» tornerò più avanti.

[13] Come nel brano senza data e fonte riprodotto in *"Io sono la grondaia"*, anche qui Rol afferma che la carrozza si ruppe a Marengo. La frase però fa sorgere un equivoco: nel brano visto in precedenza, Rol aveva scritto che «Napoleone

figurava nel museo Napoleonico di Marengo, creato e curato dal Dr. Delavo, dippoi divenuto di proprietà del Barone Cataldi. Con l'acquisto da parte della Società Montecatini dei terreni circostanti il Museo, lo stesso perdette d'importanza ed andò disperso. Nel 1947 mi si offerse la carrozza, ma in quale stato! Con lungo amore ne curai il restauro ripristinandola alla primitiva bellezza. Durante questi lavori, in un doppio fondo segreto si rinvennero:
– 2 grandi stemmi Napoleonici ricamati – essi erano accuratamente avvolti in una tela cerata. Li accompagnava la seguente annotazione: "Fatti da me rimuovere onde sottrarli all'insulto del tempo e sostituiti con altri identici" di pugno, presumibilmente, di un precedente possessore della carrozza. Un altro risvolto conteneva, inballati, due cristalli ai quali una annotazione aggiunta diceva:
"Questi cristalli vennero da me prelevati e sostituiti alle portiere solamente onde conservare un vetro prezioso attraverso il quale passarono i raggi degli sguardi delle loro Maestà Imperiali Napoleone e Giuseppina, Reali d'Italia".

---

l'aveva lasciata [a Marengo] perché s'era rotta ed egli aveva fretta di tornare a Parigi». Se la carrozza si fosse rotta a Marengo *in occasione della rievocazione storica della battaglia*, la seconda affermazione di Rol sarebbe poco chiara, dal momento che Napoleone proveniva da Parigi e andava verso Milano, e non il contrario. Escludo l'interpretazione che abbia inteso dire che attendere la riparazione avrebbe ritardato il viaggio nel suo complesso e che avesse fretta di tornare a Parigi dopo l'incoronazione, anche perché a Parigi (Fontainebleau) tornò comunque solo l'11 luglio, due mesi dopo la rievocazione di Marengo e un mese dopo aver lasciato Milano (10 giugno), con soste in varie altre città del Nord Italia. Esiste anche, come vedremo, una seconda versione sul dove la carrozza avrebbe terminato il suo viaggio (a Milano e non a Marengo), che ritengo poco probabile e che contraddirebbe l'affermazione di Rol che si ruppe a Marengo. Un'altra ipotesi invece, che credo nessuno abbia fatto prima o comunque abbia esplicitato e che potrebbe essere quella corretta, è che la carrozza si sia rotta nel viaggio di ritorno da Milano a Parigi durante il tragitto da Genova a Torino, nella notte del 5-6 luglio 1805, prima di raggiungere Marengo o a Marengo, e lì lasciata presso la locanda di sosta dove Napoleone si era già fermato nelle visite precedenti, ma che in questo frangente non ha costituito alcun evento di rilievo – era appunto solo di passaggio – e quindi non è nemmeno menzionato nelle cronache, almeno non in quelle più note. Ciò spiegherebbe meglio l'affermazione di Rol che l'avesse «lasciata perché... aveva fretta di tornare a Parigi» e non contraddirebbe quanto dice qui nei libri inventari, dove non specifica *quando* la carrozza si ruppe, ma solo *dove*, limitandosi a una sintesi e dando per implicito che la carrozza fosse giunta a Milano, come dice all'inizio di questo brano e come ha sempre dichiarato. Non avrebbe cioè mai potuto dire che questa era la carrozza «con la quale Napoleone si recò a Milano» se essa si fosse rotta qualche giorno prima a Marengo.

In altro involto riposavano 2 maniglie (la parte interna, probabilmente), con la annotazione – "In queste maniglie si posò l'Augusta mano di Napoleone il Grande" – Raccolsi gli stemmi e li collocai dietro i cristalli mettendoli in cornice ed applicandoli in un fondo di velluto color pesca ricavato dagli avanzi rimasti nelle operazioni di restauro della carrozza.

Valore degli stemmi, + le due maniglie + i cristalli: Lire .... (Questi cristalli sono a prova di proiettile di fucile o pistola). Nella vetrina vi sono anche alcuni fiocchetti della carrozza[14] ed un gallone azzurro (ricamato) che si trovava nell'interno per il rivestimento dei cristalli».

---

[14] Uno di questi fiocchetti deve essere quello cui fa riferimento lo scettico Pierluigi Baima Bollone (medico e professore ordinario di Medicina legale all'Università di Torino, noto studioso della Sindone) nel seguente episodio da lui raccontato: «Ero ragazzino. Ci trovavamo a pranzo ai Due Lampioni, Rol si avvicinò al nostro tavolo, mio padre gli raccontò che l'indomani avrebbe preso un aereo per Roma. "Non salire su quell'apparecchio, perché avrà un incidente". Terrore di mia madre, imbarazzo del sottoscritto e di papà. Rol si accorse della gaffe fatta, e allora tirò fuori dalla tasca della giacca un fiocco dell'800, che diceva avesse addobbato la carrozza napoleonica e, rivolto a mio padre, disse: "Domani portatelo con te, e vedrai che l'aereo non cadrà più"» (Ternavasio, M., *cit.*, p. 171). L'episodio merita qui un minimo di commento. Per Bollone questa sarebbe stata una "gaffe", ma è ben noto come Rol, tra le precognizioni molto precise, ne abbia fatte anche di incidenti aerei, puntualmente verificatisi (quello di Cini è il più noto, ma ce ne sono almeno altri tre, cfr. vol. III, IX-93 e nota relativa p. 385). Naturalmente viene da chiedersi: ma se Rol aveva *visto/percepito* l'incidente, com'è che questo (lo do per implicito) non si è poi verificato? Lo scettico spiegherà che "ovviamente" Rol non aveva previsto alcun incidente (guardandosi bene dal prendere in considerazione i precedenti precognitivi di Rol, non credendovi *a priori*). L'altra possibilità è che Rol abbia impedito che questo si verificasse. Sarebbe stato possibile? Sì (come ha impedito incidenti di auto) ma una analisi di questa eventualità sarebbe qui davvero troppo lunga e devo rimandarla. Anche perché si collega a un'altra considerazione che a sua volta necessiterebbe di una lunga analisi: se poteva impedire un incidente, perché non ha impedito gli altri? Qui semplifico la risposta con quanto Rol disse a Chiara Barbieri che gli aveva chiesto: «"Ma dottore, lei che può guarire tutti perché non lo fa?" Lui sorrise e mi disse: "Perché non è nel karma di tutti essere guariti. Dio si serve della malattia per farci capire tante cose. Quel signore poteva essere guarito e così è stato"» (vol. 1, III, 17bis).

*X. Vari Cimeli movimenti dalla Carrozza dorata con la quale Nap., accompagnato da Giuseppina, venne da Parigi per essere incoronato Re d'Italia, a Milano. Detta carrozza venne da me donata all'Ordine Mauriziano e collocata alla Palazzina di Caccia di Stupinigi. – A Marengo, ove Nap. e Giuseppina si recarono per rivedere il celebre campo di battaglia, la carrozza venne abbandonata per un guasto prodottosi al timone. Essa figurava nel museo Napoleonico di Marengo, creato e curato dal De Vecchi, di poi divenuto di proprietà del Barone Casale. Con l'acquisto da parte della Società Montecatini dei terreni circostanti il Museo, lo stesso perdette d'importanza ed andò disperso. Nel 1947 mi si offerse la carrozza, ma in quale stato! Con lungo amore ne curai il restauro ripristinandola alla primitiva bellezza. Durante questi lavori, in un doppio fondo segreto si rinvennero:
– 2 grandi Stemmi Napoleonici ricamati. Essi erano accuratamente rivolti in una tela cerata. Li accompagnava la seguente annotazione: "fatti da me rimuovere onde

(segue)

Come si vede in questa pagina, di lato è annotato l'importo stimato di lire 2.000.000[15] e dove si trovavano, in casa, i pezzi descritti (nella biblioteca di Rol).

---

[15] Del 1985, anno al quale probabilmente risale l'annotazione. La corrispondente rivalutazione monetaria nel 2022 sarebbe 2.800 euro, che non corrispondono naturalmente al valore antiquario, effettivo, di questi oggetti.

Rol scrive che la carrozza era quella che Napoleone e Giuseppina usarono per viaggiare da Parigi a Milano, in vista dell'incoronazione a Re d'Italia che sarebbe avvenuta il 26 maggio 1805.
Partirono da Parigi il 2 di aprile e giunsero ad Alessandria mercoledì 1° maggio, dove

> «una folla di genti e di popoli accorsi da vicini paesi riempiva le piazze, e le contrade in cui passava il maestoso cocchio»[1]

scriveva Pietro Oliva nel 1842 in *Marengo antico e moderno*. Pochi giorni dopo si sarebbe svolta la «gran festa di Marengo», ovvero la rievocazione della battaglia avvenuta cinque anni prima:

> «Fu scelto il giorno di domenica[2] e tutta la città d'Alessandria era in moto. Un popolo immenso correva su e giù, di qua e di là per le sue contrade tappezzate riccamente, e cariche in ogni dove di rami, e di foglie, di bandiere, e di fiori: la folla della gente prima portavasi in tutta fretta a circondare la casa, che abitavano Napoleone, e Giuseppina, e poi pensando, che era miglior cosa aspettarli sugli stessi campi di Marengo, correva a prendere posto in quella pianura, alzando lo sguardo meravigliato agli archi di trionfo collocati sulla strada, e sovra tutto su quello vicino a Pedrebuona, che superava i suoi compagni nell'altezza, negli ornamenti, e nella grandezza degli emblemi delle vittorie d'Italia, del Reno, e d'Egitto. Sulla grande strada di Alessandria a Marengo si vedeva altra moltitudine di gente d'ogni età, sesso, e

---

[1] Oliva, P., *Marengo antico e moderno*, Moretti, Alessandria, 1842, p. 286.
[2] Ovvero il 5 maggio, coincidenza con quello che sarebbe poi stato il giorno della morte di Napoleone a Sant'Elena 16 anni dopo. Tra l'altro, potrebbe essere per questo che la giornalista Marisa Di Bartolo nel 1987 fece confusione scrivendo che Rol «è nato... il 5 maggio, giorno della morte di Napoleone (Rol non ritiene il fatto casuale: giunge ad alludere a se stesso come ad una reincarnazione del grande francese)» (Di Bartolo, M., *Il lastrone di marmo restò sospeso in aria*, Astra, 01/06/87, p. 222); Rol replicò a questa affermazione nella stessa lettera su *Astra* citata all'inizio di questo capitolo dove aveva menzionato la carrozza: «Caro direttore, sul numero di giugno della rivista ho letto con molto stupore un articolo a firma Marisa Di Bartolo nel quale viene detto che, essendo io nato il cinque maggio, giorno della morte di Napoleone, "Rol non ritiene il fatto casuale, (ma) giunge ad alludere a se stesso come ad una reincarnazione del grande francese!!!" Nulla di più falso: una simile affermazione va contro ogni mio principio religioso e filosofico. E poi non sono nato il 5 maggio, bensì il venti giugno. Probabilmente la signora Di Bartolo ha fatto una confusione che le fa perdonare un errore così grottesco». Rol potrebbe aver parlato alla Di Bartolo della carrozza e della rievocazione del 5 maggio, e la giornalista potrebbe essersi confusa per questa ragione.

condizione, che si diriggeva da tutte le parti ai campi di Marengo, poiché in quella pianura si andava a compiere l'atto il più solenne delle feste imperiali. Napoleone Imperatore assisteva ad una finta battaglia eseguita in commemorazione della vittoria riportata in quel luogo stesso cinque anni prima da Buonaparte primo Console della repubblica Francese».

«Il campo è tutto in moto, gli ordini del capitano comandante sono eseguiti con tutta prontezza, e frattanto una musica incantatrice risuona per la campagna, un vago insolito mormorio va ingrossando, e si propaga celermente a tutte le numerose popolazioni, che formano il circuito fluttuante, ed animato di questa vastissima arena; ma già i tamburi battono più forte, le bandiere sono spiegate, si snudano le sciabole, si indirizzano i fucili con un movimento unanime e solo, tutto annunzia qualche grande novità, ed ecco comparire le Auguste persone in un brillante, e superbo cocchio, tirato da otto cavalli coperti di ricche gualdrappe, di nuove bardature e tutti quegli ornamenti che ben convenivano alla Maestà di quel potentissimo Signore. Le insegne più distinte di Italia, e di Francia risplendevano sugli araldi e sulle portiere, e Napoleone sedea contento e glorioso. Egli vestiva un'abito bleu di lunga taglia a falde pendenti usitatissimo, ed anche rivoltato in più parti. Il suo cappello era vecchio, logoro, bordato d'un largo gallone d'oro sfilato, ed annerito dal tempo, al suo fianco pendea una lunga sciabola di cavalleria, come portavano i generali della repubblica, e tutto questo abbigliamento ed il vestito erano quegli stessi che egli avea portati il giorno della battaglia di Marengo. La sua mano coperta d'un bianco guanto scherzava con un cannocchiale a cristalli finissimi. L'Imperatrice era tutta lieta di quelle pompe in cui venne forse troppo proclive, ed avea il suo capo coperto d'un grazioso cappellino bianco a lunghe piume di struzzo, allacciato gentilmente alla gola da un nastro bianchissimo, le belle membra erano avvolte in una veste di damasco bianco, e ricca oltre ogni dire di pizzi di Fiandra, alle spalle era coperta da un finissimo zendado»[3].

È chiara l'importanza della scena e il ruolo di protagonista che riveste qui la carrozza, già in precedenza descritta come il «maestoso cocchio» e ora come «brillante, e superbo cocchio, tirato da otto cavalli coperti di ricche gualdrappe, di nuove bardature... Le insegne più distinte di Italia, e di Francia risplendevano sugli araldi e sulle portiere...».

Su cosa ne sia stato di questa carrozza dopo questa memorabile giornata ci sono, come anticipato, due versioni diverse. Una vorrebbe che essa si

---

[3] Oliva, P., *cit.*, pp. 289, 291-292.

ruppe, magari proprio quel 5 maggio quando al pomeriggio o sera tutti rientrarono ad Alessandria[4], dove Napoleone rimase ancora fino al 7 maggio, quando partì alla volta di Pavia, ultima tappa prima di Milano. L'altra che andò con essa fino a Milano, dove giunse l'8 maggio e che si ruppe colà, dove ancora si trovava un trentennio dopo quando venne acquistata dal dott. Giovanni Antonio Delavo, imprenditore di Marengo (inizialmente farmacista) e collezionista di cimeli napoleonici che la portò nella sua città, dove allestì un Museo Napoleonico in una palazzina costruita in luogo di una osteria preesistente poi conosciuta come Villa Delavo, «in pratica il primo museo al mondo interamente dedicato a Napoleone»[5].
In un libro del 1854 pubblicato a Parigi, *Marengo et ses monuments*, si parla della palazzina e anche della carrozza:

> «Questo palazzo non è mai abitato. Il Cavaliere Delavo volle farne un monumento e, per preservare questo carattere speciale e sacro, proibì a se stesso di soggiornarvi.
> Scendiamo al piano terra; ma la vecchia guida non giudica ancora opportuno farvi entrare in questo santuario, che dev'essere come il misterioso epilogo delle visite; per prima cosa vi mostra, all'uscita dal vestibolo, i pilastri sui quali sono scolpiti dei medaglioni che rappresentano i ritratti di Lannes, Victor, Marmont e Chamberlach[6].
> Questi pilastri sorreggono un portico. Sulla sinistra possiamo vedere la casa della vecchia guida, le abitazioni dei giardinieri, dei contadini e della servitù. Dietro queste dipendenze c'è, da un lato, la stalla, in cui erano ammucchiati i feriti il giorno della battaglia; dall'altro lato le attuali stalle e rimesse.
> In una di queste rimesse è custodita e mostrata ai visitatori una carrozza imperiale tutta dorata, adornata con le armi dell'impero e arredata all'interno con oggetti di valore. I mozzi delle ruote sono in argento massiccio. Ornamenti dello stesso metallo rivestono la parte superiore del carrello e pennacchi bianchi fluttuano ai quattro angoli. Una lunga copertura con frange di seta verde, bianca e dorata, copre il sedile del guidatore, e reca su ogni lato lo stemma imperiale in argento elegantemente cesellato. Il vecchio

---

[4] È quanto afferma Oliva: terminate le rievocazioni sul campo di Marengo, «le Maestà Imperiali, gli ambasciatori, i deputati, il popolo, e l'armata ripresero tutti la strada d'Alessandrìa, dove s'invitarono alla mensa di corte cinquanta e più persone» (p. 38).
[5] Coaloa, R., *La carrozza di Napoleone*, rivista Saveji, dicembre 2021, p. 77 (articolo poi pubblicato anche in rete il 04/05/2022, *rivistasavej.it/lung/2022/la-carrozza-di-napoleone*).
[6] Generali di Napoleone.

guardiano, dopo aver ammirato a lungo questo capolavoro, colpisce improvvisamente il suo bastone sui vetri per mostrarne la solidità, che è, ci assicura, a prova di proiettile»[7].

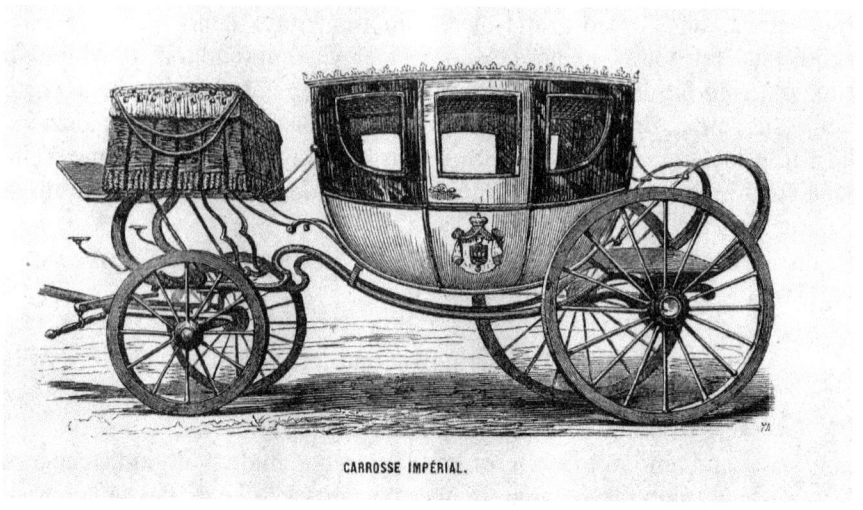

Disegno della carrozza tratto dal libro *Marengo et ses monuments*.

---

[7] *Marengo et ses monuments*, Imprimerie centrale de Napoléon C., Paris, 1854, p. 34 (trad. mia); «a prova di proiettile» è quello che anche Rol aveva affermato.

In questa e nella pagina seguente, due pagine dell'articolo pubblicato nel 1854 sul periodico francese *L'Illustration. Journal universel* (*Une visite à Marengo et à ses monuments*, di Ed. Villiame, vol. XXIII, n. 590, 17/06/1854, pp. 375-378), che riassume i contenuti e riproduce alcune immagini dal volumetto uscito lo stesso anno *Marengo et ses monuments*: vista generale di Marengo, la statua di Napoleone, la cappella mortuaria, il busto di Desaix, il museo (Villa Delavo), oggetti da collezione e la carrozza (*Voiture impériale*). Il testo venne poi riprodotto da Giovanni A. Delavo nel suo libro *L'ingratitude de Napoléon III*, 1861 (trad. it.: *L'ingratitudine di Napoleone III*, Edizioni Falsopiano, Alessandria, 2018, pp. 185-190).

«On conserve dans les remises le carrosse impérial qui servit, en 1805, à Napoléon, lors de son couronnement en Italie» (*L'illustration*, p. 378).

«Nelle rimesse è conservata la carrozza imperiale di cui si servì Napoleone, nel 1805, durante la sua incoronazione in Italia» (trad. mia; invece la traduzione data nel libro di Delavo (cit., p. 189) è scorretta, perché messa al plurale: «le carrozze imperiali»). Indicativo e rilevante che nel 1854 si affermasse che la carrozza fosse stata usata fino a Milano, quindi non lasciata a Marengo nel viaggio di andata.

Cartoline d'epoca che mostrano la carrozza a Villa Delavo, a Marengo.

Ingrandimento dalle cartoline. La foto potrebbe essere stata scattata nel 1899.

Facciamo ora un salto in avanti di un secolo. Su *Stampa Sera* dell'1-2 luglio 1950, p. 3, compare l'articolo *La grande vettura della rivista di Marengo*, di Angelo Nizza (firmato con le iniziali a.n.), lo stesso che qualche mese prima, l'11 settembre 1949, aveva frmato su *Oggi* l'articolo: *Indicando Merle Oberon lo spiritista le vide "la morte accanto"*, che ho citato e trascritto in un volume precedente in merito alla vicenda Cini-Oberon.

E Nizza è anche il luogo di cui si parla nell'articolo del 1950 («Alla mostra dei cimeli napoleonici» informa l'occhiello) dove però qui Rol non è menzionato:

> «Nizza, sabato sera.
> Da una quindicina di giorni si è aperto al pubblico il museo Massena, una mostra di cimeli napoleonici.
> Allestita sotto l'egida del governo francese, l'esposizione ha un governatore, nominato dal Ministero dell'Istruzione nella persona del comandante Lachouque. Quest'ultimo è stato informato che a Marengo, oltre numerosi cimeli, esiste la grande vettura da viaggio adoperata da Napoleone e da Giuseppina per la loro visita trionfale in Italia.
> Come ognuno sa, Napoleone vinse a Marengo il 14 giugno 1800: con 30 mila uomini e 40 cannoni sconfisse 60 mila austriaci. Circa 5 anni dopo egli volle rivedere la vasta pianura ov'era avvenuta la battaglia e il 4 maggio 1805 con Giuseppina arrivò ad

Alessandria[1]. L'indomani, a Marengo, assistette a una rivista di 30 mila uomini, presentatigli dal maresciallo Lannes. La sera stessa i coniugi imperiali dormirono nel palazzo costruito per essi a Marengo e poi proseguirono per Parma[2].

È in questo momento che la celebre vettura con la quale erano arrivati dalla Francia sarebbe stata abbandonata[3]. Si tratta di un veicolo imponente, a quanto afferma il comandante Lachouque, sebbene in stato di pessima conservazione (pare che i visitatori susseguitisi in 150 anni nella scuderia ove la carrozza è conservata abbiano inciso sulla vernice il loro nome a ricordo della visita[4]). Il veicolo è però perfettamente restaurabile.

Innumeri furono i cimeli trovati sul campo di battaglia ove morirono ben 14 mila uomini; in parte andarono dispersi, in parte furono recuperati dai musei. Non fu difficile a un inviato del comandante Lachouque ricostruire le vicende della carrozza imperiale. Qualche anno fa un antiquario di Novi, il signor Edilio Cavanna, comprò dei vasti terreni nella zona e ne trasse molti cimeli, che rivendette al museo di Alessandria e di Torino. La stessa villa imperiale di Marengo fu da lui rivenduta alla società Montecatini con parte dei mobili che l'arredavano.

Quanto alla carrozza, essa fu dall'antiquario affidata in custodia alla famiglia Barozio. Tutti possono visitare il cimelio dando una piccola mancia. Essa è in fondo a un camerone fra attrezzi da campagna e altri veicoli fuori uso. Qui si dice che il Cavanna sia intenzionato a rivendere la vettura di Napoleone e il museo Massena di Nizza ha ora divisato di farne acquisto.

Già si parla di mandare a Marengo quattro cavalli da attaccarsi alla vettura di Napoleone per un ritorno trionfale in Francia».

---

[1] In realtà il 1° maggio.
[2] Questa versione diverge da quella di Oliva del 1842. A meno che dopo essere tornati ad Alessandria per il pranzo o cena, non siano poi tornati di nuovo a Marengo per dormire, ma mi sembra improbabile. E comunque non il giorno successivo, ma due giorni dopo, il 7 maggio, partirono per Pavia e non per Parma.
[3] Come ho anticipato, questa ipotesi non è credibile, frutto di memorie confuse sull'accaduto.
[4] Non è sicuramente corretto che ciò sia avvenuto «in 150 anni», ma in un tempo molto più ristretto: la carrozza venne integrata nel Museo di Marengo nel 1848 dove vi rimase per molti anni, sicuramente senza essere vandalizzata. Sulla portiera, come dalla foto del 1906 che ho pubblicato a p. 284, si nota per es. la data 1886. I "graffiti" furono fatti presumibilmente solo negli ultimi decenni del secolo; e in seguito non pare fosse rimasto molto spazio per aggiungerne altri.

Rol aveva affermato che «nel 1947 mi si offerse la carrozza», ma per ragioni non chiare, forse relative al suo legittimo proprietario o presunto tale, essa non venne acquistata visto che 3 anni dopo, come da questo articolo, risultava non ancora venduta e addirittura, come si vedrà tra breve, che la vendita avverrà solo nel gennaio 1955, ovvero 7 o 8 anni dopo.

Colui che era presente al momento del ritrovo non poteva essere Cavanna[5], che non corrisponde al profilo di «un vecchio contadino», come ha riferito Buffa; era il proprietario della cascina? Oppure solo uno che «custodi[va] la casa»? e Cavanna ne era invece il proprietario? Oppure dopo che Rol, Ermanno Buffa di Perrero e Vialardi di Sandigliano andarono via decise di cederla a Cavanna, che magari ne aveva sentito parlare e si era presentato? Una bella preda per un antiquario; il contadino è il signor Barozio? Cavanna in un primo momento, dopo averla acquistata o dato a sua volta un acconto potrebbe avergliela lasciata, organizzandosi per rimuoverla e forse trovare il contante, soprattutto doveva trovare anche dove mettere un cimelio tanto ingombrante (che doveva essere lo stesso problema di Rol, che dovette attivarsi in modo analogo).

Comunque sia, il contadino non gli aveva dato alcuna importanza, e Cavanna, come vedremo in seguito secondo la mia ipotesi, a un certo punto preferì riportarla a Villa Delavo, dove si trovava decenni prima, piuttosto che lasciarla alla cascina, difficile da mostrare a potenziali clienti e potendo ricollocarla in un contesto più significativo e storico-nostalgico.

---

[5] Su cui non ho trovato informazioni. Un suo necrologio è stato pubblicato su *Stampa Sera* del 28-29/11/1967, p. 15.

Nell'articolo si dice anche che il responsabile della mostra a Nizza, il comandante Lachouque, è stato informato della carrozza di Marengo. Informato da chi? Si dice anche che «non fu difficile a un inviato del comandante Lachouque ricostruire le vicende della carrozza imperiale». Chi era l'inviato?
Quando abitavo a Nizza, nel 2008, ero andato all'archivio comunale a cercare informazioni sui quotidiani dell'epoca. Su *Nice-Matin* del 9 giugno 1950, p. 4, avevo trovato, tra gli altri, l'articolo *Le Musée Massena à Nice accueillera l'Empereur Napoléon 1er* dove si diceva (sintesi):

> «La mostra, che si inaugura il 10 giugno per un periodo di tre mesi, riunisce pezzi appartenuti o legati a Napoleone provenienti dai suoi discendenti sparsi in Francia, Belgio, Svizzera.
> È stata organizzata dal comandante Henry Lachouque che ha presidiato per lungo tempo all'organizzazione della Malmaison prima di divenire Direttore della *Société d'Encouragement des Études Napoléoniennes*; e dal suo amico e collaboratore il medico-colonnello Gilis».

Ecco che troviamo l'aggancio: Louis Gilis è quello stesso colonnello – cito un mio passaggio dal vol. III, p. 205, dove ero tornato a parlarne – «medico, diplomatico, commendatore della Legion D'Onore, esperto dell'epopea napoleonica e di Napoleone, pittore» con il quale, a Parigi, Rol aveva fatto «"un esperimento di musica", e lui era "impazzito", rimase nove mesi forse ricoverato o con delle sequele, anche se poi era guarito». Di ciò avevo parlato già nel 2008 ne *Il simbolismo di Rol* (p. 498), ma ad oggi non ho potuto ancora stabilire in che anno fece questo esperimento, né quando conobbe Gilis.
Ipotizzo che fu Rol ad informare Lachouque, attraverso Gilis, che a Marengo c'era la carrozza, ed ipotizzo che l'inviato di Lachouque fu lo stesso Gilis, incaricatosi di fare un sopralluogo.
Tre anni dopo l'esposizione di Nizza, sul numero di maggio 1953 de *Le journal de l'amateur d'art*, compariva un articolo di Gilis dal titolo *Les Armées de la République en Europe et en Egypte*, nel quale si presentava un'esposizione di oggetti militari della prima Repubblica e altri privati appartenuti a Napoleone, che si teneva a Parigi all'Hôtel des Invalides. Tra le fotografie dell'articolo, scrivevo ne *Il simbolismo di Rol*,

> «spiccavano quelle di una miniatura ritraente Giuseppina e una *parure* di orecchini con miniatura di Napoleone. A proposito di quest'ultima, l'autore dell'articolo scrive[6]:
> "Ma che cos'è questa *parure* fatta di smalto blu e di piccoli diamanti, composta di due orecchini e di una miniatura che rappresenta un giovane ufficiale dagli occhi blu, dalla sguardo dolce, che diverrà 'Imperatore'? È la *parure* che il generale portò

---

[6] Quella che segue è la mia traduzione in italiano.

il 18 Ventoso Anno IV all'alloggio di Giuseppina. Sopra si trova l'iscrizione 'Cittadina Bonaparte Tascher'".
Poco più avanti se ne racconta la provenienza:
"Due giorni dopo l'apertura [dell'Esposizione] un visitatore si presenta. Viene da lontano e ha letto nei giornali del suo paese la pubblicità fatta per questa occasione. Porta due oggetti di cui propone la presentazione al pubblico: questa parure e una deliziosa miniatura di Giuseppina, eseguita poco tempo dopo la sua uscita dalle prigioni rivoluzionarie, probabilmente la prima immagine in assoluto che abbiamo di lei. Questo ritratto in miniatura fu il pegno dato dalla fidanzata al fidanzato. Dalla Regina Ortensia, arriva fino a noi, continuando il suo destino, che è di commuoverci".
Il misterioso visitatore di cui si parla è Gustavo Rol. Il suo nome non viene fatto probabilmente perché lui stesso aveva chiesto che fosse mantenuto l'anonimato (come era d'altronde sua consuetudine). Infatti, nell'articolo tutti gli altri oggetti che vengono descritti, sono anche associati al nome del proprietario che li ha concessi per l'esposizione. Nulla si dice invece sul "visitatore che viene da lontano". Se noi[7] siamo venuti a conoscenza di quest'episodio, e se sappiamo che il visitatore era Rol, è perché abbiamo incontrato la persona presso la quale quegli oggetti si trovano ora, la signora Anne Andronikof, figlia di quella Natalia che Rol amò sin dalla fine degli anni '40. Fu a lei infatti che, pare dopo l'esposizione, regalò questi gioielli, reinterpretando simbolicamente il gesto che 157 anni prima aveva compiuto Napoleone nei confronti di quella che sarebbe diventata sua moglie. Insieme ai gioielli, la Andronikof conserva anche una breve nota descrittiva, per mano di Rol, nella quale si spiega:
Frammento salvato dal retro della miniat. "Portrait donné à Napoléon avant son mariage – Je l'ai réçu par lui à Malmai[son] en 1815."[8] *Scrittura con tutta probabilità della Regina Ortensia. Si ritiene essere questo il ritratto donato da Giuseppina al Gen. Buonaparte nel 1796 (avant son mariage) – "Je me reveil plein de toi. Ton portrait et l'enivrante soirée d'hier n'ont point laissé de repos à mes sens..."*[9] *(Buonaparte a Giuseppina)*
Questo fu probabilmente il ritratto che seguì Napoleone nella prima campagna d'Italia (1796) e di cui fa cenno nelle sue lettere

---

[7] Ne *Il simbolismo di Rol*, e anche nei primi volumi de *L'Uomo dell'Impossibile*, ho usato di frequente il *plurale maiestatis*, una scelta non casuale che però ho limitato a quei lavori.

[8] «Ritratto donato a Napoleone prima del suo matrimonio – L'ho ricevuto da lui alla *Malmaison* nel 1815».

[9] «Mi sveglio colmo di te. Il tuo ritratto e il ricordo dell'inebriante serata di ieri non hanno concesso riposo ai miei sensi» (Napoleone, *Lettere d'amore a Giuseppina*, Rusconi, Milano, 1982, p. 38). Ne *Il simbolismo di Rol* ho pubblicato numerosi passaggi di lettere in cui si fa cenno al ritratto.

a Giuseppina. – La Regina Ortensia diede ospitalità a Napoleone dopo Waterloo a Malmaison, nel 1815, di dove N. partì per S. Elena»[10].

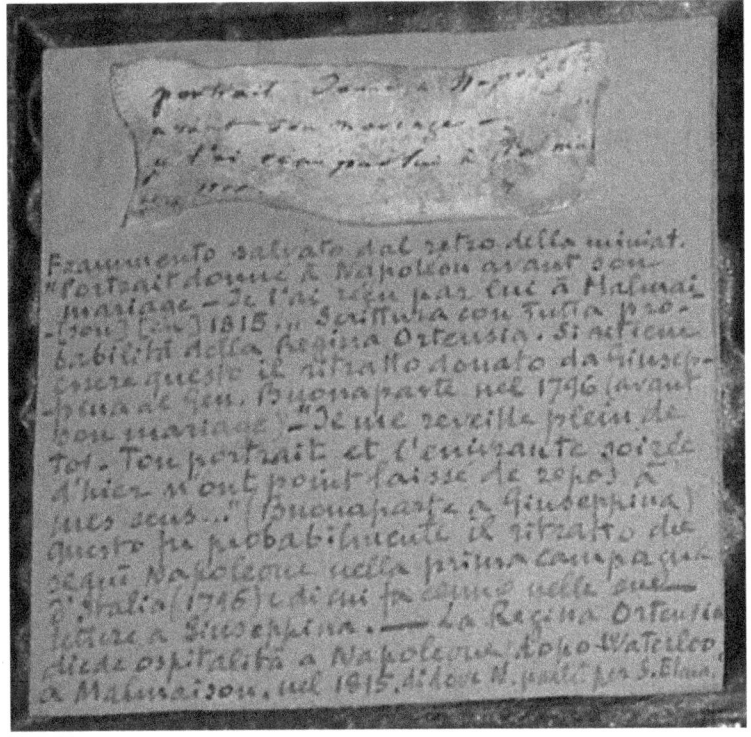

---

[10] *Il simbolismo di Rol*, pp. 434-435.

Nella pagina precedente, il ritratto di Giuseppina che lei diede a Napoleone e la *parure* di orecchini che lui donò a lei, con la nota descrittiva per mano di Rol (che avevo già pubblicato ne *Il simbolismo di Rol*), ingrandita (© Franco Rol).
Imprestati da Rol per l'esposizione di Parigi del 1953, come da articolo qui di seguito, e da lui donati a Natalia Andronikof.

Sabre d'un vainqueur de la Bastille.
Collection Louis Gilis.

A L'HOTEL DES INVALIDES
Les Armées de la République en Europe et en Egypte

par Louis GILIS
conservateur des collections de S. A. I. le prince Napoléon

Reportage photographique
Yves Hervochon

Sambre-et-Meuse seront prétexte à montrer des costumes des Flandres de la même époque. Un bonnet d'Alsacienne finement brodé de fleurs, conduit notre esprit vers cette Alsace que Hoche défendait par les lignes de Wissembourg; la que face à nos volontaires de l'An II ou aux Grenadiers des demi-brigades de 1799.

La famille du général Charette a prêté un souvenir bien précieux : c'est une aquarelle où le général le front bandé et le bras en écharpe au réel, en se plaçant au-dessus de toutes les mystiques.

Ceci dit, le tour des vitrines nous ménage bien des surprises. Pour la période 1792-1793, le Musée Carnavalet nous a prêté une partie importante de ses collections ico... se pressent en foule pour regarder passer les fanfares de la République, soufflant dans des cuivres aux formes serpentines; puis le général au destin fulgurant monte sur le splendide vaisseau « l'Orient » dont le sillage va inexorablement vers

La parure offerte par Bonaparte à Joséphine, le 18 Ventôse an VIII, c'est-à-dire la veille de son mariage. Pour ne pas être en reste, Joséphine offrit ce portrait miniature qu'en 1815, à Malmaison, l'Empereur devait confier à la reine Hortense.

Anne Andronikof mentre legge una lettera originale, parte del mio archivio, di sua madre Natalia a Rol, che le portai e donai nel 2003, quando la incontrai a casa sua presso Parigi. Sul tavolo, la parure di orecchini di Giuseppina (© Franco Rol).

Rol insieme a Natalia Andronikof davanti al cancello della Palazzina di Caccia di Stupinigi, 1950 c.ca.

Gilis quindi parlava di Rol come del «visitatore che viene da lontano» e dubito si fossero conosciuti in quel frangente, ma molto prima, probabilmente negli anni '40. L'esposizione di Parigi era stata organizzata dalla *Société pour l'Encouragement des Études Napoléoniennes*, la stessa che aveva organizzato quella di Nizza tre anni prima e di cui era direttore il comandante Henry Lachouque.

Il quale l'anno precedente, nel 1949, si era occupato dell'allestimento di una esposizione di cimeli napoleonici anche a Parigi, curando il relativo catalogo *Napoléon Bonaparte. Exposition Historique. Souvenirs personels présentés pour la première fois à Paris par la Société des Amis du Musée de l'Armée à l'Hôtel des Invalides*, maggio-ottobre 1949, edito nella primavera 1949 e in seconda edizione nel primo trimestre 1950, questa volta *présentés par la Société pour l'Encouragement des Études Napoléoniennes* e dove sotto l'alto patronato della Presidenza della Repubblica comparivano istituzioni e personalità di spicco dell'*élite* francese e come *commissaire*, insieme a Lachouque, anche il colonnello Gilis[1].

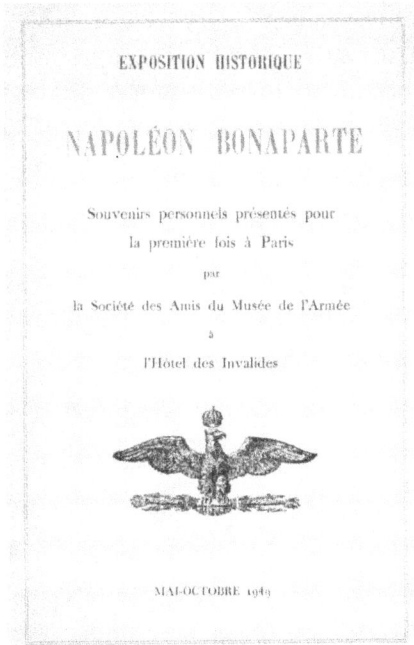
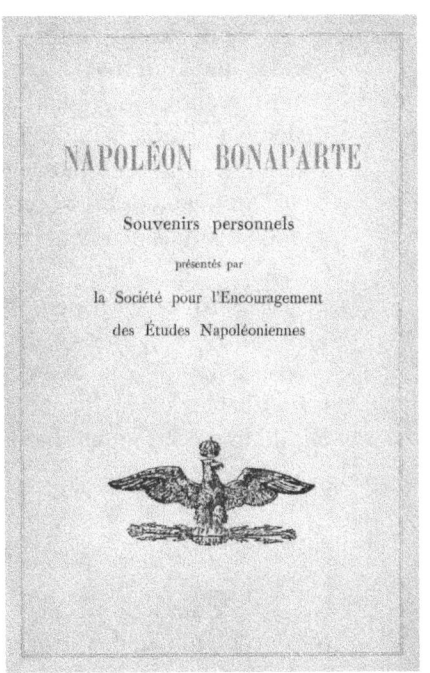

---

[1] In entrambe le edizioni, Lachouque e Gilis vi compaiono come *commissaires*, e Lachouque come curatore del catalogo; in quella del 1949 Lachouque e Gilis vi compaiono come Membri del Consiglio di Amministrazione del Museo dell'Armata, mentre in quella del 1950 Lachouque è presentato come Direttore della *Société pour l'Encouragement*, e Gilis vice-Direttore.

Il quale, nell'articolo del 1953, è presentato come «governatore (curatore) di Sua Altezza Imperiale il principe Napoleone», ovvero di Louis Napoléon Bonaparte (1914-1997) pronipote di Jérôme (Girolamo), fratello minore di Napoleone.
Uno dei suoi cugini era Paul Murat (1893-1964), ornitologo, Presidente della Lega Francese per la Protezione degli Uccelli, trisnipote di Joachim (o Gioacchino) Murat (generale francese, re di Napoli, cognato di Napoleone del quale aveva sposato la sorella minore Carolina Bonaparte).
Ci è rimasta una breve lettera, inedita, di Paul Murat indirizzata a Rol, ed è datata 19 maggio 1953, proprio l'epoca della nuova esposizione di Parigi e dell'articolo di Gilis:

19 mai 1953   Le Duché – Trégonce
                    par Levroux – Indre[2]

Monsieur,

Laissez moi avant tout, vous remercier de votre présence et de celle de vos amis, a la cérémonie pour l'Empereur, les paroles que vous avez bien voulu me dire, sont um encouragement a um fervent napoléonien, comme moi, et aussi et surtout de votre généreuse partecipation, souhaitons que le souvenir du grand Empereur unisse de plus en plus tous les croyants de la gloire et de l'intelligence Européenne. Merci encore et croyez que je n'oublié jamais ceux qui ont le même idéal que moi.

Croyez, Monsieur, a ma haute considération.

Paul Murat

[*annotazione di Rol*]
Biglietto del Principe Murat

*

Signore,

Prima di tutto permettetemi di ringraziarvi per la vostra presenza e quella dei vostri amici, alla cerimonia per l'Imperatore, della vostra generosa partecipazione, speriamo che la memoria del grande Imperatore unisca sempre di più tutti i credenti della gloria e dell'intelligenza Europea.

---

[2] Indirizzo presso il paese di Levroux, non lontano da Bourges, dipartimento dell'Indre, Francia centrale.

Grazie ancora e crediate che non ho mai dimenticato coloro che hanno il mio stesso ideale.

Crediate, Signore, alla mia alta considerazione

Paul Murat

(foto © Franco Rol – Archivio Storico del Comune di Torino)

Murat ringrazia Rol e i suoi amici, probabilmente gli Andronikof, di aver partecipato a una cerimonia. Quale? Ce lo dice un articolo di *Le Monde* del 12 maggio 1953:

Sei aquile della Grande Armata hanno sfilato davanti alla tomba dell'imperatore

di Jean Couvreur

Era triste, era freddo. La cupola degli *Invalides* era l'unico sole di questa grigia domenica[1]. Folle ovattate si sono affrettate al vecchio *hôtel royal*, dove ieri mattina hanno celebrato, con ancor più splendore che in passato, la messa dell'anniversario della morte di Napoleone. Quest'anno il sacerdote ha officiato nella chiesa del Duomo, davanti al sepolcro, secondo una tradizione che risale al giorno del centenario, nel 1921, quando il maresciallo Foch pronunciò l'elogio funebre dell'imperatore.

Ci si accalcava nella cappella, intorno alla balaustra in marmo disegnata dal Visconti, ci si accalcava alle porte di Place Vauban. Davanti alla chiesa, su due file, e all'interno, ai lati dell'altare, i cavalieri della Guardia Repubblicana presentavano superbamente le spade. Con i loro grandi elmi di drago con cresta e criniera, i calzini bianchi, i risvolti rossi e i guanti, sembravano i cavalieri dell'Impero, colorati con meticolosità da Georges Scott. I registri d'ingresso erano ricoperti di firme illustri e grandi nomi: Duca d'Abrantès, Duca d'Albuféra, Duca Pozzo di Borgo, discendente dell'antico nemico di Bonaparte, ma riconciliato con i suoi eredi, ecc. Ai piedi dell'altare c'erano da una parte le schiere degli ospiti[2], dall'altra le schiere della famiglia imperiale. Abbiamo ancora riconosciuto alcune personalità politiche, civili e militari: il generale Dassault, Gran Cancelliere della Legion d'Onore; il generale Zeller, governatore militare di Parigi; Gavini, Segretario di Stato per la Marina Militare; François Pietri, ecc. La Repubblica traeva in gran parte il suo rango da questi splendori funebri dell'Impero. Ricordando forse che il 28 gennaio 1800, sotto queste stesse volte, il Primo Console aveva fatto pronunciare l'elogio funebre di Washington, il generale Ridgway aveva incaricato l'ammiraglio Coe di rappresentarlo.

Infine il principe Paul Murat, rappresentante del principe Napoleone, e il generale Campana, rappresentante di Vincent Auriol, presero posto uno di fronte all'altro, sulle loro poltrone di

---

[1] 10 maggio 1953.
[2] Dove doveva trovarsi Rol.

velluto, ai piedi delle colonne tortili di marmo dell'altare, e il cappellano degli Invalides iniziò il servizio. La musica divina si levò sotto la cupola di Mansart. Era la Messa di Bach in re e si minore, eseguita dall'orchestra d'archi della Guardia Repubblicana. Il celebrante ha letto il Vangelo della quinta domenica dopo Pasqua, che si conclude con queste parole: "per questo crediamo che sei uscito da Dio"[3] e all'elevazione[4] abbiamo udito un 'Presentate le armi!' che fece risplendere il bagliore di cinquanta sciabole. Ma il momento più alto di questi sessanta minuti fu senza dubbio quando il prete, indossato un mantello viola, venne a dare l'assoluzione alla tomba. Sul sarcofago di granito rosso dove Napoleone, se dobbiamo credere al poeta, dorme "in questo sonno tenebroso, pieno di sogni pesanti", avevano riposto la redingote grigia e il cappellino di Sant'Elena, la spada di Waterloo e il cordone pallido della Legion d'Onore.

Al comando del colonnello Gilis, organizzatore di questa cerimonia dai colori dell'affresco, la fanfara di batteria della Guardia Repubblicana e le trombe di cavalleria hanno fatto sentire la sveglia ai morti, l'aria chiamata Campo d'Onore con cui si salutava Sua Maestà imperiale e regale, e questa Marcia Consolare, ampia, sonora, orecchiabile, per la quale si crede di sentire, in lontananza, il galoppo finale di Marengo. Tutti erano in piedi, ma nessuno aprì bocca. Allora si videro avanzare, trasportate e presidiate da reparti dei reggimenti tradizionali di appartenenza, sei aquile della *Grande Armée*, e dietro, trascinando le loro vecchie gambe paralitiche, una piccola truppa di invalidi in redingote di panno azzurro, una sciabola corta appesa alla loro cintura bianca, il petto tintinnante di medaglie. Era il minuto di Raffet[5] nell'ora napoleonica»[6].

Questo contesto, se ce ne fosse bisogno, mostra a quale livello di considerazione e credibilità era tenuto Rol, la cui frequentazione delle *élites* intellettuali e politiche francesi è ulteriore segno del prestigio di cui godeva, e non solo per le sue *possibilità*, ma in generale per la sua cultura e autorevolezza.

Troviamo di nuovo Gilis ed è chiara l'importanza che rivestiva all'epoca per tutto quanto concerne la storia e le iniziative napoleoniche.

---

[3] Gv 16, 30.
[4] Dell'ostia.
[5] Denis-Auguste-Marie Raffet (1804-1860), illustratore su tavole litografiche, disegnatore, incisore, soprattutto di temi militari del periodo repubblicano e imperiale.
[6] Couvreur, J., *Six aigles de la Grande Armée ont défilé devant le tombeau de l'Empereur*, Le Monde, 12/05/1953, p. 6 (trad. mia).

> **L'anniversaire de la mort de Napoléon**
>
> **SIX AIGLES DE LA GRANDE ARMEE**
> ont défilé
> **DEVANT LE TOMBEAU DE L'EMPEREUR**

Sul bolletino dell'Accademia delle Scienze di Montpellier c'è su di lui il seguente profilo biografico:

> «grazie alla sua conoscenza dell'epopea napoleonica, è reclutato dal museo dell'esercito per occuparsi di questo periodo. È stato aiutato per questa nomina dal principe Napoleone. Per 13 anni sarà l'amministratore di tutto ciò che riguarda Napoleone I. (…)
> Una volta nominato al museo dell'esercito, Gilis si mette in contatto con il signor Lachouque, un illustre storico che faceva parte della Sabretache, una società che si era formata sotto la monarchia imperiale. È una società di storia militare creata da militari, che si occupa in particolare di organizzare mostre sull'epoca napoleonica[7]. Questo è il ruolo affidato a Gilis. Non è stato sempre facile.
> Si trasferisce agli Invalides nell'ufficio del maresciallo Foch e organizza le mostre nel salone d'onore: successo totale. Fa anche fare una carta intestata:
>
> "Medico-colonnello Gilis"
> "curatore del principe Napoleone"
>
> Allestisce mostre itineranti e conferenze a Bruxelles, Nizza, Gand e anche a Waterloo. (…)

---

[7] Si veda: *fr.wikipedia.org/wiki/La_Sabretache*

Gilis è rimasto in questa carica per 10 anni (1950-1960). Si ritira a Montpellier dove è ricevuto nel 1972 all'Accademia come storico di Napoleone. Molto assiduo alle sessioni dell'accademia, ha tenuto poi diverse conferenze sull'impero. Alla fine, tutti gli oggetti del principe Napoleone sono stati venduti al museo della Malmaison e i libri agli archivi. Tutti questi oggetti sono stati salvati grazie a lui, molto aiutato in questo dal maresciallo Juin»[8].

L'articolo di Angelo Nizza su *La Stampa* del luglio 1950 terminava così: «Già si parla di mandare a Marengo quattro cavalli da attaccarsi alla vettura di Napoleone per un ritorno trionfale in Francia».
Chi ne parlava? Chi lo voleva? Sicuramente Lachouque e Gilis, e probabilmente anche Rol. Dovettero però passare ancora quattro anni e mezzo, fino al gennaio 1955, prima che la carrozza venisse (di nuovo?) acquistata, come veniamo a sapere dall'articolo seguente:

La carrozza di Napoleone non tornerà più al Museo?
La Gazzetta del Popolo, 09/02/1955, p. 4

di b.m.

Occhiello
Le vicende del pregevole cimelio, che ora si trova in riparazione a Torino – Si teme che la vettura una volta ripristinata parta per Parigi – L'iniziativa di un gruppo di studiosi per dotare il Museo di Marengo.

Alessandria – La carrozza imperiale di Napoleone non è più ad Alessandria. All'incirca un mese fa lo storico veicolo venne caricato su un autocarro e trasportato a Torino dove ora si trova in un laboratorio di via Guastalla *20*[9], affidato alle mani di bravi artigiani che la stanno rimettendo a nuovo cancellando le ferite che il tempo e la noncuranza delle persone che l'avevano in custodia gli avevano procurato. Quale sarà poi la sorte della celebre carrozza? Questo si chiedono molti alessandrini preoccupati di non veder più ritornare nella loro città uno dei più significativi cimeli storici.
La carrozza imperiale si trovava nel museo del Castello di Marengo dove sino a qualche anno fa erano raccolte e custodite le testimonianze della famosa battaglia del 14 giugno 1800,

---

[8] Boudet, C., *Eloge de Louis Gilis*, 24/11/1997, in: *Bulletin de l'Académie des sciences et lettres de Montpellier*, Vol. 28, 1998, p. 331 (trad. mia).
[9] Nell'articolo è scritto erroneamente «22», inutile ripetere l'errore.

successivamente trasferite nel museo civico di Alessandria. La vettura era servita a Napoleone e Giuseppina per compiere il viaggio da Parigi ad Alessandria nel 1805 in occasione della spettacolare rievocazione svoltasi il 5 *maggio*[10] della famosa battaglia. Sulla stessa carrozza la coppia imperiale avrebbe dovuto proseguire per Milano, ma a causa della rottura del timone il veicolo rimase nel castello di Marengo e l'imperatore raggiunse Milano con un'altra vettura[11].

Una vecchia pubblicazione francese sul castello di Marengo parla della carrozza imperiale come di un oggetto di pregevole valore artistico oltreché storico. "La carrozza – dice l'anonimo scrittore – è tutta dorata in oro zecchino ornata delle insegne imperiali e foderata nell'interno di velluto rosso. I mozzi delle ruote sono di argento massiccio e ornamenti cesellati dello stesso metallo corrono lungo i bordi della vettura mentre pennacchi bianchi pendono ai quattro lati".

Naturalmente in questi ultimi anni la carrozza aveva perso molto del suo antico splendore; essa, infatti, era relegata in una specie di ripostiglio nel rustico del castello di Marengo[12] fra aratri e altri attrezzi agricoli, e le galline se ne servivano per loro dimora[13]; a chi appartenesse in questi ultimi anni non è ben chiaro, probabilmente era rimasto, come lo dovrebbe essere tuttora, patrimonio artistico dello Stato.

---

[10] Nell'articolo è scritto erroneamente 5 «giugno».
[11] Anche secondo questo giornalista la carrozza non sarebbe mai arrivata a Milano. Però la sua fonte, come molto probabile, potrebbe essere l'articolo de *La Stampa* del 1950. E il "castello" di Marengo nel 1805 in realtà non esisteva ancora, esisteva invece una locanda che fungeva da sosta per i viaggiatori e i cavalli («une ferme et une auberge», dice l'articolo su *L'illustration*, p. 375).
[12] Questa informazione non coincide con la versione fornita da Buffa di Perrero. Ma come già ho anticipato la carrozza potrebbe essere stata trasferita otto anni prima, nel 1947, dalla cascina al ripostiglio di Villa Delavo. Sembra infatti difficile che potesse trovarsi già lì, praticamente ignorata. Nella corrispondenza degli enti locali che nella prima metà degli anni '50 si occuparono della carrozza, probabilmente c'è l'informazione corretta.
[13] Nell'articolo su *La Stampa* del 1950 già si diceva che la carrozza era «in fondo a un camerone fra attrezzi da campagna e altri veicoli fuori uso», non però che questo camerone fosse a Villa Delavo, la quale anni prima sarebbe stata da Cavanna «rivenduta alla società Montecatini con parte dei mobili che l'arredavano». È lecito chiedersi come poteva la carrozza essere a Villa Delavo e il Cavanna ne avesse la disponibilità se aveva venduto il palazzo anni prima, per quanto accordi informali possano esserci stati. È evidente come ci siano delle informazioni inesatte ed incomplete.

È certo che quando il castello venne venduto nell'immediato dopo guerra dal barone Cataldi alla società Montecatini[14], la carrozza non venne compresa fra i beni ceduti, e mentre le armi e gli altri cimeli della battaglia e dell'epoca napoleonica venero donati dalla Montecatini al Museo civico di Alessandria che li raccolse con cura nella sue sale, la carrozza continuò ad assolvere la sua funzione di pollaio nel disordinato ripostiglio del rustico.

Qualche mese fa le autorità comunali, la Camera di Commercio e l'Ente del Turismo si preoccuparono di entrare in possesso della carrozza imperiale per rimetterla in ordine, ma poi la lodevole iniziativa cadde non si sa in seguito a quali difficoltà incontrate lungo il cammino[15]. Ora si è saputo che la carrozza è partita per Torino e la notizia non mancherà di provocare rumore e disappunto, specialmente in quella parte della popolazione che ha cara la sorte dei pochi cimeli storici conservati nella città.

Da quanto ci risulta la carrozza non è stata pagata perché in realtà mancava forse un legittimo proprietario[16]; si sa pure che il torinese, presso il quale ora si trova, è un collezionista e amante di cimeli napoleonici in ottimi rapporti con il museo degli Invalidi di Parigi. "Non ci sarà pericolo – si domandano gli alessandrini – che la nostra carrozza, rimessa a nuovo, raggiunga poi Parigi?"[17]

---

[14] Qui troviamo un'altra informazione conflittuante: come ricordato alla nota precedente, risultava che fosse stato Cavanna a vendere la Villa, non il «barone Cataldi» (informazione ripresa poi da altri): dovrei supporre sia che non fu Cavanna, sia che, quasi un secolo dopo che il patrimonio di Delavo – che includeva la villa – fu messo all'asta (1857) che si aggiudicarono i fratelli, baroni, Cataldi di Genova (Giuliano, notaio, e Alessandro, banchiere), un altro Cataldi discendente da uno di loro l'abbia venduta alla Montecatini. Mi pare strano, e anche qui occorrerebbe una ricerca negli atti di cessione.

[15] Una ricerca d'archivio presso gli enti coinvolti potrebbe svelare i vari passaggi di questa fase.

[16] A conferma che la carrozza fosse pressoché ignorata o comunque non tenuta in nessun conto. Qui si afferma che non sia stata pagata, ma in un articolo successivo su *L'unità*, che cito di seguito, sarebbe «stata acquistata da un antiquario torinese per la cifra di un milione di lire» (corrispondente, come rivalutazione monetaria, a 17.000 euro nel 2022). Anche se nessuno era proprietario della carrozza, Cavanna deve aver chiesto comunque un corrispettivo (o Rol gli ha fatto l'offerta) per il fatto che si trovava sulla sua proprietà – e se ha fatto tale rivendicazione, ciò escluderebbe anche un "Cataldi" dalla vicenda – e del resto già nel 1950 era chiara la sua intenzione di venderla.

[17] Il "pericolo" c'era di sicuro, e il passaggio seguente già anticipa quello che poi sarebbe successo, ovvero il blocco dell'esportazione. Non è detto però, almeno non in un primo tempo, che la carrozza sarebbe andata subito a Parigi, si ricorderà infatti che nel 1950 «il museo Massena di Nizza» aveva «divisato di farne acquisto». È possibile che a un certo punto ci sia stata una conversazione, magari

Per ora, almeno il pericolo non è imminente perché la carrozza, quale oggetto artistico e storico, è ancora notificato presso la Sovraintendenza dello Stato e perciò soggetta al vincolo che ne vieta l'esportazione[18]. Non bastano però queste assicurazioni a tranquillizzare gli alessandrini che preferirebbero veder ritornare nella loro città la carrozza. Un gruppo di privati, studiosi della storia napoleonica, sarebbero disposti ad acquistarla per donarla al Comune allo scopo di riordinare e valorizzare il museo delle glorie di Marengo, e comunque sono decisi ad opporsi in ogni modo alla sua definitiva partenza. Che ne pensano le autorità e gli organi competenti dell'iniziativa?»

In un altro articolo di pochi giorni dopo si riassumeva nell'occhiello che «il sindaco, personalità ed Enti sono tutti concordi perché la storica vettura torni presto ad Alessandria in una sede degna»[19]; quasi due mesi dopo *L'unità* pubblicava l'articolo che segue:

SUI LUOGHI DI UNA CELEBERRIMA BATTAGLIA DEL PRIMO CONSOLE

E' scomparsa da Marengo la carrozza di Napoleone

C'è un bar con televisione dove cadde ucciso il gen. Desaix - Un patrimonio di cimeli storici va disperso - «Qui ci sono le ossa e i monumenti...» - L'inchino di Bonaparte a Giuseppina - Un tamburo che fermava i turisti - Il castello ceduto

---

È scomparsa da Marengo la carrozza di Napoleone
L'Unità, 02/04/1955, p. 5

di Filippo Ivaldi

A 200 m dalla località ove il generale Desaix stramazzò da cavallo per una pallottola nel cuore c'è oggi un bar con televisione. Entro e chiedo: «Che ne è della carrozza di Napoleone? Che ne è di tutto quell'armamentario di sciabole, schioppi, elmi della battaglia?».
Ricordavo una gita scolastica a Marengo, lo scintillare del Bormida, l'afa del meriggio di giugno e la voce solenne del

---

con punti di vista divergenti, tra Lachouque, Gilis e Rol se portarla a Nizza o a Parigi.
[18] Utile sarebbe sapere da chi e quando fu fatta la notifica.
[19] *La carrozza di Napoleone è un cimelio della città,* La Gazzetta del Popolo, 15/02/1955, p. 4.

professore che spiegava: «Qui la cavalleria francese ruppe lo schieramento massiccio dei reggimenti austriaci e dilagò verso il fiume». Ricordi quasi reali ma suggestivi e fascinosi come i primi romanzi di avventure: rivivevano in me le immagini ingigantite dalla nostra fantasia di ragazzetti, ed ecco lo schieramento geometrico dei battaglioni tra i grani alti e maturi, ecco lo squillare delle trombe, la valanga dei cavalli al galoppo, ecco il Primo Console Bonaparte che tiene rapporto ai suoi ufficiali, dà ordini secchi, geniali, e poi la rotta degli sconfitti, i morti a centinaia sul terreno.

Quel nostro professore sapeva scoprire, nella storia i lati aridi ed io ricorderò sempre la figura del Desaix «giunto dalla Francia pochi giorni prima. Vestiva ancora in borghese e galoppava alla testa della sua armata con la lunga capigliatura nera annodata dietro la nuca. Quando cadde nella mischia, nessuno ebbe tempo di occuparsi di lui. Ma, col calar della notte (c'era luna piena di giugno) due ufficiali presero a percorrere il campo di battaglia, voltavano e rivoltavano i cadaveri finché non videro quella chioma – era il generale.

Mentre mi vengono in mente queste storie ... il padrone del bar mi consiglia: «Vada ad interrogare quel tabaccaio laggiù, potrà avere qualche novità sulla carrozza». Vado.

C'è una donnetta in scialle scuro che mi guarda un poco stupita da dietro il banco. «Ah la carrozza? Non c'è più. Credo l'abbiano portata a Torino per restauri. Le armi? Credo siano ad Alessandria. Qui a Marengo non c'è più gran che, solo le ossa e i monumenti...».

Qualche anno fa il castello di Marengo fu ceduto dal barone Cataldi, genovese, alla Montecatini[20]. Un monumento storico di indubbio valore veniva dato in pasto agli appetiti della società che distrusse il parco superbo, allestì alloggi, creò un circolo mettendo in soffitta ogni vestigia, isolando la famosa carrozza sotto un porticato ove ben presto branchi di topi la fecero da padroni[21].

Nel filetto centrale il bianco monumento marmoreo di Napoleone assistette impassibile a tutto quello scempio, segno dei tempi.

In compenso, i nuovi padroni abbellirono l'aiuola di alloro che fa quadrato, e ciò allo scopo di rendere più civettuolo il giardino, e lasciarono che il busto di Desaix si screpolasse e s'annerisse, e si sbarazzarono in fretta dell'armeria.

---

[20] Di nuovo la stessa dubbia notizia dell'articolo precedente.
[21] Qui sembra esserci un dettaglio nuovo, si parla di «porticato», a quanto pare a o presso Villa Delavo. Ricordo che siamo comunque 8 anni dopo che Rol scoprì la carrozza.

Un bel giorno la carrozza fu issata sopra un grosso autocarro che partì in direzione di Alessandria. Dov'è finita? Si dice sia stata acquistata da un antiquario torinese per la cifra di un milione di lire[22], ma non si esclude che, dopo i ritocchi di cui ha bisogno prenda, senza passaporto, la strada della Francia. In questo caso compirebbe a ritroso lo stesso viaggio di oltre un secolo e mezzo fa, allorché signoreggiò superba sulla strada di Marengo trainata da sei cavalli e tutta piena dell'esuberante sorriso di Giuseppina Bonaparte, Imperatrice.

Era il 5 maggio del 1805. L'ex Primo Console che, cinque anni prima a Marengo aveva visto spianarsi la strada dell'Impero volle tornare sul luogo per una ricostruzione integrale della battaglia. Servivano alla bisogna i reggimenti delle guarnigioni piemontesi che tornarono ad allinearsi sulla piana come in quell'alba del 14 giugno del 1800.

Napoleone giunse a cavallo, si inchinò davanti al trono di Giuseppina allestito in una grande radura popolata di alti generali, passò in rassegna le truppe che poi presero a manovrare. (…)

Non sono a pochi a sostenere che, fino alle 3 del pomeriggio il Primo Console se ne stette, pressoché ignaro, al suo quartier generale di Torre Garofoli presso Tortona mentre le fanterie francesi venivano sorprese dall'audace offensiva austriaca scatenatasi all'alba. Secondo questi ultimi, Napoleone era lontanissimo dall'aspettarsi un attacco: pensava, piuttosto ad una ritirata austriaca verso Genova e, sua unica preoccupazione era quella di tagliare ogni via di ritirata.

È comunque storicamente provato che, per tutta la mattinata Napoleone fu tagliato fuori dalla mischia furibonda che infuriò a ridosso del Bormida e che, solo verso le quattro del pomeriggio, allorché la rotta francese sembrò al suo culmine e senza scampo egli prese saldamente in pugno le sorti della giornata.

Le capovolse in meno di due ore aiutato da una buona dose di fortuna: erano infatti giunte sul campo di battaglia le truppe fresche di Desaix che, con una controffensiva fulminea ricacciarono gli austriaci sul Bormida.

Alle 20 di quella giornata Napoleone, dopo aver galoppato con la guardia del corpo sul campo di battaglia si apprestò a redigere il bollettino ufficiale della vittoria in una stanzetta di Torre Garofoli, e quando una staffetta recò la notizia della morte di Desaix pronunziò la celebre frase: «Perché non posso piangere?».

---

[22] L'antiquario dovrebbe essere Rol, tuttavia come vedremo pare sia esistito prima un tramite ulteriore, certo D'Agostino, anche lui antiquario in Torino, che la rivendette subito dopo a Rol.

Il lettore ci perdonerà questa breve divagazione storica, ma era necessaria per sottolineare la ricchezza di motivi che si addensano, da oltre un secolo, attorno al villaggio di Marengo e al suo castello.

C'erano, qui gli ultimi ricordi di una giornata che aveva praticamente chiuso la prima fase della rivoluzione francese per aprire l'epoca dell'Impero della involuzione e il ritorno della restaurazione monarchica.

A Marengo – possiamo dirlo – erano morti gli ultimi «scalzi figli di Francia solo di rabbia armati», ed erano morti per aprire al Bonaparte le strade dei trionfi di Parigi e del colpo di Stato.

Meritava di essere custodito il patrimonio di cimeli di Marengo? Ci sembra di sì.

Lasciamo, in proposito ancora parlare la tabaccaia: «Ah, quella carrozza! Molti francesi di passaggio sull'autostrada si fermavano apposta per osservarla[23], ma non c'era solo lei. C'erano le calze di Napoleone, c'era un fazzoletto, c'era un gran bel portacappello, e poi il calamaio. Non c'è più niente. Persino un tamburo, c'era, proprio di quell'epoca, sano e robusto e vibrante, e la gente che faceva visita a Marengo lo teneva in gran considerazione».

Esco a dare un'occhiata al posto. È quasi sera e soffia un vento freddo che piega gli ultimi pini del parco magro, triste. Le cascinotte di Marengo giù verso Santa Giulia anneriscono nella prima sera.

Tutta la piana è silenziosa e mi vengono in mente le note di un cronista dell'Ottocento:

«Per un mese dopo la battaglia nessuno si occupò di dare sepoltura ai cadaveri che si decomposero insieme con le carogne dei cavalli. Dopo la vittoria, la soldataglia francese fu tutta occupata a saccheggiare i villaggi...». Ma il 17[24] di giugno Napoleone aveva firmato la «Convenzione di Alessandria» ed era partito, in pompa magna alla volta di Milano.

La storia era passata da quelle parti, gli aveva piantato un suo pilastro e il castello di Marengo sembrò volerlo conservare, per lo meno, alla curiosità dei posteri. Sorsero le colonne con sopra l'aquila imperiale napoleonica, i cimeli furono raccolti e composti in apposite sale, quella carrozza di Giuseppina fu posta come una lussureggiante matrona al centro dell'interesse dei visitatori.

---

[23] Affermazione che deve essere riferita al periodo 1950-1955, perché fu a partire dal 1950 – come da articolo su *Nice-matin* – che gli abitanti della Costa Azzurra e di Nizza vennero a conoscenza della carrozza ed è a questi francesi che ritengo si faccia riferimento.

[24] Nella notte tra il 15 e il 16.

Passò l'Impero, Napoleone, dall'Elba tornò con le sue memorie a Marengo descrivendo l'ultima definitiva versione della battaglia che molti storici definiscono inesatta.

In essa egli accentua, più di quanto avesse fatto prima, la funzione decisiva del suo genio tattico e strategico relegando in secondo piano l'eroismo dei soldati di Francia.

A Marengo molti francesi hanno sempre guardato con interesse storico. Decine di scrittori di cose militari misurarono passo a passo la grande piana, e anche nella loro arida concezione i motivi strategici del genio napoleonico non disdegnavano una visita ai cimeli, alla carrozza, alle armi. Peccato che tutto ciò sia scomparso. Alessandria ha ragione di dolersene. Tanto che il Comune sarebbe disposto, nei limiti ragionevoli ad acquistare la carrozza una volta restaurata. L'opinione pubblica appare favorevole. Che ne dice la Sovraintendenza ai monumenti? Questo organismo che a volte mette a soqquadro interi caseggiati per una piccola lapide di scarso valore storico può lasciare definitivamente morire il castello di Marengo? Speriamo di no.

*

Tra i documenti del lascito Ferrari al Comune di Torino, c'è anche una lettera indirizzata a Rol, senza data, di Gina Mensi, moglie di Arturo Mensi, che come avevamo già visto era il direttore del Museo di Alessandria e di altre istituzioni locali:

Gentile e Caro Dottore

Le invio n.° 6 pose della carrozza Napoleonica, delle quali tre stampate in duplici esemplari e tre in esemplare semplice. Mi favorisca due se vanno bene e se desidera qualche altra copia e se per caso desidera qualche particolare più ingrandito.
Sono andata io stessa col fotografo sul posto, perché mio marito continua a non star bene.
Credo di avere interpretato in pieno il Suo desiderio... ma che fatica per convincere quella gente!!.
Lei scriva subito o meglio mi telefoni.
    Nell'attesa voglia gradire i nostri saluti migliori e.... soprattutto non ci dimentichi!

Di Lei dev.^{ma}

Gina Mensi

Penso si possa collocare questa comunicazione alla fine degli anni '40, probabilmente nel 1947 quando Rol scoprì la carrozza. La «gente» di cui si parla dovrebbe essere quella della cascina e anche se il «vecchio contadino» non aveva maltrattato Rol, quanto scrive la Mensi confermerebbe che anche quelli erano «contadini... molto reticenti e sospettosi».
Un profilo sulla «signora Mensi» che Rol già aveva menzionato nell'articolo poi non pubblicato per *Gente*, lo troviamo su *La Stampa* nel 1995, in occasione della sua morte:

> ...Gina Garrone Mensi, figura assai nota non soltanto in città, dove era nata e ha sempre vissuto, ma in tutto il mondo artistico italiano. Aveva 85 anni (...). Per decenni, e fino a pochissimi anni fa, Gina Mensi diresse la galleria d'arte "La Maggiolina", salotto culturale di Alessandria, che il marito (il professor Arturo Mensi, per 40 anni direttore della Biblioteca e Pinacoteca e promotore di mostre d'arte nazionali) aveva rilevato nel 1956 dai fondatori, un gruppo di artisti locali. Gina Mensi dopo il matrimonio divenne un'appassionata e profonda intenditrice d'arte e d'antiquariato. Dal 1973, quando morì il marito, si occupò personalmente della galleria "La Maggiolina", che ha ospitato i più noti nomi della pittura italiana e internazionale. Lo fece con tanta passione e abilità fino al 1991: nel settembre di quell'anno scomparve l'unico figlio, Enrico, medico a Torino, stroncato da una malattia. Da quella morte Gina Mensi non si era più ripresa: aveva cominciato a isolarsi dal mondo. Restava chiusa nella sua splendida casa di via Trotti, ricca di opere d'arte. Non voleva vedere nessuno, a parte nuora e nipoti, non aveva più voglia di vivere. E pensare che anche in età avanzata Gina Mensi aveva condotto una vita dinamica; viaggiava, incontrava artisti, si circondava di amici. Socia fondatrice, nel 1968, del Soroptimist club, ne ha fatto parte attivamente e non mancava mai alle riunioni della Croce rossa, di cui era consigliera. Si deve a Gina Mensi il merito di avere organizzato rassegne artistiche di altissimo livello come quelle dedicate a Giovanni Migliara, a Carlo Bossolo, a Carlo Carrà (di cui era grande amica), a Virgilio Guidi, ai "Futurismi postali" e a De Chirico, con la collaborazione, a partire dal 1983, della nipote Cocca, a sua volta appassionata intenditrice d'arte. Nel centenario della nascita del pittore alessandrino Pietro Morando fu proprio Gina Mensi, per prima, a rendere omaggio in città al grande artista. Per tenere alto il nome de "La Maggiolina" e contribuire al prestigio culturale cittadino, Gina Mensi aveva profuso tutte le sue energie, allestendo mostre originali e interessanti, con entusiasmo o

intraprendenza. Quando fu costretta, per esigenze altrui, a trasferire di una trentina di metri la galleria (era in corso Roma angolo via Bergamo) in locali più semplici e moderni, per lei fu un dolore: "Non è più la stessa" diceva»[1].

(foto © Franco Rol – Archivio Storico del Comune di Torino)

La busta dove era contenuta la lettera di Gina Mensi ha l'intestazione del figlio di Gina e Arturo di cui si parla nell'articolo, il dottor Enrico Mensi, medico pediatra che fu direttore sanitario dell'Ospedalino Koelliker a Torino (dal 1974 al 1991) – nipote del dottor Enrico Bartolomeo Mensi (padre di Arturo) che il Koelliker lo inaugurò nel 1928 e di cui fu a sua volta direttore – docente di Puericultura all'Università della stessa città e amico di Rol.

---

[1] Camagna, E., *Valorizzò la città attraverso l'arte*, La Stampa, 08/06/1995, p. 38 (cronaca di Alessandria). Si veda anche: Camagna, E., *Le magnifiche «dieci e lode»*, Stampa Sera, 02/04/1990, p. 6 (cronaca di Alessandria): «Dodici alessandrine hanno ricevuto il premio "Donna 10 e lode" un riconoscimento che il "Club delle Donne" di Alessandria fondato e presieduto dalla parlamentare Margherita Boniver, assegna da tre anni a chi si è particolarmente distinto nei rispettivi settori di attività». Gina Mensi è una di loro, insieme, tra le altre, alla giornalista Rai Lorenza Foschini e alla stilista Maria Luisa Trussardi.

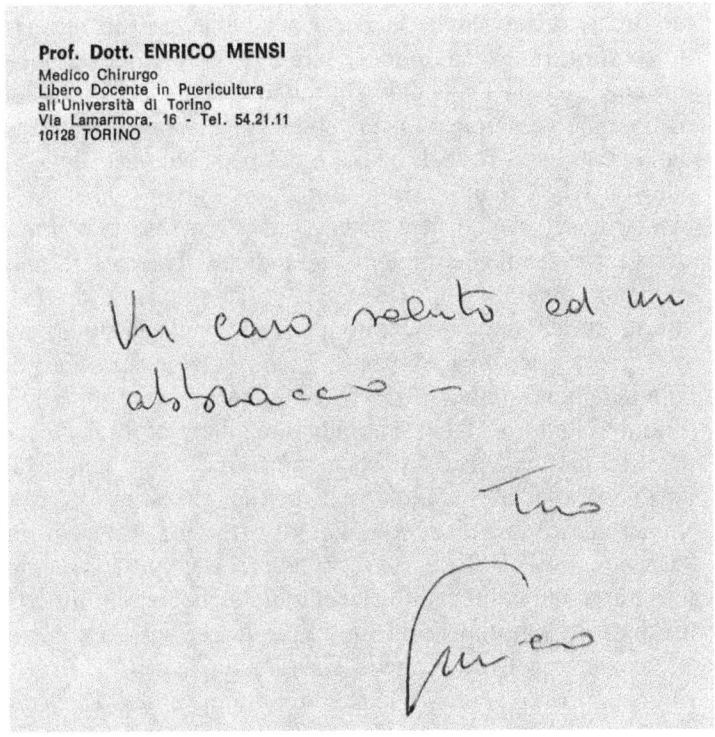

(foto © Franco Rol – Archivio Storico del Comune di Torino)

Probabilmente Enrico Mensi dovette fare avere a Rol la busta con la lettera della madre, sulla quale scrisse, come si vede, «Un caro saluto e un abbraccio – Tuo Enrico».
Sul rapporto tra lui e Rol – apro qui una parentesi – abbiamo la testimonianza di Giuseppe Trappo, che esercitava la pranoterapia a Torino, riferita nel 2006. Trappo affermò di aver frequentato Rol, e come certi altri, per ragioni e nei modi che non mi dilungo ora ad evidenziare, mi pare abbia esagerato la sua frequentazione. Lo racconta Elio Blancato, giornalista de *La Stampa* e scrittore:

> «Verso la fine degli Anni Settanta, Trappo conobbe il professor Mensi, a quel tempo direttore sanitario dell'ospedale "Koelliker" di Torino. Mensi aveva subìto due bypass aortocoronarici e andava regolarmente da Trappo per migliorare la sua condizione cardiaca, al fine di prevenire ulteriori complicazioni. "Il professor Mensi – racconta Trappo – era un uomo prammatico, aperto, assai scrupoloso nell'esercizio della sua professione. Dopo alcuni mesi di trattamento, avendo constatato di persona l'efficacia della pranoterapia, mi propose di andare da lui in ospedale per trattare alcuni ricoverati che avrebbero potuto trarre giovamento da quella

terapia. Accettai l'invito, anche se – devo essere sincero – mi dava un po' fastidio l'idea di dover fare terapia di nascosto, alla sera o di notte, quando l'ospedale era vuoto e non c'era più nessuno. A quel tempo la pranoterapia era poco conosciuta e perciò osteggiata dalla maggior parte dei medici e del personale ospedaliero. Così, con qualche comprensibile titubanza, iniziai la mia attività clandestina andando in ospedale due o tre sere la settimana per trattare i pazienti che mi venivano indicati. Trascorsero un paio di settimane quando scoprii che non ero il solo a cui Mensi aveva chiesto collaborazione. Una sera, uscendo dal suo studio, incrociai un signore che stava arrivando a passo svelto. Era alto, distinto, completamente calvo e molto elegante nel suo soprabito color "fumo di Londra". Rimasi colpito dalle dimensioni della sua testa, in verità piuttosto piccola rispetto al resto del corpo, ma illuminata da due grandi e profondi occhi cerulei. Si fermò di colpo, mi squadrò da capo a piedi ed esclamò: "Trappo?" Ed io di rimando: "Maestro Rol?". Non l'avevo mai visto prima, neppure in fotografia, ma intuii subito che era lui. Stringendomi forte la mano mi disse: "Complimenti, Trappo, per la sua serietà e correttezza. So che lavora bene e anche con grande impegno. Bravo!". Lo ringraziai con un sorriso, lo salutai e me ne andai. Due sere dopo era lì, nello studio di Mensi. Parlammo un po' di noi e dei malati da curare, e così iniziò il nostro sodalizio. Rol aveva qualche volta imposto le mani, ma con risultati alterni[2]. In realtà era bravissimo a fare diagnosi. Bastava lo si portasse accanto al letto di un malato perché lui elencasse, con la precisone di uno *scanner*, tutte le principali malattie della persona. Per Mensi era di grande aiuto perché nei casi dubbi era sicuro di non sbagliare terapia[3]. Normalmente agivamo così: Mensi sceglieva i pazienti da trattare e ci accompagnava da loro con la cartella clinica; Rol verificava la completezza della diagnosi formulata e, nei casi di più patologie, indicava quella da curare per prima; a questo punto intervenivo io imponendo le mani sulle parti da trattare[4]. I risultati erano eccellenti. Nei casi più gravi l'impegno si moltiplicava e i

---

[2] Peccato non spieghi cosa intenda dire con un esempio specifico, ma dubito che lo conoscesse. Penso si riferisca piuttosto al fatto che preferisse altri sistemi, ad esempio quello dei "soffioni verdi", non che fosse stato inefficace in qualche occasione, non essendoci prova di questo (piuttosto del contrario, cfr. la classe *Interventi terapeutici e guarigioni* nei volumi precedenti).

[3] Molti altri medici chiedevano aiuto a Rol per risolvere questioni cliniche o chirurgiche delicate, questo è un esempio *sui generis*.

[4] Credo che Rol lasciasse fare a Trappo per una forma di rispetto, e anche per Mensi. Era stato, diciamo così, "al gioco". Avrebbe benissimo potuto svolgere lui entrambe le funzioni.

trattamenti venivano fatti sia prima che dopo l'intervento chirurgico. Quando dovevamo operare in una corsia meno tranquilla, dove la nostra presenza poteva essere notata, Rol restava in disparte ed agiva con la mente a distanza, visualizzando la persona e gli organi da trattare"».

«Il sodalizio con Rol andò avanti diversi mesi, con grande soddisfazione di Mensi che riscontrava risultati apprezzabili anche su patologie importanti e complesse. Giuseppe, però, in cuor suo non era contento. L'impegno che si era assunto era diventato sempre più gravoso. A giorni alterni tornava a casa a notte fonda, esausto, e dopo poche ore di sonno doveva essere già in piedi, pronto a ricevere i primi pazienti. Tuttavia, la cosa che lo disturbava di più era il pensiero di dover lavorare in clandestinità, come chi ha qualcosa da nascondere, come un ladro. Lui e Rol non facevano nulla di male, aiutavano i malati, eppure erano costretti a muoversi furtivamente tra letti e corsie affinchè nessuno sapesse cosa stavano facendo. Non era giusto, e neppure accettabile.

"Così, dopo quasi un anno di quella vita – ricorda Giuseppe – non ce la feci più e mi ritirai. Avevo i miei pazienti da curare, ma se c'era qualche malato da trattare al "Koelliker" o in un altro ospedale, ero pronto a farlo alla luce del sole e non di nascosto. Spiegai a Mensi e a Rol le ragioni di questa mia scelta e il rapporto d'amicizia con loro non ne risentì. Ci trovammo altre volte in ospedale per dare il nostro aiuto ai malati, ma lo si faceva davanti a tutti, com'era giusto che fosse"»[5].

---

[5] Blancato, E., *Il sodalizio con Rol*, in: *Curare con le mani e con il cuore. Le straordinarie doti di Giuseppe Trappo*, Armenia, Milano, 2006, pp. 152-154; 156-157. Nelle prime pagine del capitolo ci sono informazioni imprecise ed altre estrapolate da altri testi, senza fonte. A p. 154 Trappo afferma di essere stato presente al seguente prodigio: Rol era al Koelliker con lui e Mensi, aveva dimenticato a casa gli occhiali, a un certo punto essi compaiono galleggianti nell'aria nei pressi della finestra aperta, con un gesto li chiama a sé ed essi vanno ad appoggiarsi sul suo naso. Ora, un prodigio identico lo aveva raccontato nove anni prima Maria Luisa Giordano (*Rol oltre il prodigio*, 1995, p. 54, poi ripetuto in altre pubblicazioni, cfr. vol. 1, XVI-22), alla quale chiesi lumi. Lei mi disse che Trappo aveva mentito e che a quell'episodio avevano assistito, oltre a lei, il prof. Mensi e la figlia del prof. Giuseppe Delle Piane e che Trappo non c'era. Interpellato, Trappo non confermò né negò, e Blancato si dimostrò stupito del suo comportamento, sostenendo che era stato lui a raccontargli l'episodio (volendo allontanare da sé qualsiasi idea di plagio). L'ordine cronologico depone a favore di Maria Luisa Giordano, e Trappo deve aver riferito l'episodio perché glielo aveva raccontato Mensi, dicendo di essere stato presente mentre non era così. Non sarebbe certo il primo testimone, comunque, ad essere incappato in questo genere di "appropriazione indebita".

Di Enrico Mensi ho trovato una breve intervista del 1982 su *Stampa Sera*:

> *«Il professor Enrico Mensi si presta gentilmente a soddisfare una nostra curiosità: che cosa può pensare un medico a proposito dell'afflusso di clienti che vantano non solo "aggiustaossa" e pranoterapisti, ma anche "guaritori" che intendono addirittura realizzare i loro intenti terapeutici attraverso "operazioni magiche" basate su evocazioni, formulari medioevali, fumate d'incenso e altro che potevano forse giustificarsi secoli addietro quando la medicina attuale era ai suoi albori e si può dire poco diversa dalle consorelle alchimia e magia.*

"Il fatto che pratiche quasi stregonesche prosperino intorno agli Anni 2000 non mi meraviglia né scandalizza: a mio giudizio anzi questa constatazione può invitare il medico a un certo esame di coscienza. Può indurlo cioè ad analizzare meglio il rapporto che ha con il malato. Ad esempio è facile osservare che il tecnicismo in cui il paziente è immediatamente introdotto come in uno spersonalizzante ingranaggio abbatte il malato che vede approfondirsi la propria angoscia. Il medico stesso tende a perdere le caratteristiche personali: è sempre più solo lo 'specialista' per cui il rapporto paziente-malato è in pratica il falso contatto tra due entità prive di connotazioni umane".

Lei quindi spezza una lancia a favore dell'"umanità" del guaritore.

"Agli occhi del cliente, il guaritore è non solo umano, ma ricco di quella 'pancultura' (assente nello 'specialista') di cui il malato ha bisogno per sentirsi capito non solo nei suoi sintomi espressi ma anche in quelli inespressi che sono i più veri".

E il guaritore accede a questa sintomatologia segreta?

"Forse non lo fa, ma l'importante è che il malato creda che possa farlo. Seriamente il cliente può fideisticamente essere convinto che il mago lo guarirà 'in toto'".

Si può quindi pensare che il revival del mago-guaritore ponga l'accento su talune obiettive carenze nel rapporto interpersonale medico-cliente?

"Certamente. E anche sul fatto che il carisma del medico è alquanto calato: la gente ha bisogno di figure carismatiche ma non le ritrova nel terapeuta della medicina ufficiale, ma nei nuovi stregoni, a maggior ragione se si sono rimessi in testa il cappello a punta adorno di stelle e se sventolano la bacchetta magica"»[6].

---

[6] *Il medico non ha dubbi «Servono anche gli stregoni»*, Stampa Sera, 27/03/1982, p. 7 (Torino cronaca). Articolo non firmato, della redazione o di Marisa Di Bartolo, che ne aveva firmato un altro nella stessa pagina (anche lei aveva conosciuto Rol).

Il finale mi pare una battuta da non prendere sul serio, e comunque descrive il cappello del Mago Merlino così come raffigurato da Walt Disney in *Fantasia* nel 1940, fuso nei ricordi di Mensi con la versione de *La spada della roccia* del 1963 dove Merlino usa anche una bacchetta magica (ma il cappello non ha le stelline); ho avuto occasione in *Fellini & Rol* e in due articoli anteriori[7] di associare Rol – nei limiti del caso – proprio a Merlino, figura derivata da un personaggio quasi certamente reale, sciamano del VI secolo di tradizione druidica.

Chiusa la parentesi, veniamo ora ad alcuni documenti diretti e inediti che ebbi modo di consultare nel 2008 presso l'Ordine Mauriziano, grazie all'assistenza in archivio della dott.ssa Sonia Damiano.
Il 18 aprile 1955 la Soprintendente alle Gallerie per il Piemonte, Noemi Gabrielli[8], scriveva al presidente dell'Ordine Mauriziano, Domenico Riccardo Peretti Griva[9]:

---

[7] Si vedano pp. 327-344 in questo volume.
[8] Noemi Gabrielli (1901-1979), storica dell'arte, diplomata in pianoforte, laureata in lettere all'Università di Torino, entrò nel 1934 alla *Soprintendenza all'arte medievale e moderna del Piemonte e della Liguria*, e nel 1952 venne nominata *Soprintendente alle Gallerie per il Piemonte*. Si è occupata sia del sistema museale torinese che di quello regionale, con censimenti del patrimonio storico e artistico, allestimenti di mostre e collezioni. Nel 1961 curò la sistemazione del *Museo di Storia, Arte e Ammobiliamento* della Palazzina di caccia di Stupinigi in occasione delle celebrazioni del centenario dell'Unità d'Italia, sistemazione completata nel 1963 per una mostra dedicata al Barocco piemontese. Autrice di saggi specifici, dopo la sua morte le venne intitolata una via a Pinerolo, dove era nata.
[9] Domenico Riccardo Peretti Griva (1882-1962), laureatosi all'Università di Torino nel 1905, magistrato, fotografo, alpinista, presidente del tribunale di Piacenza negli anni '30, in seguito presidente onorario della Corte d'Appello di Torino e Commissario dell'Ordine Mauriziano. Per un profilo, si veda *treccani.it*.

Torino, addì 18 aprile 1955[10]

A Sua Ecc. Peretti Griva
Presidente Ordine Mauriziano

Torino

Oggetto: Carrozza Napoleonica – Richiesta di deposito
Palazzina di Stupinigi. =

La carrozza di cui Napoleone si servì per il suo viaggio in Italia, in gran parte scolpita e dorata e regolarmente notificata, è stata di recente acquistata e restaurata dal dott. Rol, sotto il controllo di quest'ufficio.
Data l'importanza del cimelio io ritengo che nessun museo sia più adatto di ospitarla della palazzina di Stupinigi.
Sarei dunque a pregarLa della cortesia di voler accettare in deposito, per la palazzina suddetta, tale carrozza che ritengo aggiungerà una nuova attrattiva allo stupendo edificio.
Fiduciosa che Ella voglia consentire a questa cortesia, La ringrazio vivamente e La saluto.

Il Soprintendente
(Noemi Gabrielli)

---

[10] La data di questa lettera, che inizia di fatto il processo di ricezione da parte dell'Ordine Mauriziano, è per "coincidenza" straordinariamente simbolica. Era infatti l'esatto 150° anniversario dall'arrivo di Napoleone a Stupinigi (18 aprile 1805), proprio su quella carrozza, come vedremo più avanti.

REPUBBLICA ITALIANA

Soprintendenza alle Gallerie
del Piemonte

Palazzo Carignano - Torino
Telefono 47.158

N. di protocollo 412
Allegati
Risposta

Torino, addì 18 aprile 1955

A Sua Ecc. PERETTI GRIVA

Presidente Ordine Mauriziano

TORINO

OGGETTO: CARROZZA NAPOLEONICA - Richiesta di deposito
Palazzina di Stupinigi.=

    La carrozza di cui Napoleone si servì per il suo viaggio in Italia, in gran parte scolpita e dorata e regolarmente notificata, è stata di recente acquistata e restaurata dal dott. Rol, sotto il controllo di quest'ufficio.

    Data l'importanza del cimelio io ritengo che nessun museo sia più adatto di ospitarla della palazzina di Stupinigi.

    Sarei dunque a pregarLa della cortesia di voler accettare in deposito, per la palazzina suddetta, tale carrozza che ritengo aggiungerà una nuova attrattiva allo stupendo edificio.

    Fiduciosa che Ella voglia consentire a questa cortesia, La ringrazio vivamente e La saluto.

                        IL SOPRINTENDENTE
                         (Noemi Gabrielli)

(foto © Franco Rol – Archivio Storico dell'Ordine Mauriziano)

Dodici giorni dopo, Peretti Griva scriveva a Rol:

Torino, 30 aprile 1955

Gent.mo Dr. ROL,

la prof. Gabrielli mi ha comunicato la di Lei cortesissima determinazione di donare all'Ordine Mauriziano la molto interessante carrozza napoleonica. Io personalmente quale capo dell'Ordine Mauriziano, Le sono vivamente grato della Sua generosità.

Naturalmente intendo che siano a carico dell'Ordine le spese di restauro della carrozza che Le saranno rimborsate appena note.

La carrozza sarà degnamente sistemata nel propizio ambiente della Palazzina di caccia di Stupinigi e precisamente nel locale da Lei stesso intelligentemente designato e, cioè, nell'atrio ove già sono collocati i bassorilievi napoleonici dello Spalla.

È appena il caso che Le assicuri che la Sua donazione sarà visibilmente indicata sotto la carrozza.

Grato del Suo magnifico dono, che mentre sta a testimoniare la Sua benemerita iniziativa dovuta al Suo buon gusto ed alla Sua cultura storica, costituirà un prezioso mobile per la bella palazzina di Stupinigi.

Le invio i miei cordiali saluti ripromettendomi di conoscerLa personalmente e di ancora ringraziarLa al Suo ritorno da Parigi.

Suo D. PERETTI GRIVA

Torino, 30 aprile 1955

Gent.mo Dr. ROL,

la prof. Gabrielli mi ha comunicato la di Lei cortesissima determinazione di donare all'Ordine Mauriziano la molto interessante carrozza napoleonica.

Io personalmente quale capo dell'Ordine Mauriziano, Le sono vivamente grato della Sua generosità.

Naturalmente intendo che siano a carico dell'Ordine le spese di restauro della carrozza che Le saranno rimborsate appena note.

La carrozza sarà degnamente sistemata nel propizio ambiente della Palazzina di caccia di Stupinigi e precisamente nel locale da Lei stesso intelligentemente designato e, cioè, nell'atrio ove già sono collocati i bassorilievi napoleonici dello Spalla.

E' appena il caso che Le assicuri che la Sua donazione sarà visibilmente indicata sotto la carrozza.

Grato del Suo magnifico dono, che mentre sta a testimoniare la Sua benemerita iniziativa dovuta al Suo buon gusto ed alla Sua cultura storica, costituirà un prezioso mobile per la bella palazzina di Stupinigi.

Le invio i miei cordiali saluti ripromettendomi di conoscerLa personalmente e di ancora ringraziarLa al Suo ritorno da Parigi.

Suo D. PERETTI GRIVA

(foto © Franco Rol – Archivio Storico dell'Ordine Mauriziano)

Due settimane dopo Rol rispondeva:

Aix-les-bains
14 Maggio 1955

Eccellenza,

Mentre stavo lasciando Torino per alcuni giorni, mi venne consegnata la di Lei gentile lettera. Le Sue belle espressioni hanno trovato un'eco nel mio cuore e mi confermano di aver bene operato offrendo in dono all'Ordine Mauriziano, del quale Ella è l'alto e nobile Rappresentante, la carrrozza dell'Imperatore Napoleone.

Sono lieto ch'Ella abbia approvato la scelta del luogo per il collocamento del cimelio: è commuovente ricordare come l'Imperatore, innamorato di Stupinigi (che tanto gli ricordava la Malmaison), fosse disceso dalla stessa carrozza in questo stesso luogo per accedere ai suoi appartamenti piemontesi.

Napoleone non abitò mai il Palazzo Reale[1] che trovava troppo triste "comme la grandeur" osservazione che anche più tardi ebbe a fare entrando all'Ecuriale[2].

Questa carrozza, alla cui storia mi permetterò darLe tutti i dettagli, già apparteneva all'Imperatore quando era ancora Primo Console. Infatti, sotto gli stemmi autentici apposti per l'incoronazione a Re d'Italia, ci sono ancora i simboli repubblicani. Ho terminato le mie ricerche negli scorsi giorni a Parigi, dove il Ministero della Guerra e la Direzione degli Invalidi mi hanno messo a disposizione i loro Archivi. Posso così affermare trattarsi dell'unica carrozza esistente appartenuta a Napoleone fin dal tempo del Consolato e della stessa berlina che servì all'Imperatore per la sua incoronazione a Re d'Italia nel 1805.

Sarò molto lieto ed onorato di fornirLe a voce tutti i maggiori dettagli in mio possesso, e per intanto Le esprimo il mio desiderio di corrredare il mio dono con altri cimeli iniziando così, nella saletta di Stupinigi, un Museo, od almeno una raccolta Napoleonica che possa essere cara ai Piemontesi.

La ringrazio per quanto Ella ha disposto circa le spese di restauro e che, da parte mia, ho cercato di contenere nei limiti dell'indispensabile.

La prego, Eccellenza, di gradire i sensi della mia profonda devozione e di tutta la mia simpatia.

Suo
GAR.

---

[1] Di Torino.
[2] Il monastero dell'Escorial vicino a Madrid, del XVI secolo.

Aix-les-bains,
14 Maggio 1955

Eccellenza,

Mentre stavo lasciando Torino per alcuni giorni, mi venne consegnata la di Lei gentile lettera. Le Sue belle espressioni hanno trovato un'eco nel mio cuore e mi confermano di aver bene operato offrendo in dono all'Ordine Mauriziano, del quale Ella è l'alto e nobile Rappresentante, la carrozza dell'Imperatore Napoleone.

Sono lieto di Ella abbia approvato la scelta del luogo per il collocamento del cimelio:

(foto © Franco Rol – Archivio Storico dell'Ordine Mauriziano)

è commovente ricordare come l'Imperatore, innamorato di Stupinigi, (che tanto gli ricordava la Malmaison), forse disceso dalla stessa carrozza in questo stesso luogo per accedere ai suoi appartamenti piemontesi. Napoleone non abitò mai il Palazzo Reale che trovava troppo triste "comme la grandeur", osservazione che anche più tardi ebbe a fare entrando all'Escuriale. Questa carrozza, della cui storia mi permetterò darle tutti i dettagli, già apparteneva all'Imperatore quando era ancora Primo Console. Infatti, sotto gli stemmi autentici apposti per l'incoronazione a Re d'Italia, vi sono ancora

(foto © Franco Rol – Archivio Storico dell'Ordine Mauriziano)

i simboli repubblicani. Ho terminato le mie ricerche negl scorsi giorni a Parigi, dove il Ministero della guerra e la Direzione degl Invalidi mi hanno messo a disposizione i loro Archivi. Posso così affermare trattarsi dell'unica carrozza esistente appartenuta a Napoleone fin dal tempo del Consolato e della stessa berlina che servì all'Imperatore per la Sua ricoronazione a Re d'Italia nel 1805.
Sarò molto lieto ed onorato di fornirLe a voce tutti i ragguagli dettagli in mio possesso, e Le ribadisco (e esprimo) il mio desiderio di corredare il mio

(foto © Franco Rol – Archivio Storico dell'Ordine Mauriziano)

dono con altri cimeli *iniziando
così*, nella saletta di Stupinigi,
un Museo, od almeno una
raccolta Napoleonica che
possa essere cara ai Piemontesi.
La ringrazio per quanto Ella
ha disposto circa le spese
di restauro e che, da parte
mia, ho cercato di contenere
nei limiti dell'indispensabile.
La prego, Eccellenza, di
gradire i sensi della mia
profonda devozione e di
tutta la mia simpatia.

Suo

(foto © Franco Rol – Archivio Storico dell'Ordine Mauriziano)

Un passaggio significativo è quello in cui Rol afferma di aver «terminato le mie ricerche negli scorsi giorni a Parigi, dove il Ministero della Guerra e la Direzione degli Invalidi mi hanno messo a disposizione i loro Archivi», a conferma del continuo rapporto con Gilis e con l'intellighenzia francese e indice del fatto che lui stesso avesse fatto e stesse ancora facendo ricerche per determinare con precisione – e quindi dimostrare – dove e quando la carrozza venne utilizzata, potendo ora «affermare trattarsi dell'unica carrozza esistente appartenuta a Napoleone fin dal tempo del Consolato e della stessa berlina che servì all'Imperatore per la sua incoronazione a Re d'Italia nel 1805», quindi che non sarebbe stata lasciata a Marengo nel viaggio di andata da Parigi a Milano.

Sonia Damiano mi confermò nel 2008 che nella carrozza «sotto gli stemmi autentici apposti per l'incoronazione a Re d'Italia ci sono ancora i simboli repubblicani, dunque già apparteneva al Bonaparte Primo Console».

Ulteriori dettagli si trovano nel rogito notarile di donazione della carrozza all'Ordine Mauriziano, che avviene venti giorni dopo la lettera di Rol, il 3 giugno 1955, presso il notaio Franco Lobetti Bodoni:

Donazione
Repubblica Italiana

L'anno millenovecentocinquantacinque il tre giugno
In Torino nella sede dell'Ordine Mauriziano, Via Magellano 1 –

Davanti a me Dottor Franco Lobetti Bodoni, Notaio a Villafranca Piemonte, inserito al Collegio Notarile dei Distretti riuniti a Torino e Pinerolo;

Alla presenza dei Signori: Formica professor Remo (…); Gatti geometra Luigi (…) – Testimoni noti e idonei;

Sono comparsi i Signori:

Rol dottor Gustavo Adolfo fu Vittorio nato a Torino ed ivi residente in Via Silvio Pellico 31, possidente

Peretti Griva Domenico o Domenico Riccardo fu Francesco, nato a Coassolo Torinese, residente in Torino…, ex magistrato, nella sua qualità di Commissario per l'Ordine Mauriziano, corrente in Torino, tale in forza di decreto del Presidente della Repubblica in data venti settembre millenovecentocinquantatre –

Comparenti della cui identità personale io Notaio sono certo, i quali stipulano quanto segue:

Il Dottor Gustavo Adolfo Rol dona all'Ordine Mauriziano che, in persona del suo Commissario qui costituitosi, accetta, una berlina dorata a quattro ruote con timone, già dell'Imperatore Napoleone I, berlina regolarmente notificata alla Sovrintendenza alle Gallerie per il Piemonte.

La berlina suddetta viene donata all'ordine Mauriziano allo scopo di essere tenuta esposta nella Palazzina Mauriziana di Stupinigi, museo di storia, arte ed ammobiliamento. (...)

Dichiara il Donante:

essere detta berlina appartenuta all'imperatore Napoleone I fin dal settembre dell'anno 1800, quando egli era ancora primo Console della Repubblica Francese; che su questa carrozza egli subì in Parigi l'attentato la sera del 24 dicembre 1800 (attentato detto della "Macchina infernale"); che la detta carrozza sempre servì al primo console sino al 26 maggio 1805, giorno in cui fu incoronato Re d'Italia a Milano, ove era giunto con la stessa berlina; che poi la berlina stessa rimase in Milano fino al 1848, epoca nella quale certo Dottor Delavo l'acquistò e la trasportò in Marengo, ove lo stesso Delavo iniziò una raccolta Napoleonica a ricordo della memoranda battaglia contro gli Austriaci. (...)

(foto © Franco Rol – Archivio Storico dell'Ordine Mauriziano)

Pagina 2 e 3 dell'atto notarile con i dettagli della carrozza e due firme di Rol al fondo dell'atto, con la sua consueta sigla che riproduce le iniziali G.A.R. e per esteso.

Nell'atto Rol confermava quanto già aveva anticipato per lettera a Peretti Griva, ovvero che «detta carrozza sempre servì al primo console sino al 26 maggio 1805, giorno in cui fu incoronato Re d'Italia a Milano, ove era giunto con la stessa berlina», ovvero smentendo quanto affermato nel 1950 da Angelo Nizza su *Stampa Sera* e in un altro articolo del febbraio 1955 sulla *Gazzetta del Popolo*, cioè che la carrozza rimase a Marengo e Napoleone andò a Milano con altra vettura.

In un articolo del 1991 troviamo ancora la delusione di Rol per la collocazione della carrozza e una spiegazione più precisa su cosa non andasse, riassumendo la vicenda:

In quella carrozza Napoleone si sentì re

di Maurizio Lupo

11 giugno 1991[3]

Occhiello
È a Stupinigi: polemiche sulla collocazione

Una carrozza di Napoleone e una «promessa mancata» da oltre trent'anni rischiano di «far dimenticare» l'Ordine Mauriziano a un torinese molto noto, che avrebbe voluto lasciargli importanti cimeli napoleonici. È il dottor Gustavo Adolfo Rol, considerato da oltre mezzo secolo uno sconvolgente «maestro del mondo ermetico».

«Sono addolorato con l'Ordine Mauriziano – dice Rol –. Nel 1955 donai all'ente la carrozza che Napoleone usò il 26 maggio 1805 quando si fece incoronare Re d'Italia a Milano[4] e che lo seguì a Marengo, il giorno in cui l'Imperatore volle ripercorrere con i suoi generali il campo di battaglia che lo vide vittorioso contro gli Austriaci, il 14 giugno 1800. In cambio di quel lascito chiesi che fosse ben valorizzato nella Palazzina di Caccia di Stupinigi, non nell'angolo dove oggi si trova. E dire che molti studiosi francesi vengono a Torino per vedere la vettura alla quale loro darebbero ben altro risalto».

Il dott. Rol, ricordiamo, è conosciuto per gli «esperimenti» con i quali sorprese personaggi come Benedetto Croce e De Gaulle e scienziati come Einstein, Fermi e Bender. Per oltre 60 anni ha

---

[3] *La Stampa*, 11/06/1991, p. 37.
[4] Ancora una volta Rol ribadisce che con quella carrozza Napoleone andò fino a Milano.

fatto manifestazioni che sembrano sfidare le leggi della fisica e della logica.

La carrozza di Napoleone è una berlina, d'epoca Luigi XVI. Si guastò durante la visita di Napoleone a Marengo e venne lasciata laggiù[5].

Rol la rintracciò quando, nell'ultimo dopoguerra, si recò a Marengo per salvare l'ossario e il «bosco sacro» dei caduti della battaglia, minacciati da insediamenti industriali[6].

«La carrozza di Napoleone – ricorda Rol – mi venne segnalata dal direttore del locale museo, il professor Mensi. Era in una cascina, ridotta a pollaio per galline. La acquistai e la feci restaurare dalla ditta Bo di Torino»[7].

La reliquia fu quindi offerta in omaggio al Comune «che però la respinse – ricorda Rol – e ci fu persino chi con alterigia disse di non sapere che farsene della carrozza di un dittatore. La proposi

---

[5] Torna di nuovo l'apparente contraddizione – è implicito che ci si riferisca alla sosta a Marengo per la rievocazione della battaglia, prima di andare a Milano – ma è il giornalista a fornirla in questi termini, avendola trovata nelle fonti imprecise consultate, non Rol. In se stessa non sarebbe una affermazione sbagliata se si specificasse *in quale* passaggio a Marengo la carrozza fu abbandonata, ovvero il *quando* (secondo la mia ipotesi, non il 5 maggio 1805, nel viaggio di andata, ma il 5 luglio 1805, nel viaggio di ritorno, *dopo* l'incoronazione).

[6] Questo è un dettaglio che compare qui per la prima volta. Non è dato sapere cosa si intenda di preciso con «salvare l'ossario e il "bosco sacro" dei caduti della battaglia, minacciati da insediamenti industriali», ovvero che cosa fece o intese fare Rol per salvaguardare ciò che si trovava sul sito di Villa Delavo; forse fare pressioni su amministrazione ed enti locali – attivando tra gli altri Arturo Mensi – per valorizzare la zona e i suoi reperti. Nell'articolo su *L'Unità* si diceva: «Un monumento storico di indubbio valore veniva dato in pasto agli appetiti della società che distrusse il parco superbo, allestì alloggi, creò un circolo mettendo in soffitta ogni vestigia, isolando la famosa carrozza sotto un porticato ove ben presto branchi di topi la fecero da padroni». Questa situazione dovette ulteriormente contribuire alla decisione di Rol di portare via la carrozza da Marengo, che evidentemente non dava alcuna garanzia di essere in grado di valorizzare adeguatamente il suo patrimonio, e proporla alla Francia e al Museo degli Invalidi. Su *L'illustration* del 1854 (p. 378) viene descritto il sito intorno a Villa Delavo, sul quale si trovava «una piccola cappella sormontata da una croce, con questa iscrizione: *Ai prodi di Marengo!* ... È attorniata da una grata che lascia intravedere delle grandi urne con le ceneri degli eroi; e il proprietario [Giovanni Antonio Delavo] vi ha fatto religiosamente trasportare tutti i resti umani che la pianura, perlustrata in tutte le direzioni, ha restituito; egli paga ancora oggi, a peso d'oro, ciò che il piccone o l'aratro possono incontrare. È a fianco della cappella che si trovano il busto di Desaix e una pietra tombale con una N scolpita, e raffigurante il sepolcro di Napoleone».

[7] Di via Guastalla 20.

allora al museo "Des Invalides" di Parigi[8]. Sarebbe finita laggiù, se la compianta Noemi Gabrielli, allora attenta sovrintendente ai beni culturali, non avesse bloccato l'esportazione, proponendomi di lasciare il cimelio all'Ordine Mauriziano».
La donazione fu fatta il 3 giugno 1955. Rol chiese che la carrozza fosse esposta alla Palazzina di Caccia di Stupinigi, nella «Galleria dei ritratti», dove Napoleone teneva quartier generale a Torino.
«In seguito – sostiene Rol – la berlina venne accantonata nella meno prestigiosa galleria opposta. Protestai». Gli risposero che aveva ragione, ma che lo avrebbero accontentato appena possibile. «Sono passati trent'anni da quella promessa ma nulla è avvenuto». L'avvocato Gian Paolo Zanetta, direttore generale dell'Ordine Mauriziano, oggi ha però i mezzi per rimediare:
«Siamo sempre grati al nostro benefattore. Anzi proprio ora i restauri in corso alla Palazzina ci permetteranno di valorizzare al massimo il suo dono. Lo stesso Rol potrà indicarci un salone adeguato».
Ne guadagnerà Torino, che vanta un altro importante cimelio imperiale. Venne donato da Rol alla famiglia Sacerdote, che ne fece generoso omaggio al Museo del Risorgimento. È la bandiera consegnata da Napoleone ai veliti torinesi che lo seguirono nella campagna di Russia nel 1812».

Si dice che «Rol chiese che la carrozza fosse esposta... nella "Galleria dei ritratti"» e che «in seguito... venne accantonata nella meno prestigiosa galleria opposta», quella poi denominata *Galleria dei cimeli napoleonici*, l'antica *scuderia Juvarriana*.
Inizialmente non mi aveva del tutto convinto che il luogo prescelto fosse la *Galleria dei Ritratti* (ora *Sala del Cervo*) – non essendo uno scritto di Rol ma un articolo con possibili inesattezze – sulla base delle indicazioni fornite da Rol nel 1955-56, che qui di seguito riunisco (in corsivo i punti da tenere presente):

1) 14/05/1955 – Rol a Peretti Griva:
«Sono lieto ch'Ella abbia approvato la scelta del luogo per il collocamento del cimelio: è commuovente ricordare come l'Imperatore, innamorato di Stupinigi (che tanto gli ricordava la Malmaison), fosse disceso dalla stessa carrozza in questo stesso luogo *per accedere ai suoi appartamenti*»
«...corrredare il mio dono con altri cimeli iniziando così, *nella saletta* di Stupinigi, un Museo, od almeno una raccolta Napoleonica» (lettera a Peretti Griva, p. 240 in questo vol.);

---

[8] Affermazione che conferma l'esclusione del Museo Massena di Nizza.

2) 30/04/1955 – Peretti Griva a Rol:
«La carrozza sarà degnamente sistemata... precisamente nel locale da Lei stesso intelligentemente designato e, cioè, *nell'atrio* ove già sono collocati i bassorilievi napoleonici dello Spalla» (lettera a Rol, p. 238 in questo vol.);

3) 28/05/1956 – Rol al Console di Francia:
«ottenni... di collocarla... *sulla soglia del suo appartamento*» (lettera al Console di Francia, p. 167 in questo vol.).

Quando Napoleone soggiornò a Stupinigi nel 1805 – vedremo nel dettaglio più avanti la sua quotidianità – il «*suo appartamento*» era quello del Duca di Chiablese o Chablais, ovvero l'*Appartamento di Levante*. Nei commenti qui sopra non compare una *galleria*, bensì un *atrio* delle dimensioni di una *saletta, sulla soglia* del suo / dei suoi appartamento/i.
Avevo quindi ipotizzato che si trattasse dell'atrio d'ingresso dell'Appartamento di Levante, contrassegnato col n. 6 nella piantina qui di seguito, dettaglio di quella che ho già pubblicato a p. 190.

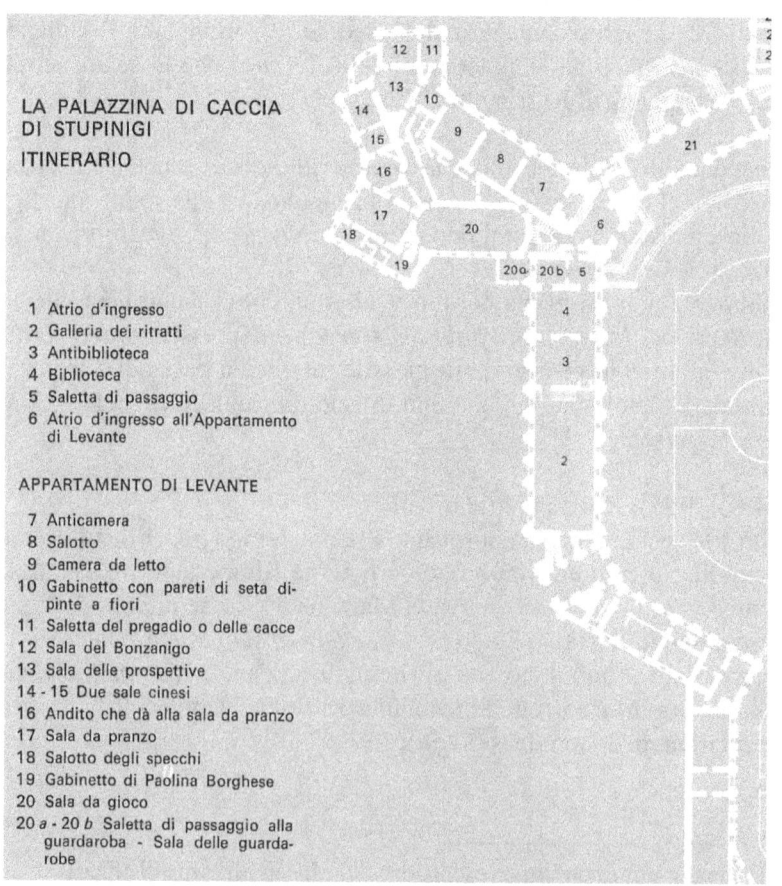

LA PALAZZINA DI CACCIA
DI STUPINIGI
ITINERARIO

1 Atrio d'ingresso
2 Galleria dei ritratti
3 Antibiblioteca
4 Biblioteca
5 Saletta di passaggio
6 Atrio d'ingresso all'Appartamento di Levante

APPARTAMENTO DI LEVANTE

7 Anticamera
8 Salotto
9 Camera da letto
10 Gabinetto con pareti di seta dipinte a fiori
11 Saletta del pregadio o delle cacce
12 Sala del Bonzanigo
13 Sala delle prospettive
14 - 15 Due sale cinesi
16 Andito che dà alla sala da pranzo
17 Sala da pranzo
18 Salotto degli specchi
19 Gabinetto di Paolina Borghese
20 Sala da gioco
20 a - 20 b Saletta di passaggio alla guardaroba - Sala delle guardarobe

La *Galleria dei Ritratti* invece, contrassegnata col n. 2, oltre appunto a non essere né un *atrio* né una *saletta*, non si può dire che sia *sulla soglia dell'appartamento* di Napoleone.

Ho quindi chiesto informazioni alla dott.ssa Alessia Giorda, storica dell'architettura[9] e co-autrice del volume *Stupinigi, capitale dell'Impero* (2017) che mi ha informato che «l'atrio non è adatto per contenere la carrozza, non ci sta, e in più andrebbe a togliere la luce e un passaggio che dà sul cortile d'onore»[10]. Ho quindi ipotizzato come alternativa la *Galleria di Levante*, che nella piantina è contrassegnata col n. 21, contigua all'*atrio* e agli appartamenti, della quale ho trovato questa descrizione:

> «Quella che appare come una sala interna, in origine era un porticato tutto aperto che collegava due distanti corpi di fabbrica. Le carrozze, provenienti dal parco, lo attraversavano e sostavano per far scendere i reali padroni di casa, che raggiungevano da qui i loro appartamenti»[11].

L'ipotesi avrebbe trovato una conferma se nel 1805 fosse stato ancora un porticato. La dott.ssa Giorda mi ha però informato che questa galleria «è troppo piccola ed è stata chiusa già nel '700» e che «la descrizione archivistica lo definisce "Corridor de Passage à l'Appartement de LL. MM. I.I. e R.R" con tanto di riferimento alle ventole che vi erano installate», e ritiene difficile che Rol volesse installare la carrozza qui trattandosi solo di un corridoio, e «anche in questo caso avrebbe occluso da una parte o dall'altra il passaggio»[12].

Nel rileggere il brano della lettera del 1987 di Rol ad *Astra* però[13], non si parla più di atrio o saletta, ma di *salone*.

Quindi, potrebbe darsi che in un primo tempo Rol avesse indicato l'*atrio* e in seguito si fosse reso conto, o ne avesse preso atto parlandone con Peretti Griva che potrebbe averglielo fatto presente, che il luogo fosse troppo angusto e che il *salone* della Galleria dei Ritratti / Sala del Cervo

---

[9] Attualmente Responsabile della Valorizzazione della Residenza Sabauda e del Patrimonio Storico del Museo Castello di Rivoli Museo d'Arte Contemporanea.

[10] Così viene presentato nel libro: «Ancora un ambiente prima di entrare, poco separava dall'essere ricevuti dall'Imperatore, l'atrio, "custodito" dalle statue di Diana ed Endimione sul loro piedistallo di marmo...» (Ganora, F., e Giorda, A., *Stupinigi. Capitale dell'Impero*, Fondazione Ordine Mauriziano, Torino, 2017, p. 32)

[11] Ballara, E., *Stupinigi. Palazzina di caccia*, Daniela Piazza Editore, Torino, 2019 (qui in un video descrittivo della Galleria: *youtu.be/cPXSByqZYV8*).

[12] «Luogo di passaggio, frenetico, di persone indaffaratissime, servitù, dame, ospiti, gente che aspetta. Per questo vi sono due panchette, oltre che sette, immancabili, taboretti. Lungo la galleria sette "trophées de chasse coloris", i trofei di caccia ancora oggi lì» (*Stupinigi. Capitale dell'Impero*, cit., p. 32).

[13] *supra*, p. 188.

sarebbe stata la collocazione più adeguata. Ma per qualche ragione la carrozza finì comunque nell'ala opposta della Palazzina.

Il mio augurio è che l'Ordine Mauriziano, quando sarà il momento in cui la carrozza tornerà a Stupinigi dopo la collocazione temporanea e contingente a Venaria Reale, dove si trova dal 2021, tenga in considerazione queste indicazioni di Rol, così come la promessa fattagli da Peretti Griva, e trovi il modo di collocare la carrozza nella sistemazione a suo tempo convenuta.

Tornando al rogito notarile, nella dichiarazione fatta da Rol c'è anche che fu «su questa carrozza» che Napoleone «subì in Parigi l'attentato la sera del 24 dicembre 1800 (attentato detto della "Macchina infernale")».

Ecco due fonti classiche su questo episodio:

> «Dopo la cena, consumata con la consueta rapidità, il Primo Console si alzò da tavola, seguito dai generali (…) salì in carrozza con Lannes, Berthier e Lauriston e partì per l'Opera. Più o meno a metà di rue Saint-Nicaise, il picchetto che precedeva la carrozza trovò la strada sbarrata da un carretto che sembrava abbandonato sul quale era caricato un barile legato con delle corde; il capo della scorta fece spostare il carretto sul ciglio destro della strada e il cocchiere, spazientito da questo piccolo ritardo, spronò energicamente i cavalli che partirono alla velocità del lampo. Erano passati pochi secondi dal passaggio della carrozza, quando il barile esplose. Tra le persone. della scorta e del seguito, nessuno rimase ucciso ma molti furono gravemente feriti. La sorte degli abitanti delle case o dei passanti che si trovavano in prossimità di quel funesto carico, fu decisamente peggiore: i morti furono venti e i feriti più di sessanta. (…) Tutti i vetri delle finestre delle Tuileries andarono in frantumi, come anche i finestrini della carrozza del Primo Console. Molte case di rue Saint-Nicaise crollarono e alcune delle vie adiacenti furono gravemente danneggiate. I detriti arrivarono sino al palazzo del console Combacères».
>
> «…il Primo Console, che non aspettava mai nessuno, lasciò il palazzo e i miserabili attentatori accesero la miccia del loro infernale ordigno. Se il cocchiere del Primo Console fosse stato meno impaziente e avesse ritardato la corsa anche di pochi istanti, per il suo padrone non ci sarebbe stato scampo. Se al contrario Madame Bonaparte si fosse affrettata a seguire il marito, non ci sarebbe stato scampo per lei e per il seguito. Fu questo ritardo a salvare anche la vita di sua figlia, della cognata Madame Murat e di tutte le persone che dovevano accompagnarle. La carrozza su cui si trovavano queste dame, invece di tallonare quella del Primo Console, sbucava dalla place du Carrousel nel momento in cui il

barile esplose facendo andare in frantumi i finestrini. Madame Bonaparte provò solo un grande spavento, Mademoiselle Ortensia venne leggermente ferita al viso da una scheggia di vetro mentre Madame Carolina Murat, che si trovava allora in stato di avanzata gravidanza, si spaventò a tal punto che si dovette riaccompagnarla al castello. Quello spavento dovette influire molto sulla salute del bambino che portava in grembo. Mi è stato infatti raccontato che il principe Achille Murat è soggetto ancora oggi a frequenti attacchi di epilessia.

Il Primo Console raggiunse l'Opera dove fu ricevuto da grandi acclamazioni. La calma dipinta sul suo viso contrastava fortemente con il pallore e l'agitazione di Madame Bonaparte che si era spaventata più che per sé, per la sorte del suo sposo.

Il cocchiere che condusse in salvo il Primo Console si chiamava Germain; l'aveva seguito in Egitto e nel corso di un combattimento aveva ucciso di suo pugno un arabo sotto gli occhi del generale Bonaparte che, meravigliato per il suo coraggio, aveva esclamato: "Diavolo!, Ecco un valoroso! Costui è un *César*!". E il soprannome gli era rimasto. Si è detto che quest'uomo coraggioso era ubriaco al momento dell'esplosione ma non è vero perché egli seppe mostrare la sua abilità anche in questa occasione. Quando il Primo Console, divenuto imperatore, usciva in incognito, per Parigi, era *César* in abiti borghesi che l'accompagnava»[14].

Las Cases nel suo diario di Sant'Elena, ai giorni 26-28 novembre 1815 aveva scritto:

«I colloqui della giornata si sono aggirati sui diversi attentati diretti e organizzati contro la sua persona. Si è parlato anche della "macchina infernale". Questa diabolica invenzione, che levò tanto rumore e fece tante vittime, fu eseguita dai monarchici che la ripresero dai giacobini. Un centinaio di forsennati giacobini, narrava l'Imperatore, i veri cospiratori del settembre e del primo agosto, avevano stabilito di disfarsi del Primo Console; prepararono perciò una bomba, del peso di quindici o sedici libbre, la quale, gettata nella carrozza del Console, avrebbe dovuto scoppiare per l'urto della caduta, seminando la strage; affinché il colpo fosse sicuro ebbero cura di porre su un buon tratto di via, impacci vari, per fermare e rallentare la corsa dei cavalli e impedire i movimenti al cocchiere. (...) È da notare il fatto che,

---

[14] Wairy, L-C., *Mémoires intimes de Napoléon 1er par Constant son valet de chambre*, 1830, trad. it.: *Il valletto di Napoleone*, Sellerio Editore, Palermo, 2006, pp. 53-56.

nella sera dell'attentato, il Primo Console non voleva uscire; si dava un Oratorio e si decise solo per le insistenze della moglie e di alcuni intimi. Se ne stava assonnato sopra un divano e fu necessario che gli facessero forza, e che l'uno gli portasse la spada, l'altro il cappello. Nella carrozza si pose di nuovo a sonnecchiare, quando, come per una scossa, si risvegliò bruscamente. Aveva sognato di affogare nel Tagliamento. Per capire ciò è necessario sapere che, anni prima, essendo generale dell'esercito d'Italia, egli aveva passato di notte, in carrozza, il Tagliamento, nonostante le obiezioni degli ufficiali e del seguito. Nella foga del suo coraggio giovanile, incurante di qualunque ostacolo, aveva tentato quel passaggio con un centinaio d'uomini che illuminavano il guado con torce a vento legate su pertiche. Ma la carrozza fu trascinata dalla corrente e mancò poco non fosse travolta. Ora, in quell'istante, egli si risvegliava proprio nel mezzo di una tremenda deflagrazione, la vettura era sollevata e risorgevano di lui le medesime impressioni provate sul Tagliamento, che durarono appena un istante, dato che si udì subito una spaventosa detonazione.

"Siamo minati!" furono le parole indirizzate dal Console a Lannes ed a Bessières, ch'erano seduti al suo fianco. Essi volevano che la carrozza si fermasse ad ogni costo. "Avanti!" gridò invece Bonaparte, e si proseguì. Il Primo console si mostrò nel palco dell'Opéra, come se nulla fosse accaduto. Egli fu salvo per l'ardimento e la prontezza d'animo del suo cocchiere, Cesare, al quale questo incidente e la provata fedeltà diedero una specie di pubblica rinomanza.

La macchina non ferì che uno o due uomini della scorta. Dopo l'attentato si rinnovarono vivaci le accuse contro i giacobini, ritenuti capacissimi di perpetrare simili delitti: parecchi vennero deportati. Però non erano essi i veri colpevoli: un caso strano condusse all'identificazione dei criminali.

Tre o quattrocento cocchieri parigini diedero un pranzo, quotandosi dodici franchi a testa, per onorare Cesare, il cocchiere del Console, divenuto per essi l'eroe del giorno e del mestiere»[15].

Veniamo ora a un articolo dello storico Claudio Zarri uscito nel 1999 sul periodico *Nuova Alexandria*, un po' polemico e "campanilistico". L'autore ripercorre a grandi linee la vicenda della carrozza fornendo in sintesi alcune delle informazioni che ho già dato qui. Basandosi sull'articolo di Angelo Nizza del 1950, scrive:

---

[15] Las Cases, *Memoriale di Sant'Elena*, vol. I, Gherardo Casini Editore, Roma, 1962, pp. 198-199.

> «Come il prezioso cimelio (…) sia stato relegato in mezzo ad attrezzi agricoli a far da pollaio, è un mistero per il Lachouque e lo è ancora adesso per noi. Non si sa nemmeno bene come la carrozza sia finita a Marengo: secondo la tradizione locale, Napoleone l'abbandonò dopo aver presenziato alle manovre rievocative della battaglia, perché inservibile in seguito alla rottura del timone, e si recò a Milano per ricevere la corona di re d'Italia con un'altra vettura; la versione ufficiale, accolta da Noemi Gabrielli (…) dopo l'incoronazione di Napoleone la vettura rimase a Milano fino al 1845, anno in cui il governo austriaco la cedette ad Antonio Delavo…»[16].

Anche qui emergono le due versioni, tuttavia entrambe o sono incomplete o sono sbagliate. Il perché ce lo dice una fonte fondamentale, la penna diretta di Delavo, nel suo libro del 1861 *L'ingratitude de Napoléon III*, tradotto in italiano nel 2018. Delavo aveva acquistato nel 1844 i terreni di Marengo e vi aveva poi edificato la palazzina tra il 1845 e il 1847 dove già aveva raccolto, come abbiamo visto, molti cimeli napoleonici. Il 14 giugno 1847, anniversario della battaglia, ci fu una grande festa commemorativa, quindi:

> «Una volta che il monumento fu completato e inaugurato, avevo, mi sembrava, soddisfatto del tutto le aspirazioni del mio appassionato entusiasmo. Finalmente potevo tirare il fiato e non fare altri sacrifici. Ma non mi fermai… continuai a comprare un po' ovunque, a prezzi favolosi, tutte le reliquie dell'Imperatore, tutte le vestigia dell'Impero, per arricchire quotidianamente il museo ospitato nel palazzo di Marengo. È in questo modo che acquistai dal capitano Braggi, tra molti altri oggetti preziosi, le pistole appartenute al generale Desaix. E in seguito, in occasione della vendita che si tenne a Parma dopo la morte di Maria Luisa, comperai, per ventiquattromila franchi, la custodia del cappello dell'Imperatore e la vettura che utilizzò, a Milano, per la cerimonia della sua incoronazione»[17].

Oltre alla conferma che la carrozza venne usata per l'incoronazione, veniamo a sapere che Delavo l'acquistò (insieme alla custodia del cappello) per ventiquattromila franchi, «a Parma dopo la morte di Maria Luisa», ovvero dopo il 17 dicembre 1847, quando morì Maria Luisa d'Asburgo-Lorena (nota come Maria Luisa d'Austria e anche Maria

---

[16] Zarri, C., *Da Marengo a Stupinigi. Una storia di negligenza (e qualcos'altro)*, Nuova Alexandria, Anno V, n. 3, 1999, Boccassi Editore, p. 5.
[17] Delavo, G.A., *L'ingratitudine di Napoleone III*, Edizioni Falsopiano, Alessandria, 2018, p. 213.

Luigia di Parma), seconda moglie di Napoleone, Imperatrice consorte dei francesi dal 1810 al 1814. Questo intanto rettifica la data inesatta, 1845, fornita da Noemi Gabrielli[18] (e ripresa da altri in seguito, tra cui Zarri) e conferma invece quello che Rol aveva già dichiarato per il rogito notarile, ovvero che la carrozza «rimase in Milano fino al 1848, epoca nella quale certo Dottor Delavo l'acquistò», anche se mancano tutti i passaggi tra il 1805 e il 1848 e il rogito stesso fa sorgere l'equivoco che a Milano vi sarebbe rimasta per 43 anni.

Delavo però l'acquistò a Parma, il che può significare o che fu portata da Milano a Parma nel 1848, e Delavo la vide a Parma e quivi l'acquistò, o che la vide prima a Milano e che per la formalizzazione dell'acquisto occorse portarla a Parma.

Lo storico Roberto Coaloa alla fine del 2021 ha fornito nuovi dettagli tecnici e storici provenienti dal più recente restauro della carrozza:

> «Gli interventi di restauro e gli approfondimenti scientifici sulla carrozza "detta di Napoleone", sono stati curati dal Centro di Conservazione e Restauro La Venaria Reale e cofinanziati dal Consorzio delle Residenze Reali Sabaude, sotto l'alta sorveglianza della Soprintendenza Archeologia, belle arti e paesaggio per la città metropolitana di Torino. Finalmente, dopo il restauro, possiamo parlare della storia parmigiana della carrozza.
> L'insegna imperiale napoleonica, infatti, che già a una prima analisi risultava ridipinta, denunciava disomogeneità e stratificazioni che lasciavano supporre strati sottostanti. Con l'ausilio di riflettografie all'infrarosso, solitamente utilizzate per lo studio dei dipinti, potenziate per lettura più in profondità (IR3 a 2700 nanometri), si è potuto andare oltre il visibile senza bisogno di rimuovere la superficie ridipinta. Di sotto all'arma imperiale non originale, è emerso in modo nitido lo stemma di Maria Luisa d'Asburgo, seconda moglie di Napoleone, chiamata dai

---

[18] È quanto aveva scritto nel volume pubblicato nel 1966: «Sulla parete di fondo [*dell'allora 'Galleria dei cimeli Napoleonici'*] la vettura da viaggio, usata da Napoleone Bonaparte nel 1805 da Parigi a Milano per la sua incoronazione. Rimasta a Milano venne alienata dal governo austriaco nel 1845 ad un farmacista di Marengo (Alessandria) che la conservò gelosamente come prezioso cimelio. Estinto dopo il 1947 il suo ultimo discendente, venne acquistata dal dottor Gustavo Rol, il quale dopo averla fatta restaurare in modo lodevole, riscoprendo la doratura, le vernici, le laccature verdi, la donò al Museo di Stupinigi» (Gabrielli, N. (a cura di), *Museo dell'arredamento / Stupinigi. La Palazzina di caccia*, Musolini Editore, Torino, 1966, p. 96). Tra l'altro, anche Gabrielli dava per acquisito che la carrozza fosse stata usata fino a Milano, e non che si fosse rotta nel viaggio di andata, a Marengo. Si conferma anche il 1947 come l'anno in cui Rol trovò la carrozza, anche se non venne venduta quell'anno, e non da parte dell'«ultimo discendente» di Delavo, ma da Cavanna e/o da altri intermediari.

parmigiani, dopo la Restaurazione, Maria Luigia d'Austria. L'Asburgo, infatti, fu duchessa di Parma dal 1814 al 1847. Una preda e un souvenir della duchessa di Parma? Oppure, e questa potrebbe essere una ipotesi, la *voiture impériale* in questione fu quella usata nel secondo matrimonio di Napoleone, cioè quello con Maria Luisa d'Austria? Una cartolina uscita per il primo centenario della battaglia di Marengo, nel 1900, ci offre questa descrizione: "Voiture qui servit pour le mariage de Napoléon I avec Marie Louise d'Autriche"[19].

Analizzando ulteriormente, attraverso le analisi multispettrali e microprelievi stratigrafici è stata documentata un'ampia area abrasa di sotto lo stemma di Maria Luigia con piccole porzioni di colore che consentono di affermare la presenza di una raffigurazione araldica precedente a quella della duchessa di Parma, probabilmente riconducibile all'originale stemma napoleonico.

Il restauro, conferma, quindi, che la carrozza fu realizzata a Parigi nei primi anni dell'Ottocento da Getting, carrozziere di Napoleone e della sua corte[20]. A Getting si deve anche la berlina usata nel 1804 per l'incoronazione imperiale a Parigi. Tra 1803 e 1815 egli costruì almeno quindici carrozze di diverso genere per l'Imperatore, fra cui cinque berline di gala. Jean Louis Libourel ha definito questa "témoin de la carrosserie du premier empire, un élément précieux du patrimoine hippomobile". Portata da Parigi in Italia, secondo alcuni sarebbe stata compresa nella rievocazione della battaglia di Marengo, il 5 maggio 1805, e nel corteo per l'incoronazione a Milano di Napoleone come re d'Italia, il 26 maggio 1805. Per altri, invece, sarebbe stata realizzata per il matrimonio dell'imperatore con Maria Luisa d'Asburgo, celebrato a Parigi il 1° e il 2 aprile 1810. Quest'ipotesi, tuttavia, appare meno probabile e non spiegherebbe la sua presenza in Italia.

Dopo il 1815 la berlina era, comunque, in possesso di Maria Luigia, duchessa di Parma, che tolse simboli e armi napoleoniche e vi fece apporre il suo nuovo stemma»[21].

---

[19] È come il mio esemplare che ho pubblicato a p. 205. Quanto scritto su questa cartolina dovrebbe essere espressione di una imprecisa tradizione locale, la cui fonte originale, poi passata di bocca in bocca, potrebbe esser stato lo stesso Delavo. Come ipotizzo più avanti, potrebbe essere stata usata nel corteo nuziale, ma non da Napoleone, il che ne farebbe una affermazione in parte vera.

[20] Stando alla dichiarazione di Rol, la carrozza sarebbe appartenuta a Napoleone a partire dal settembre 1800, quindi la sua costruzione deve essere anteriore a questo periodo.

[21] Coaloa, R., *La carrozza di Napoleone*, cit.. Tra l'altro mi sono sempre chiesto se il nome di *Maria Luisa* Giordano (che *scarrozzava* con la sua *vettura* Rol in

giro per la città nei luoghi più vari) abbia influito sulla sua decisione di frequentarla e su quella, in particolare, di farsi accompagnare da lei all'Ordine Mauriziano per ricevere l'onoreficienza, relativa a una carrozza che oltre ad essere appartenuta a Napoleone, era in seguito appartenuta anche a Maria Luisa d'Austria. Vi è poi anche questa coincidenza: Roberto Coaloa conobbe Rol da giovane, per il tramite proprio della Giordano (e del marito prof. Luigi Giordano), che è anche una delle fonti del suo articolo, riscontrando purtroppo una certa imprecisione – ciò che per me non è una sorpresa – constatando che «l'epistolario di Rol, però, ci fornisce altre date e altre informazioni. Cercando le notizie sulle vicende della carrozza di Napoleone, troviamo altre fonti più attendibili». Indubbiamente. E tra le notizie confuse fornite dalla Giordano a Coaloa c'è ad esempio quella che Rol le avrebbe detto di aver acquistato la carrozza all'asta, ciò che non risulta e che è un probabile fraintendimento riferito invece all'asta dei beni di Delavo aggiudicatasi dai fratelli Cataldi nel 1857.

Sul suo incontro con Rol, Coaloa scrive che Rol «possedeva anche dei tamburi dell'esercito napoleonico e dei bottoni delle giubbe di ufficiali dell'epoca. Me ne infilò due nella tasca della mia giacca, dopo una seduta del 1992». L'ho così contattato sia per confrontare il materiale da me raccolto sulla carrozza sia per avere maggiori ragguagli su questo episodio. In un primo momento si è/mi ha chiesto: «Fu una sua burla?». Io non ho escluso questa possibilità, ma prima di farla occorre sempre accertare bene i fatti: gli ho chiesto allora se avesse visto effettivamente infilarglieli in tasca, o fosse solo una sua idea (abbastanza scontata quando non si sa che Rol poteva materializzare per davvero oggetti anche a chilometri di distanza, impotesi facili di questo tipo sono state fatte, per esempio, anche sui "biglietti" che faceva trovare a Fellini, e che i critici cinematografici, non sapendo quali fossero davvero le *possibilità* di Rol hanno creduto, senza evidenze e senza analisi, che lui glieli infilasse in tasca, cfr. *Fellini & Rol*, p. 382 e sgg.). Coaloa mi ha risposto che «probabilmente si materializzarono. La sensazione è come se una mano si fosse infilata nella mia tasca. Ma non fu così. La conversazione era calma e rilassata ed eravamo tutti distanti» (faccio anche notare, ciò che alcuni critici superficiali dimenticano o fanno finta di dimenticare, che in un caso come questo, avvenuto nel 1992, Rol aveva 89 anni, non certo una età ideale per eventuali giochi di destrezza di cui nessuno si accorge). Questa risposta potrebbe suggerire anche una spiegazione, o meglio una descrizione "operativa": se Coaloa ha avuto questa "sensazione", forse è perché in questo genere di fenomeno (o almeno in questo caso: non è detto che un fenomeno possa prodursi con un solo "metodo") implicante una *materializzazione del pensiero*, si materializza per un istante anche la mano che infila i bottoni nella tasca, nel senso di un *prolungamento* "ectoplasmico", una estensione invisibile del braccio-mano di Rol fino alla tasca di Coaloa. Fenomeni di questo genere si trovano, in vario grado, visibilità e attendibilità, soprattutto nella letteratura ottocentesca della medianità e dello spiritismo (il che naturalmente non significa che questo episodio faccia parte di quella categoria, ma solo che si tratterebbe di un fenomeno oggettivo e possibile). Per un confronto sull'impossibilità che un oggetto sia stato *manualmente* infilato in una tasca, si veda ad esempio l'episodio raccontato da Guido Maschera (vol. III, XXXIV-131).

Secondo Coaloa, fu all'epoca dell'acquisto di Delavo[22] che «risale probabilmente... lo stemma imperiale posto su quello di Maria Luigia per "rinapoleonizzare" la berlina».

Sorge spontaneo chiedersi: se la carrozza era a Parma dopo il 1815 e venne usata da Maria Luisa, e se Delavo l'acquistò più di trent'anni dopo sempre a Parma, per quale ragione avrebbe dovuto essere a Milano? Quel che pare certo è che non è rimasta a Milano in modo continuativo dal 1805 al 1848; rottasi nel 1805 (a Milano o a Marengo nel viaggio di ritorno) a un certo punto è stata riparata e portata a Parma. E se nel 1848 la carrozza si trovava a Milano, questo potrebbe aver confuso le piste, facendo credere che essa vi giunse nel 1805 e lì rimase, mentre vi giunse anni o decenni dopo, per esempio dopo un viaggio di Maria Luisa da Parma a Milano dove magari effettivamente la carrozza si ruppe una seconda volta – cosa del tutto possibile, in un uso di decenni – e per questo non tornò più a Parma. A Milano vi rimase fino a quando Delavo non la riscattò, dopo aver concluso la negoziazione a Parma. La riportò a Marengo e sicuramente raccontò in giro la storia della carrozza; e siccome tra i punti salienti emergevano "Milano", "Parma", "Maria Luisa", "timone rotto", questi sono rimasti nella tradizione locale di Marengo. Poi le distorsioni della memoria di coloro che non furono protagonisti di quella transazione e riscatto, e che divenne tradizione locale, trasformarono i ricordi, e la carrozza che negli anni '40 del '900 giaceva abbandonata a Marengo come un rudere venne associata con la rottura del timone anch'essa avvenuta a Marengo, nell'evento che tutti ricordano, la rievocazione della battaglia.

È abbastanza consueto appiattire fatti storici avvenuti nel corso di anni, se non decenni, in pochi essenziali passaggi, mentre spesso gli eventi sono molto più complessi e articolati di quanto sembri, con molti più passaggi. Diventa semplice associare una carrozza dimenticata in una cascina e poi finita a pollaio con un possibile abbandono avvenuto quasi un secolo e mezzo prima durante la famosa rievocazione di Marengo, ignorando tutto quanto ci sta nel mezzo e le alternative meno appariscenti. Come per esempio il probabile passaggio di Napoleone a Marengo nel viaggio di ritorno a Parigi, mera tappa senza alcun significato particolare, per quanto potesse fargli piacere anche solo come "saluto". Come scrive Coaloa:

> «È risaputo che Napoleone adorasse ricordare Marengo e ogni volta che passava in Italia ci tornava (...). Tra l'altro Napoleone entrava solennemente a Milano da Porta Ticinese, attraverso l'arco che era stato elevato in gloria di Marengo»[23].

---

[22] Che, basandosi sull'errata datazione di Gabrielli, scrive essere il 1845 invece del 1848.
[23] Coaloa, R., *La carrozza di Napoleone*, cit., p. 77.

Sull'ipotesi che possa essersi guastata a Marengo *nel viaggio di ritorno* ecco qualche dettaglio.

In una lettera del 5 luglio da Genova al cugino Eugenio[24], Napoleone lo informa che sarebbe partito il giorno stesso di notte per Torino. Ipotizzando che partì forse un po' prima, nel tardo pomeriggio, intorno alle 17:00, potrebbe aver fatto tappa un paio d'ore a Marengo intorno alle 22:00 anche per far riposare o cambiare i cavalli[25], quindi verso mezzanotte essere ripartito per arrivare a Torino al mattino presto[26].

Magari i problemi al timone sono sorti poco prima di questa tappa, che potrebbe essere servita anche per cambiare carrozza[27].

Naturalmente, sto solo cercando degli scenari plausibili. E questo è uno di quelli. La carrozza sarebbe quindi rimasta poi a Marengo per un certo tempo, fino a che, riparata, finì a Parma (non subito, come vedremo più avanti).

In ogni caso, per avvalorare definitivamente l'una o l'altra ipotesi, credo si dovrebbero consultare gli archivi di Parma e di Milano o i giornali parmensi e milanesi dell'epoca[28], così come quelli delle città visitate da

---

[24] Si veda: napoleon-histoire.com/correspondance-de-napoleon-juillet-1805

[25] Prima che fosse costruita la palazzina di Delavo c'era una locanda che serviva come sosta per i viaggiatori e i cavalli: «Posta umilmente sulla strada da Genova a Torino (...) la locanda era il ritrovo dei mulattieri e delle vetture che venivano da Torino, da Alessandria, da Parma, da Piacenza o da Novi. (...) La casa aveva due piani. Al primo viveva l'albergatore con la famiglia. Al pianterreno si trovava la cucina e una camera che serviva ai viaggiatori come sala da pranzo e luogo di riunione; poi un'ultima stanza, riservata esclusivamente alle persone di rango. Era una piccola camera di 5 metri per 3»; fu dove Napoleone nel 1800 «dopo la battaglia, indirizzò [*per iscritto*] all'imperatore Francesco I d'Austria le sue proposte di pace» (*L'illustration*, p. 375).

[26] «Arrivò sabato alle cinque e un quarto del mattino. All'ingresso in città Napoleone era scortato dalla guardia d'onore a cavallo e dal corpo di guarnigione che durante la notte erano rimasti, assieme al prefetto Loysel e all'amministratore generale Menou, in attesa del suo arrivo alle barriere e gli erano andati incontro alle basse di Stura, a una lega dalla città. I Torinesi, al ritorno di Napoleone, lo applaudirono, acclamandolo *Rex Italia magno omine roborata redeunti,* come appariva dall'Arco di trionfo costruito sopra la porta di rue d'Italie» (oggi Via Milano) (Puato, A., *Napoleone a Torino...*, cit., p. 115).

[27] Paolo Palumbo specifica che (indipendentemente da dove questo accadde): «si ruppe un asse che univa le ruote: probabilmente, non avendo né il tempo, né gli attrezzi per ripararla, i palafrenieri delle scuderie imperiali riconobbero che era più conveniente sostituirla con un'altra vettura» (Palumbo, P., *La carrozza di Marengo*, Revue du Souvenir Napoléonien - Italia, n.2, 2020, p. 44).

[28] In un articolo del 1955 sulla carrozza si afferma che «la si può riconoscere in tutte le descrizioni della cerimonia di Marengo e la si vede riprodotta in tutte le stampe di quella di Milano!» (Cutolo, A., *Come un soldato ospitato tra frivolezze la "carrozza di Napoleone" a Stupinigi*, Il Giornale d'Italia, 14/06/1955, p. 3). Al

Napoleone dopo l'incoronazione del 1805, ovvero Cremona, Brescia, Verona, Mantova, Bologna, Piacenza e Genova, per trovare elementi utili a corroborare meglio i fatti, così come gli stessi archivi che Rol consultò a Parigi nel 1955. Esiste la possibilità, secondo me poco probabile e non supportata da evidenze, che la carrozza si ruppe invece a Milano dopo l'incoronazione, e che da Milano sia in seguito stata portata a Parma. Per questo i resoconti regionali del passaggio di Napoleone successivi all'incoronazione potrebbero essere determinanti per arrivare alla versione definitiva.

Nella dichiarazione per il rogito notarile Rol aveva affermato che «la detta carrozza sempre servì al primo console *sino al* 26 maggio 1805», il che potrebbe far pensare che non la usò più *dopo*, o quantomeno che non vi fosse certezza che l'avesse usata anche dopo. Per maggior chiarezza si sarebbe potuta completare la frase e dire per esempio «e anche in seguito per un certo periodo» o «fino a che si ruppe a Marengo», ma è anche vero che non si poteva nel rogito mettere tutti i particolari. Ciò che fa testo resta la sua affermazione: «...Marengo dove Napoleone l'aveva lasciata perché s'era rotta ed egli aveva fretta di tornare a Parigi»[29].

Sul *Corriere milanese* del 9 maggio 1805 si trova il resoconto dell'entrata di Napoleone a Milano il giorno precedente:

> «Non è possibile immaginarsi un giorno più brillante di quello che ieri spuntò sull'orizzonte di questa nostra capitale. Bonaparte, l'eroe del secolo, il nostro adorato monarca, ha fatto il suo ingresso nelle nostre mura verso le ore 5 pomeridiane. Il corteggio era vago e pomposo. Numerose truppe di ogni arma, non esclusi i mamelucchi col loro costume egizio sfilarono e prima e dopo di lui, il quale d'altronde era preceduto e seguito da vari cocchi a tiro 6, in cui trovavansi i consultori di stato, i ministri, i consiglieri, i ciamberlani, le dame d'onore, i paggi ec. ec. Egli era in una carrozza tirata da otto bellissimi destrieri preceduto e fiancheggiato dalla guardia d'onore milanese pel suo vago uniforme. Tutte le case erano ricoperte di drappi e di arazzi di ogni genere... e le finestre ed i balconi, le ringhiere e le strade ridondavano di persone, cosicché pareva che tutta l'Italia fosse concentrata sul cammino percorso dall'eroe»[30].

---

momento io ho trovato una sola stampa (che riproduco a p. 262) ma si tratta di una rappresentazione sommaria che non permette una identificazione precisa.
[29] *"Io sono la grondaia"*, 2000, p. 22.
[30] *Corriere milanese,* n. 37, anno IV, p. 299 (dell'annata completa 1805).

Ingresso di Napoleone I e di Giuseppina in Milano per Porta Marengo (Ticinese) l'8 maggio 1805, di Alessandro Sanquirico, dettaglio da stampa tratta da: Comandini, A., *L'Italia nei cento anni del secolo XIX (1801-1900). 1801-1825*, Vallardi, Milano, 1900-1901, p. 130). Le carrozze disegnate qui sommariamente, sono tre, pare tutte uguali. Qui sotto il dettaglio di quella in coda.

Coaloa nel suo articolo menziona l'ipotesi fatta da alcuni che la carrozza possa essere stata non solo usata, ma persino realizzata per il matrimonio tra Napoleone e Maria Luisa nel 1810. Lo storico lo ritiene poco probabile e io concordo (con una eccezione che dirò più avanti) per almeno altre due ragioni: intanto se fosse stato così, Rol lo avrebbe menzionato, dando alla carrozza un valore storico ancora maggiore; e poi sono rimaste raffigurazioni dell'evento e la carrozza usata dalla coppia imperiale è diversa da quella di Delavo/Rol, per quanto per l'occasione furono costruite molte altre carrozze.

Il pittore francese Étienne-Barthélémy Garnier per esempio ha raffigurato l'arrivo alle Tuileries della carrozza e del corteo in un grande dipinto che si trova ora nella Reggia di Versailles[31] (qui di seguito in un dettaglio ravvicinato).

Da questo dipinto sono state tratte in seguito numerose cartoline come la seguente (con didascalia *Voiture du mariage de Napoléon Ier (2 avril 1810)*).

---

[31] *Le Cortège du mariage de Napoléon Ier et de Marie-Louise traversant le Jardin des Tuileries, le 2 avril 1810*, olio su tela, 327 x 495 cm.

E stampe d'epoca vi si sono ispirate:

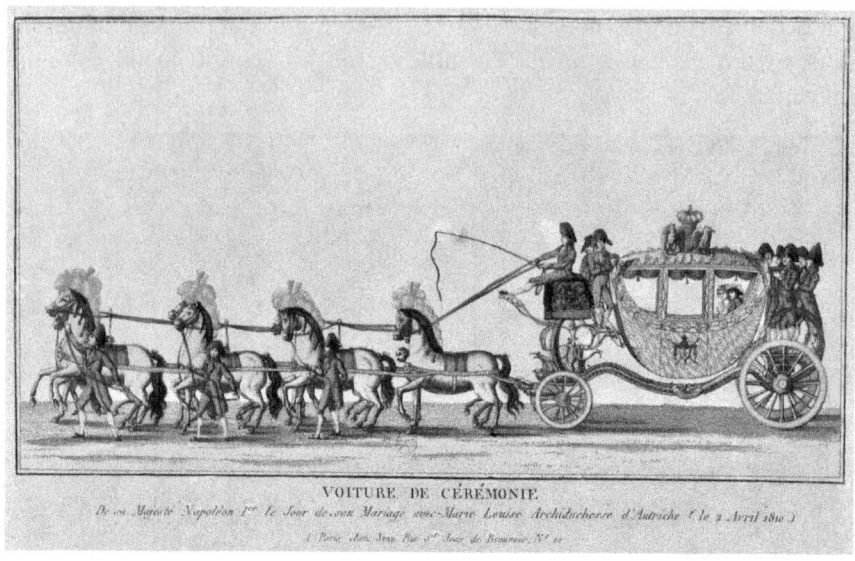

Didascalia: *Voitures de Cérémonie – De sa Majesté Napoléon Ier. Le Jour de son Mariage avec Marie Louise Archiduchesse d'Autriche (le 2 Avril 1810)*

Questa carrozza sarebbe inoltre stata usata in precedenza per l'Incoronazione del 1804 a Parigi, come risulta ad esempio nella stampa seguente.

Didascalia: *Voiture de la Cérémonie du Sacre – Dans laqu'elle sa Majesté Napoléon Ier. Empereur des Français fut conduit á la Métropolitaine de Paris, ou il fut sacré le 11 Frimaire na 13.*

Alla Reggia di Versailles esiste una Galleria delle Carrozze dove sono visibili alcune *berline* che parteciparono al corteo nuziale di Napoleone con Maria Luisa. Una sintetica guida riproduce il dipinto di Garnier, e descrive così l'evento:

> «La guardia imperiale fa da apripista, seguita dalle trentaquattro carrozze di Corte (tra cui *La Cornaline* e *L'Améthyste* presentate nella galleria). Segue poi la carrozza dell'Imperatrice che, secondo un'antica tradizione regia, partecipa vuota al corteo, poi quella dell'Imperatore bardato a otto cavalli, attorniato dai marescialli dell'Impero e dai grandi scudieri su superbe cavalcature. Infine, le berline del Gran Cappellano, delle dame di compagnia e della famiglia imperiale, più ricche e di forma ancora più elegante (cinque sono esposte nella galleria).

Lo splendore di questo corteo – quaranta carrozze di gala e più di duecentoquaranta cavalli – superò quello dell'incoronazione nel 1804»[32].

Immagini delle carrozze sono visibili in rete sul sito della Reggia[33] e in particolare su un'altra pagina[34] dove si trova anche quella di Delavo/Rol, in quanto opera dello stesso carrozziere (Getting) in due vecchie immagini tra cui la seguente, da una cartolina forse degli anni '70 che ho anche io:

sul cui retro è così indicata:

LA PALAZZINA DI CACCIA DI STUPINIGI
(sec. XVIII - Monumento Nazionale)
Proprietà dell'Ordine dei S.S. Maurizio e Lazzaro
(foto Moncalvo)
Carrozza di Napoleone I (dono di G. A. Rol)

A ciascuna di queste berline era dato un nome, spesso di una pietra preziosa (*La Cornaline, L'Améthyste, L'Opale, La Topaze, La Turquoise,*

---

[32] *Galerie des Carrosses*, Château de Versailles, 2000, pp. 7-8 (trad. mia).
[33] *chateauversailles.fr*
[34] *Les berlines de Napoléon*, su: *attelage-patrimoine.com/article-musee-des-carrosses-versailles-les-berlines-de-napoleon-90038432.html*

La Brillante, La Victoire, La Cybèle, ecc.) e siccome io non ne ho trovato alcuno associato a quella ritrovata da Rol, forse la si potrebbe chiamare o rinominare *L'Émeraude*...[35]

Ho parlato più sopra di una eccezione. Abbiamo visto che una delle cartoline d'epoca che la raffigurano a Marengo recava scritto «*Voiture que servit pour le mariage de Napoléon I avec Marie Louise d'Autriche*», ciò che potrebbe anche essere parzialmente vero e frutto di un fraintendimento: la carrozza cioè potrebbe essere stata usata – dopo essere stata riparata nel 1805 o negli anni immediatamente successivi, ed essere stata riportata a Parigi – anche per il corteo nuziale del 1810, non però da Napoleone, ma da qualcuno del seguito e fu magari successivamente a questo evento che la carrozza prese la via di Parma, quando Maria Luisa vi tornò.

Intanto, al *Kunsthistorisches Museum* di Vienna si trova un'altra carrozza che, si afferma, sarebbe stata usata per l'incoronazione di Milano. L'immagine seguente è tratta da una cartolina d'epoca:

La stessa cartolina reca la descrizione seguente:

---

[35] Si veda anche l'utile articolo, con foto del 1990 della carrozza, di Jean Louis Libourel, *La berline napoléonienne de Stupinigi*, 11/01/2021: *attelage-patrimoine.com/2020/12/la-berline-napoleonienne-de-stupinigi-jean-louis-libourel.html*

WIEN, KUNSTHISTORISCHES MUSEUM
WAGENBURG IN SCHÖNBRUNN
LOMBARDISCHER KRÖNUNGSWAGEN NAPO-
LEONS, 1805
The Crown Carriage of the Emperor Napoleon for
his coronation to the king of Italy
Carrosse de l'Empereur Napoléon, destiné pour le
couronnement à Monza

Sul sito del Museo trovo questa descrizione:

> «La carrozza in origine completamente placcata in oro fu costruita intorno al 1790 a Parigi e secondo la tradizione della collezione fu utilizzata da Napoleone alla sua incoronazione a Milano come re d'Italia nel 1805. Si può far risalire al 1816 a Vienna come "Carrozza di Milano" ed è stato adattata e modificata (in particolare in termini di araldica) per l'uso da parte della corte austriaca. Le future imperatrici Karoline Auguste (1816), Maria Anna (1831) ed Elisabeth (1854) usarono questa carrozza per i loro festosi ingressi a Vienna. Era trainata da sei o otto cavalli a seconda dell'occasione»[36].

La stessa carrozza tuttavia, in passato è stata identificata come carrozza usata per il matrimonio con Maria Luisa, come risulta dalla didascalia in inglese della fotografia seguente:

(trad.:) *Carrozza di Stato fabbricata a Milano per il Matrimonio dell'Imperatore Napoleone I con la Principessa Maria Luisa d'Austria*[37].

---

[36] *khm.at/en/object/566911* (trad. mia).
[37] L'immagine, che pare abbastanza datata, è presa da una pagina che ho trovato in rete tratta da un volume di cui non comparivano i dettagli bibliografici.

Abbiamo però visto che l'iconografia dell'epoca mostra un'altra carrozza, e non si può escludere che qui "Milano" sia solo un altro fraintendimento. Ovvero: se essa fu fabbricata a Milano, sarebbe servita non per il matrimonio a Parigi del 1-2 aprile 1810, ma per quello precedente, *per procura*, avvenuto l'11 marzo nella chiesa di Sant'Agostino di Vienna – dove a rappresentare Napoleone era il maresciallo Louis Alexandre Berthier[38] – ciò che potrebbe spiegare perché la carrozza si trovasse a Vienna, dove ancora si trova.

Il Museo oggi afferma però sia stata fabbricata a Parigi, il che non esclude comunque che possa esser stata usata per il matrimonio per procura a Vienna.

Il meno che si possa dire è che ci siano state e ancora ci siano incertezze in tutte queste provenienze e attribuzioni e che carrozze che magari furono effettivamente usate in questi eventi non corrispondano a quelle usate da Napoleone in persona, ma siano state usate da altri del suo seguito.

A tal riguardo, Coaloa scrive:

> «Le carrozze dell'Imperatore erano di due tipi: per i *voyages de guerre* e per i viaggi all'interno dell'Impero. Napoleone, infatti, si allontanava da Parigi per ispezionare i vari dipartimenti e spesso era in Italia. Di quest'ultima tipologia è la carrozza napoleonica appartenuta a Rol. (…)
> Ogni carrozza appartenuta a Napoleone era diversa. Non era, infatti, una semplice berlina, ma un mezzo versatile, funzionale, a rapida e altissima trasformabilità. Spesso erano progettate da lui stesso, costruite poi da un carrozziere di genio. Avevano ogni confort e lusso, soprattutto per la scelta dei materiali e per il senso estetico. (…)
> Napoleone solitamente aveva due vetture al suo seguito: una era occupata dal gran maresciallo di palazzo, il gran scudiere, l'aiutante di campo e il ciambellano di servizio. Nella seconda venivano ospitate le dame che accompagnavano l'Imperatrice, ovviamente a condizione che quest'ultima partecipasse al viaggio. Il convoglio principale dell'Imperatore era solitamente anticipato e posticipato da due carrozze a distanza di due ore. A volte, il corteo di carrozze portava più di sessanta persone tra marescialli, furieri, ciambellani, prefetti di palazzo, scudieri, segretari, maggiordomi per la toilette e per la tavola»[39].

Se Rol, esperto di Napoleone e con conoscenze *oltre il normale* ha affermato che la carrozza da lui trovata a Marengo fosse quella con cui

---

[38] Si veda: *napoleon-series.org/research/napoleon/c_marriage.html*
[39] Coaloa, R., *La carrozza di Napoleone*, cit., pp. 75-76.

l'Imperatore giunse a Milano per l'incoronazione, non posso che dare a lui la priorità dell'opinione, considerando le altre meno attendibili.
Ed era del resto l'opinione del suo predecessore Delavo, come Rol collezionista attento ed esperto in generale della vicenda napoleonica, la cui testimonianza deve considerarsi storicamente rilevante: prima di acquistare la carrozza nel 1848 dovette reperire informazioni concrete ed essere sicuro che fosse quella usata fino al giorno dell'incoronazione[40], e potrebbe anche aver parlato con testimoni oculari che glielo confermarono.
È opportuno ora aprire una breve parentesi su quell'evento, anche per aggiungere qualche tassello alla comprensione delle ragioni che legavano Rol a Napoleone, per molti un mistero nel mistero. Ad oggi sono stato il primo e l'unico ad affrontare questo argomento, in maniera già abbastanza estesa, per quanto senz'altro incompleta, ne *Il simbolismo di Rol* (2008), cui rimando. Una buona sintesi sull'incoronazione è data da Emanuele Pigni, che la confronta anche con quella di Parigi:

> «Per inaugurare una nuova era, a Napoleone I non bastò essere nominato imperatore dei Francesi, il 18 maggio 1804, per voto del Senato della Repubblica francese, e re d'Italia, il 17 marzo 1805, per voto della Consulta di Stato e dei deputati dei collegi e dei corpi costituiti della Repubblica italiana; volle anche essere "consacrato e coronato" a Parigi il 2 dicembre 1804 e coronato a Milano il 26 maggio 1805, con il massimo della solennità e alla presenza delle più alte autorità dello Stato e della Chiesa, nella tradizione delle monarchie europee tra le quali il nuovo Impero doveva occupare il primo posto.
> Si è detto sopra: "consacrato e coronato". Tali espressioni figurano, riferite a Napoleone I, nell'*Almanach impérial* di Francia e nell'*Almanacco reale* d'Italia; e non sono casuali, dovendosi distinguere l'atto della consacrazione del sovrano da parte di un'autorità ecclesiastica dall'atto della sua incoronazione, che – come è universalmente noto – Napoleone volle compiere con le proprie mani sia a Parigi sia a Milano, affinché non vi fossero dubbi sul fatto che il suo potere non derivava dalla Chiesa, la quale si limitava a riconoscerlo sovrano legittimo "per la grazia di Dio e per le Costituzioni" (...).
> La cerimonia di Parigi del 2 dicembre 1804 ebbe tre protagonisti (...): Napoleone, Pio VII e Giuseppina. La cerimonia di Milano del 26 maggio 1805 ebbe invece un solo protagonista. Giuseppina

---

[40] Se la carrozza, come affermato da Rol, fu quella che sopravvisse all'attentato del 1800 a Parigi, forse Napoleone vi era più legato che ad altre vetture, magari fino al punto di considerarla simbolica se non proprio scaramantica, comunque tra le favorite.

era presente, ma non fu incoronata come regina d'Italia; in assenza del papa, il rito religioso fu presieduto dal cardinale Caprara, arcivescovo di Milano (...).

Se ebbe il solo Napoleone come protagonista, tuttavia la cerimonia di Milano (...) con il suo splendore offuscò quella di Parigi. Vediamo perché.

La cerimonia di Parigi si svolse in una giornata di neve e di freddo (una dozzina di gradi sotto zero), quella di Milano in una radiosa giornata di piena primavera: una primavera che ricordava quella del 1796, in cui il generale Bonaparte era entrato per la prima volta da vincitore nella metropoli lombarda, e quella del 1800 in cui il primo console Bonaparte vi era rientrato ponendo fine ai tredici mesi di rioccupazione austriaca. Si sarebbe dunque potuto parlare di un "sole di Milano" simbolo delle vittorie di Napoleone, come successivamente si parlò del famoso sole di Austerlitz (che, come è noto, si levò il 2 dicembre 1805, primo anniversario dell'incoronazione di Parigi).

Il 2 dicembre 1804 Napoleone fece uso di una sola corona: il semplice diadema di foglie di quercia e di alloro d'oro che portava già sul capo entrando nella cattedrale, che si fece togliere dal fratello Giuseppe prima della consacrazione, e che poi prese dall'altare per procedere alla propria incoronazione (come era stato deciso nel cerimoniale accettato da Pio VII; è una leggenda, e tra le più assurde, che l'imperatore abbia tolto la corona dalle mani del papa che credeva di doverlo incoronare). Alla cerimonia presenziò un'altra corona, ma con un ruolo puramente simbolico, rimanendo essa tra le mani del maresciallo Kellermann: la corona chiusa detta di Carlomagno, in realtà realizzata per l'occasione, essendo stata distrutta durante la rivoluzione la storica corona di Carlomagno, con la quale i re di Francia si facevano incoronare a Reims.

A Milano, il 26 maggio 1805, Napoleone fece uso di tre corone: il diadema imperiale francese, che non tolse mai durante la cerimonia; la nuova corona reale d'Italia, realizzata secondo i suoi desideri, che entrando nella cattedrale portava sul capo inserita nella corona francese; e la corona ferrea di Monza, che, se non risaliva ai re longobardi, era comunque uno dei più antichi simboli europei di regalità, e da sola bastava a conferire splendore storico alla cerimonia e ad inserirla in una tradizione millenaria che all'Impero francese mancava (...). Era inoltre presente la corona detta di Carlomagno, con lo stesso ruolo simbolico che già aveva avuto il 2 dicembre 1804.

A Parigi Napoleone era imperatore dei Francesi; a Milano era imperatore dei Francesi e, contemporaneamente, re d'Italia, così che ai suoi onori imperiali e a quelli rievocanti la sovranità di Carlomagno si aggiungevano – non si sostituivano – quelli reali italiani. Gli spettavano dunque, oltre alle quattro corone già citate, lo scettro detto di Carlomagno, lo scettro d'Italia e lo scettro dell'Impero; la mano di giustizia detta di Carlomagno, la mano di giustizia d'Italia e la mano di giustizia dell'Impero; la spada detta di Carlomagno, la spada d'Italia e la spada dell'Impero; ecc.»[41].

Così i momenti salienti della cerimonia:

«A mezzogiorno l'imperatore e re uscì dal Palazzo reale portando sul capo la corona imperiale e la corona d'Italia inserita in essa, tenendo nelle mani lo scettro e la mano di giustizia d'Italia e indossando il manto reale sostenuto dai grandi scudieri d'Italia e di Francia (Carlo Caprara e Caulaincourt). Per raggiungere la cattedrale percorse una galleria appositamente costruita dalla scala maggiore del Palazzo reale alla porta della chiesa metropolitana. Lo precedevano gli onori di Carlomagno, d'Italia e dell'Impero, recati dai grandi ufficiali del Regno e dell'Impero: nell'ordine, dalla testa verso la metà del corteo: la corona di Carlomagno, recata dal cardinale Bellisomi, vescovo di Cesena; lo scettro di Carlomagno, recato da Giuseppe Fenaroli, gran maggiordomo maggiore; la mano di giustizia di Carlomagno, recata da Felice Baciocchi, principe di Lucca e di Piombino; la spada di Carlomagno, recata dal maresciallo Jourdan, generale in capo dell'armata d'Italia; la spada d'Italia, recata dal principe Eugenio, arcicancelliere di Stato dell'Impero; la cesta destinata a ricevere il manto d'Italia, recata da Antonio Litta Visconti Arese, gran ciambellano; gli onori dell'Impero, recati dai grandi ufficiali dello stesso; la corona ferrea, recata dal cardinale Oppizzoni, arcivescovo di Bologna. (…). Alla gran porta della cattedrale l'imperatore e re fu ricevuto dal cardinale Caprara, arcivescovo di Milano, che lo accompagnò sotto un baldacchino fino al santuario. L'imperatore e re si assise su un piccolo trono posto nel coro, avendo alla sua destra gli onori dell'Impero e alla sinistra quelli d'Italia, mentre gli onori di Carlomagno stavano all'ingresso del santuario di fronte all'altare.
Dopo le preci e le interrogazioni di uso, l'imperatore e re consegnò gli ornamenti reali ai grandi ufficiali del Regno, che andarono a deporli sull'altare nell'ordine seguente: la corona, la spada, la mano di giustizia, lo scettro, il manto, l'anello. L'arcivescovo di Bologna depose sull'altare la corona ferrea, e

---

[41] Pigni, E., *Le due incoronazioni di Napoleone*, Aevum, Fasc.3, sett-dic. 2005, pp. 739-741.

l'arcivescovo di Milano benedisse gli onori d'Italia. L'imperatore e re si recò poi ai piedi dell'altare per ricevere dalle mani del cardinale Caprara l'anello, il manto, la spada, che consegnò al principe Eugenio, lo scettro e la mano di giustizia (ma, significativamente, non le corone). Si inginocchiò a pregare, poi consegnò lo scettro e la mano di giustizia ai grandi ufficiali destinati a portarli, infine ascese all'altare, prese la corona ferrea e se la pose sul capo, pronunciando le celebri parole: *Iddio me l'ha data, guai a chi la toccherà*. Dopo avere deposto la corona ferrea sull'altare si pose nuovamente sul capo la corona d'Italia inserendola nella corona imperiale (che non aveva mai tolto), riattraversò la cattedrale e andò ad assidersi su un gran trono posto all'estremità della navata, dietro il quale furono collocati gli onori d'Italia. Alla destra del trono, più in basso, sedeva il principe Eugenio e stavano gli onori di Carlomagno; alla sinistra gli onori dell'Impero. Codronchi, arcivescovo di Ravenna, grande elemosiniere, portò il Vangelo all'imperatore e re, il quale, dopo il Credo, attraversò nuovamente la cattedrale seguendo le sette dame (Parravicini, Uggeri Calini, Busca, Hercolani, Castiglioni, Lambertini e Litta) che portavano le offerte, presentò tali offerte all'altare e tornò al suo gran trono.

Dopo la messa il grande elemosiniere riportò il Vangelo; il cancelliere guardasigilli della corona, avvertito dal gran maestro delle cerimonie, disse al presidente della Consulta di Stato di portare il giuramento e chiamò presso il trono i presidenti dei tre collegi elettorali, del Corpo legislativo e del Consiglio legislativo. L'imperatore e re lesse ad alta voce il giuramento. Poi il capo degli araldi disse: "Napoleone imperatore dei Francesi e re d'Italia è incoronato ed intronizzato. Viva l'imperatore e re!". La grandiosa cerimonia si concluse con una scarica di artiglieria e con il *Te Deum*»[42].

In un testo del 1904 troviamo un resoconto anche del seguito:

«Non era no, non era ancora finita quella memoranda giornata. Alle quattro del pomeriggio le L.L. M.M. dal Palazzo Reale, in magnifico cocchio, a cui servivano di ricchissimo fregio gli stemmi Regio-Imperiali, precedute e seguite da gran corteggio, si recarono all'antica basilica di sant'Ambrogio per rendere le dovute grazie[43]. Gli applausi del popolo accompagnarono il corteggio di continuo (…). La via tenuta dal corteggio, è stata la

---

[42] *ibidem*, pp. 743-744.
[43] Righe trasposte dal *Corriere milanese* del 27 maggio 1805 (n. 42, anno IV, p. 348 dell'annata completa 1805).

> seguente: Piazza del Duomo, contrada de' Mercanti d'Oro, Pennacchiari, la Palla, san Giorgio al Palazzo, Carrobbio e san Bernardino delle monache, oggi via Lanzone. Nel ritorno passò il corteo da sant'Agnese, dal Corso di porta Vercellina oggi Magenta, contrada Borromea, Cinque vie, Bocchetto, Cordusio, Fustagnari, Piazza de' Mercanti, Pescheria vecchia e piazza del Duomo.
> Ciò che fece sorpresa al popolo fu la gita della Corte dal Duomo a sant'Ambrogio, ove si cantò il *Te Deum* all'ambrosiana, oltre alcune preci per la conservazione della persona dell'Imperatore.
> Precedeva nel corteggio la guardia d'onore, seguivano i generali francesi, in appresso quattro scudieri, di poi quattro messaggeri di Stato ossia Re d'armi, abbigliati con abito che potevasi dire da scena. (...) Seguivano dieci equipaggi a tiro a sei con ricche bardature, indi veniva uno splendore di equipaggio quello di S. A. S. la Principessa Elisa. Era tratto da sei focosi cavalli, con eleganti bardature a fregi ed ornamenti in oro.
> Finalmente il cocchio dell'Imperatore tratto da quattro magnifiche pariglie. (...) Eravi l'Imperatore e l'Imperatrice e nel di sopra di un cuscino ricamato in oro con scettro e corona «un altro arnese, che non si seppe indicare cosa fosse». Era quell'umese null'altro che la simbolica mano della simbolica giustizia.
> Al di dietro della carrozza eranvi otto livree di Corte a tre ordini; così pure le altre carrozze avevano un proporzionato numero di domestici. I quali erano vestiti in panno verde dragone con ricco gallone d'oro alle cuciture.
> Tutta la Corte era guardata da guardie francesi di grado elevato, e la carrozza Imperiale da graduati prossimi e quasi famigliari al Sovrano.
> La guardia de' Mamelucchi, che era stata arruolata in Egitto ed era agli ordini del principe Eugenio, insieme con altra cavalleria francese ed italiana, chiudeva il corteggio»[44].

A Parigi nella formula del giuramento Napoleone aveva mantenuto la Legion d'onore (che aveva istituito il 19 maggio 1804 e che è ancora la più alta onoreficenza dello Stato francese, civile e militare), mentre in quella di Milano non era presente, neanche con una onoreficenza equivalente. Pertanto

> «dieci giorni dopo avere cinto nella cattedrale di Milano la corona ferrea, istituì (5 giugno 1805) un ordine cavalleresco appartenente al patrimonio araldico del Regno: l'Ordine della Corona di ferro,

---

[44] Corio, L., *Milano durante il primo Regno d'Italia, 1805-1814*, Tip. Pietro Agnelli, Milano, 1904, pp. 89-91 (dal cap. V, *L'incoronazione*).

che, come la Legion d'onore in Francia, fu in Italia il primo ordine cavalleresco moderno, ossia non riservato a classi privilegiate ma aperto a tutti i meriti».

«La corona ferrea era stata scelta da Napoleone come emblema del suo Regno d'Italia per le ragioni così esposte da Marescalchi, ministro delle Relazioni estere, alla Consulta di Stato (lettera del 20 febbraio 1805 …):
"Pare non vi sia stemma, che possa servire a disegnare più generalmente, e vulgarmente il Regno de' Lombardi o italiano della Corona di ferro, di cui è opinione stabilita che si servissero i Re longobardi per farsi incoronare, e che si pretende sia quella, che si conserva ancora attualmente a Monza.
I dotti invero pretendono, che la storia di questa Corona sia tutta una favola; ma ciò non ostante quest'idea è comune, e la Corona in tanto maggior venerazione, che se ne crede formato il cerchio d'un chiodo della passione di Gesù Cristo"»[45].

Così è presentata in sintesi in un articolo recente:

«È probabile che non esista al mondo una corona così carica di storia, leggenda e mistero come la Corona Ferrea. Un cimelio che simboleggiava che il potere regale che conferiva a chi ne veniva incoronato era di origine divina per il legame che aveva con la passione di Cristo rappresentando, allo stesso tempo, la continuità con l'impero romano, perché era il punto di unione fra la Crocifissione e l'imperatore Costantino. … E tutto questo perché… si credeva che il cerchio metallico che è all'interno della corona ferrea era ricavato da un chiodo della crocifissione fuso.
Per questo motivo la Corona ferrea fu usata per secoli per l'incoronazione di numerosi sovrani, come re d'Italia, fra i quali Carlo Magno (800), Berengario I (920), Enrico IV (1081), Federico I Barbarossa (1154), Carlo IV (1355), Carlo V d'Asburgo (1530), Francesco I (1792), Ferdinando I d'Austria (1838) e Napoleone (1805)»[46].

In un libro pubblicato nel 1838 sui re d'Italia incoronati con la Corona Ferrea, si ricordava una delle tradizioni che

«dalla vetustà di ben dodici secoli avvalorata, corre su questo sacro ed augusto monumento, da pari tempo reputato il migliore ed il più pregevole fra gli oggetti che serbansi nel Tesoro, e fra le

---

[45] *ibidem*, p. 742 e n. 7 p. 741.
[46] reliquiosamente.com/2022/05/30/la-corona-ferrea

> Reliquie che veneransi nella insigne Basilica di S. Giovan Battista nell'antica città di Monza. ... [ovvero] esser il ferreo cerchietto, ch'entro la Corona s'aggira (e da cui è detta *Ferrea*, ovvero *di Ferro*, o *del Ferro*), formato da porzione d'un de' Chiodi con cui fu il Salvator del Mondo crocifisso (...).
>
> ...è noto essersi l'imperatrice *Elena*, madre del Gran *Costantino* donna santa e colma di zelo per la Cristiana religione, recata in Gerusalemme, l'anno 327 (21 dell'impero del suo figlio, e 14 del pontificato di *S. Silvestro*), onde rintracciar i luoghi, le memorie e gl'istromenti che serviron alla Passione del divin Redentore. Come difatti, dopo molte e penose indagini praticate sul Monte Calvario (...), pervenne alla fine a rinvenir la Croce ov'ei morì, non che il di lui Sepolcro, con entro il Titolo ed i Chiodi, il tutto riunitovi dalle pietose cure della SS. Vergine Madre di Gesù; essendo costume presso gli Ebrei seppellir con la spoglia mortale di que' che veniali pubblicamente fatti morire anche gli stromenti adoperati in dar loro morte. Il qual rinvenimento ed i quali fatti avvalorati scorgonsi nella funebre Orazione del gran milanese Arcivescovo *S. Ambrogio*, recitata pel defunto imperator *Teodosio* (...)».[47]

Era l'anno 395 e Sant'Ambrogio, vescovo di Milano e dottore della Chiesa, raccontava:

> «Venne dunque Elena, cominciò a passare in rassegna i luoghi santi e dallo Spirito Santo ebbe l'ispirazione di cercare il legno della croce. Si recò sul Golgota e disse: "Ecco il luogo della battaglia: dov'è la vittoria? Cerco il vessillo della salvezza e non lo trovo. Io sono sul trono, disse, e la croce del Signore è nella polvere? Io in mezzo all'oro e il trionfo di Cristo tra le rovine? (...) Si tolgano le macerie perché appaia la vita (...), si squarci la terra perché la salvezza rifulga. Che hai ottenuto, diavolo, nascondendo il legno, se non di essere vinto una seconda volta? Ti ha vinto Maria, che generò il trionfatore, che senza pregiudizio della sua verginità diede alla luce Colui che, crocifisso, doveva vincerti e, morto, soggiogarti. Sarai vinto anche oggi, così che una donna scopra le tue insidie. Ella, perché santa, portò nel suo seno il Signore; io, invece, ne ricercherò la croce. Ella ci insegnò che era nato, io dimostrerò che è risuscitato. Ella fece sì che apparisse Dio tra gli uomini, io, quale medicina dei nostri peccati, innalzerò dai ruderi il vessillo divino".

---

[47] Antolini, F., *Dei Re d'Italia inaugurati o no con la Corona Ferrea, da Odoacre fino al regnante Augusto Imperatore Ferdinando Primo*, Tipografia e Libreria Pirotta e C., Milano, 1838, pp. 77-78.

Fa scavare il terreno, sgombra il materiale, trova tre patiboli alla rinfusa che le macerie avevano coperto e il Nemico aveva nascosto. Ma il trionfo di Cristo non poteva essere dimenticato. Nel dubbio esita, esita perché donna; ma lo Spirito Santo le suggerisce un'indagine sicura, perché col Signore erano stati crocifissi due briganti. Cerca dunque la croce di mezzo. Ma poteva darsi che le macerie avessero confuso i patiboli, che una caduta ne avesse alterato l'ordine. Ricorre al testo evangelico e trova che sul patibolo di mezzo stava l'iscrizione: *Gesù Nazareno, re dei Giudei.* Di qui si argomentò l'autentico succedersi degli avvenimenti, mediante l'iscrizione fu chiaro qual era la croce della salvezza. Ciò spiega perché alle richieste dei Giudei *Pilato rispose: «Quello che ho scritto, ho scritto»,* cioè: non ho scritto così per far piacere a voi, ma perché ne avesse conoscenza l'età futura, non ho scritto per voi, ma per i posteri; come se avesse detto: Elena possa leggere un testo dal quale riconoscere la croce del Signore. Trovò dunque l'iscrizione, adorò il Re, non il legno, naturalmente, perché questo è un errore dei pagani e una stoltezza degli empi, ma adorò Colui che, nominato nell'iscrizione, era stato appeso su quel legno. (…) Quella donna ardeva dal desiderio di toccare il rimedio dell'immortalità, ma temeva di calpestare il sacramento della salvezza. Lieta in cuore, ma trepidante nei suoi passi, non sapeva che cosa fare; raggiunse tuttavia la sede della verità. Il legno rifulse e la grazia brillò, sicché, dato che Cristo aveva già visitato la donna in Maria, lo Spirito la visitò in Elena. Le insegnò quello che una donna non poteva sapere e la condusse sulla via che un mortale non poteva conoscere.

Cercò i chiodi con i quali era stato crocifisso il Signore, e li trovò. Da un chiodo fece fare un morso[48], un altro fu inserito in un diadema; ne impiegò uno per ornamento, un altro per devozione. Maria fu visitata perché liberasse Eva, Elena fu visitata perché fossero salvati gli imperatori. Mandò dunque a suo figlio Costantino il diadema tempestato di gemme, tenute insieme dalla gemma più preziosa della croce della divina redenzione, connessa al ferro; gli mandò anche il morso, Costantino usò entrambi gli oggetti e trasmise la fede ai suoi successori. Il principio degli imperatori cristiani è *una cosa santa che sta sul morso*: da esso venne la fede, perché cessasse la persecuzione e ne prendesse il posto la devozione. Agì con saggezza Elena, che ha posto la croce sulla testa dei re, affinché nei re sia adorata la croce di Cristo. Questa non è superbia, ma devozione, perché si rende omaggio alla redenzione santa. Prezioso è dunque un tale timone

---

[48] Per il cavallo del figlio, per assicurargli protezione in battaglia.

dell'impero romano, che governa il mondo intero e riveste la fronte dei principi, affinché siano banditori della fede quelli che solevano perseguitarla. Giustamente il timone [*chiodo*] sta sul capo, perché, dove ha sede l'intelligenza, ivi sia la tutela. Sul capo la corona, nelle mani le briglie: la corona è formata dalla croce, perché risplenda la fede; anche le briglie sono formate dalla croce, affinché l'autorità governi usando una giusta moderazione, non un'imposizione ingiusta. Anche i principi per concessione della generosità di Cristo ottengano che, ad imitazione del Signore, si dica dell'imperatore romano: *Hai posto sul suo capo una corona di pietre preziose.* (...) Gli imperatori mettono in onore col loro diadema il chiodo della sua croce (...).

Domando però: Per quale motivo una *cosa santa sul morso,* se non perché frenasse l'arroganza degli imperatori, reprimesse la dissolutezza dei tiranni, che, come cavalli, nitrivano smaniosi di piaceri, perché potevano impunemente commettere adulteri? Quali turpitudini conosciamo dei Neroni e dei Caligola e di tutti gli altri che non ebbero una *cosa santa sul* morso. Quale altro risultato ottenne l'intervento di Elena per guidare il morso se non quello che sembrasse dire per divina ispirazione agli imperatori: *Non siate come il cavallo* e *il mulo* e stringesse invece *col morso e la museruola le loro mascelle* perché governassero i loro sudditi, mentre prima non si riconoscevano responsabilità di governanti? Il potere, infatti, si abbandonava senza ritegno al vizio e, come bestie, i sovrani si contaminavano in sfrenate libidini e ignoravano Dio. La croce del Signore li frenò e li distolse dalle cadute dell'empietà, fece loro alzare gli occhi perché cercassero in cielo Cristo. Deposero la museruola dell'incredulità, accolsero il morso della devozione e della fede, seguendo Colui che dice: *Prendete sopra di voi il mio giogo; il mio giogo, infatti, è dolce e il mio carico leggero.* (...)

Non ha dunque mentito la profezia quando ha detto: *I re cammineranno nella tua luce.* «Cammineranno» senza dubbio, e soprattutto Graziano e Teodosio, «principi» più degli altri, non già protetti dalle armi dei soldati, ma dai loro meriti, rivestiti non della veste di porpora, ma del manto della gloria. Essi, che pur si compiacevano di assolvere molti accusati, quanto più godono lassù al ricordo della loro indulgenza, passando in rassegna i moltissimi, cui hanno concesso il perdono. Ora godono di una luce radiosa, avendo raggiunto lassù una dimora di gran lunga migliore di quella che possedevano quaggiù (...)»[49].

---

[49] Sant'Ambrogio, *In morte di Teodosio,* in: *Discorsi e lettere / 1. Le orazioni funebri,* Città Nuova Editrice, Roma, 1985, pp. 243-249.

Questo scritto di Ambrogio rende bene l'idea dell'aura mitica, gloriosa, trascendente di questa corona – indipendentemente da quanto di attendibile ci sia nel racconto[50] – e quindi *illumina*, è il caso di dire, il senso più importante, simbolico, dell'incoronazione di Napoleone.
La quale, come si è visto, fu una auto-incoronazione, che un autore commentava così nel 1870:

> «L'imposizione della corona che Napoleone da sé stesso si fece sul capo sembrò ad alcuni una singolarità. Per curiosità perciò dei meno eruditi accennerò che quell'atto non fu tale, poichè al 2 dicembre dell'anno antecedente, egli fece altrettanto in Parigi in occasione della sua inaugurazione imperiale, sebbene ivi fosse andato per la funzione lo stesso pontefice Pio VII. Dopo che tanto egli, quanto l'imperatrice Giuseppina furono unti dal papa, Napoleone si avanzò innanzi all'altare, e, presa la corona imperiale, se la pose da sé stesso sul capo; e poi colle stesse sue mani incoronò anche Giuseppina genuflessa innanzi di lui. E tutto ciò non fece se non per imitare Carlo Magno, il quale nell'anno 813, volendo in Aquisgrana innalzare al trono l'unico suo figlio superstite Lodovico, nel giorno della funzione ordinò ad esso che da sé medesimo si ponesse sul capo la corona, per dargli a conoscere che il suo potere veniva direttamente da Dio e non già dalla chiesa, la quale a quei giorni procurava di acquistare una supremazia sopra i monarchi della terra»[51].

In una lettera del 22 luglio 1807 ad Eugène de Beauharnais Napoleone sentenziava:

> «Io ho la mia corona da Dio e dalla volontà dei miei popoli, ne sono responsabile solo di fronte a Dio e ai miei popoli. Per la corte di Roma sarò sempre Carlo Magno ...»[52].

---

[50] Per ulteriori dettagli, si veda Maspero, V., *La corona ferrea*, Vittone Editore, Monza, 2003, pp. 17-20; sulla datazione, le pp. 116-123. Cfr. anche Nazzaro, A.V., *Costantino e la madre Elena nell'interpretazione politico-religiosa di Ambrogio di Milano*, in: Oi christianoi, 15 (2013), pp. 195-217 (*rmoa.unina.it/1013/1/RM-Nazzaro-Costantino.pdf*).
[51] Bombelli, R., *Storia della Corona Ferrea dei Re d'Italia*, Tipografia Cavour, Firenze, 1870, p. 227.
[52] Napoleone, *Autobiografia*, a cura di André Malraux, Mondadori, Milano, 1993, p. 180. Su Rol e Carlo Magno, cfr. il cap. *Alessandro, Cesare e Carlo Magno*, ne *Il simbolismo di Rol*. Ganora e Giorda parlano di "Sindrome di Carlomagno", il quale «era stato sempre un modello per Napoleone... [e] di cui si sentiva degno successore» (*Stupinigi. Capitale dell'Impero*, cit., pp. 40-41).

Ritratto di Napoleone Bonaparte incoronato Re d'Italia, opera di Giuseppe Longhi, da *Vite e ritratti di illustri Italiani*, Tipografia Bettoni, Padova, 1812.

Tornando all'articolo di Zarri del 1999, l'autore riferendosi all'epoca in cui Lachouque si interessò alla carrozza, scrive che

> «intanto ad Alessandria c'è chi comincia a pensare che quella è davvero la carrozza di Napoleone e sarebbe giusto rimetterla in ordine per farne il pezzo forte del museo della battaglia, nel 1952 trasferito dal castello di Marengo, bisognoso di restauri, al Museo di Alessandria, di cui è direttore il prof. Arturo Mensi».

L'idea che ci fosse «chi comincia a pensare che quella è davvero la carrozza di Napoleone» mostra come se ne fosse persa la memoria storica, anche se pare qualcosa di piuttosto singolare dal momento che almeno ancora negli anni '20 giravano le cartoline con la carrozza (per esempio l'altra in mio possesso che ho pubblicata a p. 205 insieme a quella commemorativa, venne spedita da Spinetta Marengo (a Milano, caso vuole) il 30 settembre 1929. Possibile che appena 18 anni dopo nessuno sapesse più nulla di questa carrozza e fosse divenuta un "pollaio"? Naturalmente, siccome la foto delle cartoline, che è la stessa, venne scattata forse nel 1899, anche se le cartoline giravano negli anni '20 la carrozza fisica poteva effettivamente già essere stata "abbandonata" da tempo[1] e in seguito la Seconda Guerra Mondiale dovrebbe aver contribuito al definitivo oblio iniziato anni prima.

Lucia Lunati in un libro del 1968 su Alessandria, aveva raccontato che agli inizi del Novecento, per San Giuseppe, ovvero il 19 marzo, si usava andare in gita a Marengo e visitare «la rimessa ove vi era la famosa carrozza dell'imperatrice Giuseppina che per quel giorno era visibile a tutti»[2]. Forse fu durante questa ricorrenza annuale che venne scattata la foto.

In un volume dedicato alle carrozze pubblicato nel 1901 ritroviamo la stessa foto sfrondata dell'ambiente circostante, con questa didascalia: «Carrozza di seguito dell'Imperatore Napoleone I nelle rimesse della villa Cataldi a Marengo». Nel testo, l'autore Luigi Belloni menziona

> «le carrozze di gala, nelle quali la corte imperiale e reale di Napoleone sfoggiò gran lusso, con uno stile tutto speciale, detto empire, gareggiando in sontuosità con le corti precedenti. Una di

---

[1] Si ricorderà quello che il vecchio contadino avrebbe detto a Rol e compagni nel 1947: «me la ricordo da quando ero bambino», ciò che farebbe supporre – sempre che queste informazioni siano precise – che la carrozza venne abbandonata forse già poco tempo dopo il ritorno dall'esposizione di Milano del 1906.
[2] Lunati, L., *La mia cara Alessandria*, Alessandria, 1968, p. 87. Curioso che qui venga qualificata come «di Giuseppina» e non di Napoleone: certo nella rievocazione di Marengo anche lei era presente, ma forse c'è stata una distorsione dei ricordi visto che la carrozza era associata anche a Maria Luisa (=Giuseppina).

codeste carrozze — carrozza di seguito — in uno stato di conservazione molto buono — esiste a Marengo, nella villa Cataldi ridotta a museo napoleonico. La carrozza è tutta dorata, ornata delle armi imperiali, e ricoperta internamente di velluto. I mozzi delle ruote sono di argento massiccio; fregi dello stesso metallo coronano l'*imperiale* della carrozza, e nei giorni di grande cerimonia mettevansi ai quattro angoli dei pennacchi di piume bianche. Un'ampia gualdrappa (*housse*) a frangie di seta verde, bianca ed oro, ricuopre il sedile del cocchiere, e porta da ciascun lato le armi imperiali in argento elegantemente cesellate. Narrasi dai custodi del luogo che la vettura sia stata fra quelle che servirono a Napoleone ed a Giuseppina il 5 maggio 1805 per la grande cerimonia commemorativa di Marengo quivi celebrata poi la carrozza sarebbe passata a Parma, d'onde, sul declinare della potenza napoleonica, sarebbe stata di nuovo trasferita ad Alessandria, d'onde fu poi mandata ad accrescere i ricordi napoleonici nel privato museo del vicino Marengo»[3].

Qui non si menziona l'incoronazione, però si dice che passò a Parma, ciò che a un certo punto è quanto effettivamente successo.
Nel 1906 la carrozza tornò, ancora una volta, a Milano dove venne esposta alla Mostra Retrospettiva dei Trasporti nell'ambito dell'*Esposizione internazionale del Sempione*: in un articolo su *La Stampa* si diceva che fosse «oggetto d'ammirazione di tutti i visitatori»[4], e in un volume dedicato all'esposizione uscito quell'anno si menziona «la carrozza di Napoleone I, che si conserva nel castello di Marengo»; «quella che dopo quattr'anni dalla vittoria [*in realtà cinque*] condusse il Generale a rivedere il campo di Marengo»; «la sua carrozza, quella che lo portò su i campi di Marengo a commemorare la vittoria riportàtavi da lui quattro [*cinque*] anni prima insieme con l'animoso Desaix»[5].

---

[3] Belloni, L., *La carrozza nella storia della locomozione*, Torino-Milano-Roma, Fratelli Bocca Editore, 1901, pp. 72-73. La stessa immagine sfrondata dello sfondo l'ho trovata in un altro testo contemporaneo, forse precedente di qualche mese, con didascalia simile: «Carrozza di Seguito di Napoleone I esistente a Marengo nella rimessa della villa già Devalo [*sic*] ora Cataldi» (Comandini, A., *L'Italia nei cento anni del secolo XIX (1801-1900). 1801-1825*, Vallardi, Milano, 1900-1901, p. 756). In realtà, nella foto la carrozza non è «nella rimessa», ma in esposizione nel giardino, all'aperto.
[4] Citato da Coaloa, con data del 01/02/1906, che però non ho trovato; nell'archivio storico on line del quotidiano, così come alla Biblioteca Civica di Torino, manca la prima pagina di quel giorno. Forse è lì che si trova la menzione.
[5] Marescotti, E.A. e Ximenes, Ed., (a cura di), *Milano e l'esposizione internazionale del Sempione*, Fratelli Treves Editori, Milano, 1906, pp. 15; 291; 379.

Di seguito pubblico una fotografia, forse inedita, della carrozza, che ho rintracciato alla Biblioteca Braidense di Milano, scattata da Arturo Varischi e Giovanni Artico nel 1906 alla Mostra dei Trasporti; e un dettaglio significativo della portiera, dove si possono vedere i "graffiti" lasciati dai visitatori nei decenni precedenti.

Varischi & Artico, "Carrozza di Napoleone I°", 1906 (su concessione del Ministero della cultura – Pinacoteca di Brera – Biblioteca Braidense, Milano)

Dettaglio della portiera con i "graffiti" d'epoca, dove spicca l'anno 1886

Riportata a Marengo, l'oblio iniziò forse all'epoca della prima guerra mondiale.
Zarri poi scrive che

> «Nel gennaio 1955 si scopre che la carrozza è appena stata venduta ad un antiquario di Torino, certo D'Agostino, e che l'atto relativo è stato notificato alla competente Soprintendenza. A distanza di pochi giorni il D'Agostino rivende la carrozza all'antiquario e "mago" torinese Gustavo Adolfo Rol, una persona influente che ha relazioni con il Museo degli Invalidi di Parigi, dove, com'è noto, c'è una ricchissima raccolta di testimonianze dei fasti napoleonici»[6].

---

[6] Zarri, C., cit., p. 6. In nota al fondo specifica: «Il Rol fu al centro di accese polemiche quando nel 1978 Piero Angela, nel libro-inchiesta "Viaggio nel mondo del paranormale", avanzò dubbi sulle sue doti di mago. Nomi illustri del giornalismo scrissero di lui e dei suoi esperimenti in termini entusiastici o comunque mostrando grande interesse, chi per aver assistito nella sua casa, ricca di cimeli napoleonici e di oggetti antichi, alla clonazione [sic!] notturna di quadri di grandi pittori (Piero Femore e Remo Lugli, "La Stampa", 13/3/78 e 3/8/78), chi

Veniamo qui a sapere che Rol non avrebbe comprato la carrozza da Cavanna, come sembrava, ma da questo D'Agostino con atto notificato alla Soprintendenza.

Se la rivendita è avvenuta «a distanza di pochi giorni» allora è possibile che D'Agostino e Rol fossero d'accordo già prima, e che Rol non volesse comparire in prima persona, per non attirare su di sé da un lato l'attenzione e dall'altro le prevedibili polemiche, che comunque ci furono. Zarri scrive:

> «A qualche alessandrino tutti questi passaggi di mano sembrano poco convincenti[7].
> In un articolo sul "Pungolo di Alessandria" del 10/2/1955[8] Enrico Reposi esterna la sua perplessità: *la carrozza – scrive – nell'ottobre '54 doveva essere accolta nelle sale della civica Pinacoteca*, dove già era stato sistemato il materiale proveniente dal Museo di Marengo, e invece è finita a Torino. Il dottor Luigi Caviglia, direttore dell'Archivio di Stato [di Alessandria], solo casualmente apprese *dal personale e dirigenti della nostra Pinacoteca che la carrozza era stata caricata su un camion e trasportata a Torino,* una notte di tre settimane prima[9]. Perché il

---

per aver visto in lui "l'uomo universalmente stimato che sfrutta le sue capacità solo per il bene degli altri" (C.A. Jemolo, "La Stampa", 13/8/78). Geno Pampaloni ("Il Giornale", 14/8/78) disse che il dottor Rol fa "annichilire con inaudite manifestazioni paranormali Federico Fellini in cerca di materiale per il film Giulietta degli spiriti". (...) [fonte precisa, nella quale c'è comunque solo questo, è: Pampaloni, G., *Con mistero da Buzzati*, Il Giornale, 13/08/1978, p. 4, che parla del libro di Buzzati *I misteri d'Italia*, uscito nel 1978] Di sé il Rol disse ("La Stampa", 3/9/78): "Quanti problemi apparentemente impossibili non ho risolto. Molti ritrovarono in me la speranza, il coraggio, la ragione di vivere. E se fossi sempre stato ascoltato quante sciagure avrebbero potuto essere evitate"». Curioso che Zarri, nel 1999, abbia come riferimento il solo e parzialissimo 1978, condizionato e inquinato dalla "opinione" diffamatoria ed isolata di Piero Angela, già ampiamente sconfessata da chi scrive. Difficile togliermi l'impressione che si sia voluto, qui, far aleggiare sul "mago" Rol – "colpevole" di aver sottratto la carrozza agli Alessandrini, come sarà chiaro più avanti neanche troppo tra le righe – i soliti dubbi gratuiti sulla sua integrità morale e l'autenticità della sua persona, nascosti in mezzo a citazioni "normali".

[7] In nota segnala: «Il fratello di Gigi Capra, Giannino, ricorda che nelle varie transazioni di cui fu oggetto la carrozza, compare anche l'antiquario torinese Accorsi, del quale purtroppo non trovo traccia nei documenti consultati». Come è noto, Accorsi e Rol si conoscevano bene, e purtroppo non si hanno maggiori dettagli al riguardo.

[8] Che non sono riuscito a reperire in originale e integrale, l'unica copia essendo, pare, alla biblioteca di Alessandria in un deposito non accessibile nel momento in cui scrivo.

[9] Quindi intorno al 20 gennaio 1955.

> *personale della Pinacoteca era a conoscenza della cosa? E perché, con una notizia di tale portata, se ne trastullava con noncuranza? O che la carrozza di Napoleone è considerata dal personale qualificato del museo alessandrino come una bancarella da erbivendoli?* Da ulteriori indagini a Torino – continua il Reposi – risulta che la vettura è in restauro presso un carradore di Via Guastalla 20: destinazione il Museo degli Invalidi di Parigi. *Sarebbe interessante conoscere se le autorità sono al corrente di tutto ciò e sapere il loro parere in proposito»*[10].

Presso l'Archivio dell'Ordine Mauriziano avevo trovato il seguente promemoria di Luigi Caviglia, qui sopra menzionato, del febbraio 1955:

> «La "carrozza di Napoleone" asportata qualche settimana fa da Alessandria è ora in via di restauro a Torino in via Guastalla 20* a cura del Dott. Rol Gustavo che ha dichiarato di volerla "regalare" al Museo degli Invalidi di Parigi, è una magnifica berlina dorata così descritta nella pubblicazione "Marengo e i suoi Monumenti" edita nel 1854 (…). [*segue cit.*] Di essa si servirono l'imperatore Napoleone e Giuseppina Beauharnais nella cerimonia della ricostruzione della battaglia di Marengo avvenuta nel giugno 1805 (…) Questa carrozza è stata per circa un secolo il maggiore e più vistoso "pezzo" del Museo di Marengo che aveva sede in una specie di castello costruito appositamente sul luogo dall'alessandrino cav. Delavo per contenere cimeli raccolti sul campo della famosa battaglia.
>
> Benchè fosse di proprietà privata il museo rivestiva un notevole interesse pubblico poiché era l'unica attrattiva turistica di valore internazionale della provincia di Alessandria tanto che è tutt'ora dato come esistente nell'ultimo "depliant" dell'Ente del Turismo di Alessandria[11], che evidentemente considerava come passeggera la penosa situazione, creatasi in seguito al marasma e alla crisi

---

[10] Zarri, C., *cit.*, p. 6. Qui e nelle citazioni seguenti i corsivi sono dell'autore.
[11] Nel volumetto del 1951 *Alessandria e la sua provincia* edito dall'Ente Provinciale per il Turismo di Alessandria, trovo a pp. 12-13 il cap. *I campi di Marengo*, dove si informa: «Nella *Villa di Marengo* è conservata una collezione di cimeli dell'esercito napoleonico; una statua marmorea del Primo Console Bonaparte è eretta nel cortile; un busto ricorda il generale Desaix nel luogo in cui cadde mentre comandava la riscossa. Nel parco, la Cappella-ossario commemorativa. Unico avanzo dell'antico villaggio di Marengo, s'erge ancora, quadrata e solida, la torre detta della regina Teodolinda…». Nessun cenno alla carrozza. Anche un depliant riassuntivo di epoca fascista, forse di inizio anni quaranta, riporta le stesse informazioni.

degli alloggi susseguiti al bombardamento di Alessandria del 1945 in conseguenza dei quali i locali del Museo sono stati ridotti ad abitazione e i cimeli hanno dovuto essere depositati al Museo Civico.
La carrozza (come il tavolino su cui Napoleone la sera della battaglia aveva scritto la famosa lettera all'Imperatore d'Austria) era rimasta proprietà privata e dell'acquisto di essa di erano interessati recentemente l'Ente del Turismo, la Camera di Commercio e Autorità cittadine che avrebbero voluto conservare alla città il Cimelio. L'acquisto da parte del Sig. Rol è avvenuto all'insaputa di tali Enti ed autorità».

A questo punto Zarri accennava appena a un articolo del 15 febbraio 1955, sempre sulla *Gazzetta del Popolo*[12], che io qui invece cito più estesamente, omettendo solo ripetizioni di cose già riferite:

La carrozza di Napoleone è un cimelio della città

La notizia da noi pubblicata mercoledì[13] del probabile trasferimento della carrozza di Napoleone da Torino, ove attualmente si trova per opera di restauro, al museo degli Invalidi di Parigi, ha suscitato molto rumore in città. «La carrozza deve ritornare ad Alessandria» è lo slogan degli alessandrini che intendono tutelare il patrimonio storico ed artistico della loro città e salvaguardare ciò che ancora resta del periodo napoleonico e della famosa battaglia di Marengo.
Com'è noto, la celebre vettura imperiale ... aveva fatto parte fino a qualche anno fa del museo dei cimeli napoleonici del castello di Marengo, ma in seguito alla cessione del castello stesso alla società «Montecatini» la carrozza che era stata esclusa dai beni ceduti, era stata relegata in un ripostiglio e trasformata poco dignitosamente, in pollaio. Circa un mese fa la carrozza, all'insaputa delle autorità veniva caricata su un autocarro e trasportata a Torino per conto di un antiquario.
Il compratore torinese è un appassionato di storia napoleonica e ci risulta essere in ottimi rapporti con il museo degli Invalidi di Parigi; è quindi probabile che la storica vettura sia destinata al museo della capitale francese.
L'azione che molti enti e privati cittadini alessandrini hanno intrapreso in questi giorni è appunto rivolta ad impedire l'espatrio della carrozza. Ci risulta inoltre che tale azione è appoggiata dalla

---

[12] a p. 4 della cronaca di Alessandria, senza firma.
[13] Il 09/02, vedi *supra*, p. 220.

sovraintendenza alle gallerie di Torino che ha già fatto sapere di opporsi al trasferimento del cimelio nella capitale francese.

Abbiamo interpellato alcune personalità alessandrine e rappresentanti dei vari enti per conoscere la loro opinione sulla opportunità che la carrozza imperiale ritorni per sempre ad Alessandria. Ecco il pensiero del sindaco Nicola Basile:

«La carrozza fu venduta a privati e non faceva parte dei cimeli di guerra, passati al Comune quando la "Montecatini" acquistò il castello di Marengo. Sarei ora lieto di ottenere la restituzione della carrozza da parte dei privati che ne sono diventati proprietari. Vorrei che divenisse patrimonio del Comune e che comunque ritornasse per sempre nella nostra città».

Il rag. Sodani a nome del direttore della Camera di Commercio dott. Vaccino, ha dichiarato: «La Camera di Commercio già si era interessata d'accordo con l'Ente del Turismo per raccogliere in un unico posto tutti i cimeli dell'epoca napoleonica, compresa la carrozza. In seguito si venne a sapere che la vettura era di proprietà del signor Edilio Cavanna, di Novi, e la cosa non ebbe seguito. La notizia del trasferimento della carrozza a Torino ha sorpreso la Camera di Commercio che è ben disposta a cooperare perché i cimeli napoleonici restino nella nostra città e vengano raccolti in un'unica sede».

Anche il direttore dell'Ente del Turismo, dott. Gueli, ha dichiarato che già erano state iniziate trattative con la Camera di Commercio per la restaurazione della vettura e la raccolta dei cimeli storici. Anche ora l'Ente del Turismo è pronto a collaborare per il ritorno della carrozza ad Alessandria.

Il noto storico alessandrino comm. Piero Angiolini è rimasto sorpreso ed addolorato dalla notizia. «... era uno dei pochi cimeli storici della nostra città. Non si deve rinunciare ad essa. Bisognerebbe sistemarla in una sede decorosa con tutti gli altri resti del periodo napoleonico».

Il dott. Luigi Caviglia ... ha dichiarato che la carrozza, avendo fatto parte per oltre un secolo del museo napoleonico di Marengo, non può ora essere scissa dagli altri cimeli. «La carrozza napoleonica – egli ha dichiarato – ricorda un avvenimento alessandrino[14], e nella nostra città deve perciò ritornare. Propongo venga sistemata nel castello di Marengo».

[*Rist. 2024: il restauratore di via Guastalla 20 dovrebbe essere stato il falegname Franco Marsico, come consta dall'agendina del telefono di Rol*].

---

[14] Ricorda anche altri avvenimenti associati ad altre città, e Marengo non è la prima della lista, come sottolineo più avanti.

> **PER LA TUTELA DEL PATRIMONIO CIVICO**
>
> # La carrozza di Napoleone è un cimelio della città
>
> Il sindaco, personalità ed Enti sono tutti concordi perchè la storica vettura torni presto ad Alessandria in una sede degna

Zarri riportava le tappe successive:

> «L'indomani il Caviglia propone al Gueli di iniziare la pratica per riavere la carrozza *in considerazione dell'importanza turistica e storica della stessa e sotto e la spinta dell'opinione pubblica, degli studiosi e delle autorità cittadine*: a suo avviso occorre informare immediatamente la Soprintendenza a Torino che *lo Stato per mezzo dell'Ente Provincia per il Turismo di Alessandria, intende esercitare il diritto di prelazione.*
> Il 28 febbraio il Gueli scrive al Commissariato per il Turismo presso il Ministero della P.I, raccomandando di dare alla pratica *il carattere della massima urgenza*. La risposta, datata 20 aprile, sembra rassicurante: *La Direzione Generale delle Antichità e Belle Arti ha fatto conoscere di avere già esercitato in tempo utile il diritto di prelazione sull'acquisto del cimelio storico in oggetto, riservandosi di stabilire in seguito sulla sua più opportuna sistemazione.* "*In* tempo utile": quindi prima del 27 marzo, termine ultimo per esercitare il diritto di prelazione.
> Intanto il sindaco Basile e il prof. Viora, presidente della Società di Storia Arte e Archeologia di Alessandria, assicurano il loro impegno a reperire la somma – 800.000 lire – necessaria all'acquisto della carrozza. (…)
> Passano due mesi e non succede niente. Poi, il 3 giugno, il Rol dona la carrozza all'Ordine Mauriziano (…).
> Un mezzo successo: la vettura non ha percorso a ritroso la strada fatta nel 1805 con la coppia imperiale, ma Alessandria ha perso un pezzo della sua storia. Lascia anche un po' d'amaro in bocca il decreto del Ministero della P.I 5/9/55 che, a firma di Maria Jervolino per il Ministro, conferma l'autenticità e l'importanza storica della *carrozza napoleonica*».

Una decina di giorni dopo, il 14 giugno, torna sull'argomento *Il Giornale d'Italia*, con un articolo di Alessandro Cutolo introdotto con «…voglio intrattenermi su quella che in Alessandria chiamano "*la guerra della carrozza*"» e da cui riporto il passaggio finale:

> [Villa Delavo è stata]
> «meta di passeggiate popolari e scolastiche di visite illustri (il re di Svezia, l'imperatore Napoleone III ed altri) e di convegni storici internazionali: ma nell'ultimo dopo-guerra, mentre Alessandria era devastata dai bombardamenti a tappeto, il Castello fu venduto alla Montecatini ed adibito a dopolavoro ed abitazione degli impiegati: il magnifico e suggestivo parco venne, purtroppo, raso al suolo e trasformato in giochi di bocce; i cimeli furono donati dalla Montecatini alla città di Alessandria che tuttora li conserva.
> La carrozza, però, il pezzo più vistoso e più artisticamente importante del Museo, non era stato venduto alla Montecatini. Non fece perciò parte del dono ma finì nelle mani di persone che la lasciarono in colpevole abbandono, per anni, senza riuscire a venderla perché il vincolo della "*dichiarazone di pubblico interesse*" la rendeva poco appetibile ai privati e, d'altra parte, gli Enti pubblici di Alessandria mal si adattavano all'idea di dover spendere centinaia di migliaia di lire per la proprietà di un cimelio che era sempre stato, da anni, a gratuita disposizione del pubblico. Quando si decisero, seppero che la carrozza era stata da poco venduta, a loro insaputa, ad un appassionato raccoglitore di oggetti napoleonici che aveva dichiarato di volerla regalare al Museo degli Invalidi di Parigi e l'aveva frattanto trasportata a Torino dopo aver iniziate a Roma pratiche per ottenere lo svincolo dalla dichiarazione di importante interesse storico[15].
> L'Ente Provinciale del Turismo di Alessandria, su iniziativa del dottor Luigi Caviglia, Direttore del locale Archivio di Stato, per evitare l'esodo dall'Italia dell'importante cimelio, chiese allora alla competente Direzione Generale del Ministero della Pubblica Istruzione di esercitare il diritto di prelazione spettante allo Stato, e di assegnare la carrozza all'Ente stesso, sicuro che gli Alessandrini, come di fatto sta avvenendo, non avrebbero negato il loro contributo finanziario pur di far rimanere nella loro città lo storico veicolo.
> Il 20 aprile scorso la Direzione Generale esercitò il diritto di prelazione, riservandosi di stabilire in seguito l'opportuna sistemazione della carrozza: ma in realtà tale diritto non fu fatto valere perché il proprietario della berlina manifestò la sua intenzione di donarla a qualche Ente Pubblico torinese. La

---

[15] Anche qui ulteriori ricerche d'archivio permetterebbero di conoscere i dettagli.

magnifica carrozza è ora, infatti, visibile *gratis* nella palazzina reale di Stupinigi, presso Torino.
Probabilmente non tornerà più ad Alessandria pregiudicando così gravemente il risorgere di quella che era la più nobile attrattiva turistica di valore internazionale della città che "*diè prima all'aure il tricolore*": il Museo Storico di Marengo che non solo aveva valore come celebrazione di una vittoria francese, ma ricordava altresì un avvenimento storico di grande importanza per l'Italia. La costruzione, infatti, nel 1845, del monumento celebrante la famosa sconfitta austriaca e specialmente l'inaugurazione della statua di Napoleone avvenuta solennemente il 14 giugno 1847, davanti ad una folla convenuta plebiscitariamente da ogni parte d'Italia, invano ostacolata dall'Austria che minacciava di entrare in Piemonte con 100.000 uomini pur di impedire la cerimonia, fu la prima di quelle manifestazioni popolari di italianità e di coraggio di fronte alla potenza asburgica, che finirono col decidere la monarchia piemontese ad abbracciare la causa dell'indipendenza italiana.
La "*carrozza di Napoleone*", conservata accanto alle ossa dei caduti di Marengo ed alle armi arrugginite della battaglia, aveva un suo significato; collocata tra le frivole bellezze settecentesche della palazzina che l'Juvara [*sic*] creò a Stupinigi sembra un soldato ospitato tra ciprie e falbalà[16].
E per quanto la mia voce poco valga nel coro delle proteste degli Alessandrini, l'unisco volentieri ad esso augurandomi che la gloriosa carrozza ritorni dove fu giustamente collocata "*ab antiquo*"»[17].

---

[16] Come mostrerò più avanti, in realtà Stupinigi era una sistemazione molto più pertinente rispetto a Marengo (e comunque ancora secondaria rispetto a Parigi) anche perché la carrozza non ebbe nulla a che vedere con la battaglia. E comunque Stupinigi era certo meglio di un pollaio...
[17] Cutolo, A., *Come un soldato ospitato tra frivolezze...*, cit.. Parigi sarebbe certamente stata molto più «*ab antiquo*»...

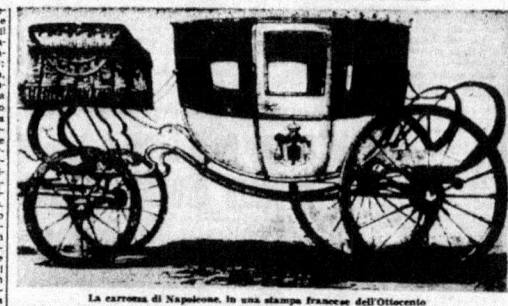

Come un soldato ospitato tra frivolezze la "carrozza di Napoleone" a Stupinigi

Riprendo, come è mio costume, con i lettori di questo giornale le conversazioni alla TV e stavolta voglio intrattenermi su quella che in Alessandria chiamano «la guerra della carrozza»; una carrozza di grande importanza storica e legata alla famosa battaglia di Marengo che si svolse a pochi chilometri di distanza dalla nobile città del Piemonte.

La carrozza in oggetto è la magnifica berlina dorata, fregiata delle insegne imperiali e reali, sulla quale Napoleone e Giuseppina, nel giugno del 1805, arrivarono trionfalmente ad Alessandria da Parigi, per celebrare, con una festa militare, il quinto anniversario della battaglia di Marengo. Sulla stessa berlina andarono poi a farsi incoronare a Milano. La si può riconoscere in tutte le descrizioni della cerimonia di Milano e la si vede riprodotta in tutte le stampe di quella di Milano!

del Cataldi per cento anni; meta di passeggiate popolari e scolastiche, di visite illustri (il re di Svezia, l'imperatore Napoleone III ed altri) e di convegni storici internazionali; ma nell'ultimo dopoguerra, mentre Alessandria era devastata dai bombardamenti, il Castello fu venduto alla Montecatini ed adibito a dopolavoro ed abitazione degli impiegati; il magnifico e suggestivo parco ecc. purtroppo, raso al suolo e trasformato in giochi di bocce; i cimeli furono donati dalla Montecatini alla città di Alessandria che tuttora li conserva.

La carrozza, però, il pezzo più vistoso e più artisticamente importante del Museo, non era stato venduto alla Montecatini. Non fece, perciò, parte del dono ma finì nelle mani di persone che la lasciarono in colpevole abbandono, per anni, senza riuscire a venderla perché il vincolo della «di...

La carrozza di Napoleone, in una stampa francese dell'Ottocento

---

Non so se nel 1955 ci furono poi altri articoli. Arriviamo al 1956 e il 28 maggio Rol scriveva al Console di Francia, nella lettera che già abbiamo visto:

> «E fui ancor io a raccogliere ed a restaurare con pietoso amore la carrozza di Napoleone, tanto da sollevare nei recenti mesi trascorsi, una violenta campagna di stampa nei miei confronti, ove si denunciava la mia intenzione di donare al Governo Francese (per il Museo degli Invalidi) tanto prezioso cimelio.
> Fu solamente dopo un'aspra polemica che potei evitare che la carrozza dell'Imperatore venisse avocata al Governo Italiano, ma se non potei farla giungere al Museo degli Invalidi, come l'avevo offerta in donazione tramite il Vostro Generale Blanc, ottenni però di collocarla nel Castello di Stupinigi»[18].

Passa un anno e arriviamo ad agosto 1956. Scrive Zarri:

> «La vicenda sembra conclusa, e invece adesso si accendono le polemiche perché, il meno che si possa dire, qui si è agito con lentezza e scarsa determinazione. Dalla stampa vengono fuori, e neanche tanto velati, sospetti accuse recriminazioni, secondo le "buone" tradizioni alessandrine. Comincia la "Gazzetta del Popolo"…».

Riproduco di seguito citazioni più estese e precise di quelle di Zarri. Il primo articolo riguarda la sollecitazione a ripristinare la Pinacoteca di Alessandria, da diversi anni non più funzionante come Museo – il

---

[18] pp. 166-167 in questo volume.

materiale che ne faceva parte sarebbe stato inscatolato e immagazzinato – per fare posto a ricorrenti mostre d'arte. Si propone tra l'altro di

> «adibire una sezione ai soli ricordi della battaglia di Marengo ... Il materiale è interessantissimo e potrebbe mettere a tacere le polemiche di qualche anno or sono circa i trofei, le armi e la carrozza napoleonica che dal castello di Marengo è finita a Torino dove è stata restaurata e venduta ad un museo francese[19].
> Se la Pinacoteca fosse già stata in efficienza la carrozza dimenticata per molti anni sotto un portico, tanto da servire alle galline come pollaio, poteva passare in proprietà del Comune per una cifra irrisoria. La nostra città ha poche attrattive turistiche e il restauro del museo con un reparto dedicato alla battaglia di Marengo, potrebbe essere meta di turisti. Se si pensa che ogni anno numerosi sono i cittadini francesi che sostano ad Alessandria, i trofei di quella battaglia tanto cari ai cugini d'oltralpe, servirebbero da richiamo»[20].

Alcuni giorni dopo, l'11 settembre 1956, la *Gazzetta* pubblica un nuovo articolo:

> «Il direttore della Civica Pinacoteca, prof. Arturo Mensi, ci ha inviato una lunga lettera sull'articolo da noi pubblicato il 31 agosto ... [*In essa afferma*] che i materiali... non sono immagazzinati, ma addensati nei locali non adibiti alle Mostre d'Arti e tutte le collezioni del museo sono conservate nelle relative vetrine. Scrive inoltre che nel 1952 fu aperta una sezione dei ricordi della Battaglia di Marengo. Il prof. Mensi, per quanto riguarda la carrozza di Napoleone ci rassicura che questa si trova in Italia e precisamente al Castello di Stupinigi affidato all'Ordine Mauriziano».

Dopo ulteriori chiarimenti di Mensi sulla Pinacoteca, la redazione del quotidiano commenta altre parti della lettera non riportate prima:

> «Ci spiace però constatare che la carrozza di Marengo, non fu acquistata dal Comune "per la materiale impossibilità di farla entrare nei propri locali". Nella nostra città numerose erano le stanze che potevano ospitarla fino ad una definitiva sistemazione

---

[19] Era nell'intenzione, ma come sappiamo non andò così.
[20] (senza firma), *Da troppi anni la Pinacoteca è chiusa a tutti i visitatori*, Gazzetta del Popolo, 31/08/1956, cronaca di Alessandria, p. 5.

della Pinacoteca, ad esempio nei capaci magazzini dell'Economato»[21].

Il sindaco Basile, a sua volta, mandava una lettera alla *Gazzetta*, che ne pubblicava degli estratti pochi giorni dopo, tra cui il seguente:

«Un giornale locale[22], in data 3 marzo 1955 ospitava queste mie parole: "Avendo visto la scomparsa da Alessandria di quella vettura, per me è stato un rammarico sincero, perché era una di quelle poche cose degne di essere conservate fra noi senza che essa potesse servire a baratto o da vendita, alla leggera come un sacco di patate o un rottame di una Balilla. Siamo così poveri di cimeli, che non valeva proprio la pena di sopprimerne ancora. Riconfermo che il Comune di Alessandria sarebbe stato ben lieto di possedere e conservare fra le sue cose la famosa carrozza napoleonica. Tutto ciò, per ristabilire una verità e non per spirito polemico"».

La redazione commentava e concludeva:

«La carrozza napoleonica per diversi anni servì alle galline come pollaio ed agli innamorati per disegnare cuori trafitti. Su questa circostanza un articolo pubblicato sul noto settimanale – "La Settimana Incom Illustrata"[23] – chiedeva alle competenti autorità di trovare un luogo più degno a quel cimelio storico. Se è vero che non fu regalata dalla Montecatini è pur giusto rilevare che sarebbe stata venduta con una cifra irrisoria dal mediatore Edilio Cavanna di Novi Ligure. Se esisteva la buona volontà per acquistarla … i legittimi proprietari non avevano nessuna difficoltà di venderla al nostro comune invece che ad un antiquario torinese. Ci risulta che il signore Cavanna aveva proposto l'acquisto della carrozza, dovendo sgomberare i locali.
Pur senza scagliare il "crucifige" né contro il comune, né contro l'Ente del Turismo la carrozza ha preso un'altra via per un castello torinese. Fu negligenza o mancanza di buona volontà? Come Manzoni lasciamo ai cittadini l'ardua sentenza»[24].

Zarri poi riferisce che

---

[21] (senza firma), *Prossima l'apertura della pinacoteca-museo*, Gazzetta del Popolo, 11/09/1956, cronaca di Alessandria, p. 5.
[22] Non è dato sapere quale, forse *Il Pungolo*.
[23] Non mi è stato possibile per ora reperirlo, mancando la data.
[24] (senza firma), *La carrozza di Napoleone non era stata donata al Comune*, Gazzetta del Popolo, 14/09/1956, cronaca di Alessandria, p. 5.

«Negli stessi giorni Gigi Capra[25] tra i primi a sollevare la questione della carrozza di Marengo, riceve una lettera del Reposi che, per quanto riguarda il suo giornale ("Il Pungolo"), ritiene chiuso l'argomento, non avendo altro da dire d'interessante per i suoi lettori. Alla lettera è allegato un articolo dello stesso Reposi proposto alla "Gazzetta del Popolo", il cui direttore, *se lo ha avuto non lo ha pubblicato: coraggiosamente*».

quindi riporta il testo dell'articolo:

«*È a tutti noto quando, come e perché la vettura se ne andò a Torino; i quotidiani, oltre ai giornali locali, pubblicarono la notizia con abbondanza di particolari e ciò che ne pensavano in merito autorità, notabili, e cittadini. In questo nutrito coro di voci risultò stonata l'inspiegabile assenza di quella del prof. Mensi, direttore del Museo e presumibilmente l'unica persona veramente competente e qualificata per dire qualcosa di serio e valido. Poi, a notevole distanza di tempo e a cose fatte, il prof. Mensi si avvide che ormai non era per lui più possibile tacere e che quindi in qualche modo doveva pur intervenire, e scrisse perciò la lettera alla Gazzetta ove tra l'altro dava "assicurazione" (!), ormai tardiva e inutile, che la vettura non era sparita, citando anche il luogo ove si trovava e chi la custodiva: fra le righe, ad un attento lettore parve leggere che il cimelio storico era salvo in Italia per suo interessamento. Non è d'altra parte un segreto che il nostro direttore ignorò sempre, almeno ufficialmente, l'esistenza di un'importantissima carrozza napoleonica a Marengo, e quando fu direttamente interpellato asserì evasivamente che si trattava di un oggetto forse non autentico e in ogni modo di nessun interesse storico e artistico.*
Si conosce benissimo la persona che acquistò, certamente ad un buon prezzo, la vettura; si tratta del Dottor Gustavo Rol, noto estimatore e commerciante di cose antiche a Torino, amico del prof. Mensi la cui moglie Garrone Luigina è titolare di una licenza per il commercio di cose antiche in Alessandria. Nessuno quindi ignorava, e non era il caso di darne conferma, che la carrozza dopo accuratissimo restauro aveva trovato degna sistemazione appunto nell'atrio della Palazzina Reale di Stupinigi, ed era altresì notorio che ciò avvenne soltanto perché la soprintendente alle Antichità di Torino, Dott.ssa Noemi Gabrielli, riuscì per tempo a far porre il veto affinché la vettura

---

[25] Albergatore alessandrino, ristoratore, detentore di attività commerciali. Si veda: Zoccola, P. (a cura di), *Enciclopedia alessandrina. Volume primo. I personaggi*, Alessandria, 1990, p. 62.

> *non se ne andasse in Francia ove era destinata (a meno che si trattasse solo di speranze, una tentata vendita) dal momento stesso della partenza da Marengo.*
> *Essendo quindi sfumate le possibilità per un redditizio trasferimento all'estero, il possessore ripiegò su di un più modesto affare offrendo la carrozza ad una nota personalità dell'industria torinese, cui si dice. Ma anche in questo caso le trattative non sortivano a buon fine e solo allora il cimelio napoleonico venne donato in tutta fretta all'Ordine Mauriziano che lo mise in bella mostra a Stupinigi. Evidentemente questa era l'unica soluzione possibile dopo le mancate vendite in Francia, a Torino e l'impensabile restituzione e quindi ritorno alla sua sede naturale a Marengo».*

La polemica e il risentimento sulla "carrozza perduta" sono abbastanza chiari. Cosa sapesse Mensi o meno, non ci sono elementi per stabilirlo, soprattutto manca il quando (quando sapeva cosa). Interessante, se fosse confermato, che Rol avrebbe offerto la carrozza «*ad una nota personalità dell'industria torinese*», e mi viene da pensare come prima opzione a Gianni Agnelli, che Rol conosceva personalmente e che poteva, in quanto *patron* di una industria di "carrozze", dare visibilità al cimelio[26]. Zarri prosegue:

> «C'è del marcio in Danimarca. Altra acqua passa sotto i ponti e nel 1967 Alessandria si prepara a celebrare il suo ottavo centenario, mettendo mano, tra le altre cose, ai restauri del castello di Marengo e all'allestimento del Museo della Battaglia. L'E.P.T.[27] e l'associazione degli Amici di Marengo (nata da un'idea dell'ing. Spallicci) si attivano perché la carrozza venga restituita, se non in via definitiva, almeno per il periodo delle celebrazioni del 1968. Dopo un breve scambio epistolare tra il dott. Tasca dell'E.P.T., il dott. Cozzolino, vicedirettore

---

[26] Tra l'altro alla fine degli anni '80 la FIAT contribuirà ai restauri della Palazzina di Stupinigi: «era stata infatti costituita nel 1987 la Fondazione Palazzina di Stupinigi che vedeva l'Ordine Mauriziano affiancato da Cassa di Risparmio di Torino e FIAT con il fine dichiarato di promuovere la valorizzazione dello storico complesso curandone gli interventi di restauro e di adeguamento funzionale d'intesa ed in stretta collaborazione con il Ministero per i Beni Culturali e le Soprintendenze Piemontesi» (Spantigati, C. E., *Da residenza a museo: la fortuna di Stupinigi negli allestimenti novecenteschi*, in: Gabrielli, Edith, (a cura di), *La Palazzina di Caccia di Stupinigi*, Leo S. Olschki Editore, Firenze, 2014, p. 130; si veda anche, più nel dettaglio, p. 202 e sgg.; a p. 207 si fa cenno al restauro delle Gallerie di Levante e di Ponente nel periodo 1994-1997).
[27] Ente Per il Turismo.

dell'Ordine Mauriziano, e il prof. Mazzini, soprintendente ai musei e gallerie di Torino, la cosa finisce in un niente di fatto. In questa operazione, degna coda della vicenda della carrozza napoleonica, brilla per la sua assenza il Comune di Alessandria, probabilmente perché all'epoca Palazzo Rosso si fa paladino di un rigoroso pacifismo, e Marengo, con annessi e connessi, ricorda una battaglia con tanti di morti ammazzati; in ogni caso sarebbe impolitico riaprire una storia non abbastanza antipatica che gli alessandrini stanno cominciando a dimenticare.
Chi non dimentica è invece Gigi Capra, che mette insieme un dossier sulla carrozza di Napoleone, non volendo che l'intera faccenda finisca in compagnia dei proverbiali scheletri nell'armadio. La sua idea è di utilizzare il materiale raccolto (articoli di giornali, documenti, ecc.) per un articolo di cui inizia a stendere qualche appunto: *Il lettore sappia, se può interessarlo, che la vettura napoleonica di Marengo ha destato sempre in me curiosità ed interesse: ho seguito e "sentito" le sue avventure e disavventure con passione, ed avrei desiderato una sua definitiva e decorosa sistemazione in un museo napoleonico a Marengo. Mi sono difatti chiesto sovente perché nella località non fosse sorto o non potesse sorgere un centro turistico del tipo, se non altrettanto grandioso, di quello esistente a Waterloo ove c'è poco o niente di autenticamente napoleonico, ma quasi tutto è stato creato artificiosamente con intelligenza e praticità turistica di gran richiamo. Qui anni fa sorse l'Associazione degli Amici di Marengo, che tentò di fare qualcosa per valorizzare il castello ed il museo della battaglia, ma quasi subito l'iniziativa naufragò soprattutto per la mancanza d'amici per gli Amici di Marengo. Ritornando alla vettura che c'interessa, sappia ancora il lettore che dopo la sua clandestina partenza (la notizia mi fu confidata con la massima cautela e con preghiera di non divulgarla da un amico) promossi l'interessamento di coloro che con notevoli difficoltà riuscirono, se non altro, a fare sì che il cimelio non lasciasse l'Italia per la Francia, ove pare fosse destinato, ma restasse a Torino. Ciò che il lettore vedrà è la cronologica documentazione giornalistica – più qualche copia di documenti – di ciò che avvenne allora, con l'aggiunta di mie telegrafiche delucidazioni, commenti o puntualizzazioni. Conservo anche un'interessante lettera che lo scomparso amico Enrico Reposi, intelligente direttore di un settimanale locale del tempo, mi fece pervenire e che per carità di Patria non ritengo di pubblicare. Al lettore di buona volontà non sarà difficile, dopo aver letto e tutto ben considerato, vedere in trasparenza il reale svolgersi degli*

avvenimenti e trarre le logiche tutt'altro che edificanti conclusioni.
Questo doveva essere un abbozzo d'introduzione: a me pare vada bene anche come conclusione».

E così si conclude l'articolo di Zarri. Del dossier di Gigi Capra purtroppo si è persa traccia, certo sarebbe stato ultile confrontarlo con quanto qui raccolto.
È ben chiaro quanto agli Alessandrini non sia andata giù questa faccenda, però furono loro i primi a lasciare che la carrozza divenisse un pollaio senza nome... e ancora anni dopo la sua riscoperta si denunciava «la noncuranza delle persone che l'avevano in custodia»[28]; è grazie a Rol se essa è stata riesumata, restaurata e valorizzata come si deve, anche se non nei termini esatti che lui avrebbe voluto.
Analizziamo ora brevemente se le proteste fossero davvero legittime, oltre al certamente comprensibile dispiacere di aver perso una "reliquia" che poteva valorizzare i musei locali.
Intanto, Marengo poteva vantare davvero prelazioni che non andassero oltre al sito geografico dove si trovava la carrozza? Abbiamo visto che Napoleone e Giuseppina andarono a Marengo *un giorno* per la rievocazione della battaglia. Questo è l'unico appiglio storico che collega la carrozza a Marengo, al di là dell'acquisto di Delavo, su cui tornerò tra poco. Per quanto simbolicamente significativo e scenografico (si pensi alla descrizione fatta da Pietro Oliva nel 1842), direi che è un po' pochino. Milano forse avrebbe avuto un significato maggiore (Napoleone che arriva in carrozza per essere poi incoronato Re d'Italia) e anche Parma, in fondo, poteva vantare dei crediti: la carrozza vi era rimasta anni, usata da Maria Luisa d'Austria, seconda moglie di Napoleone. E che dire di Parigi? Là fu costruita, di là partirono con essa Napoleone e Giuseppina. E quella era la città di Napoleone per antonomasia. Se fossi un cultore dell'Imperatore e della sua epopea, penso che anche io opterei, tra le varie opzioni, per Parigi. E a seguire, nell'ordine, Milano, Parma e solo per ultima Marengo, e questo senza comunque ancora prendere in considerazione Stupinigi che, almeno rispetto a Parma e Marengo, ritengo più appropriata, per la ragioni che esporrò.
Oltre alla sua collocazione storica più adatta, Parigi e la Francia vantavano a quell'epoca e per molti anni ancora una qualità museale internazionale che in Italia era ancora di là da venire. E ovviamente tutto quanto riguardava l'*Empereur* aveva e avrebbe avuto una considerazione ben diversa, come dimostrano, tra le altre, le iniziative museali ed espositive di Lachouque e Gilis. Invece in Italia c'era, nell'ordine, ignoranza sul valore storico e persino l'esistenza stessa della carrozza negli anni '40, che

---

[28] *La carrozza di Napoleone non tornerà più al Museo?*, Gazzetta del Popolo, 09/02/1955, p. 4.

magari sarebbe rimasta pollaio ancora per decenni; una amministrazione locale che ha cominciato, pare, a interessarsene seriamente solo 7 anni dopo, nel 1954 e il cui interesse complessivo sembra molto tiepido, riscaldatosi solo con la dipartita del cimelio (un po' tardino); il quale peraltro verrà pure rifiutato dal sindaco di Torino perché «appartenuto a un dittatore», il che la dice lunga sulla differenza di trattamento che esso avrebbe avuto in Francia, e lo stesso Rol lo sottolinea ancora, e per motivi ulteriori, nell'intervista del 1991, definitiva conferma del fatto che avrebbe preferito finisse a Parigi: «molti studiosi francesi vengono a Torino per vedere la vettura alla quale loro darebbero ben altro risalto».
Ma già un altro appassionato collezionatore e cultore di Napoleone aveva avuto problemi con la *location* museale di Marengo, che lui stesso "inventò" e creò da zero, dando fondo a tutti i suoi averi: Giovanni Antonio Delavo, esattamente un secolo prima. La carrozza non era a Marengo, ce la portò lui, perché dove all'epoca si trovava – Milano/Parma – non veniva valorizzata... un film già visto insomma. La cosa interessante, è che, proprio come Rol, Delavo a un certo punto volle offrire il Museo alla Francia e alla famiglia Bonaparte, convinto che potesse valorizzare al meglio quel bene, anche se Napoleone III alla fine lo deluse.
Delavo era un cultore di Napoleone sin dalla tenera età, per tradizione di famiglia. È un aspetto su cui vale la pena soffermarsi, perché interessante anche come termine di paragone con il Rol a sua volta cultore e collezionista di cimeli dell'Imperatore. Scrive Delavo:

> «Il tratto saliente del carattere di mio padre era il grandissimo entusiasmo per l'imperatore Napoleone I, un'ammirazione appassionata per le glorie e i fasti dell'epoca imperiale. Questi sentimenti erano forti in lui quanto quelli religiosi (...). Tra le pagine gloriose degli annali dell'impero, una soprattutto aveva il privilegio d'ispirare a mio padre una passione piena d'esaltazione: era quella in cui il Cesare moderno aveva scritto con caratteri di sangue il nome *Marengo*...
> Marengo! Nome prestigioso e fatale che doveva pesare così tanto nel bilancio del mio destino! Per mio padre, patriota sincero, Italiano in fondo all'anima, Marengo non era soltanto un eclatante fatto d'armi; non era solo la giornata decisiva che mise sulla fronte del vincitore la corona di Carlo Magno; era ancora e soprattutto una data luminosa nella storia della sua patria; era l'Italia restituita a se stessa; era l'Italia finalmente liberata dal gioco germanico, dominio sopportato troppo a lungo nella vergogna e nel dolore ...
> Il fanatismo di mio padre per Napoleone Bonaparte atttaversò rapido sia il suo che il mio cuore. Ero il più giovane di sei figli, e

dal 1806 al 1836, epoca della sua morte, non lo lasciai mai: ebbi dunque il tempo d'impregnarmi completamente degli ideali paterni. Dai primi miei vagiti, quando ancora gattonavo, il primo nome che sentii pronunciare, dopo quello di Dio, fu quello del vincitore di Marengo[29]. Quando cominciai a camminare, mio padre conduceva i miei primi passi verso la piana di Marengo, vicino Alessandria: là mi faceva vedere e toccare, per così dire, tutti i luoghi, tutti gli oggetti che ricordavano qualche episodio della celebre giornata. Mi narrava gli avvenimenti accaduti sui luoghi stessi che stavamo visitando. Aveva visto il campo di battaglia ancora sparso di cadaveri: là era stato colpito Desaix; in quel punto Kellermann aveva schiacciato i granatieri austriaci ...[30] E la mia giovane immaginazione s'infiammava ai racconti di gloria da cui era cullata. Fui così allevato nel culto e nella venerazione del culto di Bonaparte. E quando più tardi raggiunsi l'età della ragione, mio padre continuò a parlarmi del grande uomo: mi raccontava la sua storia, la sua grandezza e le sue vicissitudini. M'intratteneva su di lui e sulla celebre vittoria di Marengo di cui mi spiegava allora la portata e le immense conseguenze ... Crebbi sotto quest'influenza, tutti i giorni, ogni istante: ero così coinvolto che alla morte di mio padre forse ero più entusiasta di lui dell'eroe di Marengo. (...) Alla sua morte (...) mi occupai di speculazioni artistiche e immobiliari che aumentarono rapidamente la mia ricchezza. Nel 1845 possedevo più di un milione. Fu allora che credetti di poter realizzare nel modo migliore un'idea che da tempo accarezzavo, e che spesso era stata l'argomento delle nostre conversazioni in famiglia...»[31].

«Questa idea, ecco che cos'era: acquistare il campo di battaglia di Marengo, una terra sacra, testimone di tanti avvenimenti gloriosi che popolavano quotidianamente, sempre più vivi, la mia immaginazione. Si trattava di cercare e raccogliere, in quegli stessi luoghi, tutti gli oggetti che potessero ricordare il trionfo del primo console e ribadirne la gloria: rendere Marengo un museo,

---

[29] Di Rol Lorenzo Rappelli aveva detto nel 1969: «È stato muto da quando è nato fino a due anni: un giorno lo hanno trovato aggrappato al caminetto della sua casa di Pinerolo, sul quale è un busto di Napoleone, ed egli ha cominciato a gridare – a due anni – "Napoleone!". È stata la prima parola che egli ha detto» (Comin, J., *Il favoloso dottor Rol*, Scienza e Ignoto, Faenza Editrice, Faenza, anno II, n. 10/11, ott-nov. 1973 (terza puntata), p. 50). Franca Pinto mi aveva detto che la parola precisa era "Nabulio", come infatti veniva chiamato da piccolo Napoleone (anche "Nabulione").

[30] Cfr. Rol che a Waterloo descriveva la battaglia come se lui vi fosse / fosse stato presente, in *Il simbolismo di Rol*, p. 254.

[31] *L'ingratitudine di Napoleone III*, cit., pp. 182-183.

un simbolo, un santuario; circondare di lusso e di magnificenza questo povero borgo dove i destini del mondo erano stati mutati per sempre; e infine costruire, sulla stessa piana di Marengo, uno splendido monumento alla gloria di Napoleone e all'aurora dell'Impero, così come gli inglesi, nei campi di Waterloo, avevano elevato un monumento alla sconfitta di Bonaparte e alla caduta del suo governo ... Volevo acquistare e circondare di fulgore tutto ciò che aveva giocato un ruolo in quel memorabile 14 giugno 1800; volevo chiedere alla terra le ossa dei coraggiosi che avevano combattuto; volevo, in una parola sola, innalzare un tempio a quelle reliquie, testimoni eloquenti di una gloria scomparsa. (...)
Il progetto era pronto: una folta schiera di operai mise mano all'opera. E il mio cuore fu inondato di gioia quando vidi finalmente uscire da questa terra benevola, dove la mia anima abitava, le fondamenta della gloriosa costruzione a cui volevo consacrare la mia vita. Mi sembrava di vedere l'Eroe moderno sorridere, dall'alto dei cieli, alla mia pietosa attenzione; mi sembrava che l'aquila della vittoria planasse su quella pianura, come a proteggere e incoraggiare i miei sforzi (...).
Quelle pareti granitiche che ho elevato, questa campagna che ho amato, coltivato, abbellito, questi torrenti che ho scavato, questo giardino, questo parco verdissimo, questa cappella che ho decorato e santificato, questo museo che ho creato, queste statue che ho rivestito con amore, questi marmi che ho riunito, questi trofei che ho eretto, questi splendori che ho accumulato, tutto questo insieme così ricco e così maestoso non spetta a me raccontarlo. Potrei essere accusato di esagerazione interessata, di lirismo ostinato, di entusiasmo paterno ...»[32].
«Nessun lusso mi sembrò esagerato, nessuna spesa eccessiva, visto che si trattava di glorificare il nome di Bonaparte. Mi ingegnavo a manifestare la mia venerazione sotto mille forme diverse, talvolta puerili, sempre costose; non indietreggiavo davanti ad alcun sacrificio»[33].

L'autore dell'articolo su *L'illustration* del 1854 scriveva:

«La grande ombra di Desaix e il genio di Napoleone dominano tutti questi ricordi. Sono là tutti viventi, tutti ancora vibranti. Tradiscono le preoccupazioni esclusivamente napoleoniche

---

[32] *ibidem*, pp. 184-185.
[33] *ib.*, p. 190.

dell'attuale proprietario [*Delavo*], la passione del suo culto e la perseveranza della sua dedizione»[34].

Continua Delavo:

«Avevo anche concepito il progetto di far partecipare alla mia opera di glorificazione quegli spiriti illustri – poeti, studiosi, storici, giornalisti – di cui si onorava allora la penisola dove nacquero Dante e Tasso ... Volevo che tutti i nomi gloriosi che recavano alla fronte dell'Italia la corona risplendente dell'Intelligenza e della Poesia, volevo che tutti questi nomi s'associassero con me per onorare l'eroe di Marengo, per elevare attorno della sua memoria un armonioso concerto di lodi e di venerazione. Volevo, in una parola sola, riunire in una raccolta, che sarebbe stata distribuita il giorno dell'inaugurazione, i frammenti letterari composti per l'occasione dagli uomini più importanti delle lettere italiane. (...)
...per me, Napoleone è la più potente personificazione dello spirito moderno. È la rivoluzione e l'ordine, la libertà e la moderazione, il passato che finisce e l'avvenire che comincia. Ovunque i suoi passi hanno risuonato, una vecchia istituzione si è scrollata e un lampo di rigenerazione ha brillato. Trionfatore e Pacificatore, come lo si chiamava in tribunale e tra i senatori, nell'anno 1800, fece sempre guerra per stabilire una pace duratura; italiano, volle l'Italia indipendente; francese, la fece libera; ed è a Marengo che il grande atto si compì»[35].

Se a metà del '900 gli Alessandrini, accortisi in ritardo del valore, reclamavano la carrozza e volevano valorizzare e recuperare la memoria di Marengo, non si può dire che trattarono bene Delavo il secolo precedente, sin dall'inizio della sua impresa:

«In onore alla memoria di Napoleone il grande, io non obbedii che a un sentimento assolutamente disinteressato; devo però aggiungere che a quel periodo era un po' imprudente risvegliare i ricordi imperiali. Nonostante tutto, il conte Falicone, governatore di Alessandria, non volle credere alla sincerità spontanea del mio entusiasmo. Mi fece chiamare all'inizio dei lavori e avemmo, a proposito dei miei progetti, una conversazione piena di amarezza.

---

[34] *L'illustration*, p. 378.
[35] Delavo, G.A., *L'ingratitudine di Napoleone III*, p. 194. Tra i letterati che risposero all'appello di Delavo, molti nomi illustri, tra cui: «Silvio Pellico mi scriveva da Torino una lettera con cui si associava completamente al mio pensiero, e dava ai miei progetti la più calorosa approvazione» (*ib.*, p. 197).

Il conte fece di tutto per farmi ammettere di essere il mandatario dei Bonaparte, che era su loro istigazione e *con il loro denaro* (!) che avevo intrapreso la costruzione del monumento di Marengo. Le mie smentite e le mie proteste non lo convinsero mai. (...) Queste piccole vessazioni continuarono. Non passava settimana che non fossi chiamato dal governatore. Mi perseguitava con affermazioni sempre più pesanti; continuava a considerarmi il prestanome della dinastia napoleonica; sospettava in maniera grossolana del mio patriottismo; mi diceva che l'Austria, con occhio amareggiato e sospettoso, temeva una possibile manifestazione bonapartista sul suolo piemontese; esagerava a valutare i pericoli e la delicatezza della situazione. (...) il conte era un antibonapartista convinto. Facile comprendere come i nostri differenti punti di vista politici resero le nostre relazioni estremamente problematiche. Disperando di convincermi o di intimidirmi, il governatore fece così ricorso al rigore. Usò e abusò dei suoi poteri per ostacolare i miei progetti: fece più volte interrompere i lavori. Un altro si sarebbe scoraggiato; avrebbe perso coraggio. Io mi irrigidii contro una volontà avversa che mi ero ripromesso di vincere. Un'autorità forte, superiore a quella del governatore, sorrideva ai miei sforzi e li incoraggiava nell'ombra. E ogni volta che Falicone faceva sospendere i lavori, bastava un rapido intervento per eliminare subito quel divieto che limitava la mia impresa. Questa autorità superiore che mi proteggeva di nascosto era re Carlo Alberto. Questo eccellente principe, così vicino ai suoi sudditi, mi aveva accordato un'udienza all'epoca in cui avevo acquistato le terre di Marengo. Allora gli avevo esposto i progetti che contavo di realizzare e avevo chiesto il suo consenso, Carlo Alberto era apparso molto coinvolto dalla mia idea; aveva approvato immediatamente (...). E, in effetti, non fu mai invano che feci ricorso a sua Maestà. Trovai sempre nella sua figura benevolenza e protezione. (...) Il conte Falicone diventava sembra più ostile mentre il monumento prendeva corpo: e i nostri rapporti, da difficili che erano, diventarono formalmente impossibili. Il monumento doveva essere inaugurato il 14 giugno 1847, giorno dell'anniversario della battaglia di Marengo. Tre mesi prima pianificai tutto per conferire alla cerimonia il grandioso sfarzo che meritava. Incontrai di nuovo l'inimicizia di Falicone, che volle intralciare i miei disegni. Mi chiamò di nuovo e mi investì con espressioni brutali e umilianti. In breve la nostra conversazione prese una tale piega che il governatore mi fece subito rinchiudere alla Cittadella, dove restai per tre giorni. I miei amici e la mia famiglia a Torino fecero immediatamente iniziative in mio favore. Dopo tre giorni, come ho detto, giunse l'ordine di rimettermi in libertà. L'ordine arrivava direttamente dal Re»[36].

Si arriva quindi al giorno dell'inaugurazione:

«ero come inebriato: toccavo con mano la fine di tutti i miei sforzi; vedevo realizzarsi il sogno di tutta la mia vita: l'apoteosi del mio eroe, la glorificazione dell'imperatore nei luoghi stessi dove era stata fatta l'Europa; andavo infine a sottoporre la statua del grande uomo agli sguardi, rilucenti d'entusiasmo, di centomila italiani accorsi per acclamarla. (…) Ero orgoglioso, felice. Mai si sarebbe detto che in tutta questa vicenda, il mio destino sarebbe stato di lottare fino all'ultimo contro impedimenti di ogni genere, contro ostacoli senza fine. (…) La mattina del 14 giugno, erano le otto, ricevetti dall'ufficiale giudiziario questo messaggio:
"Alessandria, 14 giugno 1847.
Tribunale reale della prefettura di Alessandria.
Signore, in conseguenza alle istruzioni che ricevo all'istante dall'Autorità superiore, mi trovo nella necessità di dovervi pregare di sospendere ogni pubblicazione o distribuzione di scritti, sia in prosa sia in poesia, relativi alla celebrazione di oggi per l'inaugurazione della statua di Napoleone nella vostra proprietà di Marengo. Sono compresi in questa interdizione anche gli scritti che voi avete fatto stampare a Torino dopo avere avuto regolare autorizzazione dal governo. (…)"
Si comprenderà il mio stupore mentre leggevo questa lettera. M'irrigidii comunque contro lo scoraggiamento che rischiava di impossessarsi di me. Fui risoluto a passare oltre l'interdizione dell'autorità. Ma il commissario di polizia, accompagnato da diversi agenti, venne da me verso le dieci per confiscare tutti i volumi che avevo ricevuto da Torino e a fatica risistemato. Il signor de Falicone, avendomi fatto chiamare, mi indirizzò un ultimo ammonimento, come stordito dall'agitazione che regnava in città, perché era in preda a un mortale spavento. (…) Ma ritorniamo al sequestro. Ne fui profondamente afflitto, perché lo consideravo il momento più importante della manifestazione, il glorioso concerto di lodi al mio idolo elevato dalle voci più rispettate dell'Italia letteraria. Dovetti così rassegnarmi, e tentare di salvaguardare quanto possibile, almeno per il resto, la riuscita della celebrazione»[37].

---

[36] Delavo, G.A., *L'ingratitudine di Napoleone III*, cit., pp. 191-193.
[37] *ibidem*, pp. 208-209.

Dal punto di vista privato e personale, le celebrazioni furono comunque un successo:

> «Autorizzandomi a celebrare a modo mio l'inaugurazione del monumento commemorativo di Marengo, il governo non credeva che la manifestazione assumesse proporzioni così importanti. Il successo dell'avvenimento superò qualunque previsione. Così, per sminuirlo e boicottarlo, il ministero pensò bene di impedire la pubblicazione di resoconti giornalistici. I brillanti articoli dal cavalier Romani e dall'avvocato Brofferio, dedicati al racconto di quel giorno di festa, interventi destinati alla *Gazzetta ufficiale piemontese* e al *Messaggero di Torino* restarono inediti. I giornali francesi non avevano alcun motivo per rimanere in silenzio. Si affrettarono a pubblicare, sulla giornata dell'inaugurazione, articoli pieni di belle parole per me e di pubblicità per la famiglia Bonaparte»[38].

Come si vede, e come non dovrebbe destare sorpresa, la Francia non poteva non dare a questa iniziativa un valore diverso.
Passano gli anni, e Delavo, che si era indebitato fortemente per realizzare il suo sogno, deve trovare una soluzione per pagare i suoi creditori:

> «Luigi Napoleone Bonaparte era appena diventato presidente della Repubblica francese[39], e già gli inizi lasciavano presagire la resurrezione dell'Impero. Bene, io accarezzavo segretamente la speranza di rimettere intatto e intero il regno di Marengo nelle mani del nuovo principe presidente. Al nuovo, al continuatore di Napoleone I, avrei ceduto senza esitazione la mia proprietà, sicuro, almeno, che Marengo avrebbe conservato, nelle sue mani, il suo carattere monumentale e commemorativo. Era questa la mia grande aspirazione. Non mi nascondevo che in futuro avrei dovuto rassegnarmi a perderla, senza sapere in quale modo. Ma ciò che più mi angustiava era la possibilità che Marengo cadesse in mani

---

[38] *ib.*, p. 211. Anni dopo, *L'illustration* la riassumerà così: «È il 14 giugno 1847 che il cavaliere Delavo inaugurò il monumento per il quale aveva stanziato somme immense e sostenuto sforzi così perseveranti. La statua del primo console fu scoperta fra acclamazioni frenetiche. La folla, accorsa da ogni dove per assistere a questa solennità, poté visitare nel dettaglio il giardino, il palazzo, i trofei e le reliquie. La festa terminò con luminarie e fuochi d'artificio che non sono stati dimenticati. Non era uno spettacolo emozionante vedere la magnificenza principesca mostrata da uno straniero, in un paese straniero, per rendere omaggio al genio di Bonaparte e alla gloria della Francia?» (pp. 375-376, trad. mia).
[39] 20 dicembre 1848.

indegne, qualcuno che la potesse sfruttare senza scrupoli per un fine utilitaristico. Niente di simile sarebbe accaduto se fosse invece diventata una proprietà di Luigi Napoleone Bonaparte...
Mi rimaneva ancora un'ultima speranza: che il principe mi prestasse, nel ricordo di suo zio, la somma necessaria per onorare i miei creditori. Da questo punto di vista, Marengo sarebbe stata almeno per qualche tempo preservata da una profanazione sacrilega»[40].

L'epilogo non sorrise all'entusiasta cultore del mito napoleonico:

«Nel 1852 [Delavo] compì due viaggi a Parigi, e durante il secondo viaggio, il 26 giugno 1852, ottenne la magra consolazione della Legion d'onore. Nel 1855 si recò nuovamente a Parigi e propose alle autorità francesi "di mettere in lotteria la casa ed i beni di Marengo", colla speranza che la famiglia Bonaparte intervenisse con l'acquisto di un buon numero di biglietti, facendosi carico della gestione del primo grande museo dedicato al *mito* napoleonico. La situazione economica per il Delavo però peggiorò rapidamente a tal punto che la villa, insieme a tutta la tenuta di Marengo, a causa del fallimento sopraggiunto, il 28 luglio 1857, fu venduta all'asta e acquistata dai fratelli barone Giuliano e avvocato Giuseppe Cataldi di Genova (...). Dopo la perdita della villa, la permanenza a Parigi del Delavo risultò ormai inutile, decise quindi, dopo un breve soggiorno a Liegi e a Spa, nel 1858, di riparare in Belgio. Tornare in Piemonte ormai ridotto in povertà, gli pareva inaccettabile. Si ammalò e visse di stenti tanto da essere costretto, a quanto racconta, a vendere la croce di cavaliere della Legion d'onore per pochi franchi. Dopo che nel 1859, durante la seconda guerra d'indipendenza, Napoleone III visitò la piana di Marengo ed ebbe modo di vedere personalmente la villa ormai completamente spogliata dai fratelli Cataldi, Giovanni Antonio Delavo tentò con un ultimo disperato tentativo di sensibilizzare l'imperatore ma senza ottenere nessun riscontro concreto. Il Delavo, ossessionato dal suo progetto, visse in povertà la seconda parte della sua esistenza prima a Bruxelles dove, per vivere, si dedicò all'insegnamento della lingua italiana, poi a Parigi, dove rientrò nel 1872, a seguito della caduta di Napoleone III causata dalla guerra contro la Prussia di Bismarck. Cagionevole di salute e in età già avanzata, si trasferì nel 1879 a Genova (cercando protezione presso la famiglia Cataldi), poi a Mentone, a Monaco,

---

[40] Delavo, G.A., *L'ingratitudine di Napoleone III*, cit., p. 218.

a Cannes e infine a Nizza. Con una lunga lettera indirizzata al sindaco di Alessandria Pietro Moro, datata 22 aprile 1885, ottenne un'attestazione di "buona reputazione e onorabilità" dalla sua città natale, che non fu sufficiente per ottenere una pensione o un sussidio dal governo francese, come giusta riconoscenza per essere stato il "Createur Du Monument de Marengo". (...). La narrazione degli ultimi anni di vita e la sua amarezza trovarono ancora sfogo in una pubblicazione edita a Nizza nel 1889: *A la mémoire des mes chers soldats français morts à la bataille de Marengo. Les douleurs et espérances d'un vieux patriote italien.* Ancora nel 1888 la prefettura di Alessandria aveva invitato la municipalità di Alessandria a provvedere per il rientro in patria dell'anziano Delavo, ma la giunta comunale non prese nessuna iniziativa concreta. Delavo morì a Parigi il 12 ottobre 1889, a causa delle complicanze dovute alla frattura della gamba destra. La giunta comunale di Alessandria, nonostante gli inviti del console d'Italia a Parigi, si rifiutò di pagare le spese del funerale. Bisognerà attendere le celebrazioni del bicentenario della battaglia di Marengo (giugno 2000) per vedere finalmente avviato un programma di interventi di restauro e valorizzazione della villa di Marengo che finalmente rendesse onore all'impegno e soprattutto alla passione profusa da Giovanni Antonio Delavo che nella battaglia combattuta il 14 giugno 1800 vide soprattutto il riscatto del popolo italiano nei confronti dell'oppressore straniero»[41].

Visto tutto questo, dunque, si capirà la legittimità delle intenzioni di Rol, storicamente ed affettivamente motivate sotto tutti i punti di vista e in linea con il suo predecessore.
Parigi sarebbe stata la destinazione finale più appropriata per la carrozza. Ancora nel 2018, la vidi a Stupinigi in una stanza-magazzino, in attesa di sponsor per essere nuovamente restaurata. Si è dovuto attendere l'occasione del bicentenario della morte di Napoleone, nel 2021, ovvero con un ritardo di oltre settant'anni da quando fu "ritrovata", perché questo cimelio fosse finalmente valorizzato come meritava, anche se non a Stupinigi. Trasferita a novembre 2020 al Centro Conservazione e Restauro "La Venaria Reale", sei mesi dopo era pronta per essere esposta, il 5 maggio 2021, nella Scuderia Grande della Reggia di Venaria, dove è attualmente visibile nel percorso di visita.

Abbiamo visto che la scelta di Stupinigi è stata un ripiego a causa del blocco all'esportazione. E che prima Rol si risolse a proporla alla città di Torino, e anche, forse, a Gianni Agnelli, non è dato sapere in che ordine.

---

[41] Bianchi, C., e Miotti, F., *Giovanni Antonio Delavo, il creatore della Villa di Marengo*, in: Delavo, G.A., *L'ingratitudine di Napoleone III*, cit., pp. 15-16.

Anni dopo, nel 1983, probabilmente perché deluso dalla collocazione a Stupinigi, aveva forse pensato di riconsiderare i termini della donazione e pare avesse in mente di far trasferire la carrozza all'Isola d'Elba – dove Napoleone era stato in esilio per dieci mesi nel 1814-1815 – come mi aveva scritto Gianfranco Marinari:

> «Il Dr. Rol fu generoso, perchè mi offrì[42], spontaneamente, anche la carrozza originale con la quale Napoleone venne in Italia come Re[43], riservandosi altri cimeli che stava donando. Mi disse che questa carrozza era presso una associazione[44] e che poteva essere rimessa a nuovo facilmente. Io ne parlai con un ottimo restauratore che volentieri l'avrebbe rimessa a nuovo gratuitamente[45]. Ne parlai col Prof. Battaglini, storico e direttore della Biblioteca di Portoferraio, ma rifiutò lo carrozza. Ne parlai con mio cugino Umberto, che abitava a Firenze e, come dirigente della Regione, si era interessato di tutte le opere fatte con i contributi della Comunità europea all'Elba. Mi disse che Battaglini gli aveva telefonato per sapere i dettagli: la lettera di Fellini, la generosità di Rol. Nonostante, confermò il rifiuto immotivato. Mi rivolsi allora al Prof. Aulo Gasparri, che era un autorevolissimo elbano, che rifiutò anch'egli, lasciandomi sbigottito al punto da non avere più il coraggio di contattare il Prof. Rol»[46].

Questa testimonianza è significativa, perché mostra ad un tempo, implicitamente, l'insoddisfazione di Rol per il trattamento riservato alla carrozza a Stupinigi[47] e il probabile pregiudizio esistente all'epoca nei confronti di Napoleone, persino all'Elba dove la villa in cui aveva soggiornato era adibita a museo. Non si può inoltre escludere un pregiudizio aggiuntivo nei confronti del proponente, un "sensitivo" sul quale appena cinque anni prima[48] il giornalista Piero Angela aveva gettato pesanti quanto infondati sospetti di mistificazione. Meglio quindi lasciare perdere una possibile patata bollente.

---

[42] Ovvero, offrì agli Elbani per il tramite di Marinari.
[43] Ad essere incoronato Re d'Italia.
[44] L'Ordine Mauriziano.
[45] Erano infatti passati ormai quasi 30 anni dal restauro precedente. È chiaro come questo tipo di cimelio necessiti di cure continue.
[46] vol. III, p. 328.
[47] Se Rol fece questa proposta, doveva già sapere che l'Ordine Mauriziano non si sarebbe opposto, o non avrebbe potuto opporsi, ma avrebbe dato il suo consenso.
[48] Nel 1978 nel suo libro *Viaggio nel mondo del paranormale*.

Non è dato sapere se Rol pensò all'Elba come sistemazione definitiva oppure temporanea, "prestito" per essere esposta magari per qualche anno, in attesa che Stupinigi fosse pronta a soddisfare le sue aspettative.
Intanto, abbiamo visto che la scelta della Palazzina negli anni '50 pare fosse dovuta a una proposta di Noemi Gabrielli. Ma è davvero così?
Rol sapeva bene che Stupinigi non era un luogo come un altro, ma anzi uno dei più pertinenti in Italia, visto che Napoleone vi soggiornò per 11 giorni e vi andò proprio con quella carrozza[49].
Possibile quindi che sia stata Gabrielli a suggerirla e non ci abbia pensato prima lui?[50] L'esperto di Napoleone, e il cultore della sua epopea era Rol, non Gabrielli, per quanto storica competente. E quando provo a immaginare dove Rol, prima di Stupinigi, potesse aver suggerito di collocare la carrozza in Torino, faccio onestamente fatica a vedere qualche altro luogo ugualmente *significativo*.
A meno che non volesse prendere due piccioni con una fava: la donazione a Torino avrebbe avuto anche un carattere istituzionale, di un livello più ufficiale rispetto a una transazione privata con un ente privato, e un modo per lo stesso Rol di essere riconosciuto dalla sua città. Alla quale forse già aveva in mente di suggerire che la carrozza venisse collocata a Stupinigi, lasciando al Comune di occuparsi delle questioni burocratiche con l'Ordine Mauriziano. Rol in fondo era anche un *mercante*, un antiquario, un uomo d'affari: così come, a quanto pare, aveva raggiunto l'obbiettivo di ottenere la carrozza tramite una parte terza (l'antiquario d'Agostino), così avrebbe benissimo potuto raggiungere l'obbiettivo che venisse esposta a Stupinigi *ma ottenendo prima anche il riconoscimento e il ringraziamento istituzionale* della Città di Torino. La cosa non gli è riuscita. Avendo perso questa opportunità, forse fu in questa fase che propose la carrozza all'«industriale» (ma è possibile anche un ordine inverso) non più come dono, ovviamente, ma come vendita, come oggetto di antiquariato, senza escludere anche qui la possibilità che avesse in mente di suggerire che venisse comunque sistemata a Stupinigi. Lo stesso Rol, nella lettera al Console di Francia del 28 maggio 1956 aveva inplicitamente rivendicato l'idea come sua: «ottenni però di collocarla nel Castello di Stupinigi», dopo che era sfumata la possibilità di portarla a Parigi.

Tranne questa piccola vittoria, si vede comunque come Rol in questa vicenda abbia finito per avere tre smacchi di seguito:

---

[49] E a Peretti Griva aveva ricordato come l'Imperatore fosse «innamorato di Stupinigi (che tanto gli ricordava la Malmaison)».
[50] Nella lettera a Peretti Griva la soprintendente aveva scritto: «ritengo che nessun museo sia più adatto di ospitarla della palazzina di Stupinigi». Tale valutazione non esclude che sia stato lo stesso Rol a suggerirla, che Gabrielli ne abbia convenuto e che poi l'abbia formalizzata nella lettera.

1) non ha ottenuto che la carrozza finisse a Parigi;
2) non ha ottenuto il riconoscimento della Città di Torino[51];
3) non ha ottenuto che finisse nei locali da lui indicati a Stupinigi.

Ma è ora il momento di vedere perché la Palazzina di Caccia era uno dei luoghi senz'altro più appropriati, in Italia, per accogliere *quella* carrozza, per quanto ripiego e opzione secondaria rispetto a Parigi.
Al netto della bellezza artistica e del valore storico dell'edificio, ciò che è rilevante è il fatto che Napoleone vi abbia soggiornato per 11 giorni nel 1805 ed è certo che vi sia giunto su quella carrozza, che a sua volta fu quindi "ospite" delle scuderie, dove vi tornerà esattamente 150 anni dopo.
Napoleone e Giuseppina arrivarono a Stupinigi il 18 aprile 1805 e ripartirono alla volta di Asti-Alessandria il 29 aprile. Il 26 aprile Napoleone vi aveva anche incontrato Papa Pio VII, che dopo l'incontro avvenuto a Torino il 24, andò a congedarsi con lui prima di riprendere il viaggio verso Roma.
La fonte principale per inquadrare Napoleone a Stupinigi, Torino e dintorni è il libro di Alessandro Puato, *Napoleone a Torino. Le visite del 1797, 1800, 1805 e 1807*[52].
Come già detto, Napoleone e Giuseppina erano partiti da Parigi il 2 aprile. Il 18 alle 4 del mattino, da Modane dove si trovano partono alla volta di Torino. A mezzogiorno passano dal Moncenisio, e in seguito:

> «A Susa, Bussoleno, Sant'Antonino, Sant'Ambrogio, Avigliana, Rivoli e in borghi attraversativi erano archi di trionfo, trofei, iscrizioni in latino e in francese. Ovunque ricevette l'acclamazione di *maires* e amministratori. (…) Un distaccamento di duecento cavalieri della Guardia d'onore e della Guardia nazionale stazionanti a Stupinigi andò a incontrare l'Imperatore a Rivoli. Alle otto e mezzo della sera, con rapidità vertiginosa, il corteo imperiale giunse dallo stradone di Grugliasco a quello di Stupinigi. Qui alla cascina detta "La Generala" fu ossequiato dal *Maire*[53], dagli *adjoints*[54] e dal Consiglio Municipale, che vi si era recato in spada e borsa»[55].

> «L'Imperatore, scortato dalle due guardie, continuò il suo viaggio per Stupinigi. Il *Maire* e il Consiglio si ritirarono a Torino.

---

[51] Certo non cercava un riconoscimento "sotto i riflettori", quanto magari anche solo una lettera del sindaco.
[52] Mediares, Torino, 2015. Napoleone soggiornò a Stupinigi sono nel 1805. E le visite a Torino degli altri anni furono molto più brevi.
[53] Sindaco.
[54] I vice o assistenti.
[55] *Napoleone a Torino*, p. 46. Questa e le seguenti sono citazioni accorpate che coprono il periodo del soggiorno.

Siccome era notte avanzata, si erano collocati a distanza di cinquanta trabucchi dei lampioni lungo la strada di Stupinigi.
Il corteo giunse alla *Villa Impériale*[56] alle nove della sera [del 18 aprile], dove si cenò e quindi si andò a riposare».

«Venerdì 19, alle cinque del mattino, Napoleone ordinò di radunare la truppa stazionata a Stupinigi e le fece fare varie evoluzioni mentre pioveva. Alle sette comandò di avvisare sei guardie d'onore a cavallo e un ufficiale di tenersi pronti, e dopo pochi minuti montò in vettura e si recò a Moncalieri»[57].
[Dopo vari incontri e cavalcate sulle colline, fino a Superga, senza la carrozza, tornò a Moncalieri, dove] «montò in carrozza e ripartì per Stupinigi».

«Sabato 20 aprile 1805
Alle quattro del mattino Napoleone fece chiamare a Stupinigi il Menou, amministratore generale dei dipartimenti subalpini, per avere informazioni particolareggiate sul Piemonte e su Torino, e con lui l'Imperatore passò parecchie ore ad occuparsi degli affari del Piemonte.
In una nota al ministro degli interni Champagny, diede ordini riguardo al miglioramento delle strade dell'arco occidentale delle Alpi, dopo essersi reso conto del loro stato durante il suo passaggio (...)».

«Domenica 21 aprile 1805
Al mattino l'Imperatore diede udienza ai suoi ministri, al prefetto La Villa e al generale Menou che lo informarono in modo dettagliatissimo sulla situazione di questa parte del suo impero: gli venne presentata fra l'altro una relazione che mostrava i bilanci di tutti i comuni del dipartimento».
«Dopo pranzo Napoleone e Giuseppina presero parte ad una caccia al daino organizzata nell'immenso parco della *Villa Impériale* di Stupinigi. La preda riuscì a non farsi uccidere e

---

[56] «La palazzina venne progettata da Filippo Juvarra e realizzata fra il 1729 e il 1739. (...) Con l'avvento dell'amministrazione francese e la soppressione dell'Ordine dei Santi Maurizio e Lazzaro, questa cedette la palazzina al cittadino Francesco Antonio Garda, il quale nel 1801 ne permutò la proprietà con altri beni; così Stupinigi fu assegnata per breve tempo all'Università degli studi di Torino. Con un decreto del 25 aprile 1805 la Palazzina mauriziana di caccia di Stupinigi venne compresa fra le residenze imperiali di Napoleone: divenne Villa Imperiale. Il Palazzo venne arredato con materiale giunto da Parigi (...)» (*Napoleone a Torino*, p. 218).
[57] *ibidem*, p. 48.

fuggì. Ecco come raccontò l'accaduto Napoleone a Fouché[58]:
[*...la famosa battuta di caccia di Stupinigi, che consisteva in un cattivo cervo messo a correre in un piccolo parco, e che non è costato un solo luigi.*]
Nei giorni successivi Napoleone diede il via ad una serie di incontri con magistrati, funzionari e notabili (...)»[59].

«Lunedì 22 aprile 1805
Questo giorno vi fu alla *Villa Impériale* di Stupinigi una prima udienza solenne di Napoleone alle rappresentanze civili, militari, religiose, giudiziarie e culturali della città di Torino. Programmata per le dieci di mattina, slittò a mezzogiorno: i partecipanti fecero perciò un'anticamera di due ore nel salone da dove si passava gradatamente in tre altre camere prima di arrivare a quella dell'Imperatore. Un usciere, vestito di nero in spada, veniva a chiamare l'uno dopo l'altro, secondo l'ordine prescritto, i vari corpi che dovevano inoltrarsi. Stava nell'anticamera un ciambellano, vestito in rosso con ricami d'argento, il quale apriva da se stesso la porta e annunziava i corpi al ministro degli interni Champagny che li presentava all'Imperatore.
Ecco come il conte Giuseppe Adami di Bergolo, membro del collegio elettorale circoscrizionale di Torino, vide Napoleone:
L'imperatore stava in piedi in mezzo alla camera, vestito con un semplice abito da colonnello della sua guardia, senza galloni e senza ricami, con piccola spada al fianco ed un cattivo cappello sotto il braccio, si rimarcò che egli era in miglior fisionomia di sanità di quando passò dopo la battaglia di Marengo.
Stavano dietro a lui in circolo con le divise militari riccamente ricamate e con il gran cordone e la medaglia della Legion d'onore, il maresciallo Moncey, il principe Eugenio Beauharnais, il generale Duroc, il generale Menou, il generale Dupont Chaumont da un lato, i ministri Talleyrand, Maret, Berthier, Champagny dall'altro. (...) Dietro a costoro stava il conte di Luserna, governatore del palazzo di Stupinigi (...).
Il presidente di ciascun corpo faceva una breve arringa e quindi l'Imperatore prendeva la parola egli stesso e, quando aveva finito di parlare, congedava. (...) L'Imperatore ricevette prima il comandante la 27ª divisione militare, il generale Dupont Chaumont, le rappresentanze militari, tra le quali anche gli ufficiali riformati, quindi i membri dei collegi elettorali del dipartimento e dei circondari, la Prefettura, la magistratura, il clero piemontese, la Giunta e il Consiglio municipale,

---

[58] Do la traduzione direttamente in italiano, il testo essendo in francese.
[59] *ib.*, pp. 50-53.

l'Amministrazione degli Ospedali e Ospizi, il Juri dell'Università, i membri dell'Accademia delle Scienze, e quelli della Camera di commercio di Torino»[60].

«Napoleone s'intrattenne per molto tempo con i membri dei differenti corpi ed entrò con le varie deputazioni in tutti i dettagli che potevano interessare la felicità del dipartimento del Po e di tutti i dipartimenti piemontesi.

I vari corpi, dopo esser stati presentati all'Imperatore, passavano in un'altra sala davanti all'Imperatrice, a cui venivano annunziati da un suo scudiero.

Ecco come è descritta Giuseppina nella corrispondenza di due parenti del pittore Vincenzo Antonio Revelli, nel 1807, al tempo di un'altra permanenza di Napoleone a Torino ma essendo lei assente:

Quanto mi spiace, che questa volta non sia secolui venuta la nostra adorata Imperatrice, sarei ansiosissima di vederla. Il mio amico, che le fu presentato a Stupiniggi, la trovò così buona, così affabile, e di una figura così avvenente, che ne è rimasto incantato.

Mi disse, che nel ricevere parla piuttosto sotto voce, e quando parla, amabilmente sorride, e vi fissa con uno sguardo dolcissimo, che ispira affettuoso rispetto; mi disse, che delicate e candide sono le sue carni, giusta è di statura e d'un taglio elegante; che ha le braccia ben tornite, un portamento dignitoso e insieme leggiadro, e modi gentili, ed espressioni che la rendono adorabile.

Ecco come vide Giuseppina il conte Giuseppe Adami di Bergolo, membro del collegio elettorale circoscrizionale di Torino:

Stava l'Imperatrice in piedi in abito semplice di seta bianca, con il seno piuttosto scoperto lasciando vedere due molto diligentate mammelle. In capo aveva i capelli acconciati alla greca, con un diadema in oro, con medaglioni in rilievo bianchi e neri. Alla sua figura sembra dell'età di anni 45. È avvenente senza essere bella. Le sue maniere sono graziose. Stava accanto all'Imperatrice il Senatore D'Arville suo gran scudiero. Dietro erano due dame e due damigelle d'onore. Dietro a queste tre altri non so se scudieri o paggi, vestiti di bleu con piccolo ricamo d'argento. Poche parole rispose l'Imperatrice ai brevi complimenti dei presidenti e quindi partimmo.

La deputazione dell'Accademia di Agricoltura presentò all'Imperatrice Giuseppina sei arieti».

---

[60] *ib.*, p. 55.

«Martedì 23 aprile piovve tutto il giorno e Napoleone rimase alla *Villa Impériale* a lavorare».

«Scrisse a Cambacérès del suo soggiorno in Piemonte[61]:
[*Cugino mio, ho ricevuto le autorità di Torino. Sono sempre rimasto a Stupinigi, anche se ho fatto qualche passeggiata a cavallo nei dintorni, ma senza entrare a Torino. Ho intenzione di andarci domani. Per il resto sto molto bene. Non partirò prima di domenica. Gli affari non vanno male qui; e sono soddisfatto del paese.*] (…)
Essendo in questo giorno impossibilitato, causa del maltempo a uscire in visita ai luoghi deputati, l'Imperatore invitò a pranzo alla Palazzina di caccia di Stupinigi il conte Tommaso Valperga Caluso, con i suoi familiari e i suoi amici, e lo fece accomodare fra sè e Giuseppina per dimostrare che proteggeva le scienze: i coniugi imperiali, meravigliati della sua dottrina, lo trattarono con ogni riguardo».

«Il mattino di mercoledì 24 aprile lavorando alla *Villa Impériale* (…)»[62]. «Il pomeriggio del 24 alle due e mezza una salva d'artiglieria sparata dalla Cittadella annunciò la partenza in carrozza di Napoleone e Giuseppina dalla *Villa Impériale;* li scortava uno squadrone di cavalleria comandato dal futuro viceré d'Italia Eugenio de Beauharnais e composto da una quarantina delle recenti guardie d'onore torinesi presentate a Napoleone il 18, seguite da due centinaia di ussari francesi e venti gendarmi scelti. Alle quattro ebbe luogo il solenne ingresso a Torino: una folla immensa accorse ad accoglierli a Porta Nuova presso l'Arco di trionfo progettato da Ferdinando Bonsignore: l'iconografia dell'Arco era incentrata su temi che esaltavano lo sviluppo economico e i progressi compiuti nella scienza e nelle arti sotto l'amministrazione napoleonica, oltre che sull'ovvia esaltazione della figura di Bonaparte»[63].

«Il corteo imperiale, dopo aver parcheggiato le carrozze a Palais Impérial[64], avanzò per le vie cittadine; la gente era affacciata ovunque, dal più misero abbaino alle balconate patrizie, e le sue espressioni di fedeltà e di ammirazione furono universali e clamorosissime nelle giornate torinesi di Napoleone»[65].

«Mentre Napoleone si trovava al Liceo, vennero a dargli l'annuncio che era arrivato allora dalla Francia Pio VII, che

---

[61] Anche qui do direttamente la traduzione in italiano.
[62] *ib.*, 73-77.
[63] *ib.*, p. 80.
[64] Palazzo Reale.
[65] *ib.*, p. 83.

finalmente dopo parecchi mesi di soggiorno a Parigi ritornava a lente giornate verso i suoi Stati. Napoleone si diresse immediatamente a *Palais Impérial* ove giunse alle sette di sera e vi incontrò il pontefice che ospitò qui: l'Imperatore gli espresse il dispiacere di non essere stato presente al suo arrivo per incontrarlo. Nei quattro giorni in cui il Papa si trattenne a Torino, le loro relazioni si mantennero ancora cordiali. (…)
[La sera dopo cena] La guardia d'onore a cavallo, munita di torce, scortò l'Imperatore a Stupinigi».

«Il mattino di giovedì 25 aprile lavorando alla *Villa Impériale* (…)»[66]. [alla sera, ricevimento a Torino a Palazzo di Città]

«Venerdì 26 aprile 1805
Di buon mattino l'Imperatore si recò alla Venaria reale, quasi solo coll'ufficiale guardiacaccia Bernardi, per visitare l'antico luogo prediletto di caccia dei Savoia (…)».
«Il mattino, lavorando alla *Villa Impériale* (…)».
«All'una e quaranta ricevette Pio VII che veniva a prender congedo dall'Imperatore poiché sarebbe ripartito l'indomani: i due passarono insieme gran parte del pomeriggio»[67].

«Il mattino di sabato 27 aprile, lavorando alla *Villa Impériale* (…)».
«La sera del 27 le LL.AA.RR.[68], aderendo a un'altra preghiera della Municipalità, presenziarono alla rappresentazione del *Mitridate* di Sebastiano Nasolini, in una serata di gala al *Théâtre Impérial* (ex Teatro Regio) messo con gran sfarzo a festa. La coppia imperial-regia fu accolta anche qui dalle calorosissime acclamazioni degli spettatori, essendosi sparsa la voce della prossima partenza dell'Imperatore (…)»[69].
«Il centro di Torino risplendeva di luci quando Bonaparte e la moglie, finito lo spettacolo, lo attraversarono lentamente».

«Domenica 28 aprile 1805
Il mattino Napoleone lavorò come sempre alla *Ville Impériale* di Stupinigi (…)»[70].
«La sera la coppia imperiale partecipò a un ballo al *Théâtre Impérial* (…)».

---

[66] *ib.*, pp. 86-87.
[67] *ib.*, pp. 92-94.
[68] Loro Altezze Reali.
[69] *ib.*, pp. 96-98.
[70] *ib.*, p. 101.

«Il mattino di lunedì 29 Napoleone lavorò a Stupinigi (...)».
«In prima mattina Napoleone e Giuseppina assistettero come sempre alla messa celebrata nella cappella di Stupinigi (...). Nel corso della mattinata, fra le dieci e le undici, il corteo imperiale partiva alla volta di Asti in mezzo a nuovi augurali festeggiamenti e solenni manifestazioni promosse in onore della coppia imperiale»[71].

Durante il soggiorno

«Il Palazzo era solitamente presidiato da un corpo di cinque dragoni comandati dal brigadiere Decristoforo, ma per il soggiorno napoleonico dell'aprile 1805 dal 6 marzo vi si aggiunsero il distaccamento della Guardia imperiale composto da tre ufficiali e sessanta cacciatori a cavallo, la Guardia d'onore a cavallo che aveva il compito di presidio e di scorta all'Imperatore nei suoi spostamenti, un corpo di trenta membri della Guardia nazionale e quindici gendarmi d'élite»[72].

L'Appartamento di Levante venne

«scelto per ospitare la coppia imperiale, essendo più articolato degli altri, con ben diciannove stanze. Napoleone ne terrà per sè tredici, mentre le restanti saranno abitate da Giuseppina».

«le giornate di lei si svolgevano negli appartamenti apprestati per loro nell'ala che era stata del Duca di Chiablese, non particolarmente ampi ma dotati del massimo comfort che si potesse fornire a due personalità di quel rango. I coniugi dormivano in stanze separate, e avevano a disposizione salette da bagno personali, come pure studioli per lui e budoir per lei, gli stessi che erano stati usati dai precedenti regali occupanti. Il servizio era garantito da valletti di camera, apriporta e cameriere, oltre ovviamente, a livello più alto, da dame di compagnia per lei e ufficiali d'ordinanza, ciambellani e marescialli di palazzo per lui. Un autentico mondo che ruotava intorno alle due Maestà Imperiali, che, spesso per lei, un po' meno per lui, potevano godersi nei giorni di bel tempo delle passeggiate nei giardini e nel parco, e talvolta l'ebbrezza rumorosa e dinamica della caccia»[73].

---

[71] *ib.*, pp. 105-108.
[72] *ib.*, p. 220.
[73] Ganora, F., e Giorda, A., *Stupinigi. Capitale dell'Impero*, cit., pp. 24; 20. La Sala degli Scudieri tra l'altro, detta anche Sala del Cignaroli, «è la vera essenza di

Napoleone ripassò da Torino nel suo viaggio di ritorno per Parigi, ma non si fermò più a Stupinigi, dormì invece due notti in città, a Palazzo Reale (il 6 e 7 luglio 1805), mentre a Stupinigi

> «a partire dal 1808 vi soggiornarono, per breve tempo, Paolina [*Bonaparte, sorella minore di Napoleone*] e Camillo Borghese quando questi venne inviato a Torino come governatore dei dipartimenti al di là delle Alpi. Paolina stava di solito a Stupinigi mentre Camillo a Palazzo Chiablese. Le cronache tramandano memoria delle feste e dei banchetti da lei organizzati, delle sfrenate corse di cavalli da Stupinigi e da Rivoli sino al centro di Torino. Paolina vi abitò solamente un anno, ma arricchì la Palazzina di ogni comfort. (…) Pare… che all'eccentrica Paolina Torino non piacesse per niente, e l'unica residenza amata fosse Stupinigi»[74].

Conclusione

Sulla base delle fonti e analisi fatte, quello che segue è il riassunto della "storia più probabile" della carrozza, secondo il mio punto di vista e allo stato attuale delle conoscenze, suscettibile di essere ancora perfezionata con ricerche negli archivi e cronache locali soprattutto di Milano, Parma, Alessandria, Parigi.

Costruita da Jean-Ernest-Auguste Getting anteriormente al settembre 1800, quando Napoleone Primo Console iniziò a servirsene, la stava usando tre mesi dopo quando subì l'attentato del 24 dicembre 1800 a Parigi.
Poco più di quattro anni dopo, il 2 aprile 1805, ormai Imperatore, partì dalla capitale francese su questa carrozza insieme a Giuseppina. Fece tappa a Stupinigi dal 18 al 29 aprile, a Marengo il 5 maggio, entrò a Milano l'8 maggio e se ne servì fino al 26 maggio, giorno dell'incoronazione a Re d'Italia.
Se non si ruppe a Milano nei giorni successivi, come non sembra, sarebbe stata usata ancora poco più di un mese incluso parte del viaggio di ritorno

---

Stupinigi, la celebrazione dei fasti della caccia attraverso le tele del Cignaroli che ne narrano tutte le fasi» (p. 31). Lo ricordo perché Rol aveva a casa sua 7 dipinti del Cignaroli (e/o a lui attribuiti), poi venduti all'asta da Sotheby's nel 1995.
[74] *ib.*, p. 221. «Gli appartamenti che i due, e, dopo poco tempo, il marito abbandonato, occuparono, erano gli stessi che erano serviti a Napoleone e Giuseppina tre anni prima» (*Stupinigi. Capitale dell'Impero*, cit., p. 22. Per dettagli su Paolina e il suo soggiorno, si vedano anche le pp. 15-17; 21-23; 46).

a Parigi, rompendosi la notte tra il 5 e il 6 luglio a Marengo provenendo da Genova.

Venne riparata probabilmente già nel 1805 e riportata a Parigi, dove il 2 aprile 1810 venne forse usata nel corteo nuziale del matrimonio con Maria Luisa d'Austria; la quale in seguito potrebbe essersene servita per il suo viaggio da Parigi a Vienna nell'aprile-maggio 1814, dopo l'abdicazione di Napoleone; fu nella capitale austriaca che probabilmente «tolse simboli e armi napoleoniche e vi fece apporre il suo nuovo stemma»[75], in vista del successivo viaggio da Vienna a Parma del 1816, con l'ingresso in città il 20 aprile di quell'anno in qualità di Duchessa di Parma, Piacenza e Guastalla[76].

In un eventuale viaggio da Parma a Milano, usata da lei o dal suo *entourage*, tra il 1816 e il 1847, essa si ruppe nuovamente, e venne lasciata a Milano, fino a che Delavo non l'andò a prendere o la mandò a prendere e la riscattò, concludendo la compravendita a Parma nel 1848. Da qui la portò a Marengo e per decenni figurò a Villa Delavo, nei giardini della quale venne fotografata intorno al 1899, immagine poi usata in cartoline di inizio secolo.

Nel 1906 venne esposta a Milano alla Mostra Retrospettiva dei Trasporti, nell'ambito dell'Esposizione Internazionale del Sempione.

Nel 1947 Rol la riscoprì abbandonata in una cascina «nella piana vicino alla torre dei baroni Garofoli».

Iniziò in seguito una trattativa con colui che ne rivendicava la proprietà, Edilio Cavanna, per essere, forse, su un suo terreno. Questi la lasciò per un certo tempo in custodia probabilmente alla stessa famiglia che abitava la cascina (Barozio?) dove Rol la incontrò, poi forse decise che sarebbe stato più fruttuoso portarla a Villa Delavo, per mostrarla ai potenziali acquirenti. Qui vi rimase ancora anni senza che nulla accadesse, mentre gli enti locali cominciarono a interessarsene. Rol forse non trovò un accordo per acquistarla subito anche perché avrebbe voluto portarla in Francia, ciò che non gli era permesso perché notificata alla Soprintendenza[77].

L'acquisizione si realizzò infine nel gennaio 1955 ed avvenne con la mediazione dell'antiquario torinese D'Agostino.

Dopo il restauro da parte della ditta Bo di Torino, il possibile tentativo di cessione forse a Gianni Agnelli e la proposta di donazione al Comune di Torino che la rifiutò, il 3 giugno 1955 Rol la donò all'Ordine Mauriziano, con l'indicazione che fosse posta nel lato di levante della Palazzina di

---

[75] Coaloa, R., *cit.*, p. 80.

[76] Curiosa "coincidenza" che Rol fece restaurare la carrozza in via Guastalla.

[77] Nel momento in cui scrivo (metà settembre 2022), non sono ancora riuscito ad avere dettagli diretti da parte della Soprintendenza, che ha provveduto a una ricerca preliminare presso l'archivio Gabrielli, senza risultato.

Caccia di Stupinigi, nei pressi degli appartamenti usati da Napoleone durante il suo soggiorno con Giuseppina nel 1805.
Essa venne invece collocata sul lato apposto, deludendo le aspettative di Rol e le promesse a lui fatte, tanto che nel 1983 prendeva in considerazione l'ipotesi di chiederne il trasferimento, forse *pro tempore*, all'Isola d'Elba.
Nel 2018 essa si trovava in un locale nei pressi della Palazzina in attesa di sponsor per essere restaurata nuovamente, ciò che avvenne alla fine del 2020. Il 5 maggio 2021, in occasione del bicentenario della morte di Napoleone, venne esposta alla Reggia di Venaria, dove ancora si trova nel momento in cui scrivo.

*

Come ciliegina sulla torta, concludo con un aneddoto comunicatomi nel 2008 dalla dott.ssa Sonia Damiano:

> «Un mio stimato collega astigiano sapendomi alle prese con la Palazzina, mi narrò la seguente vicenda. Noemi Gabrielli, celeberrima studiosa di fatti storico-artistici astigiani, ebbe come guida nelle sue escursioni in loco un giovane tecnico del Comune di Asti. Alla morte della Gabrielli costui (di cui non conosco il nome) ricevette, in ricordo della dott.ssa un quadretto (che il mio collega vide a casa del tecnico) esito del collage dei frammenti avanzanti della passamaneria che decora la carrozza napoleonica. Sul retro del quadretto compariva una simpatica dedica di Rol a Gabrielli: in un clima di confidenza scherzosa Rol si firmava (mi pare in francese) "l'Imperatore"».

La carrozza con la targa descrittiva all'epoca della prima collocazione a Stupinigi

Sogno misterioso di un gentiluomo torinese

di Vittorio Beonio-Brocchieri[1]

Anche nel mondo occidentale i fenomeni parapsicologici presentano una frequenza più alta di quanto non si creda. Infatti, se qualcuno indaga su questo argomento trova che non esiste città né paese né famiglia dove non si siano avute talora manifestazioni extranormali, per esempio guarigioni d'eccezione che hanno sconvolto ogni prevedibilità; strabilianti profezie confermate dai fatti; casi di telepatia e via di seguito. E oltre ai fenomeni di carattere mentale si raccontano pure fenomeni di carattere fisico, cioè trasporti di oggetti, materializzazioni, levitazioni eccetera. Non posso credere che tutti siano stati dei trucchi[2].

Ero a Torino, in un bel palazzo prospicente il parco del Valentino, ospite di una persona notoriamente dotata di capacità magiche. Si tratta di un gentiluomo convinto che, attraverso una cosiddetta «cellula trascendentale» trasmessa per generazioni, la sua esistenza risale a un antenato il quale militò nell'esercito napoleonico[3]. So che non desidera sia fatto il suo nome. Ma troppa gente lo conosce: e troppi testimoni sono pronti a giurare su quel che hanno visto[4]. La persona è nota negli ambienti migliori della capitale sabauda. Ne parla pure il celebre umorista Pitigrilli (senza fare dell'umorismo) in un suo libro intitolato *Senso del mistero*[5]. Dei poteri eccezionali che questo personaggio possiede possono fare testimonianza in Italia e fuori uomini di ineccepibile serietà. Citerò il famoso magistrato Peretti-Griva, già presidente della Corte d'Appello di Torino[6], il dottor Massimo Caputo che diresse per tanti anni la *Gazzetta*

---

[1] Beonio-Brocchieri, V., *Camminare sul fuoco e altre magie*, Milano, Longanesi, 1964, pp. 125-131. Ipotizzo che l'incontro sia avvenuto nella seconda metà degli anni '50, come da nota 13 p. 325, per questo inserisco lo scritto in questo volume. Vittorio Beonio-Brocchieri (1902-1979), laureatosi negli anni '20 in giurisprudenza a Torino (come Rol), filosofia a Milano e scienze politiche a Pavia, dove per decenni fu poi professore di storia delle dottrine politiche, fu anche giornalista (*Il Secolo, Gazzetta del popolo* e soprattutto *Corriere della Sera*), scrittore, pittore, aviatore e viaggiatore ai quattro angoli del globo. Per un profilo più esteso, si veda *treccani.it*.
[2] È il punto di vista delle persone intelligenti, sufficientemente informate e senza pregiudizi.
[3] Su questa affermazione, cfr. *Il simbolismo di Rol*, p. 230 e sgg..
[4] E questo nel 1963, quando scriveva e basandosi sull'impressione avuta anni prima. Da allora le testimonianze si sono "centuplicate".
[5] *Gusto per il mistero*, p. 110 in questo volume.
[6] Che abbiamo visto in merito alla carrozza di Napoleone.

del popolo[7], il ben noto libraio antiquario Bourlot[8] e tanta altra gente onesta, con la testa sulle spalle.

Aggiungerò che l'uomo-mago (il quale protesta se lo si chiama così) è pure laureato in giurisprudenza nell'Ateneo torinese. Entrando nella sua casa, appena aperto l'uscio si vede un busto di Napoleone, e poi bandiere, spade, quadri, cimeli; tutto l'ambiente crea una situazione evocativa quasi allucinante. Chiunque, in quest'atmosfera, si sente trasportato nel primo decennio dell'Ottocento. Durante una serata, nella quale mi raccontò decine di bizzarri episodi, mi narrò anche una personale sua esperienza cominciata con un sogno.

Riferisco (per quanto mi è possibile) quasi testualmente le sue parole.

«Una notte», mi disse, «ebbi una visione strana... mi trovavo a Parigi nella galleria di un palazzo primo impero; dame vestite nei costumi di corte, gentiluomini, generali tutti allineati in un corridoio piuttosto stretto (io mi sentivo agitato, pur sapendo di sognare!) A un certo momento una voce grida: '*L'Empereur!*...' e il corridoio comincia ad allargarsi... allargarsi, nella sfavillante luce dei lampadari di cristallo nel centro, ed eccolo trasformato in un salone gremito di dignitari e di dame. Sulla parete di fondo si apre una porta ed entra Napoleone, reggendo il cappello con la sinistra appoggiata dalla parte del cuore. A mano a mano che avanza, i gentiluomini e le dame da una parte e dall'altra si inchinano. Dietro all'imperatore, cammina zoppo un generale con una decorazione sul petto: ha la faccia sfregiata da una sciabolata e un occhio strabico. L'imperatore viene verso di me... (il cuore mi batte!) passa davanti a me, col generale zoppicante e va a sedersi sul trono, sotto l'aquila. Quell'aquila lì», dice indicando un prezioso oggetto d'antiquariato poggiato sopra una mensola[9]. «Improvvisamente l'imperatore fa segno al generale dalla faccia sfregiata come gli volesse dire qualche cosa; e subito dopo sento che il generale grida il mio nome! Mi alzo in piedi, mi avvicino al trono, Napoleone dice al generale indicando la decorazione che questi reca sul petto: '*Donnez-la lui! Il a bien mérité!*' Il generale si toglie la decorazione, sta per consegnarmela... il sogno svanisce»[10].

---

[7] Si veda la lettera di Michele Serra, p. 57.
[8] Gian Vittorio Bourlot, tra i fondatori, nel 1947, dell'"Associazione Librai Antiquari d'Italia" (A.L.A.I.), all'epoca "Circolo dei Librai Antiquari", titolare della storica e rinomata Libreria Antiquaria Bourlot di Torino, libreria di famiglia fondata nel 1848, frequentata da figure di spicco come, tra gli altri, Luigi Einaudi, Umberto di Savoia, Arturo Toscanini, Benedetto Croce, Ettore Petrolini, Luigi Pirandello.
[9] Si veda la foto pubblicata su *Epoca* nel 1951, p. 97 in questo vol., o anche *Il simbolismo di Rol*, tav. XXI al fondo.
[10] Su possibili significati simbolici di questo racconto di Rol, cfr. *Il simbolismo di Rol*, p. 242 e sgg.

Passano due ore; il campanello suona e si annuncia la visita di un'assai nota gentildonna piemontese; la quale reca al mago una proposta: «Lei è anche antiquario», dice, «e si occupa di oggetti d'epoca napoleonica. Vorrebbe venire a casa mia? Ora che stiamo per traslocare in una nuova casa, volentieri potrei disfarmi di alcuni oggetti curiosi».

L'uomo sognatore non se lo fa dire due volte e nel pomeriggio va a casa della signora. Entra. Di colpo, sulla parete riconosce il ritratto del personaggio che aveva sognato la notte prima: cioé il generale con la faccia sfregiata, l'occhio strabico e quella tale decorazione sul petto. Egli è ancora stordito dalla sorpresa, allorché sopra un vassoio si vede offrire una serie di decorazioni. Ve ne sono di francesi, di austriache, di piemontesi; ma in mezzo a tutte spicca la decorazione napoleonica, la medesima che era apparsa nel sogno e che era anche dipinta sul ritratto. La sorpresa è così forte che l'uomo al primo istante non osa credere a quel che vede. Ma stavolta non è un sogno.

«Proponga pure un prezzo», esclama il mago napoleonico, «e consideri concluso l'affare, senza discussione».

La compera avviene; e il gentiluomo, felice, col prezioso involtino ficcato in una tasca traversa il parco del Valentino e torna a casa sua. Ma appena rientrato, gli si annuncia la visita di un conoscente: un avvocato vecchio amico suo, il quale ha egualmente la mania degli oggetti antichi; in modo specifico proprio quella delle decorazioni. Osservato il blocco dei nuovi acquisti, gli dice: «Vorrei comperare tutto ad eccezione di questa decorazione napoleonica, che non mi interessa».

E con una coincidenza che ha qualche cosa di magico, offre, di sua iniziativa, senza averla conosciuta prima, la stessa cifra che era stata pagata alla signora. In questo modo la decorazione vista in sogno si era concretizzata nel giro di poche ore, rimanendo nelle mani del veggente napoleonico a titolo gratuito, come se gli fosse stata donata (« *Donnez-la lui! Il a bien merité* ») Questo il racconto del sogno prodigioso seguito di conferme, nella realtà della vita. (L'ho riassunto fedelmente con le mie parole; ma se lo senti raccontare dal protagonista resti una notte senza dormire)[11].

A un certo momento il cortese padrone di casa mi dice, mostrandomi sulla tavola un'altra raccolta di cimeli napoleonici: «Quella spada è stata raccolta sul campo di Austerlitz. Se lei la prende in mano probabilmente non accade nulla; ma se la tocco io, possono succedere cose stranissime. Proviamo?».

«Proviamo...».

Eravamo soli nel salotto: calma assoluta, finestra chiusa, tendine immobili, usci sbarrati. Io presi la spada e la deposi nelle mani che l'altro protendeva verso di me. In quel momento, il pesante lampadario di

---

[11] Se il sogno fu reale e non un racconto simbolico-allusivo di Rol, quanto successo in seguito costituirebbe indubbiamente una notevole *sincronicità*.

cristalli appeso al soffitto cominciò a dondolare fortemente sulle nostre teste. Come spiegare che improvvisamente una massa pesante parecchie decine di chilogrammi si sia messa ad oscillare, senza intervento di alcuna forza atta a modificare lo stato di quiete? Se io non ero impazzito, se quello che vedevo era realtà, dove andavano a finire le leggi di Galileo?
Il lampadario continuava ad oscillare. Poiché in quella situazione ogni possibile trucco era da escludere al cento per cento, s'imponeva al mio cervello un problema: il fenomeno che contraddiceva alle leggi fisiche e tuttavia era reale, a quali altre leggi obbediva? E quasi non bastasse, in quel momento si percepì la caduta di un pesantissimo oggetto che pareva di metallo, quasi fosse stato un gran vassoio pieno di posateria. Un frastuono indiavolato. Guardai il pavimento: era tutto vuoto, tutto libero. In due cercammo per dieci minuti l'oggetto che doveva essere caduto a pochi passi da noi; ma nulla si trovò[12].
Il padron di casa, niente affatto meravigliato, concluse:
«Non si allarmi. Il mondo nel quale noi viviamo è pieno di misteri».
Arrivato a questo punto non resisto più al desiderio di dirvi che il personaggio torinese del quale parlo si chiama dottor Rol; abitava, quando io lo conobbi (e non so se abita ancora), a Torino in via Silvio Pellico[13]. Aggiungo che durante la visita in cui l'amabilissimo taumaturgo mi descrisse quel portentoso sogno nell'atmosfera ossessionata di cimeli napoleonici, accadde pure un'altro episodio che racconto in due parole.
«Scriva un numero», mi disse, «ma senza che io lo veda!».
Io scrissi sopra un foglietto di carta un numero di tre cifre. Lo ricordo esattamente: era il numero 936. Mi era venuto in mente a casaccio, senza riflettere. Nascosi subito il foglietto in tasca. E così passò qualche minuto. Lo sguardo di Rol parve svuotarsi. Dopo di che egli aperse con la chiave un cassetto della scrivania e ne trasse un altro foglietto mostrandomelo: portava scritto l'identico numero 936.
L'aveva preparato la sera prima, quando ancora ignorava la mia visita improvvisa e forse anche il mio nome.
Posso supporre che sia stata la sua volontà a suggerirmi (o impormi) di scrivere 936?. Anche ammesso il fatto, è misterioso che io mi sia sentito liberissimo, se non lo ero. È incredibile cioè che un altro essere umano abbia potuto adoperare il mio cervello a mia insaputa, facendomi pensare

---

[12] Questo è un genere di fenomeno che si riscontra spesso nei resoconti sulle case *infestate*: rumori più che reali di oggetti che cadono pesantemente al suolo e che non si trovano, in ambienti anche grandi dove non ci sono dubbi che nessuno abbia fatto qualche scherzo.

[13] Siccome non è dato sapere quando questo incontro avvenne, la frase fa supporre che fosse comunque già passato parecchio tempo, dell'ordine di anni, forse intorno al 1956-1957 (faccio questa ipotesi tenendo conto che Beonio-Brocchieri cita Peretti-Griva, che Rol non conosceva prima del maggio-giugno 1955, epoca della donazione della carrozza di Napoleone all'Ordine Mauriziano).

una cifra che mi illudevo di aver trovato da me[14]. Ma questo apre il discorso sopra un'altra classe di fenomeni straordinari. Le divinazioni del pensiero e gli influssi segreti tra diversi esseri umani.

È mai possibile che tutto questo rientri nel campo della suggestione, degli influssi ipnotici? Non dico né sì né no. Può darsi che io fossi addirittura ammattito o incretinito. Ma tutti gli altri? Tutti coloro che (come me) hanno visto il dottor Rol compiere stranezze e prodigi inspiegabili, sono disposti a negare i fatti, oppure a considerare se stessi come vittime di allucinazione?

---

[14] Nello stesso tipo di esperimento che Gustavo fece a me nel 1987 (IX-5), lui poi mi disse: «Io non so se prevedo quello che tu dirai oppure sono io, con il mio pensiero, ad influire sulla tua scelta». Quale che sia la risposta nel mio caso o in quello di Beonio Brocchieri, certo è che Rol poteva o avrebbe potuto fare entrambe le cose, in un caso trattandosi di *precognizione*, nell'altro di *trasferimento di coscienza*, anche se forse il confine tra le due *possibilità* è molto più sfumato di quanto possa sembrare.

Fellini & Rol

(due miei articoli)

*

Fellini nel paese delle meraviglie.
L'amicizia con Gustavo A. Rol[1]

> *La mia vita si divide in "prima di Rol" e "dopo Rol"*
> Federico Fellini

È noto che il più importante regista italiano del XX° secolo, vincitore di 5 premi Oscar, e uno dei maggiori artisti che l'Italia abbia avuto, fosse amico di Gustavo Adolfo Rol, il maestro illuminato che manifestò per tutta la vita numerosissime *possibilità* paranormali (49 secondo una mia classificazione[2]).

In base a una mia ricostruzione, il primo vero incontro tra i due – per il tramite dello scrittore Leo Talamonti – avvenne a Torino nel 1963[3], dopo l'uscita del film *8 ½*. Fu l'inizio di una frequentazione che durò 30 anni, fino alla morte del regista nel 1993. Pare tuttavia che Fellini avesse conosciuto Rol forse in maniera fugace già dieci anni prima all'epoca dei *Vitelloni* (1953) e quando stava già girando *La Strada*, tramite l'attrice Valentina Cortese, amica di Maria Rol, sorella di Gustavo che conosceva sin dall'infanzia a Torino. Filippo Ascione, assistente alla regia di Fellini per *Ginger e Fred* (1985) e *Intervista* (1987), che ha conosciuto bene sia il regista che Rol, ha detto in più occasioni che Fellini voleva incontrarlo sin dai tempi della *Dolce vita* (1959-1960), ma che non ci riusciva, nonostante fosse già famoso mondialmente. Ad Ascione che negli anni '80 desiderava lui stesso conoscere Rol, Fellini aveva risposto: «Guarda Filippicchio, per me è molto più facile farti incontrare il Papa, il Presidente degli Stati Uniti, ma Rol è veramente un personaggio difficile.

---

[1] Rol, F., *Fellini nel paese delle meraviglie L'amicizia con Gustavo A. Rol*, Luce e Ombra, vol. 119, fasc. 4, ottobre-dicembre 2019, pp. 291-299. L'articolo originale conteneva solo due note (che tra l'altro saltarono in fase di stampa), qui, come nell'articolo successivo, ne saranno aggiunte altre, in particolare le fonti delle citazioni che per questioni di spazio erano state omesse.
[2] 50 dal 2020.
[3] Ho potuto confermarlo nel gennaio 2022 quando ho trovato all'Archivio Storico di Torino una lettera di Donato Piantanida che riferisce dell'incontro avuto con Rol, Fellini, Talamonti e altri all'Hotel Principi di Piemonte a Torino, il 26 maggio 1963 (per questo e altri approfondimenti, cfr. il mio libro *Fellini & Rol*).

Anche io ho impiegato un bel po' di tempo prima di incontrarlo»[4]. Già questo basterebbe a dimostrare l'inconsistenza di una certa critica fatta a Rol, da parte degli scettici, che in cambio dei suoi prodigi e esperimenti otteneva l'amicizia di personaggi famosi. Piuttosto è vero il contrario: personaggi famosi speravano di incontrarlo e spesso non furono nemmeno ricevuti, perché solo curiosi (a tal proposito, si potrebbero riempire pagine di esempi analoghi). Rol applicava principi iniziatici ben noti nella storia delle religioni, che non facevano eccezione alcuna allo status del "candidato", e questo soprattutto per il suo bene. Testare l'*ego* altrui era normale amministrazione per un maestro illuminato come lui, persino con un gigante come Fellini.

Passata però la fase di *test*, i due divennero grandi amici, e la storia di questa amicizia è ancora tutta da raccontare. Infatti gran parte dei biografi, dei collaboratori, dei conoscenti di Fellini concordano nell'attribuire a Rol un ruolo chiave nella vita del regista, ma nessuno ha mai potuto fornire particolari, perché quasi nessuno, di fatto, li conosceva. Il regista teneva questa relazione tra le cose più preziose del suo intimo, da condividere solo con pochi e solo perché una qualche occasione lo richiedeva. Di qui il vero e proprio contrasto tra il poco che è stato riferito su Rol dai biografi di Fellini e l'importanza cruciale che invece ha avuto per lui, molto più di Bernhard o Jung, per intenderci. Una rassegna di commenti servirà a fornire un quadro generale. Tullio Kezich parla dei «racconti straordinari che su Rol mi aveva fatto»[5], «molto stimato e forse un po' temuto da Fellini sulla cui vita e carriera influì con consigli e profezie»[6]; Gianfranco Angelucci scrive che «sulle magie di Rol, Federico indugiava ammirato, con profusione di dettagli. Raccontava incredibili fenomeni di telecinesi, grazie ai quali con la sola forza della mente... era in grado di spostare gli oggetti da una stanza all'altra, smaterializzarli e ricomporli in uno schiocco di dita anche a grande distanza, in altre abitazioni, in città lontane»; «conservava religiosamente un paio di scarpe a cui Rol, per gioco, aveva scambiato i tacchi, togliendolo a una e raddoppiandolo all'altra»[7]; Bernardino Zapponi scrive che «ricorreva spesso a lui, anche per telefono... lo considerava un consigliere, un amico»[8]; Costanzo Costantini sa che lo «consultava periodicamente»[9] e Alessandro Casanova

---

[4] Programma televisivo *Voyager* (Rai Due) del 21/01/2013, nell'ambito di un servizio su Rol.
[5] Kezich, T., *Quella sera a Torino con il mago di Fellini*, Corriere della Sera, 24/09/1994, p. 17.
[6] Kezich, T., *Fellini del giorno dopo*, Guaraldi, 1996, p. 153.
[7] Angelucci, G., *Gustavo Rol ("Glossario Felliniano")* pubblicato su: articolo21.org, 20/06/2019.
[8] Zapponi, B., *Il mio Fellini*, Marsilio Editori, Venezia, 2003, p. 89.
[9] Costantini, C., *L'inferno di Fellini*, Sovera, 2003, p. 50.

che ne «ha grande rispetto»[10]; Toni Maraini racconta che Fellini gli «parlò di Rol...[che] possiede straordinari poteri paranormali e» «non soltanto lo ammirava ma lo stimava molto come amico, per la sua onestà, modestia e umana integrità»[11]; Antonio Tripodi riconosce che «la frequentazione con Rol condizionerà profondamente la vita personale e anche artistica del regista»[12], mentre Federico Pacchioni afferma che «all'apice dell'"adesione" [«verso i fenomeni esoterici»] si colloca certamente la fiducia che Fellini riponeva... [in] Gustavo Adolfo Rol, frequentato e stimato anche da due collaboratori d'eccellenza quali Tullio Pinelli e Nino Rota»[13].

Tra i collaboratori, amici e conoscenti del regista, Fiammetta Profili dice che «raccontava sempre che la sua vita cambiò quando conobbe Gustavo Rol, che aveva grandi doti. Andava con frequenza a Torino per vederlo (...). Fellini diceva: "Tutti noi speriamo che la vita non sia solo questo, e da quando ho conosciuto Rol ho la certezza che ci sono altre dimensioni"»[14]; Dino Buzzati, che aveva appena conosciuto Rol nel 1965 e ancora non lo aveva frequentato (a differenza di Fellini), scriveva che «del prodigioso mondo in cui vive Gustavo Rol, Fellini mi ha parlato a lungo, senza un dubbio, senza una riserva»[15]. Filippo Ascione mi ha riferito che «Federico diceva a tutti che la sua vita si divideva in due parti: prima di Rol, e dopo Rol»; Paolo Villaggio, che non conobbe Rol e non credeva a Fellini quando gliene parlava, ha dichiarato che «era fissato»[16] con Rol, che «aveva facoltà speciali», che «è stato sempre uno dei suoi argomenti preferiti», «Giulietta poi non ne parliamo, era completamente affascinata»[17]; Guido Ceronetti scrive che «la frequentazione di Gustavo Rol, per Fellini [era] un appuntamento quasi morboso»[18], mentre Roberto Gervaso «che fra gli amici di Fellini ci sia Rol, e fra gli amici di Rol Fellini, è abbastanza noto. Si conoscono da anni, da anni si frequentano, da anni si consultano. Forse è più Fellini a consultare Rol che Rol Fellini: non sappiamo. Certo è che il grande regista – così almeno dicono – non fa

---

[10] Casanova, A., *Scritti e immaginati*, Guaraldi, 2005, p. 62.
[11] Maraini, T., *iMago: appunti di un visionario*, Semar, 1994, p. XII.
[12] Tripodi, A., e Dalla Gassa, M., *Approdo a Tulum. La Neverland a fumetti di Fellini e Manara*, Studio LT2, 2010, p. 83.
[13] Pacchioni, F., *«È la vita anche la morte». Il purgatorio astrale del Mastorna*, in: AA.VV., *Dante & Fellini. L'aldilà della visione*. Atti del convegno iternazionale di studi, Ravenna 29-30 maggio 2015, Sagep Editori, Ravenna, 2016, p. 94.
[14] Mora, M., *Fellini, el gran seductor*, El País, 04/04/2010.
[15] Buzzati, D., *Fellini per il nuovo film ha fatto incontri paurosi*, Corriere della Sera, 06/08/1965, p. 3.
[16] Bentivoglio, L., *Mi aveva stregato con le sue bugie*, (intervista a Paolo Villaggio su Federico Fellini), La Repubblica, 03/08/2003, p. 27.
[17] Cirio Zanetti, O., *Tre passi nel genio*, Marsilio Editori, Venezia, 2018, p. 78.
[18] Ceronetti, G., *Fellini ingordo di misteri*, La Stampa, 07/02/1995, p. 15.

un passo, non muove foglia, non comincia, o non finisce, un film senza il viatico di colui che Buzzati definì "il Maestro", l'"Illuminato", il "Sapiente", il "Superuomo"»[19]; Mirella Delfini dice che Fellini «mi parlava di un uomo con una personalità e un potere troppo grandi per poterci credere. Un uomo che lui ammirava quasi come una divinità»[20]; Andrea De Carlo parla del «loro rapporto, così intenso e strano. Fellini quasi cercava rassicurazione da Rol, lui che sembrava così forte e determinato»[21]; anche Lorenzo Ostuni ricorda che «Fellini era molto amico di Gustavo Adolfo Rol, e andava una volta al mese, una volta ogni due mesi a Torino da [lui]. (…) ha trovato in Rol il massimo rappresentante del secolo di queste discipline»[22]; Rinaldo Geleng ha dichiarato che il regista «quando aveva del tempo libero, prendeva un aereo e andava a Torino per parlare con Rol. Al rientro, ciò che raccontava era veramente al di fuori di ogni immaginazione»[23]; Camilla Cederna scrisse che «Fellini arrivò da me stravolto a raccontarmi i "miracoli" che Rol aveva compiuto sotto i suoi occhi»[24]; Cesare Romiti riferì di aver «visto più volte Fellini pendere dalla sue labbra aspettando consigli sulla sceneggiatura»[25].

E cosa diceva direttamente Fellini? Lo spazio ci permette qui solo poche citazioni essenziali. Nel 1964 dichiarava alla rivista *Planète*: «Io ammiro in modo particolare il dottor Rol di Torino, per lo sforzo eroico che sostiene nel salvaguardare il proprio ego individuale dall'assalto di queste misteriose forze. Sul piano psicologico, il fatto che lui creda in Dio, e si appoggi con tutte le sue forze alla Divinità, mi appare come un tentativo salutare per non sprofondare nell'angoscia, per non restare distrutto da questo magma sconosciuto. Certo è l'uomo più sconcertante che io abbia incontrato. Sono talmente enormi, le sue possibilità, da superare anche l'altrui facoltà di stupirsene. C'è un limite anche alla meraviglia»[26]; «nonostante la potenza delle sue facoltà, riesce a tenere a bada l'orgoglio, e si rifugia in una zona di religiosa consapevolezza che ha del meraviglioso. So di dargli un dispiacere nel riferire cose come queste; ma non mi sento di negare la mia testimonianza ad una realtà sconosciuta e di

---

[19] Gervaso, R., *Rol: «I miracoli? Ci credo e ne vedo»*, Corriere della Sera 31/12/1978, p. 8.
[20] Delfini, M., *I miei due amici straordinari*, 25 e 29/03/2019 su: monpourquoi.com/it/author/mirella-delfini
[21] Cavallo, T., *Io e Fellini. Il racconto di Andrea De Carlo*, ilnazionale.net (Verona), 18/06/2019.
[22] *Fefé*, di Tatti Sanguineti, *Il terzo anello*, Radio3, puntata del 24/11/2003.
[23] Allegri, R., *Fellini parlava con Casanova*, Chi n. 42, 17/10/2001, p. 106.
[24] Cederna, C., *Casa nostra*, Mondadori, 1983, p. 13.
[25] Brambilla, M., *Cesare Romiti: «Così mi ritrovai in tasca una lettera di Valletta scritta dall'aldilà»*, Sette, 27/04/2000, p. 137.
[26] Fellini, F., *Io sono aperto voluttuosamente a tutto*, Pianeta-Planète, n.5, dic. 1964-gen.1965, p. 104.

tanta importanza»²⁷. Già all'inizio della loro amicizia non solo Fellini riconosceva la grandezza di Rol, ma era sensibile alla sua necessità di riservatezza e faceva presagire che di lui avrebbe parlato solo in rare occasioni, adeguandosi così proprio a ciò che Rol ha sempre desiderato: l'assenza dei riflettori. Le poche eccezioni alla regola furono per illuminare, è il caso di dirlo, alcune questioni che Rol aveva bisogno di rettificare o far conoscere al grande pubblico. Riflettori quindi sui contenuti delle interviste, non su di lui. All'inzio del 1965, a Tullio Kezich che gli diceva «da come ne parli mi pare che consideri Rol un vero mago», Fellini rispondeva che «la parola ha un timbro medioevale e oscurantista che non si addice al personaggio. Prima ancora di essere un mago è un uomo meraviglioso, un'anima bella»²⁸; qualche mese dopo, a Dino Buzzati raccontava: «È un signore civilissimo, colto, spiritualmente raffinato, che ha fatto l'università, dipinge, si è dedicato per anni all'antiquariato. Ma dispone di tali poteri che non si capisce come non sia famoso in tutto il mondo. Chissà, forse non è ancora venuto il suo momento. Quel che Rol sa fare è pauroso. Chi assiste prova la sensazione di uno che sprofonda in un abisso marino senza scafandro. È la testimonianza fascinosa e provocatoria di una trascendenza. Se non si resta terrorizzati è soltanto per il suo modo gioviale e scherzoso un po' da Fra Ginepro, per l'atmosfera salutare che si sprigiona da lui. Del resto egli stesso, prima degli esperimenti, cerca, con opportuni avvertimenti, di creare un limite alla meraviglia, altrimenti si potrebbe rimanerne schiantati»²⁹. Nel 1980, nel suo libro *Fare un film*, Fellini rielabora e aggiunge quanto detto in anni precedenti: «nonostante tutta questa atmosfera di familiarità, di scherzo tra amici, nonostante questo suo sminuire, ignorare, buttarla in ridere per far dimenticare e dimenticare lui per primo tutto ciò che sta accadendo, i suoi occhi, gli occhi di Rol non si possono guardare a lungo. Son occhi fermi e luminosi, gli occhi di una creatura che viene da un altro pianeta, gli occhi di un personaggio di un bel film di fantascienza»³⁰. A Sergio Zavoli, in data imprecisata Fellini dirà che «Rol non è un mago, è a modo suo uno scienziato che legge dentro la vita, che ti mostra le dimensioni invisibili della realtà»³¹; ad Anita Pensotti parlerà dei «meravigliosi prodigi che ho vissuto in prima

---

[27] *idem*.
[28] Kezich, T., *Giulietta degli spiriti, di Federico Fellini*, Cappelli Editore, Bologna, 1965, p. 38.
[29] Buzzati, D., *Fellini per il nuovo film ha fatto incontri paurosi*, Corriere della Sera, 06/08/1965, p. 3.
[30] Fellini, F., *Fare un film*, Einaudi, Torino, 1983, p. 89. Ho finito purtroppo per dimenticare di citare anche in *Fellini & Rol* – dove tra l'altro mi soffermo sull'interesse del regista per la fantascienza – questa sua fondamentale descrizione.
[31] Zavoli, S., *Diario di un cronista*, Mondadori, Milano, 2002, p. 442.

persona. Mi piacerebbe descriverli un giorno... ma non basterebbe un volume»[32], e nel *1969* dirà sulla *Domenica del Corriere*: «Sono restio a parlare di lui perché siamo diventati grandi amici», «sarà bene chiudere qui le mie confidenze su Rol: è un uomo che non vuole e non cerca la notorietà»[33].

Come si è visto, Fellini non considerava Rol propriamente un "mago", e sapeva anche quanto questo termine non gli piacesse, lamentandosene spesso con i giornalisti che così lo definivano. Rol ha del resto sempre rigettato, e con veemenza, anche le qualifiche di medium e sensitivo, e con tutte le ragioni. Per quanto riguarda il primo caso, perché non andava in trance né faceva sedute spiritiche, anzi contestando la stessa teoria spiritica[34] che fossero i defunti ad intervenire nelle sedute, opponendo la nozione di *spirito intelligente*, che ha analogie col *residuo psichico* di cui parla per esempio René Guénon, vale a dire una "fotocopia" della coscienza di quel defunto, la sua *memoria*, rimasta operante nell'archivio dell'universo (mentre l'anima, il defunto vero e proprio, tornerebbe «a Dio»[35]). Tale "spirito", che "partecipava" talvolta agli esperimenti di Rol, poteva essere anche quello di una persona vivente, perché si tratterebbe di un qualcosa connaturato all'essenza umana, che è in tutti e rimane sulla Terra dopo la morte. Rol diceva inoltre che ogni cosa animata e inanimata ha uno "spirito", ma solo quello dell'uomo è "intelligente". Quando nel

---

[32] Pensotti, A., *Le italiane: memoriali, conversazioni, documenti per un racconto della vita*, Simonelli, Milano, 1999, p. 260.

[33] Fellini, F., *"Ho udito la voce di vecchi amici"*, Domenica del Corriere, n. 14, 08/04/1969, p. 39. Quando ho scritto l'articolo avevo messo come fonte di queste affermazioni un articolo della rivista *Astra* del 1987 che in seguito ho scoperto essere un plagio quasi integrale dell'articolo della *Domenica del Corriere* del 1969 qui citato. Sono cose abbastanza spiacevoli, perché affermazioni di Fellini del 1969 venivano credute essere del 1987. Qui ho fatto che modificare direttamente il testo per non riproporre l'errore.

[34] *Nota originale*: Giulietta degli spiriti (1965), già sotto l'influenza di Rol, «ha rappresentato una "liquidazione" dello spiritismo», come affermato dal prof. E. Servadio. Fellini aveva fatto lui stesso sedute spiritiche con Giulietta Masina negli anni '50. Negli anni '80 si era interessato all'idea di fare un film sulla medium Eusapia Palladino.

[35] In una occasione Rol aveva detto che «l'anima la troviamo poi dopo parecchie, svariate vite... in altri luoghi, vite di perfezionamento» (*Il simbolismo di Rol*, p. 501); quindi "Dio" implicherebbe un "ambiente" dinamico «di perfezionamento», e, ci tengo a sottolineare, *in altri luoghi*, con questo escludendo il ritorno *nella carne*, ovvero la re-incarnazione. Del resto, le affermazioni di Rol sull'argomento sono abbastanza chiare, riferendosi a *un'altra vita* nella dimensione dello spirito (appunto, in "Dio"), vita alla quale ne succederebbero altre (a seconda delle "qualifiche" di chi vi accede), sempre in ambito spirituale. Tale argomento però si presta a troppi fraintendimenti per non meritare, in futuro, una analisi molto più accurata rispetto a questo breve accenno, anche se già ne ho parlato abbastanza ne *Il simbolismo di Rol*.

1927, a 24 anni, raggiunse l'illuminazione, divenne consapevole di questo suo *spirito*. Coniò in seguito la definizione di *coscienza sublime*, «l'unione con l'Assoluto, un Tutto, un'interezza senza separazione alcuna», analogo al *nirvāṇa* o al *satori* delle tradizioni orientali. Fu grazie a questo stato che iniziò a manifestare tutta l'incredibile gamma di *possibilità* paranormali (*carismi* della tradizione cristiana, *siddhi* di quella indù) che hanno lasciato sconcertato Fellini e centinaia di altri testimoni. Quanto a "sensitivo", può essere usato per Rol solo come aggettivo, come una delle sue qualità, ma non come sostantivo perché sarebbe un termine molto limitato per definirlo. Nessuno definirebbe il Buddha "sensitivo", dal momento che siamo di fronte a un Maestro completo, che ha penetrato i regni oltre il visibile, conosce i principi di una *scienza sacra*, ha vinto la morte (sono molte le testimonianze *post mortem* su Rol). Senza contare che, etimologicamente parlando, "sensitivo" rimanda ancora ai sensi, mentre con Rol è il puro spirito ad agire.

Tornando a "mago", Rol lo rifiutava intanto perché non faceva rituali, e anzi una delle caratterisitiche più sconcertanti della sua fenomenologia era la semplicità, la spontaneità, la quotidianità, l'estemporaneità: per lui era normale fare talvolta veri e propri miracoli come per noi guidare un auto o nuotare. Aveva cioè padroneggiato il suo mondo, che era una convergenza di mondi. In secondo luogo, "mago", proprio come aveva detto Fellini, aveva «un timbro medioevale e oscurantista», laddove Rol era una figura luminosa, positiva, espressione della pura dedizione al prossimo e apostolo dell'evoluzione spirituale dell'umanità. È pur vero però che un maestro illuminato è necessariamente *anche* mago, perché i suoi prodigi assomigliano a quelli delle favole, delle *Mille e una notte*, del Mago Merlino. A questo aspetto suggestivo Fellini non ha saputo resistere (e come avrebbe potuto? Fellini!) infatti pur conoscendo i limiti e le idiosincrasie di Rol per questa definizione, in alcune occasioni lo ha comunque definito così, era il *suo* "mago" e lo vedeva come qualcuno che lui stesso avrebbe voluto essere: «il sogno della mia vita era fare il mago come Rol, non di fare il regista, né di fare altri mestieri»[36], aveva detto a Filippo Ascione. Del resto forniva già qualche indicazione l'alter-ego Mastroianni nel progetto di un film su *Mandrake*, personaggio dotato di poteri paranormali autentici appresi dopo un lungo apprendistato in Tibet, dove tra l'altro pare Rol sia stato negli anni '30.

Amava l'episodio di Topolino *Apprendista stregone* in *Fantasia*, uno dei suoi film preferiti, e rincorse Carlos Castaneda tra Stati Uniti e Messico sui luoghi dello *stregone* Don Juan, dai cui incontri con l'antropologo peruviano voleva trarre un film "magico". Affascinato da Jung e in particolare dalla sua idea di sincronicità, attribuiva molta importanza a segni e coincidenze e consultava frequentemente l'*I Ching*. Il progettato

---

[36] Riferitomi da Filippo Ascione.

film su una incursione nell'aldilà, *Il viaggio di G. Mastorna*, cominciò proprio poco tempo dopo (1965) l'inizio della frequentazione con Rol, e non fu mai realizzato, per una serie di ostacoli di varia natura, perché era un soggetto difficile sul quale Fellini aveva continui dubbi, per il ruolo dello stesso Rol che voleva un finale con la prospettiva dell'immortalità dell'anima, mentre il regista questo finale non riusciva a "vederlo". Sono queste tematiche che andranno approfondite meglio di quanto fatto finora, perché nessuno ha ancora tenuto conto dell'impatto meteorico che Rol ha avuto nella vita di Fellini.

Comunque è certo che quasi tutti i biografi e conoscenti del regista hanno scritto o si sono riferiti a Rol come al «mago Rol», più per sentito dire che per conoscenza diretta o indiretta del personaggio (c'è chi in un libro recente su Fellini ha persino scritto «Roll» ben 21 volte, senza fare lo sforzo (sarebbe bastato un click in rete) per sapere come si scrive, e men che meno fornendo una nota a margine per spiegare chi fosse, nonostante su di lui siano ad oggi state pubblicate 29 monografie e girati numerosi documentari, incluso uno trasmesso da *History Channel* nel 2008). Nella prospettiva felliniana Rol=Merlino, e solo nel mondo di Fellini, "mago Rol" si può anche accettare. Fuori da quel mondo, no. Tanto che Rol aveva chiuso un occhio, pur controvoglia, per quelle rare occasioni in cui lo aveva chiamato così pubblicamente. Fellini è Fellini.

Resta da esaminare la fenomenologia di cui il regista è stato testimone. Prima di ciò però, è necessaria una premessa molto importante. È noto a tutti che Fellini fosse un affabulatore e che avesse ammesso di essere un «gran bugiardo». Coloro che sono scettici su Rol usano questa nomea del regista, testimoniata da molti, per screditare tutto quanto ha raccontato su di lui. Citano ad esempio come un leitmotiv l'affermazione di Paolo Villaggio che Fellini «quando ne raccontava i prodigi si capiva che li stava inventando»[37]. Lo stesso Villaggio però ha praticamente ammesso di non sapere nulla né di Rol né del rapporto di Fellini con lui quando in una intervista raccolta da Zanetti (2018) ha affermato che «c'era questo signore di Torino che aveva fama di mago e penso che Federico ci sia stato mezza volta»[38]. Ora, nemmeno il più sprovveduto dei biografi di Fellini credo farebbe una affermazione del genere. Secondo una mia stima, Fellini e Rol nel corso di 30 anni dovrebbero essersi incontrati una cinquantina di volte o forse più, e sentiti al telefono innumerevoli volte. Preso atto che Villaggio non ne sa nulla e nulla può giudicare in merito, diremo che le pur reali bugie di Fellini riguardavano la sua narrativa, inventiva, creatività e vita quotidiana. Per Nicola Piovani il regista era «non un bugiardo, ma molto fantasioso, creativo»[39]; Simona Argenteri

---

[37] Bentivoglio, L., *Mi aveva stregato con le sue bugie*, La Repubblica, 03/08/2003, p. 27.
[38] Zanetti, O. C., *Tre passi nel genio*, Marsilio Editori, Venezia, 2018, p. 78.
[39] in: Zanetti, O. C., *Tre passi nel genio*, cit., p. 65.

scrive che «le sue bugie sono piccole, concrete, legate a fatti apparentemente banali dell'esistenza: un indirizzo, una data, un periodo scolastico, un aneddoto della memoria altrui catturato e poi vissuto come proprio ... Non c'è mai un senso in questo mentire e tanto meno uno scopo reale, un vantaggio sia pure secondario, sia pure narcisistico»[40]. Ci sono ambiti però, quelli più intimi, quelli più profondi, dove Fellini era l'esatto opposto. E si potrebbero citare sue analisi della vita e delle persone affilate come coltelli, precise come un bisturi di chirurgo, penetranti come laser. Per cose che realmente toccano il suo intimo, i giudizi che dà e le riflessioni che fa sono dei capolavori di autenticità. Questa interiore personalità di Fellini, si rifletteva poi nelle sue relazioni. Come scrive Gianfranco Angelucci, «nelle persone cercava autenticità, altrimenti perdeva presto ogni interesse»[41]. Se Rol non fosse stato autentico, come avrebbe potuto rimanerne amico per tanto tempo, con conferme continue delle sue *possibilità*? Davvero sarebbe arrivato ad ammirarlo «quasi come una divinità» a forza di autosuggestionarsi con la sua inventiva?
Ma Rol andava al di là della stessa fantasia di Fellini. Con lui, non aveva bisogno di inventare nulla.
Vedremo che l'analisi della fenomenologia dimostrerà come essa sia perfettamente conforme a quanto hanno raccontato tutti gli altri testimoni. Il che evidentemente esclude qualsiasi ipotesi di affabulazione.

**

---

[40] Argentieri, S., *Federico degli spiriti*, in: AA.VV., *Fellini! Le parole di un sognatore da Oscar*, L'Unità, 1993, p. 75.
[41] Angelucci, Gianfranco, *Segreti e bugie di Federico Fellini*, Pellegrini Editore, Cosenza, 2013, p. 173.

Fellini e il suo Mago Merlino: G.A. Rol[42]

«E provava ammirazione per Merlino più che per ogni altra cosa; e anche tutti quelli che erano presenti ammiravano la sua sapienza, stimando che in lui ci fosse una potenza divina».
Historia Regum Britanniae

«Il re... si era quasi sempre fatto guidare dai consigli di Merlino»
«Merlino scomparve»
Thomas Malory, *Le Morte Darthur*

«Merlino riferì parola per parola tutti i loro discorsi».
Robert De Boron, *Il libro del Graal*

«Merlino chiuse l'ombrello e lo restituì al nulla, che se lo riprese».
T.H. White, *La spada nella roccia*[43]

Quando alla vigilia di natale 1964 uscì nei cinema italiani *La spada nella roccia*, di W. Disney, Federico Fellini già da circa un anno conosceva Gustavo A. Rol e i suoi prodigi. Il film di animazione, tratto dal romanzo di T.H. White di alcuni anni prima, riprendeva alcuni *tòpoi* della tradizione su Merlino, figura più o meno leggendaria derivante quasi certamente da un personaggio reale, un druido-sciamano vissuto nel VI secolo nell'attuale Scozia, dotato di *possibilità* magiche o "paranormali". Considerata la difficoltà per tutti coloro che conobbero Rol di inquadrarlo e definirlo (a Mirella Delfini Fellini dirà: «Rol è veramente grande, è grandissimo... non so dirti bene cos'è anche se siamo grandi amici»), Fellini dovette trovare nel Merlino di Disney sicure analogie, al di là della simpatica caricatura del film di animazione. Comparire e scomparire all'improvviso, materializzare e smaterializzare oggetti o comandarli a volontà, assumere altre sembianze, leggere nella mente, conoscere il futuro, vedere ciò che accade in altri luoghi. Cose che la tradizione attribuisce a Merlino – unite a sapienza e saggezza – e che si ritrovano in Rol. Non stupisce quindi che Fellini ogni tanto lo chiamasse *mago*, pur

---

[42] Rol, F., *Fellini e il suo Mago Merlino: G.A. Rol*, Luce e Ombra, vol. 120, fasc. 1, gennaio-marzo 2020, pp. 7-17.
[43] Le quattro citazioni sono rispettivamente (dall'alto): 1) Goffredo di Monmouth, *Historia Regum Britanniae*, Edizioni Studio Tesi, Pordenone, 1993, p. 109; 2) Malory, T., *Storia di Re Artù e dei suoi cavalieri*, Mondadori, Milano, 1985, p. 68; 16; 3) De Boron, R., *Il libro del Graal*, Adelphi, Milano, 2005, p. 160; 4) White, T.H., *La spada nella roccia*, Mursia, Milano, 1990, p. 42.

sapendo come Rol non approvasse questa definizione (io solitamente lo definisco, basandomi sulle evidenze della storia delle religioni, *maestro spirituale illuminato*). Del resto, trovare analoghi di Rol nella tradizione occidentale è molto difficile.
Abbiamo detto in un articolo precedente che quanto Fellini ha raccontato di Rol a collaboratori e amici non può essere frutto di affabulazione o invenzione, perché conforme a quanto hanno raccontato gli altri testimoni. Vediamo qui almeno due esempi tra i più noti e ripetuti (per gli altri, ci sarà occasione di parlarne in uno studio più approfondito).
Dino Buzzati riferiva sul *Corriere della Sera* (06/08/1965, p. 3) un'esperienza che Fellini fece probabilmente in uno dei primi incontri con Rol, considerando sia la tipologia di esperimento (grado più basso) che l'impatto su di lui e il fatto che poi lo racconterà spesso anche ad altri, soprattutto nei primi tempi (le cose cui infatti assistette in seguito saranno decisamente più stupefacenti e "impossibili", conformemente alla sua maturità psicologica grazie alla quale ormai poteva assorbire questi fenomeni senza eccessivi traumi):
«Per aver disobbedito, Fellini stette male, per due giorni non riuscì né a mangiare né a dormire.
"Mi fa scegliere una carta da un mazzo. Era, mi ricordo, il 6 di fiori. Prendila in mano, mi dice, tienila stretta sul tuo petto e non guardarla: ora in che carta vuoi che la trasformi? Io scelgo a caso. Nel 10 di cuori gli dico.
'Mi raccomando', ripete lui tienila bene stretta e non guardarla. Lo vedo concentrarsi, fissare con intensità spasmodica la mia mano che tiene la carta. Intanto io penso: perché mai non devo guardare? Sì, me lo ha proibito, ma il tono non era tanto severo. Che me lo abbia detto apposta per indurmi a trasgredire? Insomma, non resisto alla tentazione. Stacco un po' la carta dal petto e guardo. E allora ho visto... ho visto una cosa orrenda che le parole non possono dire... la materia che si disgregava, una poltiglia giallastra e acquosa che si decomponeva palpitando, un amalgama ributtante in cui i segni neri dei fiori si disfacevano e venivano su delle venature rosse... A questo punto ho sentito una mano che mi prendeva lo stomaco e me lo rovesciava come un guanto. Una inesprimibile nausea... E poi mi sono trovato nella mano il 10 di cuori"».
Quasi trent'anni dopo, nel 1991 o 1992, Fellini menzionerà questo stesso episodio e le sensazioni collegate durante una video intervista rilasciata a Damian Pettigrew: «...fui colto dall'irresistibile urgenza di guardare la carta. Non ho mai dimenticato ciò che vidi: una spaventosa e grigiastra massa putrefatta, una pappa di porridge rivoltante in cui i contorni del sette di fiori si dissolvevano, lasciando una ragnatela di vene sanguinolente. In quell'istante era come se qualcuno mi avesse afferrato

gli intestini e li avesse strappati violentemente. Prima di svenire, comunque, ebbi la soddisfazione di tenere in mano il dieci di cuori.»[44]
Questo esperimento "base" Rol lo ha fatto anche ad altri, ne hanno dato descrizione Gastone De Boni, Piero Cassoli, Remo Lugli.
Furio Fasolo scriveva su *Epoca*, nel 1951:
«[Rol disse:] "Quando si entra nella sfera della 'Coscienza Sublime' tutto diventa possibile. Ne vuole la prova?". Da un mazzo di carte (insospettabile, perché me l'ero portato da casa) mi fece scegliere una carta. La presi: il tre di quadri. Mi disse: "La prema contro il petto... sì, così. Ora non è più il tre di quadri. Guardi". Guardai: era diventata il nove di cuori. Più e più volte la medesima carta mutò colore e valore: alla piena luce del sole, dinanzi a una finestra, ove qualsiasi illusione ottica era impossibile»[45].
Nel caso di Fellini però, la parte più interessante è che egli, curioso e poco ligio alle regole, volle sbirciare, e vide ciò che gli altri, meno intraprendenti, non avevano visto né sospettato di poter vedere (e le conseguenze dimostrano perché Rol chiedesse di non guardare). Non tutti però. In due occasioni due testimoni hanno visto *esattamente* lo stesso fenomeno raccontato da Fellini.
Il primo caso risale agli anni '40, ed è stato riferito dallo scrittore Pitigrilli:
«Una sera eravamo in casa del giornalista pittore Enrico Gianeri-Gec. Qualche bicchiere di whisky aveva rallentato in Rol i controlli. Dopo alcuni esperimenti Rol disse: "Gec, lei mi è simpatico; finora ha visto esperimenti di primo e secondo grado. Le offro qualcosa di più. Prenda un mazzo di carte qualunque, lo tenga stretto tra le sue mani. Ripeta le seguenti parole" (e gli recitò una formula che non trascrivo). Il giornalista ripeté la formula e tutte le carte del mazzo furono proiettate a ventaglio come se contenessero esplosivo. "Ora raccolga una carta qualunque: che è?" "Dieci di picche". "In quale carta vuole che io la trasformi?" "In asso di cuori". "La fissi e dica queste parole".
Gec ripeté la formula, impallidì; dovette sedersi. La carta che teneva con le due mani si scolorì, divenne grigia, una pallida macchia rosea si delineò nel centro, si fece rossa, un cuore si disegnò.
Chiamammo gli amici che nella sala accanto giocavano a bridge e la padrona di casa che [era] nella sua camera da letto (...). Nessuno sapeva dell'esperimento, ma tutti, alla domanda "che carta è?" furono concordi nell'affermare che si trattava di un asso di cuori; esattamente come l'asso di cuori che era presente nella serie.

---

[44] vol. III, XXXVI-12. Qui e negli episodi seguenti, rimanderò ai volumi precedenti dell'antologia, che presumo il lettore abbia già e dove troverà eventuali approfondimenti o spiegazioni nelle note relative a ciascun episodio.
[45] vol. I, XXXVI-6.

Il dieci di picche non c'era più. La nuova carta, anzi, la carta trasformata, è tuttora custodita, con tutte le firme di controllo, dal giornalista Gec. Particolare non abbastanza ripetuto: Rol non aveva toccato le carte»[46].
Il secondo caso è inedito, riferitomi nel 2019 dal dott. Guido Lenzi, psicologo originario di Padova. È l'unico esperimento che vide, nell'unico incontro avuto con Rol a Torino all'inizio degli anni '80:
«Mi chiese di scegliere una carta. Io la presi, era un Re di picche. "Guardala", io l'ho guardata. Poi mi chiese di nuovo che carta era e vidi un asso di picche, dopodiché mi dice: "Adesso guardala [ancora]". Io ricordo che la guardai e mi sentii tutto tremare, perché sembrava gelatina, come gelatina, un materiale tipo gelatina. Cioè [uno] sciogliersi, vedere questa figura sciogliersi, scomporsi e ricomporsi in qualcosa di diverso, ed era [diventato] di nuovo un Re di picche. La carta poi mi disse che potevo tenerla». Ribadisce: «Ho visto questa cosa stranissima sciogliersi, cioè strana, incomprensibile, credevo che fosse una carta truccata, per questo chiesi a lui di poterla tenere, anche se truccata non lo era per niente».
«Io pensavo a un trucco – cioè mi ha ipnotizzato – ero molto scettico, ero molto incredulo». «[Ma] so cos'è l'ipnosi, la conosco, so di non essere stato ipnotizzato. Come psicologo penso di poterlo escludere assolutamente». «Le modalità ipnotiche, quando avvengono, sono completamente diverse, ma lì non avvenne assolutamente nulla che potesse dare a pensare in quel senso».
Chiesi poi a Lenzi se conoscesse quanto aveva riferito Fellini, e mi disse di no. Rimase anzi sorpreso e confortato di sapere che anche altri avevano sperimentato lo stesso fenomeno, confermandogli ulteriormente che non aveva avuto alcun tipo di allucinazione[47].
Del resto, fenomeno analogo anche se in altra forma, lo aveva raccontato la signora Maria Teresa Belluso:
«Mi trovavo a casa di un medico, amico di Rol. Su un foglio bianco che tenevo in mano, Gustavo ha fatto apparire una rosa. Mi aveva detto di non guardare, ma non gli ho obbedito. Mentre lui chiudeva gli occhi e, concentrato, disegnava nell'aria con la matita, io continuavo a guardare il foglio bianco sul quale, in modo rapidissimo e terrificante andavano disegnandosi i tratti della rosa. Per evitare che si verificasse qualsiasi tipo di suggestione ipnotica, avevo preventivamente evitato di incrociare il suo

---

[46] vol. I, XXXVI-2. Anche pp. 120-121 in questo volume.
Nota originale: Quella di non toccare le carte era una delle caratteristiche principali di esperimenti in cui esse erano presenti (come strumento matematico: cfr. introduzione e appendici del mio *L'Uomo dell'Impossibile*). Gustavo era già quasi novantenne quando fece fare *a me* una serie di esperimenti senza che lui mai toccasse nulla.
[47] Si veda il racconto integrale di Lenzi nel vol. III, XXXVI-10.

sguardo. Ero gelata dalla paura, ma nello stesso tempo mi sentivo emozionata e felice»[48].

Che Fellini fosse stato traumatizzato lo confermano due note autrici. Camilla Cederna scriveva nel 1993:

«Un giorno arrivò fisicamente distrutto (tre giorni filati che non mangio, non avresti per caso un filino di prosciutto?), dopo essere stato a Torino dal celebratissimo mago Rol. Col suo vocino da grillo parlante mi raccontò l'impressione che gli aveva fatto questo antiquario principe del paranormale per via degli esperimenti incredibili che gli aveva dedicato, frammenti di carta bruciata che si ricomponevano come niente, ma nulla in confronto al decomporsi e al ricomporsi della materia, al cambiamento sotto i suoi occhi di carte da gioco, piattini e libretti, "credi Camillotta tutto un rimescolio dentro, e adesso è la prima volta che ho la pancia tranquilla (…)»[49].

Mirella Delfini ha raccontato nel 2019, dopo aver riferito l'episodio della carta:

«È un'altra delle fantasie di Federico, mi convincevo sempre più ascoltandolo, ed ero lì lì per andarmene, ma certo non era una cosa gentile da fare anche perché lui sembrava proprio sconvolto. Era perfino pallido e un po' sudato solo nel ripensarci. Mi sono arresa.

"Allora spiegami meglio. Cos'è successo? Hai avuto il tuo asso di cuori?[50]" "Sì, però mentre guardavo la carta tutto ha cominciato a girare e mi portava via la testa, gli occhi, i suoni dalle orecchie, sempre ruotando ... mentre i colori si mischiavano con violenza, come in un vortice ... ho pensato d'essere finito in un buco nero, sai quei cosi maledetti che non capisce nessuno, ero lì lì per vomitare ... sono riuscito a stare in piedi a malapena finché all'improvviso tutto si è ricomposto e immobilizzato in un asso di cuori. Non lo potrò mai dimenticare."

"E lui dov'era?"

"Sempre lontano da me, di spalle. Guardava fuori della finestra che aveva le tende spalancate, non aveva toccato nulla, non s'era neanche avvicinato. Ha detto solo, senza voltarsi: "T'avevo avvertito di non guardare. Peggio per te."»[51]

---

[48] vol. II, XXXIII-21.

[49] vol. II, XXXVI-4^{qua}.

[50] *Nota originale*: Probabile errore di memoria della Delfini, visto che Fellini ha confermato a Pettigrew che era il 10 di cuori, come già detto in precedenza a Buzzati. C'è anche una discordanza sul numero della prima carta. La Delfini aveva detto che era il 4 di fiori, Buzzati 6 di fiori, e Fellini, direttamente, 7 di fiori. Quest'ultima è forse la più plausibile (rimando una analisi per mancanza di spazio) [*analisi fatta poi nel vol. III, nota a XXXVI-11, pp. 457-458, e anche nota successiva*].

[51] vol. III, XXXVI-11.

Come corollario di questa particolare fenomenologia, che ha punti di contatto anche con altre *possibilità* di Rol (come i *dipinti o le immagini che si trasformano*, cfr. cap. XXXVII ns. antologia *L'Uomo dell'Impossibile*) vale la pena citare un aneddoto, che rientra nel campo delle *materializzazioni*, riferito nel 2019 dal sig. Mauro Maneglia, che nel 1988 con un amico era andato in un appartamento di Torino dove Rol si stava occupando dell'arredamento (per conto di un conoscente). A un certo punto l'amico avrebbe voluto aprire una bottiglia di vino:
«"Dove sono i bicchieri?" [chiese] rivolgendosi a Rol, e lui disse – una cosa che mi è rimasta impressa – "Stai fermo lì che adesso arrivano i bicchieri". Quindi io mi aspettavo di vedere qualcuno uscire con un vassoio, con questi bicchieri. In realtà non c'era nessuno, eravamo solo noi tre. E la prima sensazione forte che ho avuto è quando cade un fulmine, quando l'aria diventa un po' particolare, ho sentito i peli del braccio che si raddrizzavano, dopodiché la mia attenzione è stata attirata da una specie di gelatina trasparente che si manifestava, come un qualcosa che non era a fuoco, e infatti io mi ricordo che avevo strizzato gli occhi e mi ha incuriosito questa massa informe che poi informe insomma non è più stata visto che son diventati tre bicchieri, tre bicchieri uguali, dei flute tutti uguali, solo uno era leggermente meno trasparente degli altri»[52].
Ecco, su un piano tridimensionale, lo stesso fenomeno della *gelatina* visto in quello bidimensionale da Lenzi e, con sensazioni simili, da Fellini e Gec.
Vediamo ora un altro fenomeno, e partiamo ancora da Buzzati, che sempre nell'articolo del 1965 riferiva:
«Un altro prodigio avvenne in un ristorante, pure a Torino. Avevano finito di pranzare, era già stato pagato il conto. "Andiamo?" propose Fellini. "Andiamo pure" rispose Rol. Fellini fece per avviarsi all'uscita ma si accorse che Rol stava seduto. "Non ti alzi?" gli chiese. "Ma io sono già alzato" fece Rol. "Io sono in piedi". Fellini guardò meglio: Rol era alzato, infatti, ma aveva la statura di un nano. Il dottor Gustavo Rol, che sfiora il metro e ottanta [in realtà, 1.85], non era più alto di un bambino di dieci anni. Qualcosa di folle, di allucinante: come Alice nel paese delle meraviglie. "Su, andiamo, andiamo" fece Rol a Fellini annichilito. Ma a Fellini mancò di nuovo il fiato; senza che egli avesse potuto percepire il mutamento, Rol di colpo si era trasformato in un gigante, stava accanto a lui come un cipresso, lo sovrastava di almeno una spanna»[53].
Invenzioni felliniane? Vediamo.
Maria Luisa Giordano nel 1999 riferì di quando, dopo un pomeriggio a casa di Rol, stava per andarsene:
«Qui successe un fatto incredibile. Mentre stavo per uscire e stava aiutandomi a infilare il cappotto, mi girai e vidi che al posto di Rol, di

---

[52] vol. III, XXXIV-123. Cfr. anche 123bis.
[53] vol. I, XXXII-2.

corporatura atletica, c'era un Rol nano, non più alto di un bambino di sette anni. Lanciai un piccolo grido, avevo il cuore in tumulto, lo confesso, anche se con lui ero già abituata a tutto. Dopo pochi minuti aveva già ripreso le sembianze normali, sorrideva con aria furbesca, quasi divertita.
Aprendomi la porta mi chiese: "Ti sei spaventata? Con me dovresti essere abituata a tutto!" Subito dopo, con aria da bambino contento soggiunse: "Sei impallidita. Lo sai che mi piace scherzare, ti prego di scusarmi". Nel frattempo, eravamo arrivati sul pianerottolo, mi baciò la mano con un inchino e disse: "Questa è la storia di re Artù, che non vale niente se non ci sei tu!" Ero in ascensore, stava salutandomi con la mano, lo vidi di nuovo trasformato, molto più alto e maestoso, era diventato un omone gigantesco: allora ancora più spaventata non feci altro che premere il bottone.
Dopo cena ci chiamò, voleva sapere da mio marito se mi ero ripresa, continuava a ripetere a Gigi, ridendo, a proposito dell'accaduto: "Avresti dovuto vedere la faccia di tua moglie in quel momento!"»[54].
Valentina Cortese nel 2007 racconterà che Rol «mentre si concentrava addirittura modificava le sue sembianze, diventava un'altra persona, non era più lui, una cosa davvero incredibile, si faceva enorme, gigantesco, una cosa che faceva davvero paura»[55].
Giuditta Dembech nel 2005 scriverà: «Un pomeriggio mi trovavo a casa sua, da lui c'erano due ragazze di cui non ricordo il nome. Al momento di congedarci Rol chiese di dargli un passaggio fino a Porta Nuova. Io non avevo ancora la patente e chiese di accompagnare anche me per non farmi prendere il taxi.
Le ragazze avevano una microscopica Fiat Cinquecento, lui era alto un metro e novanta; ridendo, obiettarono che in quattro saremmo stati molto stretti. Da parte mia rinunciai al passaggio. Non così Rol:
"Di cosa vi preoccupate? Io posso diventare grande o anche piccolissimo! Non ci credete? Ecco qua..."
Eravamo in piedi all'ingresso, pronte per uscire, si infilò i pollici sotto alle bretelle elastiche e le tirò estendendole verso l'esterno. Un gesto normalissimo e un po' gigione, ma... Sotto ai nostri occhi divertiti tutto il suo torace si era... espanso, gonfiato a dismisura... Estese le bretelle verso l'alto ed ecco che si era allungato anche in altezza oltre che in larghezza! Era diventato enorme come l'omone della Michelin! Toccava quasi il soffitto, dovevamo alzare la testa per guardarlo! Era buffissimo... ridevamo come pazze!
"Eh, che ne dite? Ma posso anche diventare piccolo piccolo..."
Sempre ridendo, lasciò andare con uno schiocco le bretelle elastiche sul torace, e lo vedemmo come "*sgonfiarsi*", si ritirò tutto su se stesso, come

---

[54] vol. I, XXXII-8.
[55] vol. I, XXXII-11.

se si fosse accartocciato, divenne piccolo e magro, più piccolo di me che sono alta 1,65...
Giusto il tempo di farci un'altra risata divertita e, non saprei dire come, era tornato normale...
Ma la cosa che oggi ritengo più incredibile è che noi tre, anziché rimanere esterefatte, magari anche impressionate, ridevamo, come fossimo al circo...
In quel momento, per noi, era ovvio, naturale, che Rol facesse ogni tipo di prodigio, perché dovevamo stupirci? Ridevamo noi ragazze, ma lui era più divertito di noi... "Avete visto? Questa non è magia, questo è yoga". (...) Inutile dire che sulla Cinquecento ci siamo stati tutti comodissimi, continuando a ridere come forsennati...»[56].
Marisa Di Bartolo scriveva nel 1987:
«[Rol] si collocò con me davanti ad uno degli specchi per mostrarmi la differenza di altezza (è alto circa un metro e ottantacinque). Ma subito dopo, nello stesso specchio, lo vedevo rimpicciolito, ridotto alla mia statura. Io giravo la testa, vedevo la sua spalla contro la mia, le gambe diritte, nulla che suggerisse l'idea di un possibile trucco. Lui rideva divertito, e un attimo dopo rieccolo torreggiante, sedici centimetri più alto di me»[57].
Chi difficilmente avrebbe potuto essere ingannato era il sarto Domenico Arnaudo: «Quello che mi faceva disperare era Gustavo Rol, lui aveva la capacità di allungarsi e di accorciarsi. Per uno che deve prendere le misure, è un bel problema. Alla prima prova arrivava alto, alla seconda basso. Si divertiva a stupire, però se perdevo le forbici chiedevo a lui. Le trovava sempre»[58].
La signora Antonella Tedeschi nel 2018 mi ha riferito un episodio inedito, accaduto nel 1977 o 1978, al ristorante *La Pace* di Torino (aveva 13 o 14 anni), dove cenava con i genitori. Appena entrati riconobbero l'attrice Valentina Cortese con altre due persone che non conoscevano, una delle quali era Rol, come in seguito avrebbero saputo da un cameriere. Si sederono quindi a un tavolo vicino e iniziarono a cenare. A un certo punto hanno tutti distintamente visto Rol che era «cresciuto quasi ad arrivare a toccare la testa al soffitto, e nella stessa frazione di secondo è ritornato della sua altezza. Cioè come un elastico, come se qualcuno lo avesse preso con un elastico dalla testa e l'avesse tirato. È andato con la testa al soffitto e nella stessa frazione di secondo è rimpicciolito, è ritornato com'era, della sua altezza naturale, tant'è che Valentina Cortese si è messa le mani sulla faccia, come dire "no, no, no, mi fa impressione". Un'esperienza che non scorderò mai»[59].

---

[56] vol. I, XXXII-7.
[57] vol. I, XXXII-3.
[58] vol. I, XXXII-12.
[59] Cfr. episodio completo in vol. III, XXXII-13.

La signora Tedeschi ha poi escluso che fosse lo stesso episodio raccontato dalla Cortese, che le abbiamo segnalato per un confronto. Quindi l'attrice, amica di Rol (e di Fellini) per decenni, potrebbe aver visto questo impressionante fenomeno due volte.

Anche altri hanno riferito la capacità *plastica* di Rol di cambiare dimensioni, qui abbiamo menzonato solo i casi più significativi[60].

Fellini ha poi testimoniato molti altri fenomeni di Rol: bilocazioni, apparizioni, materializzazioni e smaterializzazioni di oggetti e di scritti, telepatia, chiaroveggenza, precognizione, levitazione, telecinesi, attraversamento della materia. Ci sarà occasione, come abbiamo fatto qui, di fornire evidenze tramite una *fenomenologia comparata* (Bozzano *docet*), mostrando come tali fenomeni siano oggettivi e descritti nella stessa maniera da testimoni spesso ignari di resoconti analoghi.

---

[60] *Nota originale*: Ultima in ordine di tempo quella di Paolo Fè d'Ostiani, che abbiamo raccolto ad articolo ultimato. Durante un esperimento a casa del testimone, presenti anche altre persone, Rol era a capotavola, e senza preavviso e di punto in bianco, «è ingigantito il doppio della sua statura, non il doppio, ma due terzi della sua statura, come se si fosse sollevato dalla sedia e ci guardasse dall'alto. Una cosa che ricordo benissimo. Fai conto di gonfiare una persona con dell'aria compressa, si allarga e si allunga. La stessa cosa. L'ho visto che giganteggiava su di noi, era diventato gigantesco. È durato pochi secondi. Non dico che arrivasse al soffitto, ma poco ci mancava» [*episodio completo in vol. III, XXXII-15*].

Rol: l'ultimo prodigio

di Ito De Rolandis

1994[1]

Era il maggiore rappresentante di quella Torino magica e misteriosa che ha spinto molti a puntare il compasso dell'arcano sull'obelisco di piazza Statuto, vertice magnetico nostrano del triangolo esoterico formato da Praga e Lione, come sentenziava il simpatico Gian Luigi Marianini, demonologo, filosofo e letterato, personaggio di grande simpatia, ammiratore del Grande Rol.
Del dottor Gustavo Rol sono state dette molte cose: alcune esagerate, altre fantasiose altre ancora forzatamente false. Il vero messaggio che tentava di trasmettere non sempre è stato capito e riportato nei giusti termini[2].

---

[1] in: *Misteri. Fatti incredibili ma veri all'ombra della Mole*, Editrice Il Punto, Torino, 2009 (1ª ediz. 1994), pp. 3-17. Ringrazio l'editore per aver concesso la lunga riproduzione. Ito De Rolandis (1934-2020), giornalista e scrittore, fu redattore del Giornale Radio Rai negli anni '50, dal 1961 al 1981 fu alla *Gazzetta del Popolo*, quindi collaboratore di molte altre testate come *Il Messaggero, Il Secolo XIX, Il Resto del Carlino* e *La Nazione*, sulle quali ebbe anche occasione di scrivere di Rol (soprattutto sulla *Gazzetta*, articoli ad oggi ancora da reperire; si firmava anche con pseudonimi, ad esempio "Alberto Volpe" sul *Secolo XIX*); autore di saggi e opere di narrativa. Per un profilo, si vedano: Martinetti, C., *De Rolandis, la passione del cronista*, La Stampa, 02/06/2020, p. 53; e: astilibri.com/autori/derolandis.htm. Dagli elementi che si trovano nel suo scritto, anche se non fornisce date, si evince che incontrò Rol alcune volte nel decennio 1978-1988, che lo sentì ancora telefonicamente all'inizio degli anni '90, e che quindi è in questo periodo che vanno collocate le affermazioni di Rol. Nel 2018 il figlio Alessandro mi aveva detto che suo papà ricordava di averlo visto una prima volta presso la parrocchia San Pietro di Asti intorno agli anni 1944-47, dove Rol era intervenuto a una festa parrocchiale di giovani. Ito ha poi detto al figlio, che me lo ha riferito: «Noi scrivavamo molto di lui e delle sue diatribe perchè ci faceva vendere di più. Il pittore Alessandri era un suo contestatore, e faceva parte di un gruppo composto da 5 pittori facenti parte di una tipologia di pittura di gusto infausto, e lui aveva intrapreso con Rol una disputa a puntate, botta e risposta, e noi giornalisti li incalzavamo aumentando le vendite. Io ero amico con Adolfo Alessandri, tipografo, fratello del pittore. Lui conosceva Rol, e me lo presentò mentre passeggiavamo in via Garibaldi, dietro la *Gazzetta del Popolo*, per andare a prendere un caffè al bar dove andavo sempre». Ito non ricordava quando di preciso.
[2] Una delle due ragioni principali che a partire dal 1999-2000 mi ha spinto a intervenire con un'opera di chiarificazione e correzione. L'altra ragione è l'opposizione irrazionale e pregiudiziale degli scettici, che ho sempre qualificato come pseudo-scientifica.

Hanno cercato in lui il paranormale, l'assurdo, il metafisico, il sorprendente. E lo hanno mitizzato come una deità olimpica, attribuendogli capacità che non aveva[3] e che non avrebbe voluto. Era un uomo eccezionale, è vero, ma quanti sono quelli che dimostrano altrettanti meriti?[4] Eppure nessuno si sognerebbe di innalzarli ad entità extraterrestri[5]. Se un peccato si deve imputare a Rol è quello di non essere riuscito a spiegarsi con le dovute proprietà, innescando quindi inconsapevolmente favole, pettegolezzi, illusioni, misteri[6].

---

[3] Allo stato attuale della ricerca e delle fonti complessive da me raccolte in più di vent'anni, di queste attribuzioni non ho praticamente trovato traccia. Forse l'autore si riferisce a pettegolezzi che giravano tra chi non aveva conosciuto Rol, o forse e anche, a fenomeni molto rari che pochi avevano visto e che apparivano leggende a chi fosse poco informato (ad esempio, il passare attraverso i muri, di cui solo negli ultimi anni è stato possibile avere testimonianze attendibili al riguardo). Sempre in tempi più recenti, sui *socials*, qualche volta sono emerse pseudo-testimonianze che però non è difficile riconoscere se si ha un quadro di riferimento preciso di quelle che erano le *possibilità* di Rol, quadro che penso di aver fornito in modo esaustivo nei volumi precedenti.

[4] Come Rol pochissimi, e nel corso di millenni.

[5] In parte ha ragione, in parte mi pare evidente – come molti di coloro che conobbero poco Rol, o che non hanno avuto l'opportunità, come in anni recenti, di constatare l'ampiezza e straordinarietà sia delle sue *possibilità* che delle sue qualità umane – che non avesse una idea né completa né precisa di chi fosse (un *Illuminato* come pochi ne ha avuti la storia): me lo dimostrano sia il contenuto – come si vedrà – dello scritto, sia quel velato scetticismo di chi appunto non avendo visto da Rol nulla di *gradino superiore* tende a considerare queste cose alla stregua di esagerazioni, e quelle di *gradino inferiore* – come ad esempio gli esperimenti con le carte – come possibili giochi di prestigio, *solo per il fatto che le carte siano il mezzo usato*. Lo scritto di De Rolandis mi ricorda un po' l'approccio di Alberto Bevilacqua, che incontrò Rol forse una sola volta di persona e lo sentì molto al telefono, e che dette ampio spazio alle qualità umane, morali e spirituali di Rol – sulle quali ha dato sicuramente dei giudizi validi – ma poca importanza al dato fenomenologico, per il fatto essenzialmente di non avervi quasi assistito e per non comprenderne importanza ed implicazioni. Questi sono approcci parziali e che non fanno testo per inquadrare Rol, e devono essere *collocati al loro giusto posto* e nei limiti delle capacità di giudizio di chi li esprime – perché basati su troppo pochi elementi – in relazione al quadro complessivo. Tornando alla frase di De Rolandis, «nessuno si sognerebbe di innalzarli ad entità extraterrestri», non so se era solo un modo di dire, o se era anche una allusione a gente che faceva affermazioni simili ad alcune che ho sentito, anche qui, in tempi recenti, di Rol considerato come un "addotto" ("rapito dagli alieni", da cui ne conseguirebbero le sue *possibilità*), prospettive ridicole di chi non ha nessuna conoscenza della storia delle religioni e del loro esoterismo in generale (dove gli unici *omini verdi* sono eventualmente quelli che ognuno ha dentro di sé...).

[6] Di nuovo, insiste su questo punto, indice che non credeva a ciò che si raccontava in giro. Quanto al «non essere riuscito a spiegarsi con le dovute

Il vero arcano di Rol è senz'altro più grande ed impenetrabile di ciò che di lui si dice. I suoi prodigiosi «esperimenti» altro non sono stati che manipolazioni[7] con i quali egli tentava di far capire quell'altra parte dell'essere umano: quella impregnata di capacità eccelse, per intenderci, ma che il vivere sociale, i condizionamenti, i vari poteri economici, religiosi, politici, obbligano a lasciare in un latente stato di belluinità.

Di lui ne hanno scritte di cotte e di crude, e per questo lui stesso odiava i giornalisti: «diffusori di menzogne, rari esponenti di una classe che vive sulla presunzione della conoscenza, senza aver mosso un dito per accrescere quel loro meschino sapere». Sono parole sue. Ed ancora: «Hanno scelto il mestiere di diffondere lo scibile alla massa, ma loro non fanno nulla per accrescere il loro sapere, ed ecco che blaterano su ciò che non conoscono, e forti del potere offerto dai media vivono di arroganza. E più valgono nulla, più il loro atteggiamento è saccente». Un giudizio severo, duro, drastico[8].

---

proprietà», ha invece perso decenni a farlo con gente che purtroppo non è stata in grado di recepire, per molteplici ragioni in parte imputabili a loro in parte alla straordinarietà della dimensione che Rol esplicitava, e la cui spiegazione era realmente molto difficile mancandogli gli strumenti adeguati. Tanto che gli stessi esperimenti, *soprattutto quelli basilari con le carte*, erano per lui il modo migliore per intraprendere con i neofiti l'inizio di un percorso di spiegazione che era impossibile riassumere o accorciare, che non poteva essere solo teorico, e che necessitava di *tempo, pazienza, applicazione, maturità, ragione, intuizione, verifica passo a passo*, ecc. Vale come metro quanto Rol disse a Lugli nel 1977: «Guarda Lugli, se tu avessi vent'anni e se io sapessi che ho i mezzi per mantenerti senza che tu abbia da studiare, io ti metterei sotto, e nel giro di dieci anni ti metterei in grado di fare tutte le cose che faccio» (*Il simbolismo di Rol*, p. 497 – Rol poco dopo in questa conversazione registrata dirà «anche di quindici» anni).

[7] Un termine quanto mai improprio e soggetto a fraintendimenti.

[8] Come si vedrà in seguito, De Rolandis spiega che era andato da Rol dopo le polemiche con Piero Angela. Quanto Rol disse, qui riportato, va dunque contestualizzato alla sua particolare amarezza soprattutto di quel frangente, e i suoi strali vanno riferiti più al singolare (a Piero Angela) che al plurale. E per quanto i giornalisti lo avessero sicuramente spesso deluso per la superficialità e il sensazionalismo con cui vengono presentati certi fenomeni e per la ricorrente mancanza di precisione soprattutto proprio in un campo come il "paranormale", è assurdo affermare che li «odiasse»: certo non pochi lo amareggiarono, certo quando parlava mosso dal risentimento verso Angela pensava anche a quelli che prima di lui lo avevano deluso, ma è un sentimento diverso. Questo va sottolineato, anche perché oggi più che mai ci sono forze anti-sistema, di disinformazione, di complottismo per qualunque cosa, e le parole di Rol potrebbero ben essere usate contro il giornalismo in generale, ciò che sarebbe indegno e in ogni caso non conforme al suo punto di vista, lui che da giovane aveva abbozzato una carriera giornalistica, lui che fino agli ultimi anni di vita scriveva lettere ai direttori di giornali che gliele pubblicavano, lui che ha ricevuto

Ma non era tenero neppure con i medici: «Avidi di denaro, mestieranti senza coscienza. Ma come si può curare un paziente dedicandogli cinque minuti? Si può in questo esiguo spazio di tempo scoprire il suo animo, accertare il suo male, trovare le parole per confortarlo e risvegliare in lui la guarigione? Hanno imparato sui libri di scuola quattro tecniche di come si muove un muscolo, e rimangono per tutta la vita su quelle quattro nozioni ancestrali, senza andare oltre, senza stimolare un briciolo di curiosità per vedere che cosa c'è al di là della barriera»[9].

Era sua abitudine ricorrere ad esempi. «Se io lancio un bicchiere contro quella parete, che cosa mi vieta di andarlo a recuperare dall'altra parte, in quell'altra stanza, intatto?» L'esempio era corretto, ma alcuni giornalisti riportarono la cosa in maniera distorta: «Rol lancia una tazza contro il muro e questa, sfidando le forze naturali, oltrepassa la parete senza infrangersi»[10].

Reduce da una serie di viaggi studi nel nord, cercò di farsi capire dagli amici. Era convinto che l'uomo non possiede solo una forza corporea, ma altre capacità, latenti in ognuno, ma che in qualcuno, ogni tanto, emergono di prepotenza, come la telepatia, l'intuizione, la preveggenza[11]. «Forze che non possono essere dominate – confessava – non ne conosco la meccanica. So che esistono, so che anch'io come molti altri, le posseggo. Mi piacerebbe in questo momento sapere quello che accade a migliaia di chilometri di distanza. Ma a comando non posso mettere in

---

spesso giornalisti, cosa che mai avrebbe fatto se li avesse «odiati». Lo stesso De Rolandis era un giornalista... Certo è un peccato non avere le date precise di queste affermazioni. De Rolandis potrebbe infatti aver messo insieme pensieri di Rol di anni differenti. Ad esempio, anche nel 1986 e negli anni successivi, dopo l'uscita del libro del giornalista Renzo Allegri *Rol l'incredibile*, – libro che Rol definì «idiota» e che una foto di lui sorridente con Allegri fatta anni prima (1977) vorrebbe far dimenticare... – Rol era molto risentito e sono numerosissime le persone che lo hanno sentito protestare per quel libro, da lui non voluto (ne spiego le ragioni ne *Il simbolismo di Rol*).

[9] Anche qui, c'è del vero, ma è una generalizzazione non accettabile, e non conforme al fatto che Rol ha avuto moltissimi amici medici che rispettava e ai quali si appoggiava o indirizzava conoscenti e anche sconosciuti, e dai quali era rispettato e stimato, regolarmente consultato. È possibile che avesse in quel momento il dente avvelenato con qualcuno, e quindi il tono sprezzante va contestualizzato. O comunque, siccome si sa che tutta la vicenda di Angela lo aveva lasciato con *umor nero* per mesi se non anni, è forse espressione di un risentimento generale, di uno che è stufo della meschineria che lo circonda.

[10] Anche qui, De Rolandis prende un granchio, e confonde una certa superficialità e sensazionalismo giornalistici con l'attendibilità di un fenomeno *che ovviamente lui non ha mai visto*, e che crede non sia reale. La frase in realtà in questo caso è assolutamente corretta, perché è quanto effettivamente avveniva.

[11] Questa è probabilmente la delimitazione – molto ristretta – che l'autore accetta e concede come possibile.

funzione il sensoriale telepatico. Quando ciò mi accade è casuale. Quindi – ammetteva sorridendo – è più comodo il telefono.»[12] Ma poi subito aggiungeva con serietà: «Ciò non vuol dire che un giorno non si riesca a dominare queste capacità. Siamo andati sulla Luna, ma non abbiamo fatto nulla per entrare nella mente. I pochi studi che hanno affrontato il non conosciuto sono sfociati in ciarlatanerie. Non ho nulla contro lo spiritismo e manifestazioni analoghe collaterali, ma sinceramente ritengo che una ricerca attenta debba essere condotta su altri binari e con altri strumenti che non un tavolino gambizzato». Era convinto che la realtà, così come si presenta, facesse parte di un insieme di esistenze, ognuna operante su frequenze ben stabilite. Aggiungeva «Dio non ha giocato a dadi. In tutto l'universo c'è ordine, nulla è abbandonato al caso. Figuriamoci se il pensiero dell'uomo non segue regole prestabilite! Con la nostra mente noi possiamo fare cose impensabili, ma la nostra mente per giungere a ciò deve essere educata. Non possiamo pensare di giungere a vedere senza una dovuta iniziazione. Se dal buio di una cantina passassimo ad osservare il disco infuocato del Sole rimarremmo acciecati. Ma attenzione al soprannaturale. Tanto è facile peccare di ignoranza, quanto di presunzione. L'uomo deve abbandonare quella burbanzosa velleità di essere il solo essere pensante di questa Terra. Siamo in compagnia di migliaia di altri esseri dotati di altrettanta intelligenza. Un cristallo di sale, un fiore, un sasso di fiume svolge una vita altrettanto esaltante. Per noi è imperscrutabile, ma solo perché quella si svolge su una delle altre migliaia di frequenze. La natura va seguita, amata, osservata, studiata. La natura ci riporta sempre a Dio».

Non sempre chi lo ascoltava riusciva a capirlo. Ed allora Rol ricorreva ad esempi. «L'assurdo è assurdo finché non lo si spiega. Spiegato diventa ragionevole. Il non conosciuto è affascinante, ma quando lo si conosce cade ogni aspetto esoterico, ed il mistero rimane svuotato di ogni interesse. Quando la lampadina elettrica si accese la prima volta il fenomeno apparve come un miracolo, e si accorreva al Valentino, all'Esposizione Internazionale di Torino, per vedere una lampadina accesa. Oggi più nessuno si sognerebbe di percorrere chilometri per ammirare un lampadario. Che cosa voleva dire Dio ad Adamo ed Eva quando proibì loro di avvicinarsi all'albero della conoscenza? Che la conoscenza eleva l'uomo e lo pone nell'arroganza di paragonarsi a Dio? Gli uomini primitivi non riuscivano a creare il fuoco, quindi ritennero che il fuoco fosse opera di Dio, e solo un semidio, Prometeo, poteva rubarlo

---

[12] Vero solo in parte: è una spiegazione ad uso e consumo di quelli che volevano controllarlo *nei loro termini*, perché facesse esperimenti a ripetizione *a comando*. Rol dice: «Mi piacerebbe in questo momento sapere quello che accade a migliaia di chilometri di distanza. (…) Quando ciò mi accade è casuale», ma l'aneddotica (per non parlare della teoria, che esporrò in altro studio futuro) lo contraddice. È appunto solo una sua difesa, con un po', ma solo un po', di verità.

per portarlo sulla Terra. Quando nei secoli scorsi i primi esploratori sbarcarono in sperdute isole del Pacifico ed accesero un fiammifero, gli indigeni erano convinti di trovarsi di fronte a divinità, si prostrarono ai loro piedi e li adorarono. Oggi nessuno si sogna di inginocchiarsi ed adorare un *vu cumprà,* pervicace venditore di accendini. Le grandi invenzioni sono frutto di tre componenti, l'intuizione, la ricerca, l'applicazione. Questi tre parametri possono guidare anche al prodigio. L'uomo scopre il miracolo attraverso la percezione. Ma rieccoci davanti ad un tranello: gli oggetti esistono in quanto sono, o piuttosto esistono perché è l'uomo che li osserva?»
Ed allora poneva una mela sul tavolo, la mostrava ed invitava i presenti a chiudere gli occhi. Domandava: «Ad occhi chiusi la mela sul tavolo c'è ancora oppure no?» ed ancora: «Ora tenete gli occhi aperti. La mela la vedete, è sul tavolo, ma io faccio un cenno con una mano, e la mela scompare. Ditemi, scompare dalla tavola o solo dalla vostra vista? L'oggetto in questione è sparito dalla Terra, oppure semplicemente dalla vostra percezione?».
I concetti di Rol erano di grande filosofia. Lui si schermiva, diceva di no, ma in effetti si riallacciava ai grandi pensatori: Kant, Schopenhauer, Kierkegaard, Croce. Non sempre era seguito, compreso. Qualche giornalista più impertinente iniziò a scrivere di lui come «Il Mago Rol», e la cosa non gli piacque affatto: *«Magia ... –* ripeteva con quel suo inossidabile accento piemontese *– am piu per an mago! A l'han capi gnente!»* [*mi prendono per un mago! Non hanno capito niente!*].
Sulle prime Rol se l'ebbe a male, poi, come succede sempre in chi viene cinto da un'aureola, foss'anche di carta stagnola, finì con l'adattarsi a quell'abito che la Torino carrozzata Fiat gli aveva cucito su misura, specialmente da quando la jet society della Mole dichiarò di essere «molto vicina a Rol». Per scaramanzia, opportunità, curiosità, o per semplice timore del non conosciuto? Non si sa. Totò diceva che bisogna dichiarare apertamente la propria amicizia agli iettatori. Comunque gli «amici» di Rol si moltiplicarono ed aumentarono di importanza e di classe sociale.
Veniva invitato nei salotti mondani della città, ma a *madame* e *madamin* poco importava il concetto esoterico di ricerca del «Mago di San Salvario». Lo tempestavano di domande futili.
Gli chiedevano: «Si può prevedere il futuro?» e lui «Certo». Ed ancora «Si possono combattere le malattie senza ricorrere alla medicina?» «Si capisce, come un malanno arriva, un malanno se ne va». Ed ancora: «Lei crede nella potenza malefica del malocchio, nella maledizione, nella iettatura?». E lui impassibile: «Sicuramente, sono situazioni che fanno del male».
E si parlò di Rol alla stregua di un santone.

Pochi hanno visto in lui il più meritevole studioso delle grandi religioni del passato, il più attento esegeta biblico, buddista, induista. Cercava nei testi le antiche credenze e le paragonava coi recenti risultati archeologici.
«Tutto mi convince e tutto mi rende scettico. Aveva ragione Socrate, più apprendi e più capisci di non sapere» commentava e per un certo periodo decise di non più leggere, cercando nella meditazione e nella riflessione nuove strade di conoscenza. «Le forze della natura esistono, ma Dio ha creato l'uomo più forte della natura, non per nulla lo ha posto alla cima di tutti gli esseri. Ora se io riempio un pentolino di acqua e lo capovolgo, la forza di gravità avrà il sopravvento e l'acqua finirà sul pavimento con grande disappunto di mia moglie. Ma se io faccio roteare questo pentolino, pur esso rovesciandosi, l'acqua non cadrà, perché la forza centrifuga sarà superiore a quella di gravità. Questo era già stato dimostrato cinquecento anni fa. Adesso sono convinto che l'uomo possiede altre forze, che non sono fuori di lui, come la gravitazione o la forza centrifuga, ma sorgono in lui, nella propria mente, nel proprio cervello. Sono potenze emanate dal pensiero, superiori a quelle della natura. Quindi io potrò capovolgere il pentolino, senza farlo roteare, ben certo che l'acqua non cadrà, trattenuta al contenitore dalla mia volontà»[13].
I giornali iniziarono a scrivere su Rol cose improprie.
Qualche titolo: «A Torino il successore di Houdinì» «Rol: più veloce di Fregoli» «Rol: la reincarnazione di Cagliostro».
Un giorno un giornalista della Rai gli domandò quanti anni avesse, e lui: «Il tempo è relativo. Ci sono bambini che hanno una maturità da adulti, ed altri che a novant'anni sono ancora infantili come un adolescente. I miei anni anagrafici sono falsi. Poiché non so cosa sia la modestia ho certamente più di 200 anni!». Ed il giornalista così intitolò il suo servizio: «Rol afferma di essere pluricentenario», e qualcuno lo sbugiardò dopo essersi appropriato in municipio del suo atto di nascita![14].
Nella ventata della Torino magica dove l'irreale sfiora l'assurdo, più di una pubblicazione mescolò Rol alla santa di Volvera, al mago delle Vallette, a madame Solange od alla cartomante Misoscia[15].
Gustavo Rol scuoteva la testa ed alzava le spalle. Poiché non lo si capiva, decise di chiudere la porta di casa soprattutto ai giornalisti, e non l'aprì

---

[13] La *volontà*, ingrediente essenziale per comprendere la dinamica degli esperimenti e di certi prodigi. Attenzione però a non cadere nel tranello di un *mero sforzo mentale*, senza che il resto del corpo accompagni e facendo quadrare il cerchio con l'affermazione di Rol – che il taoismo spiega molto bene – «quando si vuole, nulla si ottiene»...

[14] Tutti questi articoli sono da reperire, persi negli archivi di chissà quali testate. Ecco l'ennesima ragione per dolersi di autori che non si importano di citare le fonti.

[15] Giuditta Miscioscia, nota già all'epoca – anni '70 – come cartomante. E la "mescolatura" continuò più abbondante che mai anche in seguito...

neppure alla documentata e ponderata inchiesta di Piero Angela sul paranormale e manco al professor Granone di Vercelli[16], lo stesso che aveva smascherato i guaritori Filippini cinematografando le manipolazioni di Gutierrez. A due soli concesse saltuarie interviste, a Giuditta Dembech ed a Remo Lugli[17].

Dovevo andare da lui per un estremo tentativo di ricucitura per quanto riguardava l'inchiesta di Angela[18]. Non potevo passare dalla porta del

---

[16] Franco Granone (1911-2000), primario neurologo all'ospedale di Vercelli, fondatore nel 1979 del Centro Italiano di Ipnosi Clinica e Sperimentale; cfr. nota a XXXIII-24bis (p. 801 vol. 2).

[17] A molti di più: Fasolo, Beonio-Brocchieri, Talamonti, Buzzati, Biondi, Serafini, Jorio, Bazzoli, Giovetti, ecc.

[18] Da qui si capisce che siamo probabilmente nella seconda metà del 1978. Nel mese di aprile era stata trasmessa dalla RAI l'*Indagine sulla parapsicologia* in 5 puntate, e il mese successivo, a fine maggio – in quella che appariva a tutti gli effetti una strategia di attacco ben pianificata – Angela aveva pubblicato il suo libro denigratorio e fuorviante *Viaggio nel mondo del paranormale*, dove alcuni paragrafi erano dedicati a Rol, sollevando dubbi, facendo insinuazioni ma senza portare alcuna prova che in merito a quanto aveva assistito ci fosse stata una qualunque manipolazione o mistificazione. Pure illazioni. L'iniziativa di «ricucitura» era probabilmente dello stesso De Rolandis, che conosceva bene Piero Angela dal 1954, come mi ha scritto il figlio Alessandro, «quando giovanissimo era il suo caposervizio in Rai a Torino. Praticamente, mio padre iniziò la carriera di giornalista sotto di lui. In redazione (del telegiornale) c'erano Angela, Emilio Fede, Enzo Tortora». De Rolandis non fu l'unico tramite tra Angela e Rol. In una fase precedente anche Carlo Buffa di Perrero lo era stato. Ecco cosa ha raccontato il 26/05/2004 durante lo speciale a *Telestudio* (Piemonte) (trascrizione): «Piero Angela voleva avere un incontro con Rol, e non riusciva ad averlo. Stava scrivendo il libro *Viaggio nel [mondo del] paranormale*. Un'amica comune di Piero Angela e di mio padre – Piero Angela era stato allievo di mio padre – si era messa di mezzo e aveva chiesto di poter mettere papà in contatto con Rol, per intercedere per questa cosa. Allora eravamo a casa e ricordo che mio padre fa: "Senti fa' tu il numero e poi me lo passi". Io faccio il numero, risponde Gustavo – io ero sempre molto impressionato, quindi molto attento a parlare con Gustavo – lui mi saluta e bruscamente mi dice: "Sai per quella cosa che mi volevi chiedere per quel signore di Roma, guarda non ho proprio voglia di parlarne. Ciao arrivederci e saluta tuo padre". E ha posato il telefono. Ecco quindi non solo rispondeva al telefono, ma sapeva anche chi gli telefonava. Questo mi aveva un po' imbarazzato molto... mi aveva molto disturbato». Due anni prima aveva specificato che la telefonata era per «combinare un incontro tra i due antecedentemente all'uscita del libro» di Angela (Ternavasio, M., *Gustavo Rol la vita, l'uomo, il mistero*, L'Età dell'Acquario, Torino, 2002, p. 155), quindi prima della fine di maggio 1978, forse a inizio maggio, subito dopo l'inchiesta sulla parapsicologia in tv, ed è per questo che Rol probabilmente non voleva parlargli, avendolo deluso prima ancora del libro (i cui contenuti doveva evidentemente già conoscere senza averlo ancora letto...). De Rolandis ha scritto che Rol «non l'aprì neppure alla documentata e ponderata inchiesta di Piero Angela sul

giornalismo, e decisi di affrontarlo dallo spiraglio di una sua grande passione, quella storica. Gustavo Rol era un amante della figura di Napoleone. Dell'imperatore francese sapeva tutto. Non chiedeva rimunerazione per i suoi consigli, ma non rifiutava un cimelio di Napoleone, purché rigorosamente autentico, offerto con gratitudine. Gli spiegai che a Marengo (cosa vera) Napoleone scoprì una nuova ricetta per far cuocere il pollo. La volle conoscere: cipolla noce moscata limone e vino bianco per l'infusione di una giornata, poi una manciata di prezzemolo fresco prima di portare in tavola.

Lo presi «per la gola», ed il «pollo alla Marengo» divenne per me un lasciapassare culinario, per lui un piatto gustosissimo[19]. Nel suo studio i «pezzi» di Napoleone, o di stile imperiale, non si contano. Ritengo che Rol abbia lasciato una delle raccolte private più ricche sull'imperatore francese, compresi autografi inediti.

---

paranormale», ma non è corretto, visto che non solo lo ospitò due (o tre volte) a casa sua, ma pare gli abbia anche concesso di riprendere uno o più esperimenti con la telecamera, materiale poi "sparito" e mai mostrato (si veda per es. quanto mi ha raccontato Filippo Ascione, 3-XXXIV-118, e anche 118bis).

[19] Secondo me De Rolandis era un po' ingenuo a pensare che Rol non lo conoscesse (non di rado faceva finta di non sapere...). Sulle preferenze e abitudini culinarie di Napoleone, e sul *pollo alla Marengo*, Giorda e Ganora scrivono: «Napoleone era poco interessato al cibo: dedicava pochissimo del suo tempo per mangiare, con un tempo medio di circa 15 minuti a pasto, anche quando aveva a mensa ospiti illustri. "Se volete mangiare bene, pranzate col secondo console, se volete mangiare molto pranzate col terzo console, se volete mangiare in fretta e furia pranzate con me" così affermava Napoleone Primo Console. Prediligeva una cucina semplice ed essenziale da cui era bandito ogni apparato di formalità. Mangiava volentieri cose rustiche, come le zuppe di patate, fagioli e cipolle, nobilitate da puro olio d'oliva, rimando all'origine toscana della sua famiglia, o le frittate di cipolle, ed era un amante del pollo alla Marengo, preparato con l'aggiunta di gamberi. (...) pur apprezzando alcuni cibi rispetto ad altri (come secondo gli piacevano la carne di pollo, comunque cucinata, quella di montone alla griglia, le cotolette ed alcuni tipi di frutta) dava scarsa importanza al mangiare; era tuttavia molto esigente sulla qualità del pane. Mangiava infatti avidamente e frettolosamente, quasi che ritenesse l'alimentazione un fastidio necessario, da togliersi il più presto possibile». A Stupinigi, nelle cucine, «si possono quasi immaginare i profumi, i rumori, il tramestio delle brigate di cucina che come un vero e piccolo esercito in quei giorni hanno lavorato ininterrottamente, e qui il pensiero torna ad uno dei piatti più famosi della storia, legati alla storia di questo ospite-"padrone di casa": il Pollo alla Marengo. Secondo la tradizione venne inventato dal cuoco Dunand il 13 giugno 1800 che la sera prima della battaglia dovendo preparare la cena si trova senza scorte. E come spesso è accaduto nella storia si arrangiò con quello che aveva: un pollo, pomodori, cipolle, vino bianco, olio d'oliva, gamberi di fiume e delle uova prese in una vicina cascina» (*Stupinigi. Capitale dell'Impero*, cit., pp. 36 e 52).

«Napoleone, era un uomo di eccezionale valore – espose il proprio parere Rol - le sue sconfitte non possono ledere la grandezza del suo operato. È lo statista che ha cambiato la Francia ed il corso del mondo intero. Ha dato impulso alla scienza, alla ricerca, all'esplorazione. Ha scavato nelle Piramidi, ha costruito il canale di Suez, ha sconvolto l'agricoltura importando dall'America un'infinità di prodotti. Ma pensi che addirittura lo zucchero è opera di Napoleone ... » aggiungeva con entusiasmo.
Gustavo Rol si esprimeva con naturalezza, spesso aiutandosi con le mani ad esprimere certi concetti. Aveva gli occhi pungenti. Uno sguardo magnetico, come qualcuno lo ha definito. Non amava parlare del proprio passato, e neppure della propria vita. Qualche maître à penser lo accusava di essere superbo, eccessivamente altero. Non è esatto: è un giudizio falso. Rol aveva raggiunto quella conoscenza che lo poneva al di fuori della quotidianità.
La cronaca giornalistica non lo interessava affatto, ma l'ultima enunciazione di Popper sì. Gli studi sull'uomo di Similaù[20] lo avvincevano. Telefonò più volte all'istituto di antropologia dell'Università di Vienna per conoscere l'esito delle analisi. Divorava i libri di Richard Leakey e Donald Johanson sul ritrovamento degli ominidi in Africa, e lo appassionavano gli studi sul cosiddetto «anello mancante», il passaggio dall'individuo quadrumane all'homo sapiens. A chi lo chiamava «filosofo» rispondeva ironico: «Non mi laurerei in questa disciplina: non voglio finire sul rogo».
Svelava il suo pensiero a sorsi, e mai a domande dirette. «Dio ci ha creato tutti uguali, e siamo tutti a sua immagine e somiglianza – analizzava – I nostri poteri sono simili ai poteri di Dio. Sta esclusivamente a noi saper metterli in luce e sviscerarli. Le nostre capacità sono racchiuse: per giungere al gheriglio di una noce occorre superare il mallo, poi rompere le valve. Mi domandano di prevedere il futuro. Ma certo che si può pronosticare: forse che in Dio presente passato e futuro non sono un tutt'uno? Dio è senza tempo e senza spazio, e se l'uomo è immagine di Dio, anche per l'uomo gli elementi temporali possono sparire[21], ma attenzione, non dobbiamo confonderci con quelli che vogliono sapere se

---

[20] Conosciuta anche come la *mummia del Similaun*, montagna del Tirolo al confine tra Italia e Austria dove venne ritrovata il 19 settembre 1991. Si tratta di un uomo vissuto circa 5300 anni fa. Questa indicazione è anche utile per stabilire fino a quando De Rolandis era in rapporti con Rol, in questo caso solo telefonicamente, visto che più avanti afferma che l'ultima volta che lo vide fu «sul finire degli anni ottanta».

[21] Frase molto importante, da tenere sempre presente: *se l'uomo è immagine di Dio, anche per l'uomo gli elementi temporali possono sparire*. Gesù può fare miracoli perché *Lui e il Padre sono una cosa sola*. Per comodità, sostituiamo pure "Dio" e "Padre" con "Tutto", e così ci svincoleremo dalle antropomorfizzazioni che imprigionano il pensiero, per quanto immagini utili fino a un certo punto.

domani ci sarà il sole o pioverà. Per questi ci sono due altre strade: Bernacca[22] ed i reumatismi. Mi domandano se si possono combattere le malattie con la forza della mente: i miracoli esistono, io credo al potere di Lourdes, alle grazie della Madonna. Naturalmente bisogna aver fede per guarire in questo modo, *credere di guarire,* avere speranza di guarire. Non sono le forze degli altri ad aiutarci. Unicamente le nostre forze possono debellare il male. È questa una forza di volontà misteriosa ed arcana, potente e sconvolgente. Per volere una cosa basta desiderarla, desiderarla il più possibile, nutrire per essa un trasporto interiore, una sublimazione, un'estasi[23]. Abbiamo poteri da far smuovere le montagne, altro che spostare con lo sguardo un cucchiaino posato nella tazzina del caffè ... !».
Era restio ad iniziare un discorso, ma quando lo aveva cominciato si entusiasmava, tutto preso a costruire il proprio pensiero. Cercava negli esempi una maggior concretezza di esposizione.
«Vengono da me perché gli tolga il malocchio ... – aggiungeva sconsolato – ma *poura gent,* e mi chiedono se esiste il malocchio. Ma pensi un po': quando sono convinto che la panettiera mi guarda storto, non provo tutti i disappunti di questo mondo incrociandola davanti al negozio? Il malocchio non è quello degli altri, è la forza negativa che esiste in noi ad avere il predominio su noi stessi. Quando una zingarella prevede una sciagura si stabiliscono in quel disgraziato che ha fatto leggere la mano tali e tante vibrazioni negative che lo conducono a compiere qualche sciocchezza. Se esistono le forze negative? Nel momento stesso che ci sono quelle positive, come mai non dovrebbero vivere quelle di segno opposto? Il Diavolo? Ma certo che esiste il diavolo, esiste qualsiasi cosa la nostra mente pensi ed è in grado di immaginare. Torniamo all'uomo, alla sua fede, al suo credo. Si è mai chiesto per quale motivo Gesù faceva i miracoli? Ed i suoi miracoli non avevano quello straordinario che Silvan ci mostra dalla TV con i suoi giochi di prestigio? Ma è l'insieme che va considerato, non il fatto specifico. Tò, faccia la sua firma su questo biglietto. Ora gli dò fuoco. Sparito vero? Eppure il suo biglietto è qua, in questa busta chiusa a colla. Controlli, c'è la sua firma! I miracoli servivano a Gesù per ottenere l'attenzione delle genti. Senza miracoli il cristianesimo sarebbe scomparso subito.
Il vero più grande miracolo di Gesù è quando ha detto: amatevi. E invece, *guarda an po' come a l'è la gent,* tutti ricordano la moltiplicazione dei pesci e nessuno ricorda di volersi bene! Se noi possiamo fare i miracoli di Gesù? Ma certo. Tutte le donne fanno almeno un prodigio nella loro vita, quando diventano mamme e mettono al mondo una creatura. Il fatto è che

---

[22] Edmondo Bernacca (1914-1993), Generale e famoso metereologo televisivo per decenni.
[23] Altre indicazioni fondamentali, dove sono precisati i parametri di questa *volontà.* E la *sublimazione* è direttamente collegata – anche se non ne esaurisce i significati – alla *coscienza sublime.*

non ci pensiamo mai, e ci sembra che tutto sia dovuto. Non guardiamo più al prodigio del tramonto od al miracolo del sorgere del sole. Un fiore? Lo calpestiamo quando andiamo nei prati e non osserviamo la sua architettura profonda, la composizione della sua struttura, la geometria più perfetta rispettata nei suoi petali, negli stami. Prodigi ... Lei pensa che tutti noi non abbiamo la possibilità di diventare santi? Tutti lo possiamo: basta volerlo. Ed i santi non compiono forse miracoli? Ma allora torniamo a quanto dicevamo prima, cos'è un miracolo? Lei si ritrova tra le mani un foglio su cui ha posto la sua firma e che io ho bruciato. Ora mi risponda, è certo che gli abbia dato fuoco? È certo che fosse quel biglietto e non un'altra carta? E perché è certo?»

Recitava a memoria intere pagine della Bibbia, conosceva a menadito l'enciclopedia, e più di una volta si infuriava scoprendo grossolani errori sulla Treccani.

Alla scuola di Magia di Torino dicevano che Rol non faceva altro che ripetere quelle prestidigitazioni che Victor Balli insegnava ai discepoli di Uri Geller. «Nulla di trascendentale, ci vuole solo grande abilità ed una buona dose di parlantina, come tutti i prestigiatori del mondo sanno, da Silvan a David Copperfield, compreso il giovanissimo Mago Mark od il quotatissimo Alexander[24]». Negli anni 70 Rol invitava spesso amici a casa sua, e talvolta, in vena di allegria si divertiva a tagliare le cravatte dei convenuti, per poi restituire l'intera cravatta a fine serata[25]. «È uno dei nostri esercizi – conferma Balli – così quello di far pensare un numero ed una parola e verificare poi la stessa correlazione alla pagina di un libro. C'è sempre il trucco. L'abilità sta nel mascherare l'imbroglio[26].»

Rol utilizzava il prodigio per diffondere una certa sua personalità? Di certo fu attraverso i suoi *miracoli* che riuscì ad accedere nei salotti più esclusivi, compreso quello di casa Agnelli, od alle corti degli ultimi monarchi dell'economia, della finanza o del petrolio[27].

---

[24] Il quale come sappiamo ha conosciuto Rol, ma non pare che scettici e colleghi illusionisti lo siano stati molto ad ascoltare.

[25] Lo ha fatto per esempio una volta a Gianluigi Marianini, cfr. XXXIV-17.

[26] Queste affermazioni sono patetiche: gli illusionisti, per definizione, *simulano il paranormale*. Quindi è ovvio che nel loro repertorio secolare ci siano tutte le possibili varianti e soluzioni creative. La differenza con Rol è non solo, naturalmente, che con lui non ci fosse trucco, ma anche che le condizioni ambientali fossero molto diverse. Ad esempio, nessun illusionista al mondo saprebbe replicare col trucco un lancio estemporaneo di un oggetto contro un muro facendolo passare dall'altra parte, se non in un ambiente preparato prima e/o con un complice. Le testimonianze su Rol escludono quasi sempre queste eventualità.

[27] Contesto, *di certo*, il «di certo». Tale idea è diffusa e usata anche dagli scettici, per affermare che Rol avesse un tornaconto in quello che faceva, alternativo al denaro, quindi non era "disinteressato". Basta invece analizzare bene la sua biografia sin dagli anni giovanili e si vedrà come frequentasse famiglie "bene" e

L'ultima volta che lo vidi, sul finire degli anni ottanta, parlammo a lungo di Napoleone, suo argomento favorito. Mise alla prova i miei ricordi, lui annunciava il nome di una battaglia, io dovevo rispondere col nome del capitano sconfitto. «Wagram» Carlo d'Asburgo; «Jena» Duca di Brunswick; «Ulma» Mack; «Piramidi» Murad Bey; «Eylau» Von Bennigsen ...
Sorrise compiaciuto, poi riprese:
«Due cose furono nocive a Napoleone, la Chiesa e le donne. Bonaparte aveva sottovalutato la potenza clericale, e quando abrogò il Concordato e deportò in catene a Fontainbleau papa Pio VII, quel giorno, 9 luglio 1809 lui stesso diede inizio al proprio declino. Mi domando come non avesse ponderato le conseguenze di quell'atto, che cosa gli fosse frullato per la testa ... Andare contro la Chiesa ... Era impazzito! Ma è nella natura di qualsiasi uomo essere imprevedibile ... »
– E le donne? – domandai incuriosito.
– Erano il suo debole. Non seppe controllarle, e l'ultima lo condusse a morte. Poveraccio, pagò con la vita un'avventura da quattro soldi. Per di più lei non era neppure bella.
Rimasi interdetto. Guardai Rol per sapere altro, ma lui si alzò dalla poltrona e capii che dovevo andarmene.
Mentre percorrevo corso Massimo d'Azeglio dove avevo parcheggiato l'auto, riflettevo su quel particolare. Non mi ricordavo di aver letto nulla del genere sulla storia di Napoleone. Eppure ero ben certo, la morte

---

altolocate sin da giovane, sia per tradizione familiare che per la sua signorilità e cultura. Non mi risulta che siano necessari "poteri paranormali" per frequentare le *élites* intellettuali o finanziarie di qualunque Paese nel mondo... Tale prospettiva è quindi molto superficiale e sbagliata; anzi si può dire persino che sia l'esatto contrario della realtà: molti curiosi, anche tra le *élites*, volevano avvicinare Rol dopo aver saputo delle sue *possibilità*, e lui non di rado non apriva loro la porta, o se lo faceva avveniva dopo molta anticamera. Lo stesso Fellini dovette sottostare a questo (cfr. *Fellini & Rol*), perché Rol non faceva alcuna eccezione sulla base di fama, prestigio, ricchezza, ecc. dei suoi interlocutori. Quanto agli Agnelli, i genitori di Rol già li frequentavano. Franco Turina ad esempio mi aveva detto che «gli Agnelli erano già amici della madre del dottor Rol e sono venuti qualche volta alla villa [*dei Rol a San Secondo di Pinerolo*], nel giardino avevo incontrato l'avvocato Gianni con la moglie Marella» (vol. III, p. 447); Maria Rol, sorella di Gustavo, aveva detto a Remo Lugli: "'i miei e la famiglia Agnelli erano molto amici. Lo sa chi ha fatto nascere il Sestriere?". Il senatore Agnelli. "No, mia madre!" esclama Maria. E come mai? "Capitò che un giorno il senatore Agnelli accompagnò in auto mia madre e mia sorella Giustina in gita al colle. Non c'era niente, ma era bellissimo e mia madre disse: "Senatore, perché non fa nascere qui una stazione sciistica? Con questi pendii sarebbe un posto adattissimo per lo sci". E il senatore convenne: "Potrebbe essere un'idea". Poi comperò il colle e incominciò a far costruire la prima torre"» (Lugli, R., *Gustavo Rol. Una vita di prodigi*, 2008, p. 35).

dell'imperatore aveva occupato diverse lezioni al liceo, specie a causa di quella tal ode del Manzoni. Rammentavo che era morto il 5 maggio del 1821, proprio quando in Piemonte si fomentavano quei primi moti risorgimentali capeggiati da Santorre di Santarosa. Era morto sull'Isola di Sant'Elena dov'era stato esiliato dopo quell'effimero regno dei Cento Giorni. Perché Rol mi aveva detto che l'ultima donna aveva condotto a morte Napoleone?

Incuriosito, arrivato a casa mi misi a sfogliare alcuni testi. Quelli più recenti formulavano l'ipotesi che l'Imperatore fosse stato stroncato da un malore improvviso. Il 4 maggio 1821 stava bene. Era una bella giornata. Faceva caldo e solo verso sera si levò un vento teso e fresco. Napoleone fu visto passeggiare in piena forma. Aveva 52 anni, ed era straordinariamente dinamico. Andò verso il giacimento di carbone. Parlò con alcuni isolani e si interessò della costruzione di un vicino recinto per il bestiame. Si incontrò con altri abitanti e poi rientrò nella fortezza-penitenziario. All'indomani mattina gli inservienti lo trovarono a letto rantolante. Non era più in grado di parlare. Era in coma. Intervenne il medico. Gli riscontrò brividi, sudorazione fredda ed una respirazione difficile. Prima di mezzogiorno era già morto. Il referto clinico diagnosticò «polmonite fulminante». Il medico attribuì la causa al vento della sera innanzi. Su una paginetta del registro scrisse che l'Imperatore era stato a passeggio, aveva probabilmente sudato, e si espose al vento dell'Atlantico senza le dovute precauzioni. Questi, almeno, i testi canonici. Perché Gustavo Rol mi aveva accennato a quella storia di donne? La risposta a questo mistero l'ho avuta una settimana dopo la sua morte. Il 4 ottobre 1994 i giornali pubblicarono questa notizia:

«Tre ricercatori svizzeri sono giunti alla conclusione che Napoleone non sia morto di polmonite, come si supponeva, ma sia stato avvelenato. Lo affermano tre scienziati dopo aver esaminato una ciocca di capelli dell'Imperatore esposti in una vetrina del museo di Parigi. All'esame chimico è stata riscontrata una forte dose di arsenico. La reazione utilizzata per l'analisi non consente errori, quindi si ha ragione di ritenere che gli storici debbano rivedere le cause della morte sino ad oggi attribuite ad una polmonite. Secondo questa nuova versione Napoleone sarebbe stato avvelenato da Tristan de Montholon, marito di Albine de Montholon, che sull'isola di Sant'Elena era diventata l'amante dell'Imperatore in esilio»[28].

---

[28] Non so da quale testata De Rolandis stesse citando; cfr. ad esempio: *Napoleone ucciso da un marito geloso?*, La Repubblica, 05/10/1994 (ricerca.repubblica.it/repubblica/archivio/repubblica/1994/10/05/napoleone-ucciso-da-un-marito gelos o.html) anche: Krajewska, B., *Arsenic and the Emperor*, 2004, su: napoleon.org. Nel 2011 Pierluigi Baima Bollone, professore emerito di Medicina legale all'Università di Torino, che conobbe Rol e rimase scettico nei suoi confronti (convinto, senza alcuna evidenza e dimostrazione, che certi suoi prodigi si

spiegassero con l'ipnosi), ha pubblicato, curiosamente, il libro *Napoleone. Dalle campagne d'Italia alla morte criminale a Sant'Elena* (Priuli & Verlucca, Torino), dove si sofferma abbastanza e in maniera dettagliata sulle possibili cause della sua morte, con le fonti disponibili fino a quel momento. Pur non credendo troppo all'ipotesi di cui sopra (ma Rol non è menzionato, non so se conoscesse la sua opinione al riguardo) non la esclude comunque, e scrive: «Se intossicazione da arsenico vi fu, chi ne sarebbe il responsabile a Sant'Elena? Le congetture si sprecano, ma i sospetti cadono concordemente sul conte Tristano di Montholon: perché non si spiega la sua decisione di accompagnare con moglie e figli Napoleone in esilio; per la lunga azione tesa a screditare prima il generale Gourgaud e poi il gran maresciallo Bertrand; per l'interesse personale a gestire in prima persona i proventi dell'eredità dopo la morte di Napoleone diventandone primo esecutore testamentario, ciò che in effetti fu; perché agente segreto dei Borboni o degli inglesi decisi a porre fine a una costosissima detenzione; o infine perché risentito del fatto che sua moglie Albine Vassal fosse apertamente l'amante di Napoleone» (pp. 210-211).

Alle soglie di un nuovo paradigma? Il "caso Rol"

Ottobre 2009[1]

Le frontiere della scienza vengono costantemente ampliate da nuove scoperte e nuove analisi sperimentali. Il metodo introdotto da Galileo Galilei ha permesso negli ultimi quattro secoli un progresso senza precedenti nella storia della specie umana. Questo metodo resta ancora oggi valido, nonostante la fisica del XX secolo abbia mostrato come si riducano le possibilità di prevedibilità e ripetibilità di un esperimento nel momento in cui ci si addentri nelle profondità della multidimensionale struttura del Cosmo.

Testimone di queste nuove conoscenze della fisica fu anche il dott. Gustavo Adolfo Rol, un enigmatico signore vissuto a Torino dal 1903 al 1994; chi scrive ne è un lontano cugino, con la fortuna di averlo potuto conoscere in giovane età.

Rol, che ebbe modo di incontrare, tra gli altri, Albert Einstein ed Enrico Fermi, è oggi essenzialmente ignorato dal mondo scientifico, perlomeno quello ufficiale, in quanto rappresenta qualcosa di estremamente scomodo e difficile da poter anche solo prendere in considerazione.

Di famiglia agiata, plurilaureato (Giurisprudenza, Economia e Commercio, Biologia), di cultura enciclopedica, gentiluomo d'altri tempi per educazione e modi, da giovane aveva girato l'Europa in qualità di funzionario di Banca (il padre Vittorio era stato direttore della Comit di Torino), lasciando successivamente l'impiego per dedicarsi all'antiquariato, e nella vecchiaia alla pittura.

La sua bella presenza e prestanza fisica, unita a uno sguardo magnetico e alla cura ed eleganza nel vestire, lo facevano sembrare un diplomatico o un ambasciatore, o anche un agente segreto simile al Bond interpretato da Sean Connery.

Sin da giovane aveva instaurato rapporti di conoscenza con intellettuali, artisti, uomini d'affari e aristocratici in giro per il continente, viaggiandovi frequentemente anche alla ricerca di cimeli napoleonici, di cui era un appassionato collezionista.

Avrebbe avuto amici importanti e influenti anche se non avesse posseduto ciò per cui divenne famoso in seguito, ormai già in età avanzata e soprattutto dopo la sua morte.

Ovvero la *possibilità* di agire sulla materia, lo spazio e il tempo e di poterli modificare quasi senza limiti.

---

[1] Mio articolo pubblicato in: Capra, A., *Dubbiosamente. Tra scienza e ideologia: elucubrazioni sulla natura umana*, pp. 350-368, Roma, 2010. L'autore mi aveva chiesto un contributo su Rol, poi inserito nel suo volume. Le note sono quelle originali, salvo diversamente specificato.

All'origine di questa sua capacità, che annovera, tra le altre cose, *possibilità* come la telepatia, la chiaroveggenza, la bilocazione, la materializzazione e smaterializzazione di oggetti, la taumaturgia, la precognizione, i viaggi nel tempo, la telecinesi, l'endoscopia, la plasticità del corpo, il passaggio attraverso superfici solide e altri fatti straordinari come questi, vi è una scoperta che Rol fece a 24 anni, nel 1927, lo stesso anno in cui Heisenberg formulò il suo famoso principio di indeterminazione.

Un giorno che era a Parigi, dopo quasi tre anni di sperimentazioni, giunse a scrivere sul suo diario:

«Ho scoperto una tremenda legge che lega il colore verde, la quinta musicale ed il calore. Ho perduto la gioia di vivere. La potenza mi fa paura. Non scriverò più nulla!».

Da lì in poi, iniziò un percorso che si spingeva ben al di là dei limiti dei nostri sensi e della nostra coscienza, e che lo traghettò nel regno di quella che lui chiamò "Coscienza Sublime", ovvero uno stato assai particolare della mente che noi in più occasioni abbiamo messo in relazione con il nirvana/samadhi della tradizione indù.

In quella condizione, Rol era in grado di ampliare i normali confini percettivi, di vedere e sentire laddove in genere non è consentito alla coscienza comune. Ma anche di penetrare, entrando in sintonia e risonanza, nella struttura profonda della materia, nelle curve dello spazio e nelle pieghe del tempo, scoprendone i segreti e portandoli alla luce con i suoi prodigi e i suoi esperimenti.

Su di essi esiste ormai una vasta letteratura (per una bibliografia esauriente cfr. il nostro studio *Il simbolismo di Rol*, 2008), vi hanno assistito personaggi famosissimi e persone comuni: Fellini, Buzzati, Cocteau, De Gaulle, Kennedy, Pio XII, Agnelli, Zeffirelli, la regina Elisabetta II, Re Umberto I, John Cage e molti altri; ma anche negozianti, impiegati, camerieri, portinai, artigiani, collaboratori domestici; e poi ovviamente la classe media, con i suoi avvocati, notai, commercialisti, imprenditori, industriali, etc. etc.

La fenomenologia di Gustavo Rol si divideva essenzialmente in due categorie: quella dei prodigi che avvenivano nei posti più vari, e quella degli esperimenti che venivano condotti o a casa sua o a casa di altre persone o comunque in ambienti dove potevano comodamente sedersi e riunirsi lui e i presenti del momento (quindi anche in alberghi, negozi, ristoranti, etc.).

La sessione tipica era comunque quella serale dopo cena (dalle 9:00 all'01:00 circa), a casa sua o di amici.

Per "addomesticare" le leggi della fisica alle sue esigenze creatrici, e per poter sfruttare le correnti invisibili di una onnipervadente scienza dell'armonia, Rol aveva creato alcuni esperimenti di base, sui quali e dai quali spingersi nelle più fantastiche e inconcepibili varianti.

L'ABC – così lui li definiva – era costituito dalle comuni carte da gioco, che venivano usate quale mezzo matematico, cromatico e simbolico per poter sperimentare in modo regolare e continuativo, dando modo ai presenti di rendersi conto di quale fosse la struttura ricorrente.

Di fatto, erano dei veri e propri esperimenti scientifici, nei quali si assumevano determinate condizioni iniziali e si trovava il risultato cercato con l'azione concomitante di tutti i partecipanti, Rol non essendo che un coordinatore in una misura non molto dissimile dall'azione di un direttore d'orchestra (che non suona strumenti così come Rol non toccave le carte).

Questi esperimenti tuttavia, pur se ripetibili nella loro struttura, non lo erano nel risultato, che mutava di volta in volta a seconda del contributo che il "caso" forniva alla scena.

Una analisi di come questo avveniva non è possibile in questa sede per questioni di spazio.

Vogliamo invece brevemente soffermarci sull'inevitabile scetticismo a cui Rol incominciò ad andare incontro non appena si diffuse la nomea della sua leggenda. Premesso che egli condusse sempre una vita riservata, mai in cerca di pubblicità o denaro, concesse negli ultimi decenni della sua vita alcune interviste che lo hanno fatto conoscere al pubblico, e suscitato l'interesse anche di quella parte della comunità scientifica che ancora non aveva potuto o voluto avvicinarlo, vuoi per diffidenza, vuoi per disinteresse, vuoi per il semplice fatto di non aver mai sentito parlare di lui.

Dopo che studiosi di para-psicologia lo avevano cominciato ad avvicinare a partire dai primi anni '60, ottenendo, nel migliore dei casi, di poter assistere qualche volta a questi esperimenti (Di Simone, Inardi et al.), e nel peggior di non essere ammessi o di essere respinti dopo un primo incontro (Cassoli et al.), fu la volta dei giornalisti (Buzzati, Lugli, Allegri, Gervaso et al.), che ne scrissero – in qualità di testimoni diretti –, soprattutto negli anni '70, con toni entusiastici su quotidiani e periodici nazionali.

Ci fu tuttavia una eccezione, come in tutte le buone regole... Il giornalista e divulgatore scientifico Piero Angela, che nella metà degli anni '70 era all'inizio della sua carriera, aveva chiesto di poter essere ricevuto da Rol e di presenziare ai suoi ormai famosi esperimenti.

Angela aveva in progetto una inchiesta sul "paranormale" e la parapsicologia, che sarebbe sfociata in un libro e in una trasmissione televisiva *ad hoc*.

Torinese come Rol, nel suo libro uscito nel 1978 con il titolo *Viaggio nel mondo del paranormale*, scrive «di aver sentito parlare di lui con sussurri di stupore fin da ragazzo»[2]; non poteva quindi non essere curioso di incontrarlo e soprattutto, non poteva non includerlo in una inchiesta con la

---

[2] Angela, P., *Viaggio nel mondo del paranormale*, Mondadori, Milano, 1978, p. 335.

quale forse, fin dall'inizio, si proponeva di screditare completamente l'argomento.
Certo, per la quasi totalità dei personaggi che descrive nel suo libro non possiamo dargli torto, fenomeni da baraccone o pseudo-sensitivi in cerca di pubblicità che nulla però hanno in comune con Gustavo Rol, un Iniziato autentico inserito nel mucchio solo per dovere di cronaca.
Lo stesso Angela, alla fine dei paragrafi su di lui, scrive:
«Avevo persino pensato di non includere questo passaggio [su Rol] nel libro, proprio per stendere un cortese velo di silenzio sulla vicenda.
Ma sarebbe stato onesto? Non credo. Infatti il "caso Rol" viene citato spesso come una prova vivente del paranormale, viene esaltato da giornali, riviste, libri di parapsicologia come un fenomeno di fronte al quale anche la scienza non trova spiegazioni.
In queste condizioni, allora, si è costretti a dire certe cose, che non sarebbe giusto passare sotto silenzio»[3].
Quali sono queste cose? Lo vedremo tra breve. Intanto occorre sottolineare in quale luce Angela – la cui testimonianza critica è uno dei capisaldi di coloro che non credono a Rol – ha presentato il suo concittadino, all'inizio delle pagine a lui dedicate:
«Gustavo Adolfo Rol è certamente quello che si dice una "personalità" (e anche un personaggio di stile). Vive in un aristocratico appartamento della vecchia Torino, attorniato da raffinati mobili e quadri d'epoca, e accoglie, per le sue serate paranormali, solo un pubblico selezionatissimo (Federico Fellini, mi dicono, è uno dei suoi devoti frequentatori).
Racconti straordinari vengono fatti sul suo conto; si dice che riesca a leggere nei libri senza aprirli, a provocare "apporti" misteriosi; a scrivere a distanza e che addirittura abbia il dono di sdoppiarsi ("Mentre è a Torino lo fotografano a New York" afferma il titolo di un articolo a lui dedicato)»[4].
Al fondo dell'ultimo paragrafo, dopo aver espresso le sue opinioni critiche, aggiunge:
«G.A. Rol ha comunque una qualità: quella di fare tutte queste cose con stile e, ne sono certo, senza scopo di lucro. È un personaggio della vecchia Torino (...) e tutto sommato è una tradizione che dispiace perdere, perché fa parte (come tanti altri aspetti del "paranormale") di un mondo che ha un suo fascino e un suo carattere»[5].
Suol dirsi, dei Torinesi, esser "falsi e cortesi"... Questi giudizi vellutati di Angela erano in realtà il contorno del pugno di ferro nello stomaco da lui sferzato con nonchalance alle performances di Gustavo Rol.
Il giornalista scrive:

---

[3] *ibidem*, pp. 335-336.
[4] *ibidem*, p. 330.
[5] *ibidem*, p. 335.

«Con molta cortesia il dott. Rol mi ha ricevuto due volte. Egli sa che il mio atteggiamento era quello di un osservatore e non di un credente e quindi con molta franchezza dirò quello che penso.

Nel corso di queste due sedute ho accuratamente osservato gli esperimenti da lui eseguiti, ne ho preso nota scritta in seguito, e mi sono posto la consueta domanda: si tratta di fenomeni genuini?[6]».

La premessa è già abbastanza fuorviante: infatti si diveniva in genere "credenti" in Gustavo Rol *dopo* aver assistito – e in più occasioni – ai suoi esperimenti, non *prima*; la maggior parte di chi avvicinava Rol era un osservatore esattamente come Angela, e alcuni venivano in contatto con lui senza neanche sapere chi fosse. Ma andiamo avanti:

«Un primo gruppo di "esperimenti" consisteva in giochi di carte (carte, per esempio, che apparivano in vari punti del mazzo dove non dovevano essere; carte che, indicate a caso, risultavano uguali a quelle scelte in precedenza ecc.).

Un repertorio certamente sorprendente. E non c'è dubbio che in una atmosfera particolare (dovuta anche alla personalità del dottor. Rol) tali fenomeni possano apparire paranormali a uno spettatore emotivo.

Ma un osservatore imparziale non deve lasciarsi, naturalmente, influenzare dall'atmosfera, e soprattutto deve cercare di verificare se questi fenomeni si situano davvero al di fuori delle cose possibili[7].

Per questa ragione, assieme all'amico Gigi Marsico che partecipava con me a queste sedute, ci recammo a far visita a un vecchio prestigiatore di Roma, il "mago" Arsenio (che ha al suo attivo un curioso record professionale: per due anni fu stipendiato da Re Faruk, che voleva imparare da lui come riuscire a barare a poker...) e gli spiegammo esattamente le cose che avevamo visto. Man mano che la spiegazione avanzava egli annuiva, come qualcuno che ascoltasse cose a lui ben note. Ad ogni descrizione diceva: "Sì, questo lo faccio anch'io". E ci rifece *praticamente gli stessi "esperimenti"*. (…).

In particolare io ero rimasto colpito, durante la seduta da Rol, dal fatto che una carta da me scelta a caso tra 18 che erano disposte (coperte) sul tavolo, era uguale a una carta scelta da Gigi Marsico poco prima e tenuta in evidenza (anch'essa coperta) su un lato del tavolo: io avrei potuto scegliere qualsiasi altra carta, tra le 18 disponibili, quindi il fatto che avessi scelto proprio quella sembrava indubbiamente costituire un fatto inspiegabile. Ebbene, questo stesso tipo di esperimento mi è stato rifatto non solo dal "mago" Arsenio, ma anche da un giovane prestigiatore americano, Lee Fried.

---

[6] *ibidem*, p. 330.

[7] Di nuovo Angela insiste sul fatto che lui, a differenza dei "credenti", è lì in qualità di «osservatore imparziale», ma si tratta di una autocertificazione del tutto abusiva. Inoltre omette di dire che *Rol non toccava le carte*, la caratteristica principale e più sconcertante di questo tipo di "semplici" esperimenti.

Anche James Randi, quando gli spiegai questi esperimenti, si rivolse sorridendo al suo assistente, dicendo: "Ma è il repertorio classico!"»[8].
Qui finisce la "descrizione" del primo incontro. Angela ritiene che gli esperimenti con le carte visti da Rol corrispondano ai giochi che fanno i prestigiatori. Quasi tutti i testimoni – compreso chi scrive – affermano invece che non c'è nessuna somiglianza tra gli uni e gli altri, e che i "giochi" di Rol non hanno nulla a che vedere con la dinamica dei giochi di prestigio. Il fatto è che questo viene affermato non solo da decine di persone, ma anche da alcuni prestigiatori che *hanno visto* gli esperimenti di Rol, e che concordano con tutti gli altri testimoni. Ad esempio, il dott. Carlo Buffa di Perrero, tra i soci fondatori del Circolo Amici della Magia di Torino, il più importante club di illusionisti italiano, ha raccontato durante una trasmissione televisiva su un canale piemontese:
«Io ho visto da lui degli esperimenti. Li ho guardati con senso critico, perché cercavo di sorprederlo credendo che facesse dei giochi di prestigio. (…) Posso confermare, testimoniare – ma veramente – che ciò che ha fatto lui, non aveva dei principi da giochi di prestigio. Questo è molto importante. Bisogna che i prestigiatori ammettano questa dote di Rol; non faceva degli imbrogli perché non era in grado di farli, perché non manipolava le carte, non c'erano dei 'passanti', non c'erano degli strumenti che noi usiamo per fare i giochi di prestigio»[9].
Un giudizio analogo è stato espresso anche dal dott. Giuseppe Vercelli:
«Per quanto riguarda gli esperimenti io non dissi mai a Rol che facevo parte del Circolo Amici della Magia di Torino. Mi dilettavo nella prestidigitazione. E lui faceva spesso degli esperimenti di carte. La cosa curiosa è che lui non toccava queste carte. E questo è assolutamente certo, anche perché io in quel momento avevo un occhio critico. Quindi la cosa che mi ricordo di più, che più era evidente, che mi sorprendeva, mi divertiva – anche se non mi ponevo troppe domande nel momento – era proprio che queste carte venivano spesso trovate girate al contrario, pur lui non toccandole, e io di questo sono assolutamente certo»[10].
Di fronte a queste due testimonianze, l'opinione di Angela – già solitaria se confrontata con le decine, se non centinaia di persone che hanno espresso un parere diverso – si trasforma in pura speculazione, non supportata da una sufficiente conoscenza delle tecniche illusionistiche che invece sia Buffa che Vercelli possiedono.
D'altronde nel 2001, prima ancora che le loro testimonianze fossero conosciute, quando cioè non si sapeva che degli illusionisti avevano visto da vicino gli esperimenti di Rol, il prestigiatore Massimo Manca scriveva:

---

[8] Angela, P., *cit.*, pp. 330-331.
[9] *Ricordando Rol*, Telestudio (Piemonte), 25/05/2004.
[10] Bonfiglio, M., *Rol. L'uomo, il mistero, la vita*, regia M. Leone, Aries s.r.l., Rivarolo Canavese, 2005.

«...Angela assistette alle esibizioni senza essere in possesso di una vera preparazione tecnica, tanto da dovere ricorrere a consulenti esterni che non furono ovviamente in grado di ricostruire i giochi sulla base di un semplice racconto: dopo la serata con Rol Angela chiese al grande prestigiatore Arsenio di ripetere l'effetto e, scrive, Arsenio "rifece praticamente gli stessi esperimenti". Purtroppo, *praticamente* in prestigiazione non significa nulla: l'effetto è assolutamente secondario: è il *metodo* che conta..., altrimenti, per quanto ne sappiamo, la carta potrebbe essere stata davvero indovinata con la forza del pensiero. L'introduzione al *Viaggio nel mondo del paranormale* contiene una frase certamente condivisibile: *Questo non è un libro per coloro che vogliono credere. Ma per coloro che vogliono capire*. Ahimè, alla fine del paragrafo di Rol io posso *credere*, sulla base del resoconto, che Rol nelle sue sedute facesse talvolta qualche movimento sospetto, ma certo è troppo poco per *capire* il *modus operandi* dei suoi effetti»[11].

Peraltro, il tentativo dei prestigiatori che non hanno conosciuto Rol di voler spiegare lo stesso i suoi esperimenti pur non avendoli mai visti, basandosi solo sulle testimonianze altrui filtrate con la loro deformazione professionale, è un puro arrampicarsi sui vetri, come emerge anche dalle parole di Vanni Bossi, un altro illusionista:

«Va notato che, come sempre, gli episodi che descrivono gli esperimenti di Rol sono riportati con una carenza impressionante di dettagli, tanto da non permettermi, se non ipotizzando, di poter ricostruire esattamente come sono andate le cose dall'inizio alla fine»[12].

Alexander, tra i più noti illusionisti italiani, conobbe abbastanza bene Rol e fu invitato anche a casa sua. Pur non avendo avuto occasione di vedere gli esperimenti, il suo giudizio "tecnico" è sicuramente significativo. Nel 2005 in una intervista aveva dichiarato:

«Come era la situazione quando Rol li faceva [*gli esperimenti*]? Quando senti però come avveniva in certe cose di Rol, tipo l'esperimento in cui lui non prendeva un mazzo di carte, cioè tu lo compravi – anche Marianini mi ha raccontato questo – cioè l'ha comprato lui, l'ha portato da Rol:
"Dimmi una carta"
"3 di picche"
"Apri il mazzo – io non l'ho mai toccato – che hai comprato" – l'unica carta capovolta è il tre di picche... Se la situazione è come sto dicendo io adesso, sfido qualunque collega a riprodurlo»[13].

---

[11] Manca, M., *Rol il prestigiatore*, La voce scettica, n. 8, ott-dic 2001, p. 14; poi riprodotto anche in *Scienza & Paranormale*, n. 47, gen-feb. 2003, p. 34.
[12] Bossi, V., *Un famoso sensitivo italiano: Gustavo Adolfo Rol*, in *Parapsicologia: un po' di verità e tante truffe*, Landoni, Legnano, 1979, p. 84.
[13] Bonfiglio, M., *cit.*

Bene, possiamo garantire che la situazione degli esperimenti era esattamente questa, e se non fosse per il poco spazio qui disponibile, si potrebbero fare decine di esempi incontrovertibili.

Alexander in altra occasione ha inoltre raccontato:

«Io Gustavo Rol l'ho conosciuto che era già anziano (...). Sapevo che un mio collega, Silvan, aveva cercato di conoscerlo, e lui non l'ha ricevuto e quindi avevo detto: figurati, farmi mandar via non ci vado.

Combinazione... ho conosciuto sua cugina, Elda, che era mia amica, che mi ha detto: "Ma vuoi conoscere Gustavo?". Il giorno dopo ero a casa sua, e ho detto: ma guarda le cose come son facili.

Ora, quest'uomo, chi era? Immaginate un uomo alto circa un metro e novanta, molto alto, il vero torinese come si immagina da fuori, distintissimo, molto forbito, con degli occhi azzurrissimi. È indubbiamente un personaggio carismatico. Che uno creda che lui avesse dei poteri, chiamiamoli paranormali – non amo molto la parola, ma è per capirci – o non li avesse, indubbiamente è uno che non passava inosservato; che tu [lo] vedevi ed eri attratto, incuriosito – indubbiamente – da lui. (...).

Per cui siamo diventati amici... Io veramente avevo, ed ho, un grande affetto per Rol, lo ricordo veramente con un grandissimo affetto.

Io [non] ho mai chiesto a Rol: "Mi faccia vedere, dottor Rol, uno dei suoi esperimenti"; per due motivi: uno, perché era anziano; due, perché ho detto: se vorrà farmelo vedere lo farà lui – per un fatto di delicatezza[14].

Fatto sta che io non ho mai visto un esperimento suo. Si parlava sempre dei Massimi Sistemi, della sua filosofia (...).

Aveva dei poteri paranormali Gustavo Adolfo Rol? Io non avendoli visti, dicessi sì, così, vi direi una bugia, cerco di essere sincero il più possibile. Cosa io sento? (...). Io penso che avesse una marcia in più, sotto quell'aspetto Rol, indubbiamente, e che riuscisse a fare qualcosa che forse la maggior parte delle persone non riusciva a fare. Ricorrendo a trucchi? Forse. Dopo il discorso che hai fatto tu [*rivolto a uno dei relatori*] dei

---

[14] È questa delicatezza, questa sensibilità, che ha aperto ad Alexander le porte di casa Rol, che invece rimasero chiuse per Silvan perché non venne ritenuto una persona matura o degna di assistere ai prodigi dello *Spirito*. Nella puntata della trasmissione *Porta a Porta* del 5 giugno 2003, dedicata a Gustavo Rol, Silvan aveva dichiarato: «...tutta la mia vita il mio interesse è stato quello della prestidigitazione annessa ovviamente a tutto quello che riguarda il paranormale. Ho conosciuto tanti di quei sensitivi in vita mia soprattutto per curiosità, ma anche per apprendere, perché se ci fosse stato qualcuno che avesse realmente posseduto queste doti, avrei cercato di impossessarmene». Dovrebbe quindi essere chiaro a tutti per quali ragioni il primo fu invitato, e l'altro no.

Aggiunta per questo volume: si veda anche il video che ho pubblicato nel 2017: *Perché Rol non volle incontrare il prestigiatore Silvan?* (*youtu.be/_Zox_3brMUk*)

filippini, che non è importante il mezzo ma il risultato ottenuto, a questo punto potrei dire "anche", non lo so. Senza trucco? Secondo me sì.
Io posso narrarvi un solo episodio... una cosa avvenuta al telefono, era il periodo di Pasqua."(...).
Io in quel momento avevo un piccolo problema, che era questo: avevo una causa di lavoro con un ex dipendente, l'unico dipendente che avevo. E in quel periodo se qualcuno era un datore di lavoro, e un altro era quello che aveva il lavoro... chiaramente il datore di lavoro perdeva sempre; questo si andava già sicuri... E io che ne avevo uno... non è che avessi una fabbrica...
Comunque lui mi telefona – non sapeva niente – e mi dice: "La sento un po' preoccupato". E fin lì... ci sono delle tecniche, [come] il cold reading, non ci vuole molto, anche il body language, o altre cose, tu riesci a capire... Se vedi una persona messa così [*mostra in che modo*], non c'è bisogno che ti dica: "Son triste", lo capisci...
Ma io ero al telefono, il mio tono di voce forse era un po' depresso, lui mi dice: "È preoccupato da qualcosa". E fin lì ci può stare. Però lui mi ha detto: "Guardi, sento che la cosa che la preoccupa si risolverà molto positivamente". E anche lì, ci può stare, può essere sì, può essere no, una possibilità du due. Ma la cosa che m'ha colpito – e credetemi, lo sapevo solo io – m'ha detto: "Lei tra qualche giorno andrà in tribunale", ed era vero. "Guardi, questa persona... questa causa non la vincerà, etc." e m'ha descritto allora la cosa come sarebbe andata a finire. Quello m'ha colpito, perché s'è svolta esattamente così la faccenda.
Ora sembra che io racconti una storia, però vedendo quali sono le mie posizioni, per certi aspetti anche un po' scettiche, credo di essere abbastanza credibile se lo dico io, no? (...) Questo ragionamento è per comunicarvi cosa? Che pur non avendo visto io nulla coi miei occhi di tutte le cose che si leggono di Rol – materializzazioni, apporti, letture in libri chiusi, il vaso buttato lì che svanisce nell'aria e lo trovi intatto al di là del muro sul balcone... Una mia amica a casa sua mi ha detto [che] la sua cassapanca – mentre erano qua che facevano ... – si è spostata – una cassapanca che peserà duecento kili – da sola di sei metri lungo il pavimento. Sarà vero? Non lo so, non l'ho visto. Ma questa esperienza che vi dico l'ho vissuta io. Lui m'ha detto delle cose che non poteva sapere, e me le ha dette come se le conoscesse perfettamente. Valutate voi. Non so dare giudizi. Lascio aperto l'argomento. C'è solo il fatto dell'enorme affetto che io avevo per questa persona, e basta»[15].
Questo episodio raccontato da Alexander rientra nel novero dell'esperienza praticamente quotidiana di Rol, il quale poteva leggere

---

[15] Trascrizione di un intervento a un convegno sulla "magia" presso il Teatro Alfieri di Cagliari, 04/10/2008 (...).
Aggiunta per questo volume: cfr. il video che ho pubblicato nel 2017: *Rol. L'opinione dei testimoni-prestigiatori. 3) Alexander* (*youtu.be/ffyfeIUU-Hk*).

dentro le persone il loro passato, presente e futuro con una precisione millimetrica, nello stesso identico modo con cui leggeva dentro i libri chiusi...

La testimonianza di Alexander è comunque sintomatica di come chi avesse conosciuto Rol, anche tra i prestigiatori, parla di lui in modo del tutto diverso da come ne parlano i saccenti scettici che credono di sapere tutto pur non avendo visto nulla, come per esempio il matematico Piergiorgio Odifreddi, che ebbe a scrivere: «che Rol non possedesse poteri sovrannaturali, non ci vuole molto a capirlo»[16], e il suo allievo Mariano Tomatis, prestigiatore del Cicap che ha accumulato così tante speculazioni prive di fondamento sul "caso Rol" da farne perfino un libro (un ottimo gioco di prestigio editoriale).

Noi invece preferiamo attenerci ai fatti e quindi segnaliamo ancora la testimonianza di un altro prestigiatore che conobbe Rol, Tony Binarelli, intervistato da Paola Giovetti:

«*"Del grande Gustavo Rol di Torino cosa dice?"*
"Da lui sono stato una volta. Sono contrario a quegli esponenti del Cicap (Comitato italiano per il controllo delle affermazioni sul paranormale) che lo criticano senza essere mai stati da lui: poi ora è morto, e non può difendersi".
"Da prestigiatore, cosa pensa di ciò che ha visto da Rol?"
"Da prestigiatore non mi sono spiegato ciò che ho visto. Una volta fece scegliere a una signora un libro nella sua biblioteca, lei ne prese uno che trattava di Matisse e scelse un quadro. In precedenza Rol mi aveva detto di portare con me un foglio bianco firmato da varie persone e datato. Scelto il libro, mi chiese di prendere il foglio, di posarlo sul tavolo di metterci sopra la mano. Lui mise la sua mano sulla mia, e quando aprimmo il foglio, che era piegato in otto, in uno dei riquadri trovammo lo stesso paesaggio che la signora aveva scelto... I colori erano ancora umidi. Nulla da dire, è un esperimento che non saprei mai fare e che non sono riuscito spiegarmi»[17].

Anche in questo caso, potremmo fare un raffronto con decine di altre testimonianze analoghe, incluse quelle di gente che si portava da casa fogli propri e di carta intestata, sui quali inevitabilmente comparivano pitture, disegni, e lunghi scritti. Ciò che, anche senza essere degli illusionisti per capirlo, risulta chiaro essere esente da qualsiasi possibilità di trucco.

Dopo i fatti che abbiamo presentati, torniamo ora a Piero Angela, il quale durante la seconda serata ebbe occasione di assistere alla lettura in un libro chiuso e poi alla materializzazione di un acquerello, due classici

---

[16] Odifreddi, P., *Il trucco c'è ma qualcuno non lo vede*, L'Espresso, 03/07/2003, p. 135.
[17] Giovetti, P., *Vi racconto come piego i cucchiai col pensiero*, Visto n. 13, 30/03/2007, p. 77

esperimenti di Rol. Per questioni di spazio, non possiamo qui riprodurre tutto quanto scritto dal giornalista, ci limitiamo quindi a citare i commenti principali sul primo esperimento (anche perché per il secondo ci pare essere più che sufficiente la testimonianza di Binarelli appena riportata):
«Si trattava di una lettura per chiaroveggenza? di un *flash* di percezione extrasensoriale? O di qualcos'altro di più semplice?
Per la verità non è molto difficile, quando si sfoglia un libro (mostrando le dediche) dare un occhiata a una pagina qualunque e ricordarsi una frase e il numero della pagina, citandola poi mezz'ora dopo, come se "apparisse" nella mente in quel momento. (…)
Va detto, a proposito di libri chiusi, che esistono performances molto più impressionanti (e so che a volte Rol compie cose più complesse).
Personalmente conosco tre o quattro altri modi per leggere nei libri chiusi (…). Esistono, per quanto ne so, decine di modi per "leggere" in un libro chiuso. L'esperimento del libro, quindi non mi impressionò. Anzi, devo dire che confermò quanto pensavo»[18].
Intanto, rimandiamo a quanto ha dichiarato Buffa di Perrero durante la conferenza del 2003, ovvero all'aver tentato di "fregare" Rol sostituendo le pagine di un certo libro con quelle di un altro per vedere se lui avesse indovinato comunque (e indovinò comunque…)[19].
In secondo luogo, si potrebbero anche qui citare decine di casi incontrovertibili ma preferiamo limitarci a far conoscere il racconto di due persone che erano presenti alle serate con Angela, ovvero il dott. Alfredo Gaito, che fu vicepresidente dell'Ordine del Medici di Torino e medico curante di Rol, e Rol stesso.
Ecco cosa ha raccontato il dott. Gaito:
«"In un primo momento [Rol] mi è sembrato indignato quando è stato attaccato da Piero Angela. Poi ha espresso 'rammarico' perché Angela, che si atteggia a uomo di scienza, incontrando Rol aveva la possibilità di accostarsi a un mondo tutto da scoprire. Rol è convinto che la scienza, un giorno, orienterà le sue ricerche nella direzione delle esperienze che lui, da anni, ha avuto il 'dono' di fare; si muoverà in quella direzione senza preconcetti, accettando quella 'dimensione spirituale' che, finora, ha voluto ignorare. (…) I 'giochi' di Rol', dice Fellini 'sono uno spettacolo tonificante per chiunque lo accosti con una vera disponibilità. Cioé con l'innocenza di un bambino o con il sostegno di una scienza non rigida, aperta, che non si metta in conflitto con le forme inattese della verità'.
Credo che Angela non abbia mai neppure immaginato che possano esistere 'forme inattese della verità' (…). Anzi ha cercato di demolire il 'mito Rol', scrivendo cose che non corrispondono alla verità. E questo io lo affermo anche perché ero presente, con mia moglie ed altre persone, all'incontro che Angela aveva sollecitato da Rol. Tutte le insinuazioni su

---

[18] Angela, P., *cit.*, p. 332
[19] cfr.: *www.gustavol.org/buffa.htm* [poi: *2000-2013.gustavorol.org/buffa.htm*]

eventuali mistificazioni sono assolutamente gratuite e non giustificate. Quella sera Angela non ebbe nulla da eccepire su quanto aveva visto e udito. Nel suo libro, invece, insiste sulla possibilità che quelle mistificazioni siano avvenute. Ma se così fosse stato, perché non lo rivelò subito facendone notare la flagranza? Sarebbe stato molto più onesto. Riferendo l'episodio della lettura delle prime parole nella pagina di un libro chiuso, fatto da Rol, Angela afferma di aver veduto Rol sbirciare quella pagina prima di riferire quelle parole. Ebbene, tutti sanno che Rol ha compiuto questo esperimento anche per telefono, leggendo righe intere di libri in casa di persone che abitavano in città lontane. Un giorno incontrai Rol per strada. Avevo in mano un libro appena comprato e ancora incartato. Rol non sapeva affatto che libro fosse. Da me sollecitato 'lesse' la prima riga di una determinata pagina da me scelta. Non poté certo sbirciare quelle parole perché io disfeci l'involucro del libro solamente dopo che Rol aveva letto. Sarebbe facile raccogliere molte testimonianze sulla lettura di libri e fogli scritti e conservati in cassetti o scatole chiuse. L'affermazione quindi di Angela è gratuita. Come ho detto, avrebbe dovuto manifestare subito il suo dubbio, non scriverlo più tardi, quando Rol non era in grado di smentirlo. Ma la lettura di un libro chiuso non è nulla, in confronto ad altri esperimenti di questo tipo, per i quali il mezzo di ricerca non è solo un libro bensì i volumi dell'Enciclopedia Treccani e con un procedimento che esclude, nel modo più assoluto, un arrangiamento da parte di Rol. (...). Ho sempre sostenuto... che questo genere di esperimenti, anche se rigorosamente alieni da qualsiasi trucco, Rol dovrebbe farli solamente a coloro che sanno comprendere che egli considera una carta da gioco come un mezzo semplice e facile per stabilire un rapporto con i presenti. Le carte hanno un colore, un valore numerico, un segno grafico, tutte cose che incidono sull'immaginazione e sollecitano la fantasia ad aprire la strada su un discorso, a proposte mentali, a sensazioni di ordine intuitivo e di ricerca. Non si tratta, quindi, di 'giochi di prestigio', ma di qualcosa di ben differente, il cui significato Angela non ha neppure intuito. 'Se invece di Angela mi fossi trovato di fronte Pascal', dice Rol 'egli non avrebbe pensato al prestigiatore di Re Faruk, ma il suo interesse lo avrebbe spinto a comprendere, a penetrare ciò che avviene in questa sorta di esperimenti che furono proprio essi a rivelarmi quei principi di armonia che poi si applicano a una infinità di cose. In realtà le carte rappresentano per me solo dei numeri'. Se la scienza non è in grado, oggi, di spiegare le cose che fa Rol, può anche rifiutarle; ma nessuno, appellandosi arbitrariamente alla scienza, ha il diritto di negarle. Probabilmente Angela ha pensato che Rol fosse uno dei tanti parapsicologi, mentre il nostro amico non ha nulla a che vedere con quei ricercatori. Moltissime persone hanno assistito ad altri fenomeni prodotti da Rol, assai più importanti degli esperimenti con le carte, come ad esempio la materializzazione, gli apporti, i viaggi nel tempo. (…). Rol si lamenta perché, parlando di lui, i più si soffermano ai fenomeni che, tramite lui, si realizzano, e non si tenta neppure di risalire all'origine, alla ragione di questi fenomeni. Si rimprovera a Rol di non lasciarsi esaminare; ma quale tipo di esame gli si offre? quali esaminatori? I prestigiatori, gli illusionisti! A lui occorre un ambiente sereno, disposto a giudicare senza preconcetti. Si può essere scettici, ma si ha il dovere di essere giusti. Io stesso ho potuto vedere scettici ricredersi e poi anche collaborare. E in un clima sereno e di fiducia che a Rol vengono quegli impulsi che lo mettono in grado di agire. "Egli però è vulnerabilissimo: i suoi esperimenti non sono mai programmati perché non gli è consentito di disporre, a suo piacimento, delle facoltà che un esaminatore gli negherebbe perché lui non saprebbe usarle nel senso richiesto. 'Se potessi fare ciò che voglio, sarei Dio sulla terra', dice Rol. Inoltre per lui sarebbe assurdo farsi esaminare da chi non crede in Dio. 'Negare Dio a priori', dice, 'significa già rinunciare a comprenderlo e a comprendere ciò che viene da Lui'. (…)»[20].

Il giornalista Nevio Boni racconta:

«Ci trovavamo a casa della pittrice Carol Rama. Dopo aver mostrato ai presenti alcuni giochini di carte con i quali ogni tanto mi divertivo a intrattenere i bambini, Rol in maniera simpatica mi ha gettato il guanto in segno di sfida. "Lei è proprio bravo. Ma è capace a fare anche questo?" E ha iniziato ad adoperarsi mentalmente in modo che le carte di un mazzo, precedentemente mischiate da un terzo, si sistemassero perfettamente in ordine senza che lui le toccasse. Poi si è lasciato andare a uno sfogo con il sottoscritto: "Perchè Piero Angela ce l'ha tanto con me? Nonostante abbia assistito a casa mia a prove inaudite, va a dire in giro che dietro ciò che faccio c'è sempre il trucco". Quindi mi ha raccontato per filo e per segno come si era sviluppato quel famoso incontro. [*uno dei due incontri*, n.d.r.] "Mi ha chiesto di dargli una dimostrazione di lettura a distanza: ha chiamato telefonicamente un amico che stava a Boston, gli ha detto di aprire un libro qualsiasi, io ne ho letto a voce alta il contenuto in modo che Angela potesse a sua volta riportarlo a chi era dall'altra parte del filo per ottenerne il riscontro. Per giunta la chiamata intercontinentale mi è costata un sacco di soldi", ha chiosato trovando un motivo di ilarità in mezzo a tanta amarezza, per poi aggiungere: "Chissà che faccia avrà però fatto Angela, una volta rientrato a casa, nello scoprire che tutte le carte del mazzo che aveva in tasca riportavano la mia firma, così come gli assegni del libretto che teneva nel portafoglio"»[21].

Questi episodi Angela non li ha mai raccontati, e la ragione è ovvia: nessun prestigiatore avrebbe potuto rifare questi "giochi", e anche se il racconto di Rol è debole perché, almeno per il momento, non c'è nessun

---

[20] Allegri, R., *Rol il mistero*, Musumeci Editore, 1993, p. 133 e sgg..
[21] Ternavasio, M., *Gustavo Rol. Esperimenti e testimonianze*, L'Età dell'Acquario, 2003, p. 86.

altro a confermarlo (come d'altronde non sembra esserci nessun altro che possa confermare quello di Angela, a parte l'amico Gigi Marsico (presente con lui alle serate), che però non ha mai espresso pareri pubblici in merito), sappiamo che si tratta di episodi "classici" nell'ambito delle *possibilità* di Rol.

Per completare questo quadro, peraltro ancora molto sintetico, citiamo quanto scritto dal giornalista Renzo Allegri:

«Un giorno Rol mi disse: "Mi ha telefonato il giornalista della RAI Piero Angela chiedendo di incontrarmi. È torinese come me, amico di amici miei, ed è un giornalista molto serio. Ho visto le sue corrispondenze dal Belgio, dove era inviato, e mi sono sempre piaciute. Come lei sa non incontro volentieri giornalisti, ma a questo concittadino non posso dire di no. Sembra che la RAI voglia farmi un grande servizio, ma non so ancora niente di preciso. Comunque in questo incontro Angela mi spiegherà il suo progetto che poi valuterò. Ci terrei molto se potesse essere presente anche lei".

"La ringrazio", risposi. "Ma penso che Piero Angela desideri incontrarla senza la presenza di altri giornalisti. Sta lavorando ad un progetto e probabilmente non desidera che sia conosciuto prima della sua completa realizzazione". Dopo una settimana Rol mi telefonò per raccontarmi come era andato l'incontro. Me ne parlò con entusiasmo. Mi disse che Piero Angela era un giornalista distinto e molto intelligente. Come sempre, l'incontro era avvenuto alla presenza di altri amici di Rol, i quali furono tutti concordi nell'esaltare la cortesia del giornalista. Qualche tempo dopo, Angela iniziò una serie di puntate televisive sulla parapsicologia che avevano l'unico obiettivo di screditarla a tutti i costi. Al termine delle puntate, pubblicò un libro scritto con lo stesso tono e gli stessi obiettivi. Nel libro dedicò alcune pagine anche a Rol, riferendo l'incontro avuto col sensitivo e ironizzando ferocemente sugli esperimenti osservati. Non è mia intenzione discutere su quelle pagine. Gli esperimenti di cui Angela riferisce nel suo libro, sono ben diversi da quelli osservati da me e da innumerevoli altri testimoni qualificati (...). Angela riferisce di "giochetti" ingenui, ridicoli e conclude che Rol è un prestigiatore da quattro soldi, sul quale sarebbe opportuno 'stendere un cortese velo di silenzio'. Le pagine di Angela destarono l'indignazione di tutti gli amici di Rol, anche perché, implicitamente si sentirono trattare da stupidi. In particolare quelli che erano presenti all'incontro con Angela, i quali giurano che, quella sera, gli esperimenti non si erano svolti come li ha raccontati il giornalista nel suo libro»[22].

Lo stesso Rol, in una lettera pubblicata su *La Stampa* nel 1978, scriveva:

«Sono rimasto stupito come in un recente libro siano state riferite su di me cose inesatte e falsificate, insinuando dubbi perfettamente gratuiti. Chi si

---

[22] Allegri, R., *cit.*, p. 101

atteggia a uomo di studio deve essere giusto e obbiettivo, ma se non lo fa è un grave rischio che non gli consiglio di correre perché la Verità, pur di imporsi, possiede mezzi implacabili e presto o tardi li usa»[23].
Sempre sul quotidiano torinese, nel 1986 il giornalista Remo Lugli intervistò Rol:
«Il dottor Rol mi dice poi di aver aggiunto nel suo testamento una postilla ove dichiara che tutto quanto ha scritto tempo fa su di lui un noto giornalista che tratta argomenti scientifici, è falso.
"Egli ha mentito su quanto mi ha veduto fare, nel modo che l'ha veduto fare e su quanto mi ha sentito dire. Io sono convinto che egli abbia agito col deliberato proposito di ditruggere in me la dimostrazione di tutto ciò che lo spirito umano può compiere quando si ispira a Dio. Tale comportamento mi fa pensare che egli in Dio non crede affatto, ma io lo attendo per quel giorno quando mi incontrerà nell'Aldilà e gli punterò contro il mio dito indice, non tanto per il dispiacere che può avermi procurato, quanto per l'avere, con il suo comportamento, chiuso quella porta che io avevo socchiuso alla Scienza»[24].
Le ragioni per cui Piero Angela avrebbe mentito possono essere varie, e lasciamo che sia il lettore ad immaginare quali. Forse, cercando tutte le possibili attenuanti, voleva solo provocare Rol per indurlo a prestarsi alle sue condizioni sperimentali (uno scienziato che dimostrasse il "paranormale" verrebbe immediatamente insignito del Nobel e avrebbe (forse) gloria imperitura...):
«Naturalmente, come sempre, si può obiettare che la possibilità che un certo esperimento possa essere fatto o replicato con un trucco non significa necessariamente che l'esperimento originale sia truccato. Giusto. Ma allora è necessario che ci sia un *controllo*. Altrimenti si tratta di cose che non hanno alcun valore.
Questi esperimenti avvenivano sotto controllo? No. Come dicevo prima, noi non sapevamo neppure cosa dovesse accadere, e quindi non sapevamo *dove* guardare e *quando* guardare.
Del resto solo un prestigiatore professionista può rendersi veramente conto di cosa sta accadendo e predisporre i controlli necessari.
È mai avvenuto questo?»[25].
La risposta Angela la può trovare nelle testimonianze che abbiamo presentate. Ci si chiederà allora sul perché Rol non abbia acconsentito a controlli ufficiali, a sperimentazioni di fronte a un comitato di... di... è difficile trovare la parola giusta... Infatti, ad un uomo che produce miracoli in continuazione, che ha trasceso la morte e ha avuto la certezza

---

[23] Rol, G.A., *La Scienza non può ancora analizzare lo Spirito*, La Stampa, 03/09/1978, p. 3.
[24] Lugli, R., *L'altro mondo è in mezzo a noi*, La Stampa, 24/05/1986, p. 1 (Tuttolibri).
[25] Angela, P., *cit.*, p. 335.

dell'immortalità dell'anima, e che sa che, presto o tardi, tutti arriveranno a manifestare le sue stesse *possibilità*, da chi dovrebbe farsi "analizzare"? E perché? Per il bene della "scienza"? Ma quale scienza? Non certo quella di oggi, impreparata sul piano spirituale, attenta quasi solo al profitto e in cerca di prestigi personali, ma quella di domani quando saprà rivestirsi degli abiti solenni e fanciulleschi di quella dell'altro ieri, la Scienza Sacra degli antichi iniziati dell'Oriente, dell'Egitto e di altri luoghi sepolti sotto le ceneri del tempo e tra le pieghe dei continenti.

Nell'attesa che questo *nuovo mondo* arrivi, concludiamo questo breve vademecum anti-scettici con l'opinione di Tullio Regge, noto fisico che aderisce al Cicap e con Angela l'unico scettico ad essere rimasto tale anche dopo aver incontrato Rol:

«Non possiedo... elementi di giudizio tali da poter criticare o avallare gli esperimenti del dottor Rol»[26].

Stando così le cose, le speculazioni degli scettici non sono che una piccola statuetta dai piedi di argilla.

---

[26] Rol, G.A., *Scienziati e sensitivi, perché così nemici?*, La Stampa, 11/07/1986 p. 3.

> A quelle sedute medianiche... fummo invitati a partecipare, ma eravamo... certi che Vimalananda non si sarebbe mai sognato d'occupare il corpo di un individuo tanto mediocre[1].

Le presunte "comunicazioni" post mortem di Rol

27/09/2021[2]

Questo post si rende ormai necessario a causa dell'aumento esponenziale negli ultimi tempi di persone che affermano che Rol sia in "comunicazione" con loro (in particolare, ma non solo, per psicografia/scrittura automatica).
Lo diciamo subito: non è quasi mai vero – e questo nonostante la buona fede di molti casi – e il «quasi» riguarda pochissimi casi dubbi, neanche certi, che se si escludessero *di default* siamo certi non farebbero torto proprio a nessuno, men che meno a Rol, il quale difficilmente "comunica" in quel modo e in vita ha comunicato, per davvero, tutto quanto era più che necessario. (…)
Si sente ogni tanto qualcuno/a – nella maggior parte dei casi appartenente al genere femminile (dato statistico) – affermare che Rol è in comunicazione con lui/lei. O per mezzo di psicografia/scrittura automatica, o tramite voci interne o esterne, o tramite sogni. Alcune di queste persone arrivano persino ad essere intervistate in programmi televisivi o invitate a conferenze grazie a tali affermazioni. In uno dei gruppi *facebook* dedicati a Rol tempo fa ebbi già occasione di sferzare i cosiddetti "testimoni VIP" (ovvero non i veri "VIP", persone di fama che conobbero Rol, ma quelli che cercano di assurgere a "VIP" grazie alla luce riflessa di Rol, presenzialisti e attendisti dell'onda mediatica del momento, per dire poi sempre le stesse cose e limitatamente alla loro testimonianza personale, magari espressione di una conoscenza solo saltuaria o appena fugace che diventa di colpo "grande amicizia"). Fortunatamente comunque sono solo una minoranza e non troppo difficili da identificare. A questa classe, anche psicologica, appartiene una parte di coloro che affermano che Rol "comunica" con loro.
Che lui possa manifestarsi *post mortem* è per me pacifico, e non perché "credo", ma perché:
1) è compatibile con le possibilità di un Maestro illuminato o di qualcuno che in vita abbia dimostrato un alto livello spirituale e conseguenti *carismi*

---

[1] Svoboda, R. E., *La legge del karma. Aghora III*, Edizioni Vidyananda, Assisi, 2003, p. 338.
[2] Mio post sulla pagina: *facebook.com/Gustavo.A.Rol*

(così chiamati dalla tradizione cristiana) o *siddhi* (tradizione indiana) di grande estensione e complessità (nessun "sensitivo" passa attraverso i muri o cammina sull'acqua, per intenderci);

2) proprio in quanto *Illuminato*, e proprio per aver dimostrato, in vita, di poter andare oltre la materia, lo spazio e il tempo, da "morto" ha potuto mantenere *volontariamente* la sua coscienza senza avere bisogno del supporto materiale di un corpo fisico;

3) i modi prediletti da Rol – ma si tratta di caratteristica identica per ogni grande Maestro, casi analoghi, anche se rari, si trovano soprattutto nella tradizione indo-tibetana, estremo-orientale e sufica – per intervenire dopo la morte sono due:

a) *Apparizione*, non però in stati di trance o visione mistica di un "fedele", che lo vede, rapito, in una nebbia luminosa o simili, ma in apparente *carne ed ossa*, come fosse veramente vivo, proprio come – quando era in vita – poteva apparire in bilocazione a qualcuno senza che costui potesse immaginare che si trattasse del suo "doppio" e non di lui veramente, che magari se ne stava assorto alla scrivania di casa sua;

b) *Trasferimento di coscienza*, ovvero presa di possesso / presa in "prestito" di un corpo/mente altrui a sua insaputa, facendogli dire o fare cose che non direbbe o farebbe da solo[3]. In genere, la persona che "ospita" Rol temporaneamente non se ne accorge nemmeno né sa, in seguito, che qualcosa del genere è avvenuto, a meno che altri non la informino. Può trattarsi di qualunque persona, ovvero anche di chi non abbia conosciuto Rol o non sappia nemmeno chi sia, o che non abbia alcun interesse nei confronti del "paranormale" o della letteratura *new age*.

Entrambi questi due casi indicano *volontarietà, intenzione, indipendenza*. Rol cioè agisce perché *vuole* agire, indipendentemente dalle richieste di qualcuno che lo invochi o attraverso lo stato psicofisico di una medium che tenti di mettersi in contatto con lui.

Il suo intervento potrebbe comunque essere favorito – ma in sé non è una garanzia di risposta – dal fatto che chi lo richiede lo preghi (ovvero lo "chiami") sinceramente, o inconsciamente sia legato a lui, per qualsiasi ragione, con la mente e col cuore (e quindi la "chiamata" avvenga interiormente e senza consapevolezza).

In ogni caso, per agire, Rol non ha bisogno di qualcuno che ne sia consapevolmente il tramite, né del suo "permesso".

Questo però non significa che, in qualche occasione, egli non possa agire anche in maniera diversa. Sono eccezioni alla regola, non la regola, e vanno valutate caso per caso.

Potrebbe Rol servirsi ad esempio della scrittura automatica per comunicare qualcosa a qualcuno? Sì, potrebbe. Tuttavia lo farebbe solo se quel mezzo gli fosse indispensabile per comunicare qualcosa che non

---

[3] Cfr. cap. X nei volumi precedenti.

potrebbe comunicare diversamente e dovrebbe sempre essere giustificato da una certa gravità. La comunicazione avrebbe senso se fosse diretta personalmente a qualcuno, per risolvere magari una questione (che sia davvero importante sul piano esistenziale e mai banale) che appare irrisolvibile, rivelando cose che dimostrano, nella forma e nel contenuto:
1) in primo luogo, una *conoscenza "paranormale"* che escluda che qualcuna delle persone coinvolte possa essere al corrente della questione oggetto della scrittura (per esempio: il testamento olografo, di cui nessuno sa nulla, scivolato nel retro di un cassetto che la comunicazione fa scoprire, con testimoni che ne attestino il caso in maniera trasparente e inequivocabile);
2) la stessa *calligrafia* di Rol: qualcuno come lui non è certo incapace di farsi riconoscere in maniera completa, non avrebbe quindi senso che si manifestasse a una medium scrivente o a chiunque altro con una calligrafia diversa. Se c'è uno che vorrebbe (e vuole) essere preciso in queste cose, questo era (ed è) Rol.
Se persino uno "spirito intelligente", che non è il defunto, può scrivere come scriveva in vita, come potrebbe un Maestro, che può molto più di uno "spirito intelligente", non scrivere con la sua stessa calligrafia anche dopo morto?
Va da sé poi che ci sono falsari che sanno riprodurre qualsiasi calligrafia anche senza scrittura automatica, quindi la controprova di una eventuale comunicazione dovrebbe essere poi data dagli altri criteri (contenuto, motivazioni, credibilità del testimone, ecc.).
Potrebbe esistere una eccezione: Rol parla nella mente di qualcuno – in vita lo ha fatto – come una "voce interiore" e può o meno dettargli di scrivere qualcosa. La persona allora mantiene la sua coscienza e quindi la sua scrittura. Tale eccezione deve però essere sottoposta a uno *screening* ancora più stretto considerando gli abusi che ne possono scaturire. Quindi: contenuti, motivazione, conoscenza di qualcosa di cui non era dato sapere in precedenza, ecc.
A questa eccezione si collega quella delle possibili comunicazioni di Rol in sogno. È questa la modalità di cui più si sente parlare, e la ragione è perché tutti sogniamo. Anche qui, stesso discorso di prima e occorre ribadire che quasi tutti i casi sono appunto solo sogni. E anche se, poniamo, si sognasse Rol che ci rivela dove sono le chiavi della macchina che pensavamo di avere perso (o situazioni banali di questo tipo) state pur sicuri che non si tratta di Rol – ha cose più importanti da fare – ma del vostro "spirito intelligente" che, prendendo l'aspetto di Rol in sogno, vi rivela dove sono le chiavi;
3) lo stesso *stile*, ben identificabile nei suoi scritti *autografi*: una differenza, per fare un esempio la si può già ravvisare in quei pensieri di Rol che qualche testimone ha raccolto e annotato, e che nello stile sono leggermente diversi da quelli redatti direttamente da lui;

4) la stessa *"filosofia"*, che non era filosofia nel senso speculativo, ma *scienza sacra applicata*. Una delle assurdità che si sente talvolta proferire quando si comincia a mettere in dubbio la provenienza di una presunta comunicazione di Rol – e che presenti evidenti contraddizioni e incoerenze con ciò che Rol diceva e pensava in vita – è che ora Rol, "di là", la sa più lunga di quando era "di qua"…

Quindi Rol, che in vita ha dimostrato possibilità e conoscenze straordinarie e una cultura enciclopedica, ora dopo la morte ne saprebbe di più (cosa certo probabile del resto) però si ridurrebbe a comunicare attraverso qualche medium – invece che farlo nei termini preferiti di cui sopra – cose quasi sempre banali che chiunque potrebbe scrivere (e che la "sensitiva", attribuendole a lui, ha la pretesa di saperne di fatto più di lui, che in vita su queste cose era stato piuttosto chiaro) e questo vale anche per (talvolta) belle parole poetiche che qualunque persona vivente con un minimo di sensibilità poetica potrebbe comporre. Vale a dire, sia nel contenuto che nella forma non si ravvisa niente di speciale, niente di peculiare a Rol, niente che giustifichi davvero una sua "comunicazione". Proprio perché in teoria dovrebbe saperne di più, e proprio perché in teoria dovrebbe potere più ancora di quando era in vita, non si capisce perché dovrebbe scendere di livello, a un livello inferiore, sia nel mezzo scelto, che nel contenuto, che nella forma. Un Rol che comunichi attraverso una "sensitiva" è un Rol *minore* rispetto al Rol in vita, non un Rol *maggiore*.

La psicografia attinge in genere al subconscente di chi scrive, che spesso ne sa molto più della parte cosciente. Dentro di noi abbiamo un archivio "nascosto" in grado di produrre le migliori opere d'arte o fare le più sorprendenti scoperte scientifiche. Quando certe "comunicazioni" hanno un livello superiore alla media, ancora possono essere giustificate col nostro subcosciente, senza postulare nulla di esterno. E quando sono molto sopra la media, è perché stanno già attingendo all'"archivio dell'universo", al quale studiosi e sperimentatori hanno dato da secoli molteplici nomi.

O, che poi non è cosa diversa, stanno attingendo allo "spirito intelligente", che nel "piccolo" corrisponde al "doppio" di ogni essere umano, "scheda" mnemonica che rimane sulla Terra, per un certo tempo, dopo la morte. E così potremo scrivere come Shakespeare se avremo preso contatto con il suo *spirito intelligente*, o dipingere come Picasso, o filosofare come Schopenhauer… e molto più di questo, come gli innumerevoli esempi aneddotici su Rol dimostrano. Una cosa però è dire: "Lo spirito di Shakespeare mi ha detto / sono in comunicazione con Shakespeare / Shakespeare mi parla…" altra cosa è dire "Sono riuscito a prendere contatto con lo "spirito intelligente" di Shakespeare, il quale ha scritto questi versi attraverso la mia mano". Detto in altri termini: "Il mio subcosciente è riuscito ad accedere al "file Shakespeare", e la mia mano ne ha tratto alcuni versi, senza che io interferissi con la mia coscienza normale e volontà". Una sensitiva che pretenda "canalizzare" Rol in una qualunque forma, nella migliore delle ipotesi sta accedendo al suo "spirito intelligente", che *non è il defunto*, perché i defunti non sono tra di noi, come Rol ha spesso ripetuto. Ma anche quella sensitiva o medium che sostenesse questo, ovvero di aver preso contatto con lo "spirito intelligente" di Rol (e che quindi, comunque non è il *vero* Rol, il quale come detto più sopra, a differenza di quasi tutti gli altri defunti, potrebbe agire e manifestarsi liberamente e volontariamente in tutti i "mondi", questa essendo una prerogativa e possibilità dei Maestri illuminati) dovrebbe poi però sottostare ai criteri visti sopra (stile, contenuti, calligrafia, eventualmente voce, ecc.). La strada quindi è *molto* lunga prima di stabilire il chi, il cosa e il come sia intervenuto. Chi riferisce o pubblica scritti con l'affermazione "Rol mi ha detto" o attribuendo a Rol comunicazioni dirette post mortem come fosse un dato stabilito e certificato sta illudendo se stesso e gli altri (e questo senza contare le mistificazioni intenzionali di chi cerca solo visibilità).

Il vero Rol, se e quando interviene dopo la morte lo fa in maniera inequivocabile e per delle ragioni precise (vale per ogni grande Maestro). Di certo non esaudisce richieste di aiuto banali né interferisce col percorso di autoconsapevolezza di ognuno, non di rado favorito da situazioni di sofferenza che nonostante le apparenze e nonostante la limitata coscienza dell'essere umano ordinario possono essere produttive per l'elevazione spirituale. Le persone nel mondo in situazioni veramente tragiche sono milioni, e non c'è alcuna ragione di pensare che Rol perda tempo con comunicazioni irrilevanti o venga in aiuto a chi in realtà non ne abbia bisogno, o comunque il cui problema sia infinitamente inferiore a quello di milioni di altre persone. Un sano esercizio psicologico è quello di provare a mettersi al suo posto (cosa peraltro non semplice visto che la sua prospettiva è molto al di sopra di quella dell'essere umano ordinario). Dove, come e quando intervenire?

Altri suoi interventi hanno invece natura "dimostrativa", in particolare quelli dove assume temporaneamente il corpo di qualcun altro, più per dimostrare questa possibilità, che per la situazione in se stessa. E si tratta sempre di situazioni estemporanee, improvvise, non annunciate, nella vita quotidiana e non in sedute simil spiritiche, con persone che non se lo aspettano, talvolta in maniera provocatoria, scherzosa, irriverente, allusiva. Sono entrate in scena "magiche", un po' da Mago Merlino e ben lontano dalla fenomenologia cosiddetta "medianica". E la percezione è proprio quella di un personaggio *vivo*, non di un "morto" che si manifesta da un imprecisato oltretomba.

Per concludere, un principio importante per porre paletti rigorosi alle affermazioni di chicchessia – chi non potrebbe affermare: "Rol mi ha detto"? – è quello di considerare *apocrife*, quindi illusorie, di default, tutte queste presunte "comunicazioni". Si ottiene intanto di non mescolare con queste cose il Rol certamente *vero* e *autentico* vissuto in carne ed ossa nel XX° secolo e che è ben lungi dall'essere ancora compreso (e che di norma le stesse "sensitive" hanno raramente capito); e poi si arginano gli approfittatori e quelli che cercano visibilità facendo affermazioni altisonanti inverificabili (come tutto quanto è strettamente soggettivo), distraendo e fuorviando chi, attirato dalla figura di Rol, è in cerca di risposte per la propria vita o di un Maestro del quale seguire le orme.

Nella rara eventualità che in questo materiale apocrifo – e mi riferisco alle presunte "comunicazioni", non alle altre modalità post mortem viste sopra – vi sia ogni tanto qualche perla autentica, essa ha già eventualmente espletato la sua funzione nell'intimo del destinatario del messaggio, quindi è irrilevante che venga resa pubblica, e pertanto si può pure mettere in conto di perderla (ovvero: l'esclusione di default da una divulgazione pubblica non pregiudica il valore eventuale per il destinatario), dal momento che non aggiungerà nulla a quello che Rol già disse in vita, più che sufficiente soprattutto per arrivare alla meta da lui auspicata, ovvero quella *coscienza sublime* grazie alla quale l'umanità potrà davvero fare un salto evolutivo.

*

A margine e complemento di questo articolo-post, può essere utile riproporre qui un episodio pubblicato in un gruppo *facebook* nel giugno 2022, al quale ho posto alcuni paletti interpretativi. È un caso che non giudico rilevante, se non a titolo di esempio di molti altri casi analoghi:

> «Ero in vacanza giornaliera a C., ospitata da amici che hanno un hotel. Volevo fare delle belle foto e mi sono diretta verso il mare con al collo la mia macchina fotografica ... cerco di togliere il coperchietto dell'obiettivo e mi accorgo che non c'è più ... che peccato, ci tengo così tanto alla mia macchina... ripercorro la strada che ho fatto sulla sabbia e nel vialetto di accesso ma non lo vedo proprio... allora mi rivolgo a Rol pregandolo di farmelo ritrovare magari di seconda mano perché nuovo è costoso. Ormai è ora di pranzo e mi dirigo verso l'hotel dove ci aspettano i nostri amici ... mi siedo a tavola e dopo 10 minuti si avvicina un tizio (fotografo anche lui ma di professione) al mio tavolo e mi porge il coperchietto chiedendomi se è mio... ha trovato il coperchietto e siccome poco prima mi aveva notata con la macchina al collo ha pensato che forse lo avevo perso... io ho subito pensato a Rol che ha sentito la mia preghiera e meraviglia! Non solo me lo ha fatto trovare ma me lo ha fatto riportare da una persona... e ho detto a quella persona che avevo pregato Rol perché me lo facesse

ritrovare ed eccomi esaudita... ma addirittura che me lo facesse portare fino al mio tavolo non l'avrei mai pensato... e non è la prima volta che chiedo a Rol un aiuto a ritrovare una cosa che ho smarrito e nel giro di pochissimo tempo la cosa è ritrovata».

Questo il mio commento:

«Come anche altri hanno qui osservato, e pur nel rispetto delle emozioni della signora..., vorrei mettere in guardia dal tranello di cominciare ad attribuire a Rol qualunque cosa. Se a chi fa certe esperienze più o meno sincroniche fa piacere dar loro il volto di Rol, nulla di male, purché rimangano nel privato. Esse, lungi dal dimostrare l'operato post mortem di Rol – che agisce, quando agisce, in maniere molto più "nette" e per cose che abbiano effettiva rilevanza – lo sminuiscono e lo espongono alla critica facile e scontata, annacquando i prodigi e i miracoli veri. Lo scorso anno ho fatto un lungo post dove cerco di mettere dei paletti a queste cose e al quale rimando. Qui cito solo il passo seguente:

"anche se, poniamo, si sognasse Rol che ci rivela dove sono le chiavi della macchina che pensavamo di avere perso (o situazioni banali di questo tipo) state pur sicuri che non si tratta di Rol – ha cose più importanti da fare – ma del vostro "spirito intelligente" che, prendendo l'aspetto di Rol in sogno, vi rivela dove sono le chiavi".

Nel caso del copriobiettivo della signora, la prima spiegazione è che si tratta di semplice coincidenza, è cioè qualcosa che sarebbe benissimo potuto accadere anche se lei non avesse pensato a Rol. La seconda spiegazione, che qui mi pare comunque meno probabile, è che lo "spirito intelligente" della signora abbia esercitato una influenza psichica intorno a lei – e quindi abbia sollecitato l'attenzione del "collega" fotografo – tale da facilitare le circostanze del ritrovamento e della restituzione. Moltissimi casi si spiegano così... La terza spiegazione, ovvero un intervento di Rol, la escluderei»[4].

---

[4] Di ben diverso livello e valore altri episodi che pur avendo l'aspetto di *sincronicità* fanno intravvedere un più plausibile intervento post mortem di Rol. Due esempi sono quelli della cartolina spedita da Via Rol nel 1919 (cfr. vol. III, XLIX-58) e quello delle tre nuvole sopra il quartiere di Rol che il 3 luglio 2022 hanno preso la forma delle tre lettere R, O, L a formare la parola "Rol" (cfr. mio post del 14/07/2022 sulla pagina *facebook.com/FrancoRolAutore*).

Rol, un Buddha occidentale del XX secolo[1]

Nel luglio 1927 Gustavo Adolfo Rol scriveva nella sua agenda di lavoro: «Ho scoperto una tremenda legge che lega il colore verde, la quinta musicale ed il calore. Ho perduto la gioia di vivere. La potenza mi fa paura».
Aveva 24 anni e si trovava a Parigi, dove lavorava come funzionario bancario presso la Banque Sudameris, partecipata Comit, di cui il padre era direttore della sede di Torino, e dall'ottobre 1923 era anche iscritto alla Facoltà di Legge dell'Università di Torino in cui aveva dato solo 6 esami (di cui 2 ripetuti), l'ultimo di statistica (con voto 26/30) ad aprile 1927, ciò che a posteriori appare piuttosto significativo. Poi più nessun esame per tre anni fino a giugno-luglio 1930, quando ne darà tre (diritto di processo civile, amministrativo, comparato). Nel frattempo, dopo Parigi si era trasferito a Londra, all'ufficio cambi della filiale Comit e in seguito alla Clydesdale Bank di Edimburgo. Passeranno altri tre anni senza esami, nei quali intanto era tornato in Italia, presso le filiali prima di Genova e poi di Torino. Nel maggio 1933 entra in aspettativa per la preparazione delle tesi di laurea, ma ancora deve dare gran parte degli esami, quasi un decennio dopo l'immatricolazione. Recupererà in una maniera fuori dall'ordinario, dando 11 esami in tre settimane, tra il 22 giugno e il 12 luglio 1933 con una votazione media di 21/30, non passandone uno che ridarà a novembre. A dicembre si laurea con 90/110. Ho pubblicato la sua tesi di laurea in appendice al mio studio *L'Uomo dell'Impossibile*.
Ho voluto cominciare da questo quadro universitario ancora inedito per mostrare elementi tangibili che corroborano che qualcosa di significativo era effettivamente successo in quel luglio 1927. Nei sei anni successivi Rol non pare molto interessato al suo corso di laurea, indice della crisi da cui stava passando – nel febbraio 1928 prenderà licenza dal lavoro per «esaurimento nervoso», nei mesi precedenti era perseguitato dagli incubi – e degli interessi diversi che stava avendo, anche se indubbiamente il suo tempo era assorbito dall'impiego in banca, che aveva accettato per compiacere il padre e per essere indipendente economicamente.
Ma per quanto nel corso del 1933 o prima potesse aver preparato i nuovi esami, non si può non ravvisare una eccezionalità nel brevissimo spazio di tempo in cui li diede, anche se con una votazione non brillante. Non mi stupirebbe scoprire che non li preparò nemmeno, forse diede appena una rapida scorsa ai libri appoggiandosi alle nuove funzionalità del suo sistema nervoso; ciò che gli premeva era terminare comunque il suo corso

---

[1] Mio articolo pubblicato sulla rivista *Mistero*, Edizioni Fivestore-RTI, Cologno Monzese, n. 100, agosto 2021, pp. 35-46. Le note sono state aggiunte per questo volume.

di laurea, ne andava del suo onore e della sua credibilità, lo considerava un dovere verso se stesso e la sua famiglia. Quel titolo infatti, al lato pratico, non gli servì a nulla nella vita, il padre morirà pochi mesi dopo (il 2 giugno 1934) e lui tre settimane dopo la sua morte si dimetterà dalla banca. La sua strada era un'altra.
Fu probabilmente tra il 1934 e il 1939 che Rol andò per la prima volta in India e Tibet, anche se non si hanno per ora conferme cronologiche. Vi andò non per intraprendere un cammino spirituale o "in cerca di se stesso", ma per trovare conferme a quanto già aveva trovato e per parlare con qualcuno come lui, con cui scambiare idee, conoscenze, consigli pratici.
Non un sensitivo, un medium o un mago, etichette date in seguito a lui da parte di Occidentali non in grado di comprenderlo e con parametri inadeguati e superficiali, ma un maestro spirituale che avesse raggiunto l'illuminazione o quantomeno che vi fosse giunto vicino. Rol era un Buddha in cerca di un altro Buddha, qualcosa al limite dell'impossibilità statistica, vista la rarità di questo *status* psico-fisico-spirituale. Nonostante siano anni che io ripeta *ad nauseam* che Rol fosse un *illuminato* (che è ciò che appunto significa "Buddha", da *bodhi*, illuminazione), giornalisti, disinformati e testimoni non prossimi a lui continuano a usare le definizioni sbagliate di cui sopra e che lui stesso in vita ha rigettato ripetutamente e a ragione. Proprio perché ne ho scritto e detto spesso, non insisterò ora su questo punto. Inquadrare correttamente Rol a cominciare dalle definizioni è però essenziale, perché facilita la comprensione di chi fosse così come la giustificazione e la spiegazione dei suoi molteplici "poteri paranormali" che lui chiamava semplicemente, ma in modo pertinente, *possibilità*. Praticamente per tutti quelli che hanno scritto di lui Rol era un "mistero" – nessuno infatti lo ha spiegato o capito, ma solo testimoniato – e questo è l'indice dell'ignoranza occidentale che non sa riconoscere un Maestro che oltrepassa di gran lunga qualifiche adatte a personaggi di calibro ben inferiore e che con Rol hanno assai poco in comune se non qualche millesimo delle sue possibilità paranormali, che possono manifestarsi spontaneamente e saltuariamente anche in individui del tutto comuni, in altri che riescono a condizionare ambiente e persone attraverso rituali, in chi possieda vocazioni mistiche o infine in chi abbia appreso come entrare in *trance*, forzata alterazione dello stato di coscienza normale che mette in comunicazione con piani diversi dall'ordinario, e che non è l'indice di alcuna elevazione spirituale o saggezza, ma solo di un meccanismo psichico accessibile a chiunque senza grande preparazione, e che in quanto tale è soggetto alle influenze più diverse e senza alcun tipo di controllo, con contraccolpi che possono essere anche gravi sul piano psicofisico.
Tali contraccolpi del resto sono sempre dietro l'angolo per chiunque sia penetrato – da qualunque via – nella dimensione al di là dei sensi, che non

è la dimensione per la quale il nostro corpo e la nostra mente sono stati forgiati da millenni di evoluzione. E all'inizio Rol non costituiva eccezione alla regola. Anche lui è stato punito per aver varcato impreparato la soglia. Punito non da una divinità irata – ciò che è quanto le religioni spesso rappresentano e che va inteso solo simbolicamente – ma dal suo proprio corpo e dalla sua propria psiche, che hanno rigettato *di default* l'apertura a una dimensione sconfinata dell'Essere, come si rigetterebbe un nuovo organo trapiantato e che non fa parte di noi. Ad essere più precisi, è il "trapianto" di un *nuovo corpo* tutto intero, quindi il rigetto è ancora più radicale.

Chiudete gli occhi. Un calore intenso comincia a pervadere il vostro corpo. Non sarà che qualcosa intorno a noi sta andando a fuoco? o siamo noi? Mentre state per riaprirli, l'aria diventa gelida. Un cielo terso blu scuro davanti a voi, e anche dietro, tutto intorno. Siete sul bordo di un precipizio di cui non si vede il fondo nascosto da una nebbia impenetrabile. In alto il cielo stellato, anche se non è notte. Potreste cadere ad ogni istante, siete in precario equilibrio. La paura prende il sopravvento. Vi svegliate. Era solo un incubo. Ora siete tornati ad avere tutti i vostri usuali punti di riferimento, i vostri punti di appoggio, quelli ai quali i vostri sensi e la vostra mente vi hanno abituati, allenati da quando siete nati e dalle generazioni precedenti.

È questa una immagine semplificata, allegorica, dell'accesso allo stato che Rol, *in seguito*, chiamerà *coscienza sublime*, ovvero «l'unione con l'Assoluto, un Tutto, un'interezza senza separazione alcuna». È l'analogo del *nirvāṇa* e del *satori* – anche questo l'ho ripetuto *ad nauseam*, ma forse è stato scambiato per mera opinione – vertice spirituale al quale, solo, si può accedere dopo una lunga, faticosa e ardua scalata. La velocità di salita è inversamente proporzionale al ridimensionamento dell'*ego*: essa aumenta quanto più questo diminuisce. Quando c'è l'individuo non c'è il Tutto, quando c'è il Tutto non c'è l'individuo. Tutti i mistici, chi più chi meno, hanno avuto accesso per poco o per molto a questa condizione. Nel Maestro illuminato essa è permanente, o meglio, è *permanentemente disponibile* e in una maniera che quasi appare invisibile e che "si attiva" in base alle circostanze. Egli vive contemporaneamente e naturalmente in due mondi, non ha bisogno – per esprimere certe sue possibilità – di alcun rituale né artificiosa pantomima (a meno che, come eccezione, egli non voglia comunicare qualche cosa di simbolico o suggerire indizi di ricerca al neofita), è orientato completamente ad aiutare gli altri, perché di norma si sente indegno della fortuna che ha avuto – sbirciare nei segreti dell'Infinito – e vuole sdebitarsi nei confronti di chi gliel'ha concessa, ovvero il Tutto, al quale la devolve.

La *coscienza sublime* è, nella tradizione indù, *sat-chit-ānanda*, *essere-coscienza-beatitudine*, come beatitudine è quella che sperimenta il paracadutista in caduta libera. Ma come potrebbe essere beatitudine per chi venisse scaraventato a sua insaputa giù da un aereo per la prima volta e senza alcun allenamento previo? Ecco un altro esempio che spesso mi piace fare (anche perché ho fatto paracadutismo). L'adrenalina dello sport estremo si traduce in vero e proprio terrore, la «tremenda legge» della gravità ci mette al cospetto della sua *potenza incontrollata*. Solo l'esperienza permetterà di controllarla. La tradizione indiana chiama la potenza *śakti*, corrispettivo del greco δύναμις (*dúnamis*). Essa tutto pervade, è stata rappresentata come una dea dalle molte maschere a seconda della prospettiva o della funzione, la più ampia è quella di "Grande Madre", conosciuta in tutte le tradizioni; in alcuni aspetti è benefica in altri terrifica, rispecchiando appena il punto di vista soggettivo del "devoto", ovvero dell'apprendista "paracadutista". Essa è anche la dea della sessualità, Venere, Afrodite, Astarte, Ishtar, perché l'impulso sessuale è nell'essere senziente il corrispettivo *individuato* dell'impulso cosmico della creazione.

L'orgasmo è un piccolo e breve assaggio della beatitudine sperimentabile con la *coscienza sublime*. Nel suo aspetto *interno*, *śakti* è conosciuta col nome di *kuṇḍalinī*, raffigurata come un serpente addormentato alla base della colonna vertebrale (ovvero, nel centro sessuale, *mūlādhāra cakra*). Si parla sovente di "risveglio" senza sapere da cosa derivi tale espressione, associandolo a un secondario significato di non essere più addormentato, ovvero di vedere la *vera realtà*. È certo anche così, tuttavia è primariamente qualcosa di meno astratto, è il risveglio di questo "serpente", l'attivazione dell'impulso sessuale non rivolto verso l'esterno come di consueto ma che si *sublima* internamente verso l'alto, "attorciliandosi" come nel simbolo del caduceo ermetico per esprimere il movimento spiraliforme dell'energia, e attraversa gli altri *cakra* – processo che genera *calore* – fino a raggiungere il "settimo cielo", ovvero il *cakra* in cima alla testa noto come *sahasrāra*, o *loto dai mille petali*. È il momento dell'illuminazione, il quale conferisce *come conseguenza non cercata* e gradualmente, percezioni e poteri *super-normali* che la tradizione indù chiama *siddhi* (perfezioni, compimenti), e che corrispondono appunto alle *possibilità* di G.A. Rol.

Questo processo se attivato maldestramente, ovvero senza adeguata preparazione psicofisica e spirituale, può essere pericoloso, così come lo sarebbe una corrente elettrica mal direzionata o un filo elettrico collegato alla bell'e meglio a una presa di corrente. È ciò che accadde a Rol, che in quel 1927 risvegliò la sua *potenza serpentina* in maniera più o meno casuale – avendo probabilmente trovato spunti di sperimentazione anche nel libro di Julius Evola *L'uomo come potenza* pubblicato nel 1925 – e ne ebbe una paura tremenda.

Gran parte di quanto stiamo dicendo qui è inedito. E di inedito desideriamo pubblicare anche l'essenziale racconto seguente di Rol, trascrizione (qui parziale, per ragioni di spazio) da un discorso (con qualche elemento già noto) da lui fatto nel 1975, di cui abbiamo la registrazione:

«Un giorno mi ricordo ero a Marsiglia, e lavoravo alla Banca Commerciale Italiana (...). Passavo sabato pomeriggio (...) al vecchio porto (...), pioveva a dirotto. Dopo il temporale un enorme arcobaleno partiva da *Notre-Dame-de-la-Garde* e attraversava *Pont transbordeur* e pareva che abbracciasse tutta quanta Marsiglia. (...) Dopo, distogliendo gli occhi dicevo: "Sono i sette colori dell'iride, ma come mai io ricordo solo il colore verde?" pensavo all'arcobaleno e vedevo il colore verde, "ma che strano, eppure sono sette: *rouge, orange, cyan, vert, jaune, indaco* e *violetto*, son sette". E poi mi son detto (...): "Quel colore verde era quello di mezzo, il colore di mezzo... sono sette i colori, tre da una parte e tre dall'altra, e c'è quello di mezzo. Vediamo un pochettino, per quale motivo... mah, ci sarà un motivo! Perché quel verde?" (...) Poi da lì ho incominciato a pensare sul colore verde, sempre questo colore verde, colore di primavera. In ufficio le lampade sono verdi per non stancare gli occhi. I giocatori adoperano un tappeto verde, tutto verde. Poi mi sono ricordato di avere letto che il colore degli iniziati indiani era verde, che Napoleone ha voluto uno smeraldo il giorno della sua incoronazione, dicendo: "Il colore verde è il colore della forza, la mia livrea..." di Napoleone era verde – la livrea – la giacchetta che lui aveva dei Cacciatori della Guardia. Perché? Perché il colore verde è segno di forza? Ragionavo, mi dicevo: "Chissà perché questo colore verde dev'essere così un segno di forza". Allora mi sono messo a dire – da lì il passo è breve – "sette volte ci sono colori (...), le note musicali sono sette (...), ci dev'essere un rapporto tra le note musicali e il colore. Quale rapporto? Avevo studiato fisica, ero uno che amava leggere, sapevo che cos'è lo spettro solare (...). Allora mi son detto: scommetto... *do, re, mi, fa, sol, la, si* (...) che il *fa* corrisponde al verde. Intanto mi avevano trasferito a Parigi».

Qui Rol, a casa del suo direttore generale Giuseppe Zuccoli, conosce De Broglie, probabilmente Maurice (non è del tutto chiaro dalla registrazione, ma escluderei per ora il premio Nobel Louis, suo fratello) noto fisico membro dell'Accademia delle Scienze francese, studioso dei raggi X.

«Allora una sera, ero a casa sua, gli ho chiesto se si poteva sapere, potevo vedere delle vibrazioni. Lui questo giovane ha voluto aiutarlo. Sono andato e difatti ho potuto misurare le lunghezze d'onda del colore verde, del verde puro, quello che si vede come un cristallo, che luccica. Vedrete che la prima volta che avete un lampadario davanti, che ci batte il sole, vedrete tutti i sette colori, ma il colore verde è quello che vi colpisce.

E ho visto che non corrispondeva per niente. E allora sono stato molto deluso, e mi son detto: come mai? Poi, ho detto: "Numero cinque? [numero "centrale" rispetto a 1 e 9, *n.d.a.*] E se fosse una quinta musicale? *Do, re, mi, fa, SOL? la, si...*" E allora mi sono ricordato delle note del violino – perché suono il violino – allora la quinta musicale: ta-ra-via! l'accordo dava la stessa vibrazione del colore verde. "Ah! C'è un rapporto!" Allora ho incominciato a dire: "Il movimento è calore, dove c'è calore c'è vita, la vibrazione dava un movimento, vediamo: potenziale di calore che dà le vibrazioni".

C'è un apparecchio formidabile, lo avete visto, lo danno anche ai bambini, c'è il vuoto, dentro il vuoto c'è un ago, c'è una paletta argentea e l'altra nera, e gira sempre, perché la luce da una parte assorbe, spinge e dall'altra emana, e allora quello gira [si riferisce al Radiometro di Crookes, *n.d.a.*]. Naturalmente sarebbe eterno, però si consuma il perno, dopo un certo numero di anni si ferma... c'è il vuoto assoluto sotto la campana.

Allora ho potuto, lì all'Institut, stabilire il grado di calore trasmesso su di un capello... poi ampliato moltissimo sulla placca di metallo sulla quale mettevo la mano e sentivo il tipo di calore. Allora mi son detto: "Se uno riesce a immaginare il color verde", ma il puro verde, il verde smeraldo, "nello stesso tempo immagina di sentire una quinta musicale", qualunque sia, "e immette in se stesso quella quantità di calore che le vibrazioni davano, l'uomo si mette in una condizione di percezione o di emanazione formidabile!" E mi son detto: "Come posso fare per saperlo?". Sempre il caso che mi aiuta. Passavo davanti a un tabaccaio – fumavo – sono andato a comprare le sigarette. In quel momento c'era un vecchietto che comprava (...) un mazzo di carte.

"Vous les voulez rouge ou bleu?". [Le volete rosse o blu?]

"... rouge". [Rosse]

"Dia un pacchetto di carte anche a me".

Ritorno, vado a casa, e mi ricordo sempre ho tirato fuori i quattro dieci... E poi dico: "Sono due nere e due rosse. Teniamo le due nere, pigliamo il più rosso. Vediamo un po'... mescolo. Allora io immagino..." – prima ho fatto: "Rosso, il rosso è caldissimo, è rosso! Queste son nere, son morte!" – Stabilito quello, le mescolo e dico: "Adesso io immagino di sentire la quinta musicale, di vedere il colore verde, percepire un calore determinato...", guardo, era nera! Ho provato dei mesi, non ci riuscivo, non ci riuscivo... Finalmente un giorno mi sono detto: "Se lo vuoi non lo puoi, sei ancora sulla Terra, in un corpo, questo corpo ha delle necessità, vivi in una dimensione, non puoi andare oltre". E io allora ormai ho imparato che la carta rossa è percepibile, perché ho stabilito che è calda, e che la carta nera, viceversa, la carta nera no... mi chiesi: "Cosa faccio? Passo la mano e penso ad altro", mi sono messo a pensare a una donna nuda, che era la cosa che in quel momento mi distraeva di più, all'età che c'avevo. Ho sentito di colpo che la mano si è fermata su di una carta,

guardo, la carta rossa! Provo due volte, tre volte, quattro volte, cinque volte, allora ho preso tutte le carte e mi dicevo: "Togliamo le figure" – ho tolto tutte le figure, perché nelle figure ci son dei rossi e degli scuri, imbrogliavano – ho preso tutte queste carte... "Rossa... nera... rossa... nera... rossa...Tutte! Non è possibile!" Era il 27 di luglio del 1927, mi ricorderò sempre, poi sono arrivato [ad aggiungere] anche le figure subito dopo, perché c'era il segno sulle figure. Tutte e 52!... 54 con i due jolly. Mi ricordo sono sceso – stavo in Rue de Marronniers – passato il Passy, scendo giù a Rue des Champs Elysées, erano le sei del pomeriggio, luglio, bella giornata, stupenda, guardavo tutto, dicevo: "Sono il padrone, fra poco avrò tutto quello che voglio. Tutto! Perché se faccio questa cosa qua, svilupperò, l'applicherò a chissà che cosa. Tutto quel che c'è di più bello sulla Terra, avrò la potenza, una cosa meravigliosa". E camminavo, guardavo le vetrine, automobili, dicevo: "Ah! adesso avrò tutto quello che voglio, non più lavorare", eccetera... e avevo il mazzo di carte, ero andato a sedermi sulla panchina, c'è sempre quella panchina negli Champs Elysées, davanti al Pavillon d'Armenonville, tutte le volte che vado a Parigi passo di lì da quelle parti e ci dò un'occhiata, alla panchina. (...) Ed era notte, nella notte mi siedo su quella panca, davanti al Pavillon d'Armenonville, avevo fame, mi sono poi comprato uno di quei sandwich lunghi, me lo sono mangiato, me ne stavo lì contento, dico: "Adesso per stasera spendo tutto quello che c'è in tasca, domani incomincerò a pensare come mettere a profitto questa cosa". E c'era una bella luna che batteva e c'era uno seduto lì, un vecchietto, un uomo:
"Monsieur, est ce-que vous avez l'heure?" [Signore, sapete che ore sono?]
Faccio vedere l'ora, pensavo a me stesso. Mi fa:
"S'il vous plaît, vous avez l'heure?" [Per favore, avete l'ora?]
Sentivo che c'era una persona, chiedeva l'ora. Vedo che aveva il bastone bianco dei ciechi, fra le gambe, allora gli dico: "L'ora tale".
Cieco... Ho incominciato a pensare: "Cieco... e allora posso diventare malato, cosa me ne faccio di tutta questa roba che possiederò?", ero un po' ridimensionato nel mio entusiasmo, mi ha fatto un po' effetto questo cieco e sono andato a prendermi il metrò, sono andato a casa subito. Son tornato a casa triste e dicevo: "Tutto quello che avrò... tanto devi lasciar tutto, devi morire, devi morire, devi morire, diventare cieco, puoi ammalarti, è una cosa momentanea". Ero triste, tristissimo! È stato un dramma, un dramma. (...) Fatto sta che io poi sono venuto a Torino, ero in licenza perché sono stato malato, e sconsolatissimo andai qui da Padre Righini[2] – avevo fatto gli studi al Sociale – dal gesuita, dico: "Sono molto infelice". (...)
"Ma cosa c'hai?".

---

[2] A Santa Croce, istituto religioso sulla collina di Torino, dove Rol andò in ritiro da febbraio a maggio 1928. Padre Pietro Righini ne era il direttore spirituale. Cfr. *Il simbolismo di Rol*, pp. 381-382.

Un santo, Padre Righini. Gli racconto la mia storia, dice:
"Medita, leggi il Vangelo, Dio ti illuminerà".
Mi ha illuminato mia madre. Mia madre è venuta su, a Santa Croce, qui sulla collina di Torino, e dice: "...ma tu non so cos'hai in quella testa! Senti – perché le ho detto tutto – non avere paura di tutto quello che potrai avere con queste cose, se tu hai paura che queste ti ricordano che devi morire puoi evitarlo, dai agli altri quello che hai paura di dare a te stesso, dallo agli altri, e allora in quella maniera lì vedi che è tutto utile!"
E da quel momento ho incominciato a dare agli altri. È stata così la mia storia... per quelli che credono».

Questa naturalmente è *una parte della storia*, Rol non poteva né voleva svelare tutto e comunque doveva essere sintetico (potrebbe inoltre aver sovrapposto, in questo discorso a braccio a mezzo secolo di distanza dagli avvenimenti di cui parla, le esperienze di Marsiglia e Parigi, perché in un suo scritto autografo del 1977 – posteriore a questa registrazione – afferma di aver acquistato le carte dal tabaccaio a Marsiglia e non a Parigi, come risulterebbe qui[3]). La *sinestesia*[4] indotta di verde visualizzato e quinta musicale *sentita* con l'orecchio interiore – analoga dell'OM indù che ha funzione identica – crea condizioni mentali favorevoli di concentrazione che preparano il risveglio di *kuṇḍalinī*, la quale è di fatto la protagonista principale, quella che "fa la differenza", di questo racconto nelle vesti della «donna nuda», che "introdotta" durante la visualizzazione degli altri elementi dona loro ciò che gli manca, l'*energia sessuale sublimata* senza il cui contributo nessuna autentica realizzazione spirituale è degna di questo nome. Beninteso, perché occorre ripeterlo: non si tratta di una mera condizione psicologica in senso freudiano (Rol aveva affermato di essersi «spinto oltre la sfera dell'istinto esplorata da Freud»[5]), ma di una reale trasformazione psicofisica, un rivolgimento neurologico che crea molteplici nuove connessioni sinaptiche e attiva aree cerebrali prima inattive o non attive, *in contemporanea*. Parlare quindi di "illuminazione" non è più una metafora, ma una effettiva condizione neurologica.
Da lì in poi il buio si trasformò in luce, l'Illuminato Rol prese dimestichezza con ciò che prima gli faceva paura, spingendosi a sperimentare ed esplorare le *potenzialità* dello *spirito-śakti*, in grado di manifestarsi per suo tramite rendendo possibile l'impossibile.

***

---

[3] *Ibidem*, p. 374.
[4] Si veda in proposito il mio approfondimento preliminare in *Fellini & Rol*, p. 221 e sgg.
[5] in: Lugli, R., *Il prodigioso "viaggio nel tempo" vissuto come in un sogno colorato*, La Stampa, 24/09/1972, p. 3.

In un post di agosto 2021 dove si commentava questo mio articolo, una utente, che aveva affermato di occuparsi «di studi Orientali e di lingua e letteratura sanscrita», sosteneva che era più corretto tradurre la radice *bodh-* con "risvegliato", piuttosto che con "illuminato"» perché «"risvegliato" è il vero significato del termine pali o sanscrito» mentre «"illuminato" è un concetto teologico occidentale». «L'uomo illuminato riceve la luce... Il risvegliato è stato lui l'autore della ricerca e del risveglio così come avvenne per Buddha».
Così la mia risposta: «Risvegliato e illuminato sono di fatto termini coincidenti. Da un punto di vista etimologico, è vero, "risvegliato" è più preciso, ma illuminato definisce meglio un processo concluso, stabilizzato (comunque non è un concetto teologico occidentale, ma corrisponde alla descrizione di una esperienza psico-fisica che in India è stata riferita e analizzata più che in qualunque altro luogo)».
Sua risposta: «D'accordissimo se ci rifacciamo a paraetimologie. Era solamente una riflessione perché occupandomi di studi Orientali e di lingua e letteratura sanscrita giornalmente mi confronto con un grande dibattito che si è aperto tra i *pandit* indiani e il travisamento che gli studiosi occidentali hanno inconsapevolmente avuto nella traduzione di molti termini sanscriti. Uno dei punti in questione è proprio la traduzione nelle lingue occidentali del termine Buddha con "illuminato"».
Mia replica: «Non ne dubito, tuttavia in tale dibattito non si può prescindere dal significato di che cosa esattamente caratterizzi questo risveglio. In un commento più sotto ho associato illuminato ad *acceso*. Per avvicinarmi ancor più al senso etimologico, dove Risvegliato e Illuminato si identificano, si potrebbe dire *ravvivato*, come il fuoco che si riprende dalla brace che pareva ormai spenta. Ed è per l'appunto qui che *illuminato* caratterizza meglio ciò che questo risveglio intende. Non so chi sostenga che "illuminato" sia un travisamento, di certo io non concordo, perché ciò è esattamente quello che un Buddha è, neuro-fisio-psico-logicamente parlando, così come "fotografa" meglio l'effettiva caratteristica del risveglio, che è appunto l'Illuminazione».
Segnalavo poi la voce «Illuminazione» nel *Dizionario del Buddhismo* curato da Philippe Cornu (Bruno Mondadori, 2003, ed. originale francese del 2001), uno dei migliori, dove è scritto che «La parola Illuminazione, o Risveglio, ha differenti significati a seconda dei veicoli». Naturalmente i diversi significati sono dovuti a incomprensioni e divergenze successive, comunque Illuminazione e Risveglio vengono qui equiparati.
Avevo anche scritto: «"Illuminato" non è qualcuno che riceva una Luce da fuori, ma la descrizione di come quel qualcuno si trova all'interno. Potremmo anche dire *acceso*, ciò essendo precisamente conforme al processo interno di *calore* che si sviluppa con il risveglio di *kuṇḍalinī*. Come nel fuoco, luce e calore sono inseparabili».

Infine, per l'etimologia segnalavo anche una interpretazione «secondo la quale "budh" significa "che porta [h] energia [b] luminosa [d]"» (in: Rendich, F., *Dizionario etimologico comparato delle lingue classiche indoeuropee*, 2013, p. 360).

Qui aggiungerei anche che, da un punto di vista descrittivo, si potrebbe dire che il Risveglio, pur se per brevissimo tempo o forse senza distinzioni di tempo, avviene prima dell'Illuminazione, essi potrebbero essere sia coincidenti sia fasi consequenziali di un processo. La dea-serpente *kuṇḍalinī* sta "dormendo" e viene "svegliata", quindi "sorge" / "è suscitata" (da cui *ri-sorgere* e *ri-suscitare*), si drizza come un serpente, o come il Sole (= Cristo) che *ascende* verso lo zenit, ovvero il vertice della colonna vertebrale, facendo sbocciare in cima alla testa il *loto dai mille petali* (*sahasrāra cakra*), corrispondente all'illuminazione (sono queste le basi di quella che nel 2000 ho chamato *neuroteologia*). Se quindi vogliamo essere precisi, possiamo inquadrare il *Risveglio* come l'inizio del processo neuro-fisio-psico-logico che conduce all'*Illuminazione*, dove il *Risveglio* è l'*alfa* e l'*Illuminazione* l'*omega* (anche se potrebbero avvenire, o dovrebbero essere considerati, contemporaneamente: «Il primo gradino della scala a percorrere e l'ultimo, sono sullo stesso piano»[6]).

A titolo comparativo e di mero esempio, perché su questo argomento – che non ha a che vedere con un credo o una filosofia, ma con una trasformazione neuro-fisio-psico-logica – ho potuto raccogliere centinaia di pagine di documentazione, ecco cosa ha scritto Mircea Eliade:

«L'istantaneità dell'illuminazione spirituale è stata paragonata in molte religioni al lampo. Non solo: la brusca luce della folgore che fende le tenebre è stata valorizzata come un *mysterium tremendum* che, trasfigurando il mondo, riempie l'anima di un sacro terrore[7]. Le persone uccise dalla folgore sono valse come rapite al Cielo dagli dèi del temporale e i loro resti sono stati venerati come delle reliquie. Chi sopravvive all'esperienza della folgore è completamente trasformato: comincia una nuova esistenza, è un uomo nuovo. Uno Yakouto colpito dalla folgore senza esserne leso raccontò che il Dio era disceso dal Cielo, gli aveva smembrato il corpo e poi l'aveva risuscitato; in seguito a questa morte e a questa resurrezione iniziatica, egli era divenuto uno sciamano. E disse: "Ora, vedo tutto ciò che accade intorno a me fino a una distanza di trenta verste". È da sottolineare che in questo esempio di iniziazione istantanea, il tema ben noto della morte e della resurrezione è accompagnato e completato dal motivo della illuminazione improvvisa; la

---

[6] Rol, G.A., *"Io sono la grondaia..."* cit., p. 145.
[7] "Ho scoperto una tremenda legge"…, ecc.

luce accecante del lampo provoca la trasmutazione spirituale grazie alla quale l'uomo acquista il potere della visione. "Vedere a una distanza di trenta verste" è la formula tradizionale dello sciamanesimo siberiano per esprimere la chiaroveggenza.

Ora, questo tipo di chiaroveggenza presso gli Esquimesi è il risultato di un'esperienza mistica chiamata "lampo" o "illuminazione" *(qaumanek)*, senza la quale non si può diventare sciamani. Secondo le informazioni degli sciamani esquimesi Iglulik raccolte da Rasmussen, il *qaumanek* consiste "in una luce misteriosa che lo sciamano percepisce improvvisamente nel suo corpo, nella testa, nel centro stesso del suo cervello, come un faro, inesplicabile, come un fuoco luminoso che lo rende capace di vedere nel buio, sia nel senso concreto che nel senso metaforico, perché ora, anche ad occhi chiusi, egli riesce a vedere attraverso le tenebre e a percepire cose e avvenimenti futuri, nascosti agli altri uomini; e così può conoscere tanto l'avvenire quanto i segreti degli altri".

Quando il novizio sperimenta per la prima volta questa luce mistica, è "come se la capanna nella quale si trova si alzasse tutt'a un tratto; egli vede molto lontano dinanzi a sé, attraverso le montagne, proprio come se la terra fosse una grande pianura e il suo sguardo raggiungesse i confini della terra. Per lui non vi è più nulla di nascosto. Non solo è in grado di vedere molto lontano, ma può perfino scoprire le anime rubate, custodite e nascoste in strane e lontane regioni, oppure portate in alto o in basso nei paesi dei morti".

Fissiamo gli aspetti più essenziali di questa esperienza di illuminazione mistica: a) essa è il risultato di una lunga preparazione, ma interviene sempre, all'improvviso, come un "lampo"[8]; b) si tratta di una luce interiore, percepita in tutto il corpo e soprattutto nella testa; c) quando la si ha per la prima volta, essa è accompagnata da un'esperienza di ascesa; d) si tratta di visione a distanza e, nel contempo, di chiaroveggenza: lo sciamano vede dappertutto e molto lontano, ma percepisce anche entità invisibili (le anime dei malati, gli spiriti) e vede perfino gli avvenimenti futuri»[9].

---

[8] È questa una delle ragioni dell'aver pubblicato alcune realizzazioni grafiche sulla rivista di arte internazionale *Flash Art*. Una l'ho intitolata esplicitamente: *Neurotheology is a Flash Art* (n. 244, october 2005).
[9] Eliade, M., *Mefistofele e l'Androgine*, Mediterranee, Roma, 1995, pp. 18-19.

La beneficenza di Rol

Concludo questo volume pubblicando alcune lettere di ringraziamento da parte di sindaci di San Secondo di Pinerolo, al cui Comune Rol faceva pervenire regolarmente delle donazioni perché fossero distribuite tra le famiglie più povere del paese o per iniziative meritevoli di sostegno (cfr. p. 447 del vol. III, dove già ne faccio cenno).
Le date, nell'ordine sono: 03/10/1946, 28/10/1946, 10/11/1950, 20/04/1964. Ce ne sono anche altre, e di anni successivi, ma non occorre essere ripetitivi, queste sono sufficienti come campione.

Ultima, ma non meno importante, la lettera il cui contenuto è stato spesso riprodotto in vari libri, anche nei miei, ma non è mai stata pubblicata in originale, e che su mia sollecitazione e grazie alla sollecitudine di Adriana Guglielminotti, già direttrice del periodico *La Voce Pinerolese*, è stato possibile rintracciare a gennaio 2021 negli archivi del Comune di San Secondo.
È la lettera del sindaco Giovanni Vicino, del 3 maggio 1945, nella quale ringrazia Rol, anche a nome del CLN, per l'aiuto e l'assistenza fornita durante la guerra agli abitanti di San Secondo.

COMUNE DI SAN SECONDO DI PINEROLO
PROVINCIA DI TORINO

Prot. N. 3722

Addì 3/10/1946

Al Sig. ROL Dott. Gustavo
Via Silvio Pellico 31
TORINO

OGGETTO: Ringraziamento

Ho ricevuto la cospicua somma da Lei inviatami di Lire 30 mila a beneficio di questi poveri e l'ho distribuita subito alle dieci famiglie segnalate come dall'unito elenco.

La ringrazio vivamente pel valido suo interessamento anche a nome dei beneficiati e L'assicuro perenne riconoscenza.

Sto interessandomi per la sua proposta di acquisto del busto di Napoleone e Le farò risposta in merito non appena si sarà all'uopo pronunciato questo Consiglio Comunale.

Gradisca i miei cordiali saluti

IL SINDACO

(foto © Franco Rol – Archivio Storico del Comune di Torino)

COMUNE DI SAN SECONDO DI PINEROLO
PROVINCIA DI TORINO

Prot. N. 4077   Addì 28/10/1946

Cat.   Classe   Fasc.

AL SIG. DOTT. Gustavo ROL
Via Silvio Pellico 31
TORINO

Risposta al foglio
del

N.   Div.   Sez.

OGGETTO Ringraziamento.

Allegati N.

Ho ricevuto la cospiqua *ma veramente affetto* somma di lire 30 mila che ho distribuito alle famiglie più bisognose di S.Secondo, come dall'unito elenco, tenendo conto dei desideri da Lei espressi nella sua lettera in data 22/10/1946.

La ringrazio vivamente anche a nome di questa Amministrazione e dei beneficati pel valido suo aiuto che in questo particolare periodo di tempo, rappresenta un vero sollievo per le diverse famiglie state beneficate e le assicuro perenne gratitudine.

Voglia gradire i miei cordiali saluti.

Suo Dev.   IL SINDACO

(foto © Franco Rol – Archivio Storico del Comune di Torino)

COMUNE DI SAN SECONDO DI PINEROLO
PROVINCIA DI TORINO

Prot. N. 2548   Allegati N.   li 10/XI/1950

Risposta a nota N.   Div.   del

OGGETTO: RINGRAZIAMENTO.

Al DOTT. ROL AVV. GUSTAVO
VIA G. BOVE 9   TORINO

Ho ricevuto a mezzo di questo Segretario la cospicua offerta di lire 50 mila da Lei fatta a favore di cinque famiglie povere qui residenti. Mentre sto provvedendo per la riscossione e per la compilazione dell'elenco dei beneficati d'accordo col Presidente di questo E.C.A., sento il dovere di inviarLe i miei vivissimi ringraziamenti e di esprimerle la mia riconoscenza che merita, anche a nome dei futuri beneficati.

La prego di gradire i miei cordiali saluti.

Con ossequio:

IL SINDACO

(foto © Franco Rol – Archivio Storico del Comune di Torino)

COMUNE DI SAN SECONDO DI PINEROLO
PROVINCIA DI TORINO

Addì 20 APR. 1964

Prot. N. 21

Risposta al foglio
del
N. Dir. Sez.

Allegati N.

All'Ill.mo Signore
Avv. Gustavo ROL
/ TORINO

OGGETTO Beneficienza.

    Ringrazio vivamente la S.V. Ill.ma per la nuova generosa offerta a favore dei poveri di questo Comune.
    Al ringraziamento mio personale si unisce quello dell'Amministrazione tutta e dei beneficati.
    Con perfetto ossequio

IL SINDACO
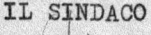

(foto © Franco Rol – Archivio Storico del Comune di Torino)

COMUNE DI SAN SECONDO DI PINEROLO
PROVINCIA DI TORINO

Addì 3 maggio 1945

OGGETTO: Ringraziamento.

    Adempio al dovere di ringraziarla vivamente anche a nome del Comitato di Liberazione Nazionale, per tutto quanto Ella ha fatto durante l'attuale guerra per il bene di S.Secondo ed in ispecie per la popolazione di S.Secondo.
    Il coraggio da Lei dimostrato in circostanze difficilissime per risolvere situazioni che interessavano la vita o l'interesse altrui o della generalità degli abitanti, la saggezza, serietà e l'autorità dimostrate a suo tempo, verso chi si ragione, valsero a salvare la vita e i beni di singoli o di molti Sansecondesi.
    Quest'Amministrazione e la popolazione tutta, che hanno apprezzato i Suoi generosi atti, Le saranno perciò molto riconoscenti e confidano che Ella vorrà continuare a coadiuvarLe nell'opera di ricostruzione e nella ripacificazione degli animi.
    Con stima

IL SINDACO

(Archivio del Comune di San Secondo di Pinerolo)

www.ingramcontent.com/pod-product-compliance
Lightning Source LLC
Chambersburg PA
CBHW051803230426
43672CB00012B/2611